Praktische Theologie heute

Herausgegeben von

Stefan Altmeyer
Christian Bauer
Kristian Fechtner
Thomas Klie
Helga Kohler-Spiegel
Benedikt Kranemann
Isabelle Noth
Birgit Weyel

Band 192

Laura Mößle

‚Doing Emotion'
im Religionsunterricht

Eine ethnographische Studie

Verlag W. Kohlhammer

Die vorliegende Arbeit wurde im Sommersemester 2022 von der Katholisch-Theologischen Fakultät der Eberhard Karls Universität Tübingen als Dissertation angenommen und für die Drucklegung geringfügig überarbeitet.

1. Auflage 2023

Alle Rechte vorbehalten
© W. Kohlhammer GmbH, Stuttgart
Gesamtherstellung: W. Kohlhammer GmbH, Stuttgart

Print:
ISBN 978-3-17-043414-1

E-Book-Format:
pdf: 978-3-17-043415-8

Für den Inhalt abgedruckter oder verlinkter Websites ist ausschließlich der jeweilige Betreiber verantwortlich. Die W. Kohlhammer GmbH hat keinen Einfluss auf die verknüpften Seiten und übernimmt hierfür keinerlei Haftung.

Dieses Werk einschließlich aller seiner Teile ist urheberrechtlich geschützt. Jede Verwendung außerhalb der engen Grenzen des Urheberrechts ist ohne Zustimmung des Verlags unzulässig und strafbar. Das gilt insbesondere für Vervielfältigungen, Übersetzungen, Mikroverfilmungen und für die Einspeicherung und Verarbeitung in elektronischen Systemen.

Inhaltsverzeichnis

Vorwort 11

Einleitung 13

Teil I: Annäherungen an den Gegenstand 17

1. Emotionen als Gegenstand in den Wissenschaften 17
    1.1 Exemplarische Annäherungen an gängige Emotionstheorien und ihre Denktraditionen 18
        1.1.1 Evolutionspsychologische Emotionstheorien 18
        1.1.2 Physiologische Emotionstheorien 19
        1.1.3 Neurowissenschaftliche Emotionstheorien 20
        1.1.4 Kognitivistische Emotionstheorien 22
        1.1.5 Phänomenologische Emotionstheorien 24
        1.1.6 Sozialkonstruktivistische Emotionstheorien 26
        1.1.7 Zwischenfazit 28
    1.2 Emotionen als Gegenstand theologischer Forschung 29
        1.2.1 Die „Exklusion des Emotionalen" aus universitärer Theologie ... 29
        1.2.2 Das Andere der Vernunft: Ethisch-philosophische Betrachtungen 32
        1.2.3 Religion als „Anschauung und Gefühl" (Friedrich Schleiermacher) und dessen folgenreiche Rezeption 33
    1.3 Gegenwärtige religionspädagogische Untersuchungen zu Emotionen . 37
        1.3.1 Emotionen, Gottesbeziehung und religiöses Urteil (Hartmut Beile und Albert Biesinger) 37
        1.3.2 Emotionen als Lerngegenstand kompetenzorientierten Religionsunterrichts (Helga Kohler-Spiegel) 39
        1.3.3 Die emotionale Dimension religiöser Bildung (Elisabeth Naurath) 41
        1.3.4 Emotionen als Voraussetzung einer beziehungsorientierten Religionsdidaktik (Reinhold Boschki) 44
        1.3.5 Das epistemische Bedeutungspotenzial der Emotionen (Rudolf Englert) 46
        1.3.6 Gefühle und Macht in religionspädagogischer Perspektive (Janina Reiter) 48
        1.3.7 Zusammenfassung des religionspädagogischen Forschungsstandes 49
    1.4 Anliegen der Forschung und Forschungsfrage 51

Teil II: Empirische Zugänge ... 55

2. Empirische Erforschung von Emotionen im Religionsunterricht ... 55
- 2.1 Soziale Praktiken ... 55
- 2.2 Praxistheoretische Perspektiven auf Emotionen ... 58
  - 2.2.1 Emotionen als Mischung aus Denken, Wahrnehmen und Handeln: Die implizite Emotionstheorie bei Pierre Bourdieu . 59
  - 2.2.2 Emotionen als Praktiken: ‚Doing Emotion'-Ansatz bei Monique Scheer ... 63
  - 2.2.3 Paradigmen empirisch-kulturtheoretischer Emotionsforschung ... 68
- 2.3 Soziale Interaktionen und ihre Regelstrukturen: Rahmen und Rahmungen bei Erving Goffman ... 73
  - 2.3.1 Begriffliche Bestimmungen ... 73
  - 2.3.2 Vom Rahmen und der Rahmung einer sozialen Interaktion ... 75
  - 2.3.3 Mehrwert einer rahmenanalytischen Forschungsperspektive ... 77
- 2.4 Religionsunterricht an der Berufsfachschule für Kinderpflege ... 78
  - 2.4.1 Ausbildung an beruflichen Schulen ... 79
  - 2.4.2 Religionsunterricht im Kontext der Berufsausbildung zum/zur Kinderpfleger*in ... 80
  - 2.4.3 Berufsbildender Religionsunterricht als geeignetes Untersuchungsfeld ... 81
- 2.5 Zwischenfazit ... 85

3. Methodologische Voraussetzungen ... 89
- 3.1 Ethnographie als Forschungsstrategie ... 89
  - 3.1.1 Charakteristiken ethnographischen Forschens ... 90
  - 3.1.2 Ethnographie und Theologie ... 100
  - 3.1.3 Grenzen ethnographischen Forschens ... 105
- 3.2 Forschungsstil Grounded Theory ... 106
  - 3.2.1 Grundannahmen der Grounded Theory ... 107
  - 3.2.2 Datenanalyse nach Grounded Theory ... 110
  - 3.2.3 Religionspädagogische Anwendung und Grenzen der Grounded Theory ... 111
- 3.3 Zwischenfazit ... 112

4. Untersuchungsanlage 115
4.1 Feldzugang 115
4.2 Beschreibung der Schule 118
4.3 Klassenzusammensetzung 119
4.4 Forschungsprozess 120
4.5 Die Rolle der Forscherin im Feld 127

Teil III: Ergebnisse im Kontext 131

5. Gefühle von Langeweile und Kurzweile im Religionsunterricht 131
5.1 Annäherung an das Phänomen der Langeweile 133
    5.1.1 Langeweile als „lähmende Betroffenheit vom zögernden Zeitverlauf" (Martin Heidegger) 133
    5.1.2 Die Tabuisierung der Langeweile 136
5.2 Gründe für Langeweile 137
    5.2.1 Ursachen von Langeweile 138
    5.2.2 Langeweile und Überforderung 139
    5.2.3 Didaktische Vermittlung und Arbeitsmaterialien 140
5.3 Darstellungen von und Umgang mit Langeweile 142
    5.3.1 Unscheinbar und am Körper ablesbar: Langeweile im getakteten Schulablauf 142
    5.3.2 Zeitvertreib und Nebentätigkeiten 144
    5.3.3 ‚Doing Motivation' 147
5.4 Kurzweile: Berufliche und persönliche Relevanz 150
    5.4.1 Glück, Leidenschaft und Perfektion: Berufliche Relevanz des Religionsunterrichts 151
    5.4.2 Betroffenheit und Lebensweltbezug: Persönliche Relevanz des Religionsunterrichts 155
    5.4.3 Interesse und persönliche Erfahrungsbezüge 157
5.5 Religionspädagogischer Ertrag 161

6. Gefühle von Scham und Anerkennung im Religionsunterricht 165
6.1 Annäherung an das Phänomen der Scham 167
    6.1.1 Selbstreflexiv und relationsbezogen 168
    6.1.2 Sichtbarkeit der Scham: Körperliche und verbale Ausdrucksweisen 171

6.2	Bewertung von Leistung als schulische Eigenart		173
	6.2.1 Pädagogische und gesellschaftliche Funktion von Noten		174
	6.2.2 Leistungsbewertung im berufsbildenden Religionsunterricht? Religionspädagogische Positionierungen		175
6.3	Internalisierung und Externalisierung von Noten		178
	6.3.1 Zwischen Identifikation und äußerer Zuschreibung		178
	6.3.2 Distanz zwischen Selbstbild und Leistung		183
6.4	Anerkennung und Bedeutungssysteme: Noten im Zwiespalt		185
	6.4.1 Bagatellisierung von Noten		186
	6.4.2 Ernst und routiniert: Klassenarbeit schreiben		189
	6.4.3 Noten als Symbol gegenseitiger Anerkennung		191
	6.4.4 Verknüpfung von Leistung und Anerkennung		194
6.5	Annäherung an das Phänomen der Anerkennung		196
	6.5.1 Theorie der Anerkennung bei Axel Honneth		197
	6.5.2 Schule als Ort der Anerkennung		199
	6.5.3 Rückmeldung als Anerkennungspraxis		201
6.6	Religionspädagogischer Ertrag		203

7. Gefühle von Sicherheit und Abbruch im Religionsunterricht ... 207

7.1	Soziale Räume im (Religions-)Unterricht	208
7.2	Gefühle von Sicherheit und Schutz: Religionsunterricht als ‚Safe Space'	211
	7.2.1 Was ist ein Safe Space?	212
	7.2.2 ‚Safe Space' als widersprüchliche Gleichzeitigkeit von Sicherheit und Unsicherheit	216
	7.2.3 Öffnung und Offenheit	221
	7.2.4 Schließung und (De-)Emotionalisierung	225
	7.2.5 ‚Safe Space' und die Berücksichtigung der ganzen Person	228
7.3	Emotionale Brüche und fehlende Bezüge: Abmeldungen vom Religionsunterricht	229
	7.3.1 Intaktes Beziehungsgeschehen	229
	7.3.2 Beziehungsabbruch und symbolische Reparatur	231
	7.3.3 Persönliche Leerstelle	234
7.4	Religionspädagogischer Ertrag	238

Inhaltsverzeichnis

Teil IV: Diskussion 241

8. Verbindung oder Abbruch? Wie ‚Doing Emotion' die Verbindung von Schüler*innen, Religionslehrperson und Inhalten stärkt oder verliert 241
8.1 Verbindung oder Abbruch? 241
8.2 Emotionspraktiken bedeuten Verantwortung: Impulse für eine religionspädagogische Praxis 244

Literaturverzeichnis 247

Abbildungsverzeichnis 264

Anhang 265

Vorwort

Zu Beginn dieser Arbeit möchte ich verschiedenen Personen meinen Dank aussprechen. Zuvorderst bedanke ich mich bei den Schüler*innen und der Religionslehrperson an der Berufsfachschule, bei denen die ethnographische Untersuchung durchgeführt werden konnte. Ohne die Möglichkeit, an ihrem Unterricht teilzunehmen und aufgenommen zu werden, wäre die Forschung in dieser Form nicht möglich gewesen.

Den Betreuenden dieser Arbeit, Prof. Reinhold Boschki und Prof. Michael Schüßler, danke ich für ihre vielfältige Unterstützung und ihren konstruktiven Rat. Den Mitarbeitenden am Katholischen Institut für berufsorientierte Religionspädagogik (KIBOR), am Lehrstuhl für Religionspädagogik und am Lehrstuhl für Praktische Theologie der Universität Tübingen danke ich für inspirierende Diskussionen und kenntnisreiche Hinweise. Zu nennen sind insbesondere Prof. Matthias Gronover für seine Bereitschaft, verschiedene Konzepte der Arbeit zu diskutieren und kritisch zu reflektieren, sowie Prof. Teresa Schweighofer für ihren Ansporn zur Entwicklung neuer Thesen und ihre freundschaftliche wie fachliche Begleitung.

Ich danke Dr. Katja Hericks, die die Arbeit von Beginn an mit soziologischer Expertise begleitet und durch entscheidende Impulse vorangetrieben hat; Edeltraud Gaus für eine stets motivierende Schreibpartnerschaft; Dara Straub und Debora Müller für kurzweilige und wertvolle Kodier- und Auswertungssitzungen; den Teilnehmenden religionspädagogischer und praktisch-theologischer Forschungsseminare in Tübingen, Mainz und Wien, die die Arbeit mit kenntnisreichen Rückfragen und weiterführenden Ideen prägten; der Sektion Empirische Religionspädagogik der Arbeitsgemeinschaft Katholische Religionspädagogik und Katechetik (AKRK), insbesondere den Kolleg*innen Dr. Rebekka Burke, Sarah Delling und Andreas Menne, für kollegialen Austausch, wertvolles Feedback und bekräftigende Worte sowie Dr. Florian Nieser und Lukas Ricken, in deren Seminar zu kulturtheoretischen Lektüren die Idee zu dieser Forschungsarbeit entstand.

Prof. Helena Stockinger danke ich für die Erstellung des Drittgutachtens; den Herausgeber*innen der Reihe ‚Praktische Theologie heute' für die Aufnahme der vorliegenden Publikation; der AGENDA – Forum katholischer Theologinnen e.V., dem KIBOR Tübingen sowie der Diözese Rottenburg-Stuttgart für ihre Beteiligung bei der Drucklegung; Florian Specker danke ich für die freundliche Unterstützung von Seiten des Kohlhammer Verlags; Jan Kirchner, Alexandra Rau und Friedemann Weitz für aufmerksame Korrekturarbeiten und ihre redaktionelle wie technische Hilfe; Ihnen allen gilt mein herzlicher Dank!

Zuletzt gilt mein größter Dank meiner Mutter, meiner Familie und meinen Freund*innen und für ihre stetige Ermutigung und Unterstützung auf meinem bisherigen Lebensweg. Ihr Zuspruch und ihr Vertrauen bedeuten mir viel.

Rom, im Juni 2023

Einleitung

Emotionen sind allgegenwärtig – sei es im Straßenverkehr, auf Wahlplakaten, bei Behördengängen, in den sozialen Medien, im Gottesdienst oder im Unterricht. Wir können sie sehen, hören und fühlen. Im Alltag greifen wir selbstverständlich auf sie zurück, erkundigen uns nach ihnen, antizipieren sie und tauschen sie mit anderen aus. In dem, was wir alltagssprachlich als Emotionen fassen, summieren sich eine Vielzahl überlappender und sich teils widersprechender Theoriediskurse. Ihrer selbstverständlichen Präsenz steht eine beachtliche Erklärungsnot gegenüber, wenn es darum geht, sie in ihrem Wesen zu fassen und explizit zu machen.

Auch der Religionsunterricht sieht sich einem solchen Widerspruch gegenüber. Im Zuge der Subjektorientierung wird den Emotionen als unverkennbarem Merkmal der Individualität in religiösen Bildungsprozessen ein hoher Stellenwert eingeräumt. Unterschiedliche Modelle betrachten sie als bedeutsame Komponente religiöser Entwicklungsprozesse. Zudem wird angesichts seiner Methodenvielfalt und der Besonderheit des Lerngegenstandes kaum ein Unterrichtsfach von außen als ‚gefühliger' eingeschätzt. Allerdings zeigt sich in der Auseinandersetzung mit der religionspädagogischen Unterrichtsforschung größtenteils Zurückhaltung, wenn es darum geht, Emotionen im Religionsunterricht explizit zu machen. Woran liegt also die eigentümliche Sprachlosigkeit im Blick auf Emotionen?

Mit der starken Rezeption psychologischer Denkmodelle wurden Emotionen aus religionspädagogischer Perspektive mehr in das Innere, in die Psyche des Menschen verlagert. Derart betrachtet spielen sich Emotionen im subjektiven Erleben und in der inneren Erfahrung ab. Zwar erkennen gängige fachdidaktische Theorien sie als bedeutsame Facette religiöser Lehr-Lern-Prozesse an, dennoch wird ihnen innerhalb von Forschungsdiskursen selten ein expliziter Platz zuteil. Emotionen zu explizieren stellt aufgrund ihrer schweren Zugänglichkeit ein bislang weithin gemiedenes Unterfangen dar.

Die vorliegende Arbeit unternimmt einen Perspektivenwechsel: Emotionen sollen nicht als ausschließlich innerpsychisches Geschehen und subjektiver Zustand betrachtet werden, sondern in ihrer äußerlich sichtbaren, verkörperten Facette. Die Arbeit zieht das Konzept des ‚Doing Emotion' nach Monique Scheer heran, das sich auf ein kulturtheoretisches Emotionsverständnis stützt. Hierbei werden Emotionen nicht als vorrangig individuelle Erfahrung betrachtet, sondern als etwas, das über das Tun zustande kommt und in kommunikative und interaktive Handlungen eingebettet ist. Im Vordergrund steht also nicht das innere Erleben eines Gefühls, sondern wie es in einer Situation am Körper *getan* wird. Werden Emotionen anhand ihres ‚Doing' untersucht, liegt der Fokus auf Praktiken, d. h. Verhaltensweisen und Routinen im Zusammenspiel mit Sprache,

Gesten und Artefakten in ihrer alltäglichen und oftmals routinierten Handhabung. Diese Perspektive ermöglicht einen innovativen und ganzheitlichen Untersuchungszugang für den Religionsunterricht.

Die in anderen Disziplinen übliche Trennung von innerem ‚Gefühl' und äußerer ‚Emotion' wird in der Theorie des ‚Doing Emotion' aufgelöst, daher verwende ich die Begriffe in der vorliegenden Arbeit gleichbedeutend.[1] Zudem verzichte ich auf eine Sondierung in positiv und negativ konnotierte Zuschreibungen von Emotionen. Mein Verständnis folgt dem Ansatz von Stefan Wellgraf, der vermeintlich positive Gefühlskomplexe kritisch betrachtet und negativ assoziierte Emotionen hinsichtlich ihres schöpferischen Potenzials untersucht.[2] Eine vorschnelle Einordnung in wertende Kategorien würde der Komplexität und Gestaltungspotenziale von Emotionen im Religionsunterricht nicht gerecht.

Ziel der vorliegenden Studie ist es, Unterrichtssituationen und ihre Logiken aufzuzeigen und darzulegen, auf welche Weise Emotionen bei der Konstruktion von sozialen Situationen und Interaktionsordnungen im Religionsunterricht beteiligt sind.

Die Untersuchung konzentriert sich auf den Religionsunterricht an berufsbildenden Schulen. Berufliche Bildung strebt nach beruflicher Handlungsfähigkeit[3] und bezieht sich auf anwendungsbezogene Berufs- und Arbeitskontexte.[4] Im berufsbildenden Religionsunterricht werden Unterrichtsinhalte von Schüler*innen neben der persönlichen auch auf eine berufliche Relevanz hin geprüft. Wie bei Grundschulen zeigen sich an beruflichen Schulen gesellschaftliche Veränderungen oder Verschiebungen der Religiosität bei Schüler*innen am schnellsten.[5] Aktuelle Herausforderungen des Religionsunterrichts wie die zunehmende religiöse Pluralisierung unter den Schüler*innen, erstarkende soziale und kulturelle Heterogenität und die sich ausbreitende Konfessionslosigkeit machen eine Untersuchung von Emotionen im Religionsunterricht bedeutsam: Wie werden Emotionen in Situationen bemerkbar, in denen Schüler*innen unterschiedlicher religiöser und kultureller Prägung und Zugehörigkeit ihre Einstellungen austauschen? Wie verändern sich soziale Situationen, wenn Schüler*innen persönliche Erfahrungen innerhalb der

---

1 Vgl. SCHEER, Monique (2012): Are Emotions a Kind of Practice (and Is That What Makes Them Have a History)? A Bourdieuian Approach to Understanding Emotion. In: History and Theory 51 (2), 193–220, 198.
2 Vgl. WELLGRAF, Stefan (2018): Schule der Gefühle. Zur emotionalen Erfahrung von Minderwertigkeit in neoliberalen Zeiten, Bielefeld, 17.
3 Vgl. §1 Abs. 2 BBiG.
4 Vgl. BOSCHKI, Reinhold/ SCHWEITZER, Friedrich (2018): Religionsunterricht an Berufsbildenden Schulen. In: Biewald, Roland u. a. (Hrsg.): Religionsunterricht an berufsbildenden Schulen. Ein Handbuch, Göttingen, 67–98, 84.
5 Vgl. SCHWENDEMANN, Wilhelm/ FASS, Henrik/ RAUSCH, Jürgen (2018): Religionslehrer und Religionslehrerinnen an berufsbildenden Schulen. In: Biewald, Roland u. a. (Hrsg.): Religionsunterricht an berufsbildenden Schulen. Ein Handbuch, Göttingen, 164–193, 173.

Einleitung

Klassenöffentlichkeit kommunizieren? Wann sind Schüler*innen weniger und wann stärker in Unterrichtsprozesse involviert?

Die Forschungsfrage der vorliegenden Untersuchung lautet also: Wie konstruieren Emotionspraktiken soziale Situationen im Religionsunterricht an der Berufsfachschule?

Um diese Frage zu beantworten, wurde ein ethnographischer Forschungszugang gewählt. Die Forschungstradition der Ethnographie ist durch eine profilierte und reflektierte Praxis der Beobachtung und Beschreibung des Untersuchungsfeldes gekennzeichnet. Die Erkundung erfolgt durch Feldforschung; das bedeutet, dass sich die forschende Person selbst über einen längeren Zeitraum in das zu untersuchende Feld hineinbegibt und dort teilnehmend beobachtet.[6] Dahinter steht die Idee, dass ein andauernder, unmittelbarer Aufenthalt im Feld Einblicke in verschiedene Wissensformen der Beteiligten liefert. Ethnographisches Forschen zielt darauf, der praktischen Entstehung sozialer Phänomene in ihrer Situation nachzugehen. Für die vorliegende Forschungsarbeit wurde über ein knappes Schuljahr hinweg der Religionsunterricht zweier Klassen für Kinderpflege an einer Berufsfachschule besucht.

Die explorative und theoriebildende Ausrichtung der Arbeit zielt auf eine exemplarische Darstellung der im Religionsunterricht sichtbar gewordenen Phänomene.

Die Studie wird anhand empirischer Analysen verdeutlichen, wie über Emotionspraktiken Situationsdefinitionen im Religionsunterricht hergestellt, bestätigt oder moduliert werden können. Die Emotionspraktiken stellen eine Verbindung zwischen Schüler*innen, Lehrperson und dem Thema bzw. dem Unterrichtsfach Religion her oder bewirken deren Abbruch.

Zur Beantwortung der Forschungsfrage gehe ich in vier Schritten vor: Zunächst versuche ich in *Teil I* eine Annäherung an den Gegenstand der Emotionen und gehe dabei auf exemplarische Bezugswissenschaften sowie theologische Überlegungen und den religionspädagogischen Forschungsstand ein.

Teil II der Arbeit widmet sich den empirischen Zugängen und klärt neben der praxistheoretischen Ausrichtung die methodologischen Voraussetzungen und die Untersuchungsanlage der vorliegenden empirischen Forschung.

Die drei Ergebniskategorien der Untersuchung sind *Gefühle von Langeweile und Kurzweile, Gefühle von Scham und Anerkennung* sowie *Gefühle von Sicherheit und Abbruch*. Diese werden in *Teil III* in ihrem Kontext näher bestimmt und in ihrem religionspädagogischen Ertrag gebündelt.

---

6   Vgl. HITZLER, Ronald (³2011): Ethnografie. In: Bohnsack, Ralf/ Marotzki, Winfried/ Meuser, Michael (Hrsg.): Hauptbegriffe Qualitativer Sozialforschung, Opladen/ Farmington Hills, MI [2003], 48–51.

Teil IV liefert schließlich eine Gesamtschau der Ergebnisse und spitzt diese vor der Folie des ‚Doing Emotion' im Religionsunterricht auf die Kernkategorie *Verbindung und Abbruch* im Religionsunterricht zu.

Teil I: Annäherungen an den Gegenstand

1. Emotionen als Gegenstand in den Wissenschaften

Emotionen scheinen im Alltag ein unhinterfragter, scheinbar ‚harmloser' Gegenstand zu sein, mithilfe dessen Auskünfte über das innere Gefühlsleben gegeben werden können. Nähert man sich Emotionen allerdings aus wissenschaftlicher Perspektive, werden verschiedene Unwägbarkeiten deutlich. Emotionen näher zu bestimmen und den Kern ihres Wesens zu fassen, stellt seit jeher eine echte Herausforderung dar.[7]

Das umfangreiche Feld der Emotionsforschung ist von zahlreichen Denktraditionen und Diskursen geprägt, u. a. bestimmt von den Fragen: Wie zeigen sich Emotionen am Körper? Wodurch werden sie ausgelöst? Werden sie zuerst gefühlt oder körperlich ausgedrückt? Welche Bedeutung kommt soziokulturellen Einflüssen zu? Inwiefern konstruieren Faktoren wie Sprache und Handlungen Emotionen mit? Wie lassen sich Emotionen messen? Lassen sich Gefühlsschattierungen begrifflich festhalten? Verschiedene wissenschaftliche Disziplinen greifen zur Beantwortung dieser und ähnlicher Fragen auf differierende begriffliche Bestimmungen und Vorannahmen zurück, was die Komplexität und Unübersichtlichkeit des Feldes weiter erhöht.

Im Folgenden unternehme ich in einem ersten Schritt unter Rückgriff auf die Einteilung von Konstanze Senge eine knappe Klassifizierung gängiger Emotionstheorien, um verschiedene Perspektiven auf den Gegenstand aufzuzeigen.[8] Dabei beschränke ich mich auf die Disziplinen Biologie, Psychologie, Neurowissenschaft, Philosophie und Soziologie. Diese Darstellung ist lediglich exemplarisch und zielt auf eine überblicksartige Annäherung an das weite Feld der Emotionen. Die von den Autor*innen jeweils verwendete Begrifflichkeit wird dabei übernommen. Da sich die vorliegende Arbeit in der religionspädagogischen Forschung verortet, richte ich nach diesem allgemeinen Versuch einer Annäherung in einem zweiten Schritt den Blick gezielt auf die Theologie. Hierbei stehen die Fragen im Vordergrund, inwiefern sich die Theologie mit den Emotionen beschäftigt und welche Theorien und Emotionsverständnisse in praktisch-theologischer und religionspädagogischer Forschung vorliegen. In einem dritten

---

7 Eine Vielzahl an Emotionstheorien lassen sich von der antiken Philosophie über das Mittelalter, die Philosophie der frühen Neuzeit und die Epoche der Aufklärung bis hin zur Moderne finden. Vgl. KAPPELHOFF, Hermann u. a. (Hrsg.) (2019): Emotionen. Ein interdisziplinäres Handbuch, Berlin.
8 Vgl. SENGE, Konstanze (2013): Die Wiederentdeckung der Gefühle. Zur Einleitung. In: Dies./Schützeichel, Rainer (Hrsg.): Hauptwerke der Emotionssoziologie, Wiesbaden, 11–32, 19–26.

Schritt formuliere ich das Anliegen und die Forschungsfragen der vorliegenden Untersuchung.

1.1 Exemplarische Annäherungen an gängige Emotionstheorien und ihre Denktraditionen

Im Folgenden unternehme ich eine exemplarische Klassifizierung sechs größerer Denktraditionen, um die Heterogenität wissenschaftlicher Diskurse zur Emotionsthematik sichtbar zu machen. Die knappe Darstellung richtet sich auf die jeweiligen Emotionstheorien, das zugrunde liegende Emotionsverständnis, wichtige Vertreter*innen und deren zentralen Annahmen sowie kritische Anfragen an die je zugehörige Denktradition.

1.1.1 Evolutionspsychologische Emotionstheorien

Evolutionspsychologische Emotionstheorien gehen der Frage nach, welchen evolutionären Nutzen Emotionen für die Anpassung des Menschen an seine Umwelt haben. Emotionen werden hier als universell und dem Menschen angeboren gedacht und in Bezug auf menschliches Verhalten und mentale Abläufe untersucht. Die Forschungen von Charles Darwin und Paul Ekman können dieser Denktradition zugeordnet werden. In *The Expression of the Emotions in Man and Animals* legt Darwin bis heute einflussreiche Überlegungen für die Emotionsforschung vor.[9] Neben der Entdeckung, dass sich Tiere und Menschen in ihrem emotionalen Ausdrucksverhalten sehr ähneln, entwickelt er die Idee von spezies- und kulturübergreifenden Basisemotionen wie Wut, Ekel, Furcht, Überraschung und Traurigkeit. Er versteht Emotionen im Kontext seiner Evolutionslehre als angeborene, biologische Funktionen, die „als Instinkte oder Instinktreste […] fürs Überleben und den Fortbestand der Art sinnvoll sind oder es ursprünglich waren".[10]

Darwins Theorie wurde von dem amerikanischen Psychologen Ekman rezipiert und zu einer einflussreichen Theorie weiterentwickelt. Ekman führte die Systematisierung universeller Emotionsausdrücke fort und entwickelte in den 1970er Jahren anhand empirischer Studien eine weiter spezifizierte Theorie der Basisemotionen. Auch Ekman begreift diese als zeit- und kulturübergreifend und sieht sie als jedem Menschen angeborene Erbinformation.[11] Zusammen mit

---

9 Vgl. DARWIN, Charles (1872): The Expression of the Emotions in Man and Animals, London.
10 NEWMARK, Catherine (2013): Charles Darwin. The Expression of the Emotions in Man and Animals. In: Senge, Konstanze/ Schützeichel, Rainer (Hrsg.): Hauptwerke der Emotionssoziologie, Wiesbaden, 85–88, 88.
11 Vgl. NEWMARK, Catherine (2013): Charles Darwin, 88.

Wallace V. Friesen entwickelte Ekman das *Facial Acting Coding System (FACS)*,[12] das menschliche Gesichtsausdrücke, sog. Mikroexpressionen, bestimmten Emotionen zuordnet. Hierfür werden körperliche Merkmale wie z. B. das Rümpfen der Nase oder das Hochziehen der Augenbrauen in einem Kodiersystem verortet, das wiederum je nach Ausprägung eine der Basisemotionen (Wut, Freude, Trauer, Ekel, Verachtung, Angst oder Überraschung) abbildet.

Kritisch debattiert wird die Theorie Ekmans hinsichtlich der Universalität der Basisemotionen und, inwiefern in allen Kulturen sprachliche Begrifflichkeiten für diese Basisemotionen zur Verfügung stehen. Ekman arbeitet mit englischen Emotionsbegriffen und setzt diese unhinterfragt als universale Gefühlskonzepte voraus.[13]

1.1.2 Physiologische Emotionstheorien

Die enge Verbindung von Gefühlen mit der Wahrnehmung körperlicher Veränderungen geht auf die Denktraditionen physiologischer Emotionstheorien zurück. Das Forschungsinteresse dieser Ansätze liegt auf den physiologischen Vorgängen, die als Indikatoren für Stimmungen und emotionales Erleben betrachtet werden. Bedeutsame Forschungsansätze dieser Tradition stammen von Carl G. Lange und William James, die den Fokus auf die Introspektion körperlicher Veränderungen richteten.[14] In seinem Aufsatz *What is an Emotion?* aus dem Jahr 1884 beschreibt James eine stark rezipierte Emotionstheorie, die diese als Erfahrung von körperlichen Veränderungen betrachtet. James zufolge könnten viszerale und motorische Reaktionen als Resultat eines emotionalen Stimulus auftreten, sodass die Wahrnehmung der körperlichen Reaktion erst die Bedingung für das Entstehen dieser Emotion schaffe.[15] Demnach zittere der Mensch nicht, *weil* er sich bspw. vor einem Löwen fürchte, sondern er fürchte sich vor dem Löwen, *weil* er zittere. Erst die körperlich wahrgenommene Veränderung des Zitterns ließe den Menschen Furcht vor dem gefährlichen Tier empfinden. Ohne die körperliche Erregung sei Furcht nach James keine Emotion, sondern lediglich ein Gedanke: „Without the bodily states following on the

---

12 Vgl. EKMAN, Paul/ FRIESEN, Wallace V. (1978): Facial Action Coding System (FACS). A Technique for the Measurement of Facial Movement, Palo Alto, CA. Auf der Homepage www.paulekman.com kann mithilfe eines Trainingstools das Erkennen von Mikroexpressionen geübt werden.
13 Vgl. SÜSELBECK, Jan (2019): Sprache und emotionales Gedächtnis. Zur Konstruktion von Gefühlen und Erinnerungen in der Literatur und den Medien. In: Kappelhoff, Hermann u. a. (Hrsg.): Emotionen. Ein interdisziplinäres Handbuch, Berlin, 282–295, 285.
14 Vgl. LANGE, Carl G. (1922): The Emotions. A Psychological Study. In: Ders./ James, William (Hrsg.): The Emotions. Volume I, Baltimore, MD, 33–90; James, William (1884): What is an Emotion? In: Mind 9 (34), 188–205.
15 Vgl. MORAWETZ, Carmen/ HEEKEREN, Hauke (2019): Emotion und Gehirn. An der Schnittstelle zwischen affektiver und kognitiver Neurowissenschaft. In: Kappelhoff, Hermann u. a. (Hrsg.): Emotionen. Ein interdisziplinäres Handbuch, Berlin, 88–94, 88.

perception, the latter would be purely cognitive in form, pale, colourless, destitute of emotional warmth."[16]

Für James gilt, die Wahrnehmung der physischen Veränderung „IS the emotion".[17] In dieser Denktradition sind Emotionen auf die nach innen gerichtete Wahrnehmung körperlicher Veränderungen angewiesen. Physiologische Emotionstheorien, insbesondere der Ansatz von James, werden v. a. dafür kritisiert, dass die Berücksichtigung körperlicher Prozesse allein nicht ausreiche, um Gefühle zu individuieren. Körperliche Merkmale wie z. B. Zittern könnten nicht nur im Zusammenhang mit Furcht, sondern auch mit anderen Emotionen auftreten.[18] Zudem gebe es Situationen, in denen sich Gefühle bereits vor körperlichen Reaktionen bemerkbar machten. Ferner vernachlässigten physiologische Emotionstheorien die intentionale Ausrichtung einer Emotion, d. h. das Objekt oder die Situation, auf die sich die Emotion beziehe, finde keine Berücksichtigung.[19] Auch wenn rein physiologische Emotionstheorien heute als überholt gelten, stellen sie die Grundlage für unterschiedliche Anschlusstheorien wie die der neurologischen Emotionsforschung bereit.[20]

1.1.3 Neurowissenschaftliche Emotionstheorien

Der Fokus neurowissenschaftlicher Emotionstheorien richtet sich auf Emotionen in neuronalen Zusammenhängen. Im Vordergrund stehen die Wahrnehmung, Verarbeitung und Kontrolle von Emotionen, das Verhältnis von Kognition und Emotion sowie deren Aufgabe bei der Ausgestaltung menschlichen Verhaltens.[21]

Wichtige Vertreter dieser Denktradition sind Paul McLean, Joseph LeDoux, Jaak Panksepp, Antonio Damasio und Antoine Bechara die in ihren Forschungen die Grundannahme vertreten, dass alle Säugetiere über eine anatomisch und neurochemisch ähnliche Grundstruktur verfügen, welche die Grundlage menschlicher Emotionalität bilde.[22] Primäremotionen wie Angst, Trauer, Wut und Freude seien anatomischen und neurochemischen Gehirnsystemen zuzu-

---

16 JAMES, William (1884): What is an Emotion?, 190.
17 JAMES, William (1884): What is an Emotion?, 190 (Hervorhebung im Original).
18 Vgl. HARTMANN, Martin (2005): Gefühle. Wie die Wissenschaften sie erklären, Frankfurt a. Main/ New York, 47.
19 Vgl. FUCHS, Thomas (2019): Verkörperte Emotionen. Emotionskonzepte der Phänomenologie. In: Kappelhoff, Hermann u. a. (Hrsg.): Emotionen. Ein interdisziplinäres Handbuch, Berlin, 95–101, 95.
20 Vgl. SENGE, Konstanze (2013): Die Wiederentdeckung der Gefühle, 20.
21 Vgl. MORAWETZ, Carmen/ HEEKEREN, Hauke (2019): Emotion und Gehirn, 88.
22 Vgl. bspw. PANKSEPP, Jaak (1998): Affective Neuroscience. The Foundations of Human and Animal Emotions, Oxford.

1.1 Exemplarische Annäherungen an gängige Emotionstheorien

ordnen, die sich jedoch mit anderen überschneiden und wiederum untereinander in Wechselwirkung stehen. Daher sei aus neurologischer Perspektive eine „Individuierung der emotionalen Vielfalt" nicht möglich.[23]

LeDoux erkannte mittels Studien an Ratten, dass ohne die Beteiligung des Neokortex nicht nur angeborene, sondern auch erlernte Angst-Reize verarbeitet werden. Er schreibt der Amygdala eine tragende Funktion in der Furchtkonditionierung zu, da sie sowohl emotionale Stimuli analysieren und speichern als auch emotionale Reaktionen veranlassen könne. Sie bilde das Zentrum eines geschlossenen neuronalen Reiz-Reaktion-Kreislaufes, das nach LeDoux ein eigenständiges Informationsverarbeitungssystem darstelle.[24] Seine Forschungen legen nahe, dass Emotionen über die Verbindungen der Amygdala Einfluss auf das kortikale Erregungsniveau und damit die Kognition und Aktivitäten wie Denken, Handeln und Planen haben.[25]

Auch der Neo-Jamesianer und einflussreiche Neurowissenschaftler Damasio beschäftigt sich in seiner Forschung mit der Verbindung von Amygdala und Kortex. Sein Werk *Descartes' Irrtum. Fühlen, Denken und das menschliche Gehirn* erfuhr große Aufmerksamkeit, da er darin den Versuch unternimmt, sozialwissenschaftliche Fragen mit neurophysiologischen Erkenntnissen zu beantworten. Dabei bilden die neurophysiologischen Voraussetzungen für Empfindungen, Vernunft und Handeln sein zentrales Forschungsinteresse; den Organismus in seiner sozialen und kulturellen Umwelt nimmt er mit in den Blick.[26] Damasio vertritt in seinem Buch die These, dass Körper und Bewusstsein des Menschen in Wechselwirkung stünden, und hinterfragt die von Descartes aufgestellten Gegensatzpaare von Fühlen/ Vernunft und Leib/Seele.[27]

Die Forschungen von Damasio und Bechara konnten zeigen, dass Gefühle Menschen bei der rationalen Entscheidungsfindung beeinflussten. Individuen, deren emotionales Zentrum geschädigt war, waren nicht fähig, Entscheidungen zu treffen, die für sie von Vorteil waren, obwohl sie diese auf kognitiver Ebene durchaus begreifen konnten.[28] Auf diese Weise lasse sich eine enge Verbindung von Amygdala und Kortex nachweisen, was bestätige, dass eine Gefühlsarmut den Menschen hindere, Entscheidungen zu treffen und Pläne zu entwerfen. Damasio proklamiert, dass

---

23 Vgl. SENGE, Konstanze (2013): Die Wiederentdeckung der Gefühle, 21.
24 Vgl. LEDOUX, Joseph E. (1995): In Search of an Emotional System in the Brain. Leaping from Fear to Emotion and Consciousness. In: Gazzaniga, Michael S. (Hrsg.): The Cognitive Neurosciences. Cambridge, MA/ London, 1049–1061.
25 Vgl. MORAWETZ, Carmen/ HEEKEREN, Hauke (2019): Emotion und Gehirn, 90.
26 Vgl. DAMASIO, Antonio R. (2004): Descartes' Irrtum. Fühlen, Denken und das menschliche Gehirn, München, 18.
27 Vgl. SCHNABEL, Annette (2013): Antonio Damasio. Descartes' Irrtum. In: Senge, Konstanze/ Schützeichel, Rainer (Hrsg.): Hauptwerke der Emotionssoziologie, Wiesbaden, 80–84, 80.
28 Vgl. BECHARA, Antoine/ DAMASIO, Antonio R. (2005): The Somatic Marker Hypothesis. A Neural Theory of Economic Decision. In: Games and Economic Behavior 52 (2), 336–372.

„Gefühl und Empfindung nebst den verborgenen physiologischen Mechanismen, die ihnen zugrunde liegen, [...] uns bei der einschüchternden Aufgabe [helfen], eine ungewisse Zukunft vorherzusagen und unser Handeln entsprechend zu planen".[29]

Erkenntnisse dieser Art sorgten in unterschiedlichen Disziplinen für heftige Debatten um die Frage nach der biologischen Determinierung gegenüber dem freien, rationalen Willen des Menschen. Wolf Singer, Benjamin Libet oder Gerhard Roth vertreten bspw. die These, dass Handlungen durch neuronale Prozesse bereits determiniert und physiologisch entschieden seien, noch bevor sich der Mensch seiner Entscheidung bewusst werde.[30]

1.1.4 Kognitivistische Emotionstheorien

Einen Kontrast zu Ansätzen, die das Wesen der Emotionen stärker anhand körperlicher Merkmale beschreiben, bilden kognitivistische Emotionstheorien, die Emotionen als hauptsächlich mental-geistiges Geschehen betrachten. In diesen Ansätzen stehen Emotionen im engen Zusammenhang mit Urteilen, Wertungen oder Überzeugungen und definieren sich über die zentrale Funktion kognitiver Bewertungen von Situationen. Kognitive Elemente zählen in diesem Denkansatz zu den emotionalen Bestandteilen und bilden die Voraussetzung, um einzelne Gefühle zu individuieren. Demnach würden positive Emotionen durch positive Situationsbewertungen hervorgerufen und entsprechend negative Emotionen aufgrund negativer Bewertungen vor dem Hintergrund subjektiver Werte, Ziele und Wünsche. Gefühle würden damit nicht vornehmlich durch Situationen ausgelöst, sondern aufgrund persönlicher Bewertungen.[31]

Kognitivistische Emotionstheorien gelten als Kritik an rein physiologischen Emotionstheorien wie der von James, die den Gehalt von Emotionen auf das Erleben körperlicher Erregung in Auseinandersetzung mit der Umwelt beschränkt. Physische Zustände werden in kognitivistischen Theorien als zu ungenau und nebensächlich betrachtet, als dass sich von ihnen zentrale Erkenntnisse über Emotionen ableiten ließen.[32] Vertreter*innen dieser Denktradition verfechten die Idee, dass es neben körperlichen Merkmalen auch weitere Anhaltspunkte wie kognitive Elemente für Emotionen geben müsse. Je nach Ausdifferenzierung werden – wie in den Ansätzen von Martha C. Nussbaum

---

29 DAMASIO, Antonio R. (2004): Descartes' Irrtum, 13.
30 Vgl. SINGER, Wolf (2006): Vom Gehirn zum Bewußtsein, Frankfurt a. Main; LIBET, Benjamin (2005): Mind Time. Wie das Gehirn Bewusstsein produziert, Frankfurt a. Main; ROTH, Gerhard (2003): Fühlen, Denken, Handeln. Wie das Gehirn unser Verhalten steuert, Frankfurt a. Main.
31 Vgl. SENGE, Konstanze (2013): Die Wiederentdeckung der Gefühle, 23.
32 Vgl. SCHEER, Monique (2012): Are Emotions a Kind of Practice, 195.

1.1 Exemplarische Annäherungen an gängige Emotionstheorien

oder Robert C. Solomon – Emotionen als Urteile und Bewertungen betrachtet.[33] Vertreter des Mehrkomponentenmodells wie William Lyons oder Anthony Kelly wiederum sehen Emotionen als Zusammensetzung von Überzeugungen und Wünschen.[34] Die nähere Bestimmung der Kognitionen gestaltet sich in differenzierten Modellen weiter aus.[35]

Exemplarisch vertritt die kognitivistische Theorie nach Nussbaum den Standpunkt, es könne keine ethische Theorie ohne die Berücksichtigung einer Emotionstheorie geben. Moralisches Handeln werde durch Emotionen wie Wut, Hass und Eifersucht erschwert oder aber durch Mitgefühl, Liebe und Dankbarkeit erleichtert. Eine unüberbrückbare Gegenüberstellung von Emotion und Vernunft lehnt Nussbaum ab, vielmehr seien Emotionen in ihrem kognitiven Gehalt zu verstehen, denen ein eigener Erkenntniswert zukomme.[36] Sie bestimmt Emotionen als „appraisals or value judgments, which ascribe to things and persons outside the persons's own control great importance for that person's own flourishing".[37]

Für Nussbaum sind Emotionen mit denjenigen Urteilen gleichzusetzen, „die sich auf wichtige Ereignisse oder Dinge der subjektiven Erfahrung richten".[38] Sie nennt vier Merkmale, die das Wesen der Emotionen näher bestimmen, und zeichnet diese anhand ihrer selbsterlebten Trauer (,grief') angesichts des Todes ihrer Mutter nach.[39] Zunächst richteten sich Emotionen in der Regel auf ein Objekt oder eine bestimmte Person, was sie von Stimmungen differenziere. Ferner handle es sich bei diesem Objekt um ein intentionales Objekt, das der Mensch je nach Emotion auf eine bestimmte Weise zu sehen vermag.

> „Emotions are not *about* their objects merely in the sense of being pointed at them and let go, the way an arrow is released toward its target. Their aboutness is more internal, and embodies a way of seeing."[40]

So veranlasse z. B. Trauer einen anderen Blick auf die Mutter als Angst oder Liebe. Ein weiteres Merkmal liege in den mit Emotionen verknüpften Überzeugungen, die mit dem Objekt einhergingen. Eine trauernde Person bspw. sei der Überzeugung, dass die Mutter wertvoll und ihr Tod eine unwiederbringliche

---

33 Vgl. NUSSBAUM, Martha C. (2001): Upheavals of Thought. The Intelligence of Emotions, Cambridge; SOLOMON, Robert C. (1993): The Passions. Emotions and the Meaning of Life, Indianapolis, IN/ Cambridge.
34 Vgl. LYONS, William (1993): Emotion, Aldershot, Hampshire; KENNY, Anthony (1963): Action, Emotion and Will, London.
35 Vgl. SENGE, Konstanze (2013): Die Wiederentdeckung der Gefühle, 23.
36 Vgl. DIETZ, Hella (2013): Martha Nussbaum. Upheavals of Thought. The Intelligence of Emotions. In: Senge, Konstanze/ Schützeichel, Rainer (Hrsg.): Hauptwerke der Emotionssoziologie, Wiesbaden, 244–248, 244f.
37 NUSSBAUM, Martha C. (2001): Upheavals of Thought, 4.
38 SENGE, Konstanze (2013): Die Wiederentdeckung der Gefühle, 24.
39 Vgl. NUSSBAUM, Martha C. (2001): Upheavals of Thought, 27–33.
40 NUSSBAUM, Martha C. (2001): Upheavals of Thought, 27 (Hervorhebung im Original).

Tatsache sei. Schließlich zeichnen sich Nussbaum zufolge Emotionen durch einen eudaimonistischen Charakter aus, der den Wert eines Objekts oder einer Person für ein erfülltes Leben offenbart. Der Tod der Mutter hinterlasse eine schmerzliche Lücke im Leben der trauernden Person.[41]

Insgesamt wird bei Nussbaum deutlich, dass sie Emotionen als kognitive Werturteile begreift, die sich auf Ereignisse oder Personen aus der Umwelt beziehen. Ihr kognitivistisch angelegtes Emotionsverständnis begreift Emotionen als „upheavals of thought",[42] sog. Aufwallungen des Denkens, und ist nicht auf physiologische oder phänomenologische Elemente angewiesen.

Kritik an ihrem Ansatz richtet sich u.a. gegen den Gedanken, Emotionen ausschließlich als Werturteile zu betrachten und sie damit auf diese zu reduzieren. Ferner könnten nicht alle Arten von Emotionen unter einem eudaimonistischen Charakter subsummiert werden. All jene Fälle, bei denen sich „Ziele und Dispositionen erst durch die Erfahrung einer intensiven Emotion bilden",[43] blieben unberücksichtigt. Kognitivistische Emotionstheorien werden auch dafür kritisiert, dass sie die leibliche Dimension von Gefühlen und die Qualität dieser Dimension praktisch außer Acht ließen. Die phänomenale Qualität einer Emotion könne so nicht adäquat abgebildet und die Subjektivität des Gefühls nicht angemessen zum Ausdruck gebracht werden. Eine rein kognitive Betrachtung verfehle die affektive Betroffenheit beim Erleben eines Gefühls, die am Körper erfahrbar sei. Zudem sei eine Intensitätssteigerung von Gefühlen auf einer rein kognitiven Ebene nicht denkbar, da reine Kognitionen über keine Intensivierung verfügten.[44]

1.1.5 Phänomenologische Emotionstheorien

Phänomenologische Emotionstheorien unternehmen den Versuch, Gefühle nicht auf kognitive Elemente zu reduzieren, sondern sie als eigenständige Kategorie mit ontologischem Status zu versehen.[45] Diesem Ansatz folgend sind Gefühle als phänomenologische Erfahrung zu denken, während Werturteile und Bewertungen nicht zwingend in dieser aufgingen. Von höherer Bedeutung erweisen sich hierbei wiederum die körperlichen Erfahrungen, die nicht wie in kognitivistischen Theorien vernachlässigt werden, sondern in ihren Auswirkungen auf kognitive Urteile Berücksichtigung finden. Das Gefühl stelle jedoch nicht den Inhalt eines Urteils, sondern dessen Voraussetzung bereit. Max

---

41 Vgl. Dietz, Hella (2013): Martha Nussbaum, 245.
42 Nussbaum, Martha C. (2001): Upheavals of Thought, 1.
43 Dietz, Hella (2013): Martha Nussbaum, 248.
44 Vgl. Fuchs, Thomas (2019): Verkörperte Emotionen, 95.
45 Vgl. Senge, Konstanze (2013): Die Wiederentdeckung der Gefühle, 25. Vgl. exemplarisch die Arbeiten von Vendrell Ferran, Íngrid (2008): Die Emotionen. Gefühle in der realistischen Phänomenologie, Berlin; Landweer, Hilge (2004): Phänomenologie und Grenzen des Kognitivismus. In: Deutsche Zeitschrift für Philosophie 25 (2), 467-486.

1.1 Exemplarische Annäherungen an gängige Emotionstheorien

Scheler und Maurice Merleau-Ponty gelten als klassische Vertreter dieser Denktradition.[46]

Eine vermittelnde Position nimmt der Ansatz von Peter Goldie ein, der mit seinem Terminus „thinking of with feeling"[47] einen kognitivistischen Bezug herstellt, der so viel bedeutet wie „Denken, welches an Empfindungen gebunden ist".[48] Dennoch lässt sich seine Theorie auch den phänomenologischen Emotionstheorien zuordnen, da Goldie das Erleben körperlicher Zustände nicht grundsätzlich aus seinem Gefühlsverständnis ausschließt und Gefühle nicht in der Kategorie der Gedanken erschöpft sieht. In seiner Theorie bezeichnet „thinking of with feeling" Gedanken, welche die „Gegenstände und Sachverhalte auf fundamental andere Weise repräsentieren als Gedanken ohne Gefühl".[49] Damit würden sich bspw. die Gedanken über die Gefährlichkeit eines Tieres sofort verändern, wenn dieser Gedanke *gefühlt* wird. Nach Martin Hartmann sorgt der phänomenale Aspekt dafür, dass wir auf diese Weise intensiver in eine Situation involviert werden.[50] Mit kognitivistischen Theorien stimmt Goldie dahingehend überein, als dass er Gefühle als auf etwas ausgerichtet begreift und damit den intentionalen Gehalt der Emotionen berücksichtigt. Er spricht vom sog. „feeling towards" und versteht darunter eine intentionale Empfindung, die sich auf Dinge, Situationen oder Wesen bezieht.[51] Emotionen sieht Goldie als eigene, komplexe Phänomene: „An emotion – for example John's being angry or Jane's being in love – is typically *complex, episodic, dynamic* and *structured*."[52] Zu diesen Episoden zählt er phänomenale Erfahrungen, körperliche Veränderungen und Überzeugungen. Goldie schreibt Emotionen insgesamt einen prozesshaften Charakter zu, der sich dynamisch mit der Zeit verändere und dennoch aufgrund seiner narrativen Struktur eine Einheit bilde.[53]

Kritik erfahren klassische phänomenologische Emotionstheorien v. a. hinsichtlich ihrer Mitteilbarkeit emotionaler Erfahrungen, da sich diese hauptsächlich im Inneren abspielten und deshalb nur schwer kommuniziert werden könnten. Damit sei das spezifisch phänomenologische Wesen einer Emotion kaum zu rationalisieren. Zwar schreiben Vertreter*innen dieser Denktradition

---

46 Vgl. SCHELER, Max (2011): Zur Phänomenologie und Theorie der Sympathiegefühle und von Liebe und Hass. Mit einem Anhang über den Grund zur Annahme der Existenz des fremden Ich, Saarbrücken; SCHELER, Max (2008): Wesen und Formen der Sympathie, Bonn; MERLEAU-PONTY, Maurice (1966): Phänomenologie der Wahrnehmung, Berlin.
47 GOLDIE, Peter (2000): The Emotions. A Philosophical Exploration, Oxford, 58.
48 SENGE, Konstanze (2013): Die Wiederentdeckung der Gefühle, 25.
49 GOLDIE, Peter (2000): The Emotions, 60; deutsche Übersetzung zit. nach HARTMANN, Martin (2005): Gefühle, 95.
50 Vgl. HARTMANN, Martin (2005): Gefühle, 95.
51 GOLDIE, Peter (2000): The Emotions, 58.
52 GOLDIE, Peter (2000): The Emotions, 12 (Hervorhebung im Original).
53 Vgl. WEBER-GUSKAR, Eva (2013): Peter Goldie. The Emotions. A Philosophical Exploration. In: Senge, Konstanze/ Schützeichel, Rainer (Hrsg.): Hauptwerke der Emotionssoziologie, Wiesbaden, 144–148, 145.

Emotionen einen ontologischen Status zu, allerdings sei dieser keiner kognitiven Erfahrung zugänglich.[54]

1.1.6 Sozialkonstruktivistische Emotionstheorien

Ein Blick in die Soziologie von Emotionen verweist auf weitere Denkansätze, von denen exemplarisch sozialkonstruktivistische Emotionstheorien näher betrachtet werden sollen. Diesen Theorien liegt die Annahme zugrunde, es handle sich bei Emotionen um soziale Konstrukte, die als normative Orientierung für handelnde Akteur*innen gelten können. In dieser Denkform werden soziokulturelle Einflüsse auf Emotionen berücksichtigt und, inwiefern Faktoren wie Sprache und Handlungen Emotionen mitkonstruieren. Eine prominente Vertreterin dieser Denkform ist Arlie R. Hochschild, die Emotionen als wesentliches Merkmal zwischenmenschlicher Kommunikation betrachtet. In ihrem Werk *The Managed Heart* untersucht Hochschild empirisch die Gefühlsarbeit von Flugzeugstewardessen einer amerikanischen Fluggesellschaft und liefert ein weitreichendes Erklärungsmodell der Kommerzialisierung von Gefühlen.[55] Hochschild betrachtet Gefühlsarbeit („emotional labor") als Arbeit an den eigenen Gefühlen und versteht darunter alle Tätigkeiten, Strategien und Bemühungen eines Subjekts, Gefühle im privaten oder beruflichen Kontext zu beeinflussen.[56] Gefühlsarbeit lässt sich ausdifferenzieren in Unterdrücken, gezieltes Hervorrufen oder Steuern von Gefühlen als Funktionsweisen dieser Tätigkeit.[57]

Hochschild versteht Gefühlsarbeit als eingebettet in soziale Kontexte, die sich an Gefühlsnormen („feeling rules") orientiere und das Fühlen spezifischer Gefühle in bestimmten Situationen vorsehe.[58] Diese Gefühlsnormen seien in gesellschaftlichen Konventionen, Vorgaben und Erwartungshaltungen stets latent sichtbar, würden aber bei Verstößen oder Brüchen noch deutlicher zu Tage treten.[59] Ein Individuum könne sich diesen Regeln nur schwerlich entziehen.

---

54 Vgl. SENGE, Konstanze (2013): Die Wiederentdeckung der Gefühle, 25.
55 Vgl. HOCHSCHILD, Arlie R. (1983): The Managed Heart. Commercialization of Human Feeling, Berkeley, CA; deutschsprachige Übersetzung: HOCHSCHILD, Arlie R. (1990): Das gekaufte Herz. Zur Kommerzialisierung der Gefühle, Frankfurt a. Main/ New York.
56 Vgl. HOCHSCHILD, Arlie R. (1990): Das gekaufte Herz, 30.
57 Vgl. NECKEL, Sighard (2013): Arlie Russell Hochschild. Das gekaufte Herz. Zur Kommerzialisierung der Gefühle. In: Senge, Konstanze/ Schützeichel, Rainer (Hrsg.): Hauptwerke der Emotionssoziologie, Wiesbaden, 168–175, 169.
58 Vgl. HOCHSCHILD, Arlie R. (1990): Das gekaufte Herz, 73–84.
59 Vgl. DUNKEL, Wolfgang (1988): Wenn Gefühle zum Arbeitsgegenstand werden. Gefühlsarbeit im Rahmen personenbezogener Dienstleistungstätigkeiten. In: Soziale Welt 39 (1), 66–85, 72.

1.1 Exemplarische Annäherungen an gängige Emotionstheorien

> „Die Verpflichtung, Gefühlsregeln zu entsprechen, verspürt es [das Individuum; L.M.] vielmehr dadurch, dass es bei sich selbst eine Kluft zwischen den sozial erwarteten Gefühlen und seinen tatsächlich vorhandenen emotionalen Regungen bemerkt, und deshalb aus Sorge um seine soziale Akzeptanz versucht, die empfundene Kluft durch eine entsprechende Regulation der eigenen Emotionen zu schließen."[60]

Beim Einhalten dieser Gefühlsregeln sei es nach Hochschild möglich, Oberflächenhandeln (,surface acting') zu betreiben und den erwarteten Handlungen zu entsprechen, ohne dabei die Gefühlserwartungen selbst wirklich zu verspüren.[61] Dieses Oberflächenhandeln führe zu keiner Veränderung der inneren Verfassung des Menschen. Anders verhalte es sich beim inneren Handeln (,deep acting'), das mit Konsequenzen für die Gefühlswelt des Handelnden einhergehe.[62] Diese Form sei mit einer ,als ob'-Einstellung verbunden,

> „[...] d. h. ich definiere die Situation um, ich versuche mir etwas vorzumachen, ich täusche mich quasi vorsätzlich. Habe ich mir diese neue Sichtweise der Realität mit Erfolg suggeriert, stellen sich die passenden Gefühle gleichsam automatisch ein."[63]

Auf diese Weise nehmen die Individuen selbst Einfluss auf das, was sie später tatsächlich fühlen. Im Umfeld dieser Denkform soll auch auf praxistheoretische Emotionstheorien verwiesen werden. Sie betrachten Emotionen als kulturelle Praxis und mit Handlungen verknüpft, die diese hervorbringen. Hierbei wird der Körper als solcher in den Mittelpunkt gerückt und neben verbalen Äußerungen werden auch Praktiken und soziale Interaktionen daraufhin untersucht, wie sie Emotionen mobilisieren oder regulieren. Der Ansatz des ,Doing Emotion',[64] der Emotionen als Tun begreift, geht auf die Kulturwissenschaftlerin Monique Scheer zurück und wird in Kap. 2.2.2 dieser Arbeit genauer behandelt.

Kritik an Hochschilds Theorie richtet sich u. a. gegen die Auffassung, zu stark zwischen ,echten' und ,gespielten' Gefühlen zu unterscheiden und erstere „stets als Störung im Ablauf moderner Organisationen zu begreifen".[65] Vielmehr seien auch reale Gefühle als soziale Konstrukte zu denken, die durch gesellschaftliche Kategorien bereits geprägt und hervorgebracht würden. Das Einwirken auf diese bleibe nicht ohne Wirkung auf die Konstruktion des emotionalen Habitus:

---

60 NECKEL, Sighard (2013): Arlie Russell Hochschild, 169f.
61 Vgl. HOCHSCHILD, Arlie R. (1990): Das gekaufte Herz, 55f.
62 Vgl. HOCHSCHILD, Arlie R. (1990): Das gekaufte Herz, 56–60.
63 DUNKEL, Wolfgang (1988): Wenn Gefühle zum Arbeitsgegenstand werden, 72.
64 Vgl. SCHEER, Monique (2016): Emotionspraktiken. Wie man über das Tun an die Gefühle herankommt. In: Beitl, Matthias/ Schneider, Ingo (Hrsg.): Emotional Turn?! Europäisch ethnologische Zugänge zu Gefühlen & Gefühlswelten, Wien, 15–36.
65 NECKEL, Sighard (2013): Arlie Russell Hochschild, 174.

„Modernes Gefühlsmanagement betrifft daher nicht allein die Manipulation ‚echter' Gefühle, worauf sich Hochschilds Aufmerksamkeit richtet, sondern darüber hinaus deren Erzeugung im emotionalen Habitus selbst."[66]

1.1.7 Zwischenfazit

Die exemplarische Klassifizierung von sechs größeren Denkrichtungen konnte die heterogenen Betrachtungsformen zum Gegenstand der Emotionen und die Komplexität dessen in der wissenschaftlichen Auseinandersetzung sichtbar machen. Besonders deutlich wurde, dass es weder eine einheitliche Terminologie noch gar eine unter den verschiedenen Denkrichtungen konsensfähige Theorie gibt. Bedingt von der jeweiligen Forschungstradition und den damit einhergehenden theoretischen Vorannahmen werden physiologische oder mentale Prozesse betont, Emotionen universell oder in ihren kulturellen Kontexten gedacht, als kognitive Elemente der Kommunikation zugänglich oder als erfahrungsbezogen und sprachlicher Mitteilung entzogen betrachtet. Je nach Denktradition wird die intentionale Ausrichtung auf ein Objekt oder eine Situation berücksichtigt, werden Emotionen als neurochemische Reize wahrgenommen, die Einfluss auf das menschliche Handeln nehmen, oder als etwas angesehen, worauf der Mensch durch selbstgesteuerte Praktiken selbst Einfluss nehmen kann. Der Überblick zeigt, dass kein allgemeiner Konsens formuliert werden kann, wie sich das Wesen der Emotionen in Gänze fassen ließe.

Für die vorliegende Arbeit wird ein kulturtheoretisches Emotionsverständnis herangezogen, das in Kap. 2 näher ausdifferenziert wird. In gewisser Weise lässt sich diese Denkform auch als ein die skizzierten Ansätze verbindendes Verständnis verstehen, da – ähnlich wie bei Damaiso und James – die Involviertheit des Körpers beim Fühlen im Mittelpunkt steht. In dieser Sichtweise gehört die Hauptaufmerksamkeit den sozialen Praktiken, welche die Unterscheidung zwischen der ‚inneren' (mentalen) und ‚äußeren' (physiologischen) Seite einer Emotion zu überwinden versuchen.[67]

Da sich die Arbeit im Kontext der theologischen, genauer in der praktisch-theologischen und religionspädagogischen Forschung verortet, wird die Thematisierung der Emotionen nun in den dafür relevanten Bereichen näher betrachtet.

---

66 NECKEL, Sighard (2013): Arlie Russell Hochschild, 174.
67 Vgl. SCHEER, Monique (2012): Are Emotions a Kind of Practice, 198.

1.2 Emotionen als Gegenstand theologischer Forschung

Im deutschsprachigen Raum lässt sich bei der Behandlung des Themas ‚Emotionen' durch die universitäre Theologie eine weitreichende Zurückhaltung beobachten. Dies mag u. a. durch ein Wissenschaftsverständnis bedingt sein, das aufgrund der Flüchtigkeit und Subjektivität von Emotionen vor einem „*epistemologischen* Problem"[68] steht.

Im Folgenden gehe ich auf die Nichtberücksichtigung des Emotionalen im akademischen Diskurs der universitären Theologie ein, um anschließend die theoriegeschichtliche Auseinandersetzung mit der Thematik innerhalb theologischer Wissenschaft nachzuzeichnen. Schließlich soll die gegenwärtige religionspädagogische Forschung zu Emotionen in den Blick genommen und in ihren Emotionsverständnissen aufgezeigt werden.

1.2.1 Die „Exklusion des Emotionalen" aus universitärer Theologie

Noch immer kommen Emotionen als Gegenstand theologischer, sogar praktisch-theologischer Forschung nur randständig in den Blick.[69] Eine exemplarische Durchsicht aktueller praktisch-theologischer und religionspädagogischer Handbücher ergibt einen klaren Befund.[70] Es scheint bezeichnend, dass die Kategorien ‚Emotion' oder ‚Gefühl' bislang nicht zu den praktisch-theologischen und religionspädagogischen Grund- oder Strukturbegriffen zählen und in den einschlägigen Lexika keinen eigenen Eintrag finden. In allen Handbüchern sucht man diese Kategorien vergebens, lediglich im Lexikon der Religionspädagogik

---

68 HUBER, Matthias/ KRAUSE, Sabine (2018): Bildung und Emotion. In: Dies. (Hrsg.): Bildung und Emotion, Wiesbaden, 1–13, 5 (Hervorhebung im Original).
69 Vgl. STRUBE, Sonja Angelika (2012): Gefühle ausgeschlossen. Thesen zu einer folgenreichen Exklusion. In: Pock, Johann/ Hoyer, Birgit/ Schüßler, Michael (Hrsg.): Ausgesetzt. Exklusionsdynamiken und Exposureprozesse in der Praktischen Theologie, Wien/ Berlin/ Münster, 51–68, 54.
70 Untersucht wurden folgende Werke: Das WISSENSCHAFTLICH-RELIGIONSPÄDAGOGISCHE LEXIKON IM INTERNET (WiReLex), www.bibelwissenschaft.de/wirelex (Zugriff am 01.06.23); KROPAČ, Ulrich/ RIEGEL, Ulrich (Hrsg.) (2021): Handbuch Religionsdidaktik, Stuttgart; PORZELT, Burkard/ SCHIMMEL, Alexander (Hrsg.) (2015): Strukturbegriffe der Religionspädagogik, Bad Heilbrunn; BITTER, Gottfried/ BLUM, Dominik (Hrsg.) (²2006): Neues Handbuch religionspädagogischer Grundbegriffe, München [2002]; BAUMGARTNER, Konrad/ SCHEUCHENPFLUG, Peter (Hrsg.) (2002): Lexikon der Pastoral, Bände I/II, Freiburg i. Breisgau/ Wien/ Basel; METTE, Norbert/ RICKERS, Folkert (HRSG.) (2001): Lexikon der Religionspädagogik, Bände I/II, Neukirchen-Vluyn; HASLINGER, Herbert (Hrsg.) (1999/2000): Handbuch Praktische Theologie, Bände I/II, Mainz.

findet sich ein Lemma *Emotionales Lernen*⁷¹ und im Wissenschaftlich-Religionspädagogischen Lexikon im Internet (WiReLex) ein Artikel zu *Emotionale Bildung*.⁷²
Auch das im Theo-Web erschienene Sonderheft „Emotionen aus religionspädagogischer Perspektive" verweist in seinem Vorwort auf die noch zu geringe wissenschaftliche Berücksichtigung der Emotionen:

> „Angesichts […] der Zusammenhänge zwischen Religion und Emotion, gerade auch im Christentum, ist es verwunderlich, dass Gefühle in der Religionspädagogik – abgesehen von einigen Ausnahmen – bislang keine große Aufmerksamkeit in Forschung und Diskurs gefunden haben."⁷³

Die weitestgehende „Exklusion des Emotionalen aus der universitären Theologie"⁷⁴ und der theoretischen Reflexion theologischer Praxis hat nach Sonja Angelika Strube fatale Folgen. Sie diagnostiziert in Theologie und Pastoral einen zu kognitiv-rational beschränkten Blick, dessen Folge eine gewisse Blindheit gegenüber dem emotional-expressiven Grundgerüst des religiösen Lebens der Menschen sei.⁷⁵

Für dieses Ausblenden des Emotionalen im Rahmen universitärer Theologie können unterschiedliche Gründe angeführt werden. Friedrich Schweitzer schließt von der geringen Bearbeitung von Gefühlen nicht auf eine grundsätzlich kognitivistische Ausrichtung in der Religionspädagogik. Vielmehr sieht er die Gründe in einer unzureichenden Modellbildung, welche die Gefühle bislang

---

71 Vgl. SCHREINER, Martin (2001): Art. Emotionales Lernen. In: Mette, Norbert/ Rickers, Folkert (Hrsg.): Lexikon der Religionspädagogik, Bände I/II, Neukirchen-Vluyn, Sp. 401–402.
72 Vgl. NAURATH, Elisabeth (2017): Art. Emotionale Bildung. In: Das Wissenschaftlich-Religionspädagogische Lexikon im Internet (WiReLex), https://www.bibelwissenschaft.de/fileadmin/buh_bibelmodul/media/wirelex/pdf/Emotionale_Bildung__2018-09-20_06_20.pdf (Zugriff am 01.06.23), 1–12.
73 FUCHS, Monika/ KOHLER-SPIEGEL, Helga/ PIRNER, Manfred L. (2022): „Emotionen aus religionspädagogischer Perspektive" – Einführung in den Thementeil. In: Theo-Web. Zeitschrift für Religionspädagogik 21 (Sonderausgabe), https://www.theo-web.de/fileadmin/user_upload/theo-web/pdfs/21-jahrgang-2022-heft-2/emotionen-aus-religionspaedagogischer-perspektive-einfuehrung-in-den-thementeil.pdf (Zugriff am 01.06.23), 1–5, 2.
74 STRUBE, Sonja Angelika (2012): Gefühle ausgeschlossen, 52.
75 Vgl. STRUBE, Sonja Angelika (2012): Gefühle ausgeschlossen, 52. Eine Ausnahme bildete lange Zeit eine feministische und geschlechtersensible Theologie. Hier kamen Perspektiven des Körpers und die grundlegende Bedeutung von Gefühlen im Zusammenhang mit Macht- und Existenzkämpfen in den Blick. Diese marginalisierte Ausnahme unterstreicht jedoch eher noch die theologische Herabsetzung von Affekten in einer dominierenden geschlechterstereotypen Kultur. Vgl. SCHÜßLER, Michael (2015): Du musst dein Fühlen ändern. Eine Recherche zu den Affektstrukturen christlicher Dispositive. In: Bechmann, Ulrike u. a. (Hrsg.): Abfall. Theologisch-kritische Reflexionen über Müll, Entsorgung und Verschwendung, Wien, 109–134, 119.

1.2 Emotionen als Gegenstand theologischer Forschung

zu wenig berücksichtige.[76] Strube wiederum führt die Exklusion des Emotionalen auf ein längst überholtes Wissenschaftsverständnis innerhalb der Theologie zurück, das das Einbeziehen von Subjektivität und Emotionalität im Widerspruch zur Wissenschaftlichkeit sehe.[77]

Dennoch lassen sich verstärkt auf Seiten der protestantischen Theologie Ausnahmen finden: Hier weisen fachübergreifende Sammelbände der letzten Jahre in eine weiterführende Richtung.[78] Im Editorial des Schwerpunktheftes Praktische Theologie zu *Starke Gefühle* von 2013 schreiben die Autoren:

> „Das Gefühl ist wieder theoriefähig geworden. Konnte man vor wenigen Jahren noch über die Rückkehr der Gefühle in den wissenschaftlichen Diskurs staunen, so ist die Beschäftigung mit ihnen inzwischen in fast allen Disziplinen ein etabliertes Thema."[79]

Als Überblick über die theoriegeschichtliche Auseinandersetzung mit Emotionen in der Theologie kann die grobe Unterteilung in zwei Tendenzen dienen, die im Folgenden näher beleuchtet werden.[80] Die erste sieht Emotionen, Gefühle und Affekte als das Andere der Vernunft, das beherrscht und kontrolliert werden müsse. Hieran schließen ethisch-philosophische Denkfiguren an, die eine kognitivistische Gefühls- bzw. Affektabwertung aufweisen. Die zweite Tendenz rückt die Bedeutung der Gefühle – als Gegenbewegung zur kognitivistischen Engführung der Aufklärung – in den Mittelpunkt der Überlegungen. Hierbei fällt auf, dass die Thematisierung „in der Spur des subjektiven Erlebens, als innerliche Emotionalität religiöser Erregtheit"[81] erfolgt. Exemplarisch für diese Sicht steht der Ansatz von Friedrich Schleiermacher und dessen folgenreiche Rezeption durch Richard Kabisch und Friedrich Niebergall, die das Verständnis von Emotionen für heutige Theorien der Religionspädagogik nachhaltig prägten.

---

76 Vgl. SCHWEITZER, Friedrich (2013): Gefühl in der Religion von Kindern und Jugendlichen. Perspektiven einer religionspädagogischen Modellbildung. In: Charbonnier, Lars/ Mader, Matthias/ Weyel, Birgit (Hrsg.): Religion und Gefühl. Praktisch-theologische Perspektiven einer Theorie der Emotionen. Festschrift für Wilhelm Gräb zum 65. Geburtstag, Göttingen, 419–432, 419.
77 Vgl. STRUBE, Sonja Angelika (2012): Gefühle ausgeschlossen, 57f.
78 Vgl. BARTH, Roderich/ ZARNOW, Christopher (Hrsg.) (2015): Theologie der Gefühle, Berlin/ Boston; CHARBONNIER, Lars/ MADER, Matthias/ WEYEL, Birgit (Hrsg.) (2013): Religion und Gefühl. Praktisch-theologische Perspektiven einer Theorie der Emotionen. Festschrift für Wilhelm Gräb zum 65. Geburtstag, Göttingen.
79 FECHTNER, Kristian/ LAUSTER, Jörg (2013): Starke Gefühle (Editorial). In: Praktische Theologie 48 (2), 71.
80 Vgl. SCHÜßLER, Michael (2015): Du musst dein Fühlen ändern, 120.
81 SCHÜßLER, Michael (2015): Du musst dein Fühlen ändern, 120.

1.2.2 Das Andere der Vernunft: Ethisch-philosophische Betrachtungen

Nähert man sich den Gefühlen aus ethischer Perspektive, wird man mit Konzepten konfrontiert, die diese als „Störfaktor der Erkenntnis"[82] betrachten. Die Ausbildung der neuzeitlichen Vernunft lässt sich als Abgrenzungs- und Umschichtungsprozess begreifen, der im Zuge der Aufklärung alles, was außerhalb des Territoriums der Vernunft lag, als „unzulänglich, unmoralisch, irrelevant oder einfach nicht existent" bewertete:

> „Das Andere der Vernunft: von der Vernunft her gesehen ist es das Irrationale, ontologisch das Irreale, moralisch das Unschickliche, logisch das Alogische. Das Andere der Vernunft, das ist inhaltlich die Natur, der menschliche Leib, die Phantasie, das Begehren, die Gefühle [...]."[83]

Die Abwertung der emotionalen Facette begegnet bereits in der Antike, besonders in der im Stoizismus angesiedelten Affektenlehre. Diese befasst sich mit der Spannung zwischen ‚Pathos' (Leidenschaft, Betroffenheit) und ‚Apathie' (Leidenschaftslosigkeit, Gleichmut – die sprichwörtlich gewordene ‚stoische Gelassenheit'). Der vernunftbegabte Mensch stellt die zentrale stoische Denkfigur dar. So sieht Epiktet den vernunftbegabten Menschen in der Verantwortung, seine Affekte zu beherrschen und das ethische Ideal der Apathie anzustreben.[84]

Im Zuge seiner Mimesistheorie prägt auch Platon den Affektdiskurs. Er entwarf das Bild einer an Vernunft orientierten Polis. Künstler*innen, die sich von der ‚Mania', also von ungezügelter Begeisterung leiten lassen, stellen für die Bewohner*innen der Stadt eine Verführung dar. Sie laufen Gefahr, nicht der Vernunft, sondern den Leidenschaften zu folgen. Aus diesem Grund steht die Vertreibung derjenigen an, die von solchen Affekten beherrscht werden. Die Ordnung der Polis ist darauf ausgelegt, dass die Bewohner*innen mittels der Vernunft ihre Affekte kontrollieren und sich nicht von diesen leiten lassen.[85]

Mit den Worten Peter Sloterdijks lässt sich für die ethisch-philosophischen Auseinandersetzungen folgendes resümieren:

> „Die ursprüngliche ethische Konfusion der europäischen Philosophie manifestiert sich in zwei komplementären altehrwürdigen Irrtümern, die die Geschichte des Nachdenkens über die Frage, wie Menschen leben sollen, durchziehen: Der erste verwechselt die Zügelung der Leidenschaften mit der Austreibung von niederen Dämonen, der zweite verwechselt die Überwindung der schlechten Gewohnheiten mit Erleuchtung durch höhere Geister. Für den ersten Irrweg sind die stoischen und

---

82 AMMICHT QUINN, Regina (1999): Körper – Religion – Sexualität. Theologische Reflexionen zur Ethik der Geschlechter, Mainz, 40.
83 BÖHME, Hartmut/ BÖHME, Gernot (1983): Das Andere der Vernunft. Zur Entwicklung von Rationalitätsstrukturen am Beispiel Kants, Frankfurt a. Main, 13.
84 Vgl. HILLERDAL, Gunnar (2008): Art. Affekt I. Einführung. In: Müller, Gerhard u. a. (Hrsg.): Theologische Realenzyklopädie (TRE), Berlin, 596-599, 596f.
85 Vgl. GÜNTHER, Henning (2008): Art. Affekt III. Philosophische Aspekte. In: Müller, Gerhard u. a. (Hrsg.): Theologische Realenzyklopädie (TRE), Berlin, 612-621, 617f.

1.2 Emotionen als Gegenstand theologischer Forschung

gnostischen Strömungen mit ihrem Streben nach Apathie bzw. schnellem Entkommen in die Überwelt repräsentativ, für den zweiten die platonischen und mystischen Überlieferungen mit ihrer Neigung zur Abtötung des Fleisches bzw. zum Überfliegen des verkörperten Daseins."[86]

Von Descartes über Immanuel Kant wird bis in die Gegenwart hinein dem Ansatz gefolgt, aus erkenntnistheoretischem Interesse körperliche Gefühle und Affekte weitestgehend auszuschließen.[87] Kant erklärt die Leidenschaften sogar zu „Krebsschäden für die reine praktische Vernunft"[88] und Affekte werden als „medizinisches Problem"[89] nicht dem Zuständigkeitsbereich der Ethik zugerechnet.

Zusammenfassend lässt sich festhalten, dass die Unterordnung des Gefühls und Affekts unter die Rationalität des Verstandes ethisch-philosophisches Denken maßgeblich prägte. Das Emotionale wird jedoch nicht nur herabgesetzt, es stört den wissenschaftlichen Erkenntnisgewinn und muss domestiziert, ja weitestgehend negiert werden.

Die gefühlsbetonte Romantik stellt dazu einen starken Kontrast dar, indem sie dem Emotionalen sogar erkenntnisgenerierende Qualität zuspricht.

1.2.3 Religion als „Anschauung und Gefühl" (Friedrich Schleiermacher) und dessen folgenreiche Rezeption

Mit am meisten prägte der evangelische Theologe Friedrich D. E. Schleiermacher die grundlegende Bedeutung des Gefühls für die Theologie. Seinen Ruf des „Gefühlstheologen par excellence"[90] erwarb sich Schleiermacher durch seine 1799 veröffentlichten Reden *Über die Religion*. Mit dem Aufkommen der Romantik heben diese – in Abgrenzung zur vorherrschenden Aufklärung – die Bedeutung des individuellen religiösen Gefühls hervor. Schleiermacher verortet das Wesen der Religion als eigenständigen Weltzugang weder in der Metaphysik, also im Denken, noch in der Moral, also im Handeln, sondern in „Anschauung und Gefühl".[91]

---

86 SLOTERDIJK, Peter (2009): Du mußt dein Leben ändern. Über Anthropotechnik, Frankfurt a. Main, 265f.
87 Vgl. SCHÜßLER, Michael (2015): Du musst dein Fühlen ändern, 120.
88 KANT, Immanuel (⁶1922): Anthropologie in pragmatischer Hinsicht (1798), hrsg. v. Karl Vorländer, Leipzig [1912], 204, §81.
89 GÜNTHER, Henning (2008): Art. Affekt III, 612–621, 619.
90 BARTH, Roderich (2013): Religion und Gefühl. Schleiermacher, Otto und die aktuelle Emotionsdebatte. In: Charbonnier, Lars/ Mader, Matthias/ Weyel, Birgit (Hrsg.): Religion und Gefühl. Praktisch-theologische Perspektiven einer Theorie der Emotionen. Festschrift für Wilhelm Gräb zum 65. Geburtstag, Göttingen, 15–48, 18.
91 SCHLEIERMACHER, Friedrich (1969): Über die Religion. Reden an die Gebildeten unter ihren Verächtern [1799], Stuttgart, 35.

Schleiermacher macht – wie im romantischen Zeitalter üblich – von einer Auffassung des Gefühls Gebrauch, für die ein Zustand des Ergriffen-Seins charakteristisch ist. Der Mensch, der von einem Gefühl bewegt wird, kann sich selbst nicht von diesem unterscheiden. Als eigener Modus heben sich im Gefühl die Grenzen von Subjekt und Objekt auf. Das Gefühlte kann also nicht objektiviert werden und bleibt lediglich im Gefühl distanzlos zugänglich.[92]

Religion als „Anschauung und Gefühl" zu verstehen, bedeutet mit Schleiermacher einen „ungeteilten Eindruck von etwas Ganzem zu fassen".[93] Unter Anschauung des Universums begreift er „das in eine Einheit Zusammengefasste".[94] Dies sei nur über den Akt der Religion zugänglich, da sowohl Denken als auch Handeln notwendigerweise kleingliedriges Erkennen sowie die Unterscheidung von Subjekt und Objekt voraussetzten.[95] Mithilfe der Religion nehme sich der Mensch, der selbst nur etwas Einzelnes ist, als Teil des Ganzen wahr.[96] Diese Anschauung ergreife den Menschen mit Gefühlen der Religion. Schleiermacher beschreibt diesen Vorgang wie folgt:

> „Dieses Gefühl, das Ihr freilich oft kaum gewahr werdet, kann in andern Fällen zu einer solchen Heftigkeit heranwachsen, daß Ihr des Gegenstandes und Euerer selbst darüber vergeßt, Euer ganzes Nervensystem kann so davon durchdrungen werden, daß die Sensation lange allein herrscht und lange noch nachklingt und der Wirkung anderer Eindrücke widersteht [...]."[97]

In der Anschauung des Universums wird das Besondere der Religion für den Menschen erkennbar. Die Intensität der Gefühle hängt für Schleiermacher mit dem Grad der Religiosität zusammen: Je intensiver sich die Gefühle im Menschen zeigen, desto religiöser ist er.[98]

Nur wer dieses intensive religiöse Gefühl der Einswerdung mit dem Universum erlebt hat, kann Auskunft über Religion geben:

> „Wer Religion und ihre Gefühle hat, der kann zutreffend referieren, auch wenn sich sein Reden über Religion, sein religiöses Darstellen und Beschreiben, der Feststellung von Richtigkeit und Wahrheit entzieht."[99]

Damit hebt Schleiermacher die Bedingung religiöser Kommunikation hervor: diese finde fernab der Vernunft im Gefühl statt. Eine Religion, die sich der

---

92 Vgl. GROẞHANS, Hans-Peter (2008): Alles (nur) Gefühl? Zur Religionstheorie Friedrich Schleiermachers. In: Arndt, Andreas/ Barth, Ulrich/ Gräb, Wilhelm (Hrsg.): Christentum – Staat – Kultur. Akten des Kongresses der Internationalen Schleiermacher-Gesellschaft in Berlin, März 2006, Berlin/ New York, 547–565, 548.
93 SCHLEIERMACHER, Friedrich (1969): Über die Religion, 99.
94 GROẞHANS, Hans-Peter (2008): Alles (nur) Gefühl?, 551.
95 Vgl. SCHWEITZER, Friedrich (2013): Gefühl in der Religion von Kindern und Jugendlichen, 421.
96 Vgl. GROẞHANS, Hans-Peter (2008): Alles (nur) Gefühl?, 551.
97 SCHLEIERMACHER, Friedrich (1969): Über die Religion, 45f.
98 Vgl. SCHLEIERMACHER, Friedrich (1969): Über die Religion, 46.
99 GROẞHANS, Hans-Peter (2008): Alles (nur) Gefühl?, 554.

1.2 Emotionen als Gegenstand theologischer Forschung

Tradierung von Vergangenem zulasten des lebendigen Gefühls verschreibt, ist für Schleiermacher keine wahre Religion. Als besondere Gefühle der Religion sieht er Ehrfurcht, Demut, Liebe und Zuneigung, Dankbarkeit, Mitleid und Reue, die er gemeinhin als „Frömmigkeit" bezeichnet.[100]

Diese Gefühle drängten nach Ausdruck, wir „sollen sie aussprechen, festhalten, darstellen [...]".[101] Eine so verstandene Religion beginne ihre Entwicklung bereits in der Kindheit und sei auf Bildung angewiesen. Schließlich ließe sich eine „Sehnsucht junger Gemüter nach dem Wunderbaren und Übernatürlichen"[102] ausmachen, die den Sinn verfolge, den „ungeteilten Eindruck von etwas Ganzem zu fassen".[103] Zentral ist hier die holistische Sicht der menschlichen Entwicklung, die nicht nur aus Denken und Handeln, sondern auch aus Religion bestehe. Religion als eigenen, neben Metaphysik und Moral gleichwertigen Modus der Welterschließung zu etablieren, der wiederum eine besondere Form der Bildung benötige, legt das Fundament einer anthropologischen Legitimation der Religionspädagogik.[104]

Schleiermacher wirkte mit seiner Theorie des religiösen Gefühls auf die (evangelische) Theologie, besonders auch auf die Religionspädagogik des 19. und 20. Jahrhunderts. Sein dezidiert anthropologisch angelegtes Religionsverständnis, das das Gefühl als eigenständigen Zugang zur Welt betrachtet, wird jedoch psychologisch umgedeutet. Zeigen lässt sich dies bspw. an den Konzeptionen von Kabisch und Niebergall.[105] Beide berufen sich in ihren Arbeiten auf Schleiermacher und betonen eine gefühlspsychologische Ausrichtung religionspädagogischen Handelns. Schweitzer sieht darin einen bedeutsamen Ebenenwechsel: Schleiermacher nehme mithilfe des Gefühlsbegriffs eine anthropologische Bestimmung von Religion in Abgrenzung zu Metaphysik und Moral vor; sein Verständnis von Gefühl sei insgesamt holistischer ausgerichtet. Schleiermacher unternehme durchaus Abgrenzungen zu gewissen kognitiven Prozessen, berücksichtige dabei jedoch die kognitive Dimension zumindest in Teilen.[106]

Kabisch und Niebergall hingegen verwenden einen psychologisch ausgerichteten Emotionsbegriff. Sie postulieren die Vorstellung unterschiedlicher

---

100 Vgl. SCHLEIERMACHER, Friedrich (1969): Über die Religion, 73–75.
101 SCHLEIERMACHER, Friedrich (1969): Über die Religion, 47.
102 SCHLEIERMACHER, Friedrich (1969): Über die Religion, 97.
103 SCHLEIERMACHER, Friedrich (1969): Über die Religion, 99.
104 Vgl. SCHWEITZER, Friedrich (2013): Gefühl in der Religion von Kindern und Jugendlichen, 421.
105 Vgl. KABISCH, Richard (1988): Wie lehren wir Religion? Versuch einer Methodik des evangelischen Religionsunterrichts für alle Schulen auf psychologischer Grundlage. Kommentar und pragmatische Bibliographie v. Gerd Bockwoldt, Hildesheim/ Zürich/ New York; NIEBERGALL, Friedrich (1913): Jesus im Unterricht auf gefühls-psychologischer Grundlage. Nach Ferienkurs-Vorträgen behandelt von Prof. D. Friedrich Niebergall, Leipzig.
106 Vgl. SCHWEITZER, Friedrich (2013): Gefühl in der Religion von Kindern und Jugendlichen, 423.

Seelenvermögen, wobei Kabisch und Niebergall emotionales von kognitivem Vermögen abgrenzen und damit dem emotionalen Vermögen erkennendes Vermögen absprechen.[107]

Ein psychologisierender Begriff von Emotion als Gegenpart zu Kognition findet Einzug in religionspädagogische Ansätze des frühen 20. Jahrhunderts. Dies zieht Schweitzer zufolge „gewichtige Folgeprobleme" nach sich:

> „Der vermögenspsychologische Emotionsbegriff schließt von Anfang an eine Einseitigkeit ein, eben weil es bei diesem Begriff ausdrücklich nur um einen Teil der menschlichen Erfahrung sowie die Abgrenzung vom Kognitiven geht. Bei Schleiermacher beschreibt ‚Gefühl' einen Modus aller menschlichen Erfahrung – der Emotionsbegriff hebt stattdessen [...] auf nur einen Teilbereich dieser Erfahrung ab."[108]

Die strikte Separierung von Emotion und Kognition, die die vermögenspsychologische Ausrichtung mit sich brachte, gilt heute als überholt; gegenwärtige Lerntheorien betonen die wechselseitige Verschränkung und gegenseitige Bedingung beider. Dennoch greift die Verwendung des psychologischen Emotionsbegriffs nach wie vor auf eine – wenn auch in enger Wechselbeziehung stehende – Aufteilung und Trennung menschlicher Erfahrung zurück.

Die psychologische Ausrichtung des Emotionsbegriffs und die damit einhergehende Gegenüberstellung von Emotion und Kognition prägt Schweitzer zufolge auch die gegenwärtige religionspädagogische Auseinandersetzung mit Emotionen. Eindrücklich zeige sich dies an gängigen fachdidaktischen Theorien, die mit Blick auf Lernprozesse und -ziele zwischen kognitiven und affektiven unterscheiden. Was Schweitzer eindrücklich für die evangelische Religionspädagogik aufzeigt, zeichnet sich ebenso auf katholischer Seite ab. Auch hier ist bei der Bestimmung von Lernzielen ein Rückgriff auf psychologische Lerntheorien üblich, um zwischen kognitiven (intellektuellen), operativen (pragmatischen) und affektiven (emotionalem) Lernen zu unterscheiden.[109] Diese Unterscheidungen zielen darauf, dem Lernprozess in seinen unterschiedlichen Dimensionen gerecht zu werden und diese angemessen zu berücksichtigen. Mit Schweitzer droht dabei jedoch die Gefahr, das Gefühl als Modus aller menschlichen Erfahrung im Sinne Schleiermachers zu verlieren und es „zu einem bloß additiven Denken"[110] zu verkürzen.

---

107 Vgl. SCHWEITZER, Friedrich (2013): Gefühl in der Religion von Kindern und Jugendlichen, 423.
108 SCHWEITZER, Friedrich (2013): Gefühl in der Religion von Kindern und Jugendlichen, 424.
109 Vgl. bspw. WOPPOWA, Jan (2018): Religionsdidaktik, Paderborn, 28.
110 SCHWEITZER, Friedrich (2013): Gefühl in der Religion von Kindern und Jugendlichen, 424.

1.3 Gegenwärtige religionspädagogische Untersuchungen zu Emotionen

Wie bereits aufgezeigt, findet die Emotionsthematik innerhalb der praktischen Theologie, d. h. auch in der Religionspädagogik bislang nur vereinzelt Berücksichtigung. Im Folgenden werden gegenwärtige (katholische wie evangelische) religionspädagogische Forschungsansätze aus dem deutschsprachigen Raum besprochen, die den Versuch unternehmen, die emotionale Dimension stärker in den Vordergrund zu rücken. Die Ausführungen beginnen mit einer der wenigen empirischen Untersuchungen zu Emotionen mit Blick auf die Gottesbeziehung Jugendlicher, gefolgt von theoretischen Arbeiten, die der Frage nach Emotionen und religiösem Lernen mit Blick auf den Religionsunterricht nachgehen. Die Darstellung verschiedener religionspädagogischer Forschungsperspektiven soll dazu dienen, die vorliegende Studie im Forschungsstand einzuordnen. Die von den Autor*innen verwendeten Begrifflichkeiten werden bei der Darstellung beibehalten.

1.3.1 Emotionen, Gottesbeziehung und religiöses Urteil (Hartmut Beile und Albert Biesinger)

Die empirische Studie von Hartmut Beile untersucht die Frage nach den religiösen Emotionen im Zusammenhang mit der Glaubensentwicklung Jugendlicher. Dabei erforscht er die emotionale Facette von Religiosität bei Jugendlichen im Alter von 15 bis 20 Jahren und ermittelt deren Gottesbeziehung und die damit verbundenen Emotionen. Beile legt seinen Fokus auf religiöse Emotionen, worunter er Gefühle versteht, die ein Mensch ausschließlich in Bezug auf Gott bzw. dem Transzendenten erlebt.[111]

Neu ist bei Beile die empirische Untersuchung des Forschungsthemas. Die Ergebnisse aus den je ca. einstündigen Interviews mit 52 Jugendlichen zeigen, dass die Befragten in ihrer Beziehung zu Gott besonders häufig die Emotionen Glück, Dankbarkeit, Vertrauen, Freude oder Geborgenheit erfuhren; negative Emotionen wie Angst oder Wut tauchten in der Beziehung zu Gott oder dem Transzendenten nur vereinzelt auf. Andere Emotionen wie Schuld, Trauer, Ehrfurcht und Sehnsucht wurden von den Jugendlichen im Blick auf ihre Gottesbeziehung nur sehr selten genannt.[112] Von spezifisch religiösen Emotionen berichtete ungefähr ein Fünftel der Befragten. Religiöse Emotionen werden durch einen gewissen

---

111 Vgl. BEILE, Hartmut (1998): Religiöse Emotionen und religiöses Urteil. Eine empirische Studie über Religiosität bei Jugendlichen, Ostfildern, 223.
112 Vgl. BEILE, Hartmut (1998): Religiöse Emotionen, 223.

> „Ausschließlichkeitscharakter, die Schwierigkeit ihrer sprachlichen Mitteilbarkeit und durch ihre Innerlichkeit und Intensität charakterisiert. Glück, Geborgenheit, Dankbarkeit und ein gleichzeitiges Erleben von widersprüchlichen Emotionen wie Glück und Schauer können emotionale Inhalte der spezifisch religiösen Emotionen sein."[113]

Die Ergebnisse seiner Studie setzt Beile in Beziehung zum Modell der Entwicklung des religiösen Urteils nach Fritz Oser und Paul Gmünder. Für den Übergang von Stufe 2 zu Stufe 3 seien dabei v. a. kognitive Impulse der Motor religiöser Entwicklung:

> „Die religiöse Entwicklung für den Übergang von Stufe 2 nach Stufe 3 wird von der Kognition angeführt. Kognitive Veränderungen scheinen die entscheidenden Entwicklungsanstöße zu geben und für die Stufentransformationen verantwortlich zu sein. [...] Daß die Kognition im frühen Jugendalter die religiöse Entwicklung anführt, wird plausibel, wenn man bedenkt, daß ab ca. 11 Jahren das konkrete Denken des Kindes durch das formaloperatorische Denken abgelöst wird."[114]

Für eine religiöse Weiterentwicklung ab Stufe 3, welche die völlige Autonomie des Menschen überwindet und das Transzendente als sinnstiftendes Element hinzuzieht, sind Beile zufolge religiöse Emotionen entscheidend. Ältere Jugendliche, die sich im Stufenbereich 3 bis 4 bewegten, bezogen sich in ihren Ausführungen auf differenzierte religiöse Emotionen.[115]

In seiner Studie ermittelt Beile die religiösen Emotionen Jugendlicher mit Blick auf ihre Beziehung zu Gott oder einem Transzendenten in unterschiedlichen, auch subjektiv nicht-religiösen Situationen.

Mit einem stärkeren Fokus auf den Religionsunterricht bezieht sich Albert Biesinger ebenfalls auf das Zusammenspiel von Emotion und Gottesbeziehung. Die Erschließung der Gottesbeziehung stellt für Biesinger einen zentralen Aspekt des Religionsunterrichts dar. Jene gehe

> „über [eine; LM] reduzierte, kognitiv abstrakte Auseinandersetzung mit der Gottesfrage hinaus. [...] Denn Kinder und Jugendliche deuten ihr Leben nicht von einer abstrakten Gottesfrage her, sondern als Beziehung zu Gott oder auch nicht."[116]

Den Begriff des Emotionalen verwendet Biesinger als Oberkategorie, die Begriffe wie Gefühl, Affekt, Stimmung und Gefühlserregung miteinschließe. Die Adjektive „emotional" und „affektiv" verwendet er in einem gleichbedeutenden Sinn und versteht darunter psychisch erlebte Erregungszustände.[117]

---

113 BEILE, Hartmut (1998): Religiöse Emotionen, 224.
114 BEILE, Hartmut (1998): Religiöse Emotionen, 219.
115 Vgl. BIESINGER, Albert (1999): Wie der Religionsunterricht Zukunft hat. Kognition, Emotion und religiöse Handlungsorientierung. In: ThQ 179 (2), 119–131, 123.
116 BIESINGER, Albert (2012): Gotteskommunikation. Religionspädagogische Lehr- und Lernprozesse in Familie, Gemeinde und Schule, Ostfildern, 194f.
117 Vgl. BIESINGER, Albert (1999): Wie der Religionsunterricht Zukunft hat, 121.

1.3 Gegenwärtige religionspädagogische Untersuchungen

Biesinger hält es für die zentrale Aufgabe des Religionsunterrichts, emotionale Erlebnisräume bereitzustellen, die religiöse Erfahrungen ermöglichen.[118] Dabei setzt er die emotionale Dimension in Bezug zur religiösen Erfahrung im Unterricht, die sich bspw. durch Stilleübung, Meditation, Gebet oder Musik realisieren ließe. Unter Rückgriff auf die empirische Forschung von Beile kommt Biesinger zu dem Schluss, dass religiösen Emotionen eine zentrale Bedeutung im religiösen Entwicklungsprozess zukommen und emotionale Lernbereiche in Schule und im Religionsunterricht stärker berücksichtigt werden sollten. Die wechselseitige Bedingung emotionaler Erfahrungen und kognitiver-kritischer Reflexionsprozesse sei zentraler Maßstab des Religionsunterrichts, der die religiöse Entwicklung Heranwachsender fördere.[119]

Zusammenfassend lässt sich formulieren, dass Beile und Biesinger die enge Wechselwirkung von Emotion und Kognition für die Entwicklung des religiösen Urteils herausstellen. Beide Komponenten bedingen einander in ihrer Entwicklung und zielen auf die Erschließung der Gottesbeziehung.

1.3.2 Emotionen als Lerngegenstand kompetenzorientierten Religionsunterrichts (Helga Kohler-Spiegel)

Ein Verständnis von Emotionen als Lerngegenstand kompetenzorientierten Religionsunterrichts entwickelt Helga Kohler-Spiegel. In ihrem Beitrag *Emotionales Lernen im Religionsunterricht* widmet sie sich der engen Verbindung von emotionalem und religiösem Lernen und sieht es als Aufgabe des Religionsunterrichts, emotionale Kompetenz zu fördern.[120]

Kohler-Spiegel greift auf eine psychologische Unterscheidung von Gefühl, Emotion und Affekt zurück. Während sich Gefühle durch das subjektive Erleben auszeichneten, ließen sich Emotionen als komplexer Prozess, als eine Bewegung beschreiben, die sich aus physiologischen und kognitiven Elementen zusammensetze. Emotionen sind für Kohler-Spiegel mehr als Gefühle. Neben dem tatsächlich Gefühlten umfassen sie den Anlass des Gefühls, die körperliche Reaktion, die Bewertung dessen und schließlich den Ausdruck. Affekte hingegen begreift sie als nicht steuerbar, kurzfristige und intensive, emotionale Erregung.[121] Sie stellt die Verschränkung von Emotionen und religiösem Lernen heraus:

---

118 Vgl. BIESINGER, Albert (1999): Wie der Religionsunterricht Zukunft hat, 124.
119 Vgl. BIESINGER, Albert (1999): Wie der Religionsunterricht Zukunft hat, 123.
120 Vgl. KOHLER-SPIEGEL, Helga (2017): Emotionales Lernen im Religionsunterricht. In: Reli+plus. Religionspädagogische Zeitschrift für Praxis & Forschung (01-02), 4–7.
121 Vgl. KOHLER-SPIEGEL, Helga (2017): Emotionales Lernen, 4.

> „Kompetenzorientierter Religionsunterricht braucht Szenen zum Lernen, die emotional besetzt sind. Oder anders formuliert: Auch religiöses Lernen braucht die Einbeziehung von Emotionen, um Lernen überhaupt möglich zu machen."[122]

Religion kompetenzorientiert zu unterrichten, ziele nach Kohler-Spiegel auf eine Problemlösefähigkeit, die es Schüler*innen ermögliche, unterschiedliche Anforderungssituationen zu bewältigen, die wiederum emotional besetzt seien und eine Deutung verlangten. Aus diesem Grund hält sie es für unerlässlich, mit Schüler*innen einen Zugang zu Emotionen zu entwickeln und diese in den Religionsunterricht einzubeziehen, um religiöse Kompetenz angemessen fördern zu können.[123]

Das Konzept der emotionalen Kompetenz versteht Kohler-Spiegel unter Rückgriff auf Maria von Salisch als „Entwicklung einer balancierten Persönlichkeit, das den Erwerb von Beziehungsfähigkeit, Bewältigungskompetenzen und Fähigkeiten zur Selbstregulation einschließt".[124] Emotionales Wahrnehmungs- und Ausdrucksverhalten, emotionale Deutungs-, Bewältigungs- und Steuerungskompetenz sowie die Sprachfähigkeit und Vermittlungskompetenz mit Blick auf Emotionen seien deshalb zentrale emotionale Fähigkeiten, die in Schule und Religionsunterricht gefördert werden sollten.[125]

Ferner nimmt Kohler-Spiegel das Verhalten der Lehrperson in den Blick und merkt an, dass es für eine adäquate Begleitung emotionaler Lernprozesse entsprechend emotionale Kompetenzen auf Seiten der Lehrperson brauche. Neben der Fähigkeit, eigene Gefühle differenziert wahrnehmen, ausdrücken und steuern zu können, komme der Lehrperson eine Modellfunktion zu, die den Schüler*innen wiederum Strategien im Umgang mit ihren Emotionen vermittle. Zudem sei es als Lehrperson geboten, im Unterrichts aufmerksam und einfühlsam zu agieren und die Gefühle der Schüler*innen wahrzunehmen, ohne diese selbst zu übernehmen.[126]

Neben der Lehrperson, die zum Lernmodell im Umgang mit Emotionen wird, sind handlungs- und erfahrungsbezogene Lernwege für Kohler-Spiegel von großer Bedeutung.[127] Insbesondere religiöse Inhalte sieht sie als Chance,

---

122 KOHLER-SPIEGEL, Helga (2017): Emotionales Lernen, 5.
123 Vgl. KOHLER-SPIEGEL, Helga (2015): Emotionales Lernen im Religionsunterricht. In: MThZ 66 (3), 292–302, 298. Vgl. hierzu auch: GENNERICH, Carsten (2015): Emotionen als Anforderungssituationen in einer kompetenzorientierten Religionsdidaktik. In: Theo-Web. Zeitschrift für Religionspädagogik 14 (1), 6–15.
124 SALISCH, Maria von (2002): Einleitende Worte. In: Dies. (Hrsg.): Emotionale Kompetenz entwickeln. Grundlagen in Kindheit und Jugend, Stuttgart, IX–XI, X.
125 Vgl. KOHLER-SPIEGEL, Helga (2017): Emotionales Lernen, 5.
126 Vgl. KOHLER-SPIEGEL, Helga (2022): „In Religion fühl' ich mich wohl." Emotionales Lernen in der Grundschule. In: Theo-Web. Zeitschrift für Religionspädagogik 21 (Sonderausgabe), https://www.theo-web.de/fileadmin/user_upload/theo-web/pdfs/21-jahrgang-2022-heft-2/in-religion-fuehl-ich-mich-wohl-emotionales-lernen-in-der-grundschule.pdf (Zugriff am 01.06.23), 115–131, 124; KOHLER-SPIEGEL, Helga (2017): Emotionales Lernen, 6.
127 Vgl. KOHLER-SPIEGEL, Helga (2022): „In Religion fühl' ich mich wohl.", 127.

Emotionen wahrzunehmen und benennen zu lernen. So eröffnet bspw. die Arbeit mit Bibel- oder Gebetstexten die Möglichkeit, die dort vermittelten Emotionen als Lernanlass zu sehen oder sogar selbst mit diesen in Kontakt zu kommen:

> „Die Gewissheit, sich von Gott angenommen zu wissen, kann es erlauben, sich eigenen Emotionen zu stellen und diese zu reflektieren, was weiter zu Angeboten der Versöhnung mit sich selbst und anderen Menschen führen kann."[128]

Abschließend lässt sich festhalten, dass Kohler-Spiegel mit einem psychologischen Emotionsverständnis arbeitet und Emotionen als Bedingung für gelingendes religiöses Lernen in den Blick nimmt. Sie sieht Emotionen als Chance religiöser Lernanlässe, die sich durch zwei Dynamiken auszeichneten – durch die achtsame und empathische Begleitung der Lehrperson und ihrer Modellfunktion hinsichtlich ihres eigenen Umgangs mit auftretenden Gefühlen einerseits wie durch erfahrungs- und handlungsorientierte Lernformen, die den Schüler*innen die Möglichkeit geben, sich im Unterricht mit ihren eigenen Emotionen auseinanderzusetzen. Dabei zielt ihr Ansatz im Wesentlichen darauf, Schüler*innen emotional kompetent und damit im Blick auf die eigenen Gefühle handlungsfähig zu machen.[129]

1.3.3 *Die emotionale Dimension religiöser Bildung (Elisabeth Naurath)*

In ihrem WiReLex-Artikel *Emotionale Bildung* macht Elisabeth Naurath auf die Emotionsvergessenheit in der religionspädagogischen Forschung aufmerksam und fordert für den Religionsunterricht eine „Wahrnehmungsschulung in emotionaler Hinsicht".[130]

In ihrer begrifflichen Abgrenzung weist Naurath auf die Schwierigkeiten einer Definition von Emotionen hin. Schließlich nimmt sie eine psychologische Bestimmung vor, die Emotionen sowohl als bewusste wie auch unbewusste „affektive Gemütsbewegungen"[131] versteht, ihre Wahrnehmung an körperliche und kognitive Reaktionen koppelt und in ihrer sozialen Dimension berücksichtigt. Unter Rückgriff auf die empirische Psychologie konturiert sie den Emotionsbegriff als seelische Erregung gegenüber dem Gefühl als erlebbarem Fühlen anhand von Sinneswahrnehmungen.[132] Naurath weist darauf hin, dass sich in gegenwärtigen Emotionstheorien der Trend abzeichne, die dualistische Trennung von Emotion und Kognition mithilfe der Denkfigur einer komplexen

---

128 KOHLER-SPIEGEL, Helga (2017): Emotionales Lernen, 6.
129 Vgl. KOHLER-SPIEGEL, Helga (2017): Emotionales Lernen, 7.
130 NAURATH, Elisabeth (2017): Art. Emotionale Bildung, 5.
131 NAURATH, Elisabeth (2017): Art. Emotionale Bildung, 1.
132 Vgl. KLIKA, Dorle/ SCHUBERT, Volker (Hrsg.) (2004): Bildung und Gefühl, Baltmannsweiler, 7.

Leib-Seele-Einheit des Menschen zu überwinden. Dennoch lasse sich nach wie vor eine Abwertung von Emotionen feststellen.[133]

Mit Blick auf den „Gefühlsboom" in Psychologie, Pädagogik und Philosophie fordert sie in ihrem Beitrag *Perspektiven einer Praktischen Theologie der Gefühle* eine verstärkte Wahrnehmung der Thematik auch in der Theologie und ihrer Praxis.[134] So diagnostiziert Naurath in der breiten Rezeption kognitiv enggeführter entwicklungspsychologischer Modelle innerhalb der Religionspädagogik eine zu einseitige Orientierung und fordert mit Blick auf religiöse Bildung eine verstärkte Wahrnehmung emotionaler Prozesse:

> „[...D]ie Tendenz der kognitiven Verengung in der entwicklungspsychologischen Forschung [wurde] immer wieder festgestellt und kritisiert, obwohl bei Piaget wie auch bei Kohlberg die sozial-emotionale Determiniertheit auch die Notwendigkeit zur Rollenübernahme, zur Einfühlung (empathy) oder zum Mitgefühl (sympathy) einbezieht. Die Alltagserfahrungen wie auch die klinisch verifizierte Sicht zeigen eindeutige Wechselwirkungen und Interdependenzen zwischen Kognition und Emotion, sodass eine Verengung des Blickwinkels auf die Strukturmomente der kognitiven als rationalistisch verstandener Entwicklung nicht zu rechtfertigen ist."[135]

Gründe für die bislang unzureichende Berücksichtigung der Emotionen sieht Naurath in der offenkundigen Skepsis gegenüber wissenschaftlich plausiblen Erhebungsmethoden, welche die Relevanz von Emotionen ermitteln könnten.[136]

Deshalb plädiert sie für eine Erweiterung einschlägiger entwicklungspsychologischer Theorien, die einen stark kognitiv-strukturalistischen Schwerpunkt aufweisen, um die emotionale Dimension. Hierfür schlägt sie eine emotionspsychologische Ergänzung dieser Ansätze vor, die als Teil religionspädagogischen Grundlagenwissens vermittelt und in die Praxis integriert werden könnten.[137]

Eine gezieltere Fokussierung auf die emotionale Lerndimension religiöser Bildung hält Naurath für unabdingbar. Um emotionale und soziale Entwicklung in Schule und Unterricht zu ermöglichen, sei die erwähnte „Wahrnehmungsschulung in emotionaler Hinsicht"[138] dringend angezeigt. Die religionspädagogische Methodenvielfalt liefere dafür ein breites Spektrum:

> „Dass der Religionsunterricht besondere Möglichkeiten auch zur Wahrnehmung von Emotionen bietet, liegt auf der Hand und kann methodisch adäquat umgesetzt werden: Wege der Selbstreflexion – ob dies Meditationen, Bildbetrachtungen,

---

133 Vgl. NAURATH, Elisabeth (2017): Art. Emotionale Bildung, 2.
134 Vgl. NAURATH, Elisabeth (2015): Perspektiven einer Praktischen Theologie der Gefühle. In: Barth, Roderich/ Zarnow, Christopher (Hrsg.): Theologie der Gefühle, Berlin/ Boston, 207–223, 208.
135 NAURATH, Elisabeth (2017): Art. Emotionale Bildung, 3.
136 Vgl. NAURATH, Elisabeth (2017): Art. Emotionale Bildung, 3f.
137 Vgl. NAURATH, Elisabeth (2017): Art. Emotionale Bildung, 4.
138 NAURATH, Elisabeth (2017): Art. Emotionale Bildung, 5.

1.3 Gegenwärtige religionspädagogische Untersuchungen

spielerische Elemente oder kreatives Schreiben sind – umfassen genuin religionspädagogisches Handeln und ermöglichen die Bewusstwerdung von Gefühlen."[139]

Wie Kohler-Spiegel und Biesinger betont auch Naurath aufgrund der Auseinandersetzung mit der Gottesbeziehung die Besonderheit des Religionsunterrichts für emotionales Lernen:

> „Der Religionsunterricht kann – vielleicht mehr als andere Fächer – Möglichkeiten zur Sensibilisierung und Akzeptanz eigener Gefühle eröffnen. Denn neben der zwischenmenschlichen Perspektive spielt ja auch die Gott-Mensch-Beziehung als Möglichkeit einer Transzendierung der – auch oft an den Moment gebundenen emotionalen Wirklichkeit – eine Rolle."[140]

Nauraths Fokus liegt dabei ähnlich wie bei Kohler-Spiegel vermehrt auf der Ausbildung einer emotionalen Kompetenz, die das „Kennenlernen der Möglichkeiten emotionaler Erlebens- und Ausdrucksmöglichkeiten"[141] umfasst und auch kognitives Wissen über und das Verstehen von Emotionen beinhaltet.

Naurath konkretisiert zudem die Bedeutung emotionaler Prozesse für die erfolgreiche didaktische Umsetzung ethischen Lernens.[142] Ohne Berücksichtigung der emotionalen Dimension komme ethisches Handeln nicht zustande und bleibe bei bloßen Inhalten, die meist kognitiv vermittelt würden, stehen. Werde die Trias ethischer Bildung mit emotionalen, kognitiven und pragmatischen Anteilen defizitär auf die kognitiven Elemente aufgelöst, greife das Konzept zu kurz.[143] Emotionale und soziale Kompetenz seien fundamental, wenn es darum gehe, Schüler*innen ethisch zu bilden und Mitgefühl zu fördern.[144] Ebenso bedeutsam schätzt Naurath Emotionen beim interreligiösen Lernen ein. Hier sieht sie die Herausforderung gegeben, durch Lernprozesse Veränderungen hinsichtlich der Einstellungen auf Seiten der Schüler*innen zu erwirken. Eine besondere Bedeutung komme in diesem Kontext emotionalen Lerndimensionen zu, um verschiedenen Religionszugehörigkeiten religionssensibel begegnen und einen wertschätzenden Umgang etablieren zu können.[145]

Zusammenfassend lässt sich sagen, dass Naurath emotionspsychologischen Nachholbedarf in der breiten Rezeption entwicklungspsychologischer Theorien

---

139 NAURATH, Elisabeth (2015): Perspektiven, 221.
140 NAURATH, Elisabeth (2017): Art. Emotionale Bildung, 7.
141 NAURATH, Elisabeth (2017): Art. Emotionale Bildung, 6.
142 Vgl. NAURATH, Elisabeth (²2008): Mit Gefühl gegen Gewalt. Mitgefühl als Schlüssel ethischer Bildung in der Religionspädagogik, Neukirchen-Vluyn [2007].
143 Vgl. NAURATH, Elisabeth (2007): Die emotionale Dimension ethischer Bildung in der Sekundarstufe I. In: KatBl 132 (1), 26–31, 26.
144 Vgl. NAURATH, Elisabeth (2017): Art. Emotionale Bildung, 9.
145 Vgl. NAURATH, Elisabeth (2022): „Ich weiß zwar viel, aber die Vorbehalte bleiben." – Emotionen im interreligiösen Lernen. In: Theo-Web. Zeitschrift für Religionspädagogik 21 (Sonderausgabe), https://www.theo-web.de/fileadmin/user_upload/theo-web/pdfs/21-jahrgang-2022-heft-2/ich-weiss-zwar-viel-aber-die-vorbehalte-bleiben-emotionen-im-interreligioesen-lernen.pdf (Zugriff am 01.06.23), 151–163.

sieht und dabei eine kognitive Verengung religionspädagogischen Basiswissens ausmacht. Eine zu stark kognitiv ausgerichtete Vermittlung religiöser Inhalte reiche nicht aus, vielmehr brauche es eine angemessene Berücksichtigung der emotionalen Dimension. Der Religionsunterricht biete bedeutsame Grundvoraussetzungen, da hier eine große Methodenvielfalt sowie der Lerngegenstand des Transzendenten im Vergleich zu anderen Fächern bessere Möglichkeiten zur Behandlung von Emotionen im Unterricht zur Verfügung stellten.

1.3.4 Emotionen als Voraussetzung einer beziehungsorientierten Religionsdidaktik (Reinhold Boschki)

Eine Nähe zum Thema Emotionen findet sich auch bei Reinhold Boschkis Erarbeitung des Beziehungsbegriffs, bei dem religiöse Vollzüge, religiöse Lebensweisen und Glaubenssysteme als beziehungsorientiert gelten. Unter dem Leitbegriff der ‚Beziehung' versteht er mit Blick auf religiöse Lehr-Lern-Prozesse nicht nur das Verhältnis zwischen Lehrenden und Lernenden, sondern ein umfassendes, mehrdimensionales Geflecht.

> „Leben und Lernen von Religion und Glauben betrifft die vielfältigen Beziehungsdimensionen, die alle gleich bedeutend und eng aufeinander bezogen sind: die Beziehung des Menschen zu sich selbst, zu anderen, zur Welt, in der wir leben, zur Zeit und die Beziehung zu Gott. Letzte umgreift und qualifiziert alle anderen Beziehungsdimensionen."[146]

Die erste Beziehungsdimension, die Beziehung des Menschen zu sich selbst, betreffe das Selbstwertgefühl, die Selbsterfahrung und das Selbstbild des Menschen. Fragen der Identität, des Woher und Wohin des Menschen könnten hier ebenso thematisiert werden wie die eigene Leiblichkeit. Religiöses Lernen und Lehren ziele darauf, auf diese Selbstbeziehung Bezug zu nehmen und Impulse für deren Weiterentwicklung und Vertiefung zu geben.[147]

Die zweite Beziehungsdimension nimmt die Beziehung zu anderen Menschen wahr. Religion und Glaube lieferten zentrale Bestimmungen für das friedvolle und soziale Zusammenleben der Menschen untereinander. Ebenso sei der Mensch auf seine Mitmenschen verwiesen, da er in Wechselbeziehung zu den Deutungsformen ihrer Gottesbeziehungen lerne. Im Austausch mit anderen lerne der Mensch, seine eigene religiöse Sprachfähigkeit auszubilden.[148]

---

146 BOSCHKI, Reinhold (2012): Dialogisch-beziehungsorientierte Religionsdidaktik. In: Grümme, Bernhard/ Lenhard, Hartmut/ Pirner, Manfred L. (Hrsg.): Religionsunterricht neu denken. Innovative Ansätze und Perspektiven der Religionsdidaktik, Stuttgart, 173–184, 173.
147 Vgl. BOSCHKI, Reinhold (2012): Dialogisch-beziehungsorientierte Religionsdidaktik, 175f.
148 Vgl. BOSCHKI, Reinhold (2003): „Beziehung" als Leitbegriff der Religionspädagogik. Grundlegung einer dialogisch-kreativen Religionsdidaktik, Ostfildern, 359.

Der Mensch als Teil seiner Umwelt lebe in dritter Dimension in einer Beziehung zu der ihn umgebenden Wirklichkeit. Nach Boschki begreife sich der Mensch in seinem Denken und Erleben stets als Teil seiner Umgebung und lebe in Beziehung zu seiner Umwelt. Hierzu zähle auch das Verhältnis zu seiner Geschichte und Gegenwart, aber auch bspw. zur Medienwelt, für welche religiöses Lernen den Menschen sensibilisiere.[149]

Eine weitere Beziehungsdimension sieht Boschki in der Beziehung zur Zeit. Darunter fasst er zum einen die Erfahrung der Endlichkeit des eigenen Lebens, zum anderen die eigene zeitliche Verortung der Lebensbezüge. Religiöse Bildung ziele auf ein sensibles und bewusstes Verhältnis zur Zeit.[150]

Schließlich führt Boschki die Gottesbeziehung als wesentliche Beziehungsdimension an, welche die anderen Beziehungsdimensionen durchdringe. Gott sei aus christlich theologischer Perspektive stets in Beziehung zu denken. Menschen für die Gottesbeziehung zu sensibilisieren, ist Boschki zufolge das zentrale Anliegen religiöser Bildung. Diese ziele darauf, den anderen Beziehungsdimensionen mithilfe der Gottesbeziehung eine neue Qualität zu geben.[151]

Emotionen spielen in diesem Denkmodell eine zentrale Rolle. Boschki führt an, dass sie den entscheidenden Faktor darstellten, der eine Beziehung (zu sich, zu anderen, zur Welt, zur Zeit, zu Gott) überhaupt erst entstehen ließe. Den Leitbegriff der Beziehung versteht Boschki in all seinen Dimensionen als emotional bedeutsam, besonders die Beziehung zu Gott. Werde die affektive Komponente religiöser Bildung ausgespart, sei religiöses Lernen defizitär. Unter Rückgriff auf die empirischen Ergebnisse von Beile streicht Boschki die „Emotionalität als zentrales Moment der Gottesbeziehung und der Entwicklung des Glaubensverständnisses" heraus. Neben kognitiven, sozialen und handlungsorientierten Elementen sei die emotionale Dimension für religiöse Lehr-Lern-Prozesse stets zu berücksichtigen.[152]

Zusammenfassend lässt sich festhalten, dass Boschki religiöses Lernen als mehrdimensionales Beziehungslernen begreift. Religiöses Lernen durchdringe das Verhältnis des Menschen zu sich, zu anderen, zur Welt, zur Zeit und zu Gott. Jede dieser Beziehungen gehe mit einer emotionalen Involviertheit einher. Religiöses Lernen als Beziehungslernen sei stets auf Emotionen als Grundvoraussetzung verwiesen. Das Konzept der beziehungsorientierten Religionspädagogik sieht er als eine Sensibilisierung für Beziehungen.

---

149 Vgl. BOSCHKI, Reinhold (2012): Dialogisch-beziehungsorientierte Religionsdidaktik, 176f.
150 Vgl. BOSCHKI, Reinhold (2012): Dialogisch-beziehungsorientierte Religionsdidaktik, 177.
151 Vgl. BOSCHKI, Reinhold (2012): Dialogisch-beziehungsorientierte Religionsdidaktik, 177.
152 Vgl. BOSCHKI, Reinhold (2003): „Beziehung" als Leitbegriff, 367.

1.3.5 Das epistemische Bedeutungspotenzial der Emotionen (Rudolf Englert)

Dem Verhältnis von Emotionalität und Rationalität, Empfinden und Verstehen religiöser Lernprozesse geht Rudolf Englert in seinem Artikel *Religiöse Bildung zwischen Rationalität und Emotionalität* nach. Er diagnostiziert eine „Re-Katechisierung des Religionsunterrichts" sowie eine „Verschulung der Katechese"[153] und schlägt im Zuge dieser Entwicklungen eine genaue Betrachtung des Verhältnisses von Rationalität und Emotionalität des Religiösen vor. Englerts Anliegen ist es, dem Religionsunterricht nicht vorschnell rationales und der Katechese emotionales Lernen zu übertragen. Vielmehr gehe es darum, „unterschiedlichen Formen der Verschränkung zwischen religiösem Verstehen und religiösem Empfinden auf die Spur zu kommen".[154]

Englert gelangt zu der These, dass das epistemische Bedeutungspotenzial des Emotionalen für eine religiöse Weltsicht unterschätzt werde.[155] Er zielt damit auf die Verschränkung emotionalen Erlebens und rationaler Einsicht des Glauben und resümiert: „Ein Glaube, den man nicht für wahr hält, generiert auch keine Emotionen."[156] Ebenso seien

> „religiöse Vorstellungen, die im Modus personaler Erfahrung nicht mehr validiert werden können, langfristig nicht überlebensfähig [...]. Man könnte auch sagen: Ein Glaube, der keine Emotionen mehr generiert, lässt sich schwerlich noch für wahr halten."[157]

---

153 ENGLERT, Rudolf (2016): Religiöse Bildung zwischen Rationalität und Emotionalität. Ein neuer Blick auf das Verhältnis der Lernorte Schule und Gemeinde. In: Altmeyer, Stefan/ Bitter, Gottfried/ Boschki, Reinhold (Hrsg.): Christliche Katechese unter den Bedingungen der „flüchtigen Moderne", Stuttgart, 95–102, 97. Englert sieht die Vorteile, die die Entwicklung des Religionsunterrichts nach der Würzburger Synode mit ihrer bildungstheoretischen Ausrichtung unter spezifisch schulischen Bedingungen und die eigenständige Entwicklung der Katechese mit stärkerer Beziehungsorientierung in der Gemeinde mit sich brachte, jedoch fragt er diese Unterscheidung mit Blick auf gegenwärtige Entwicklungen dezidiert an. Er problematisiert, dass der Religionsunterricht stärker erfahrungsorientiert angelegt werde, da den Schüler*innen die gelebte Glaubenspraxis zunehmend ungeläufig sei, was eine Abgrenzung zur Katechese deutlich erschwere. Zum anderen ergebe sich aus der unzureichenden Ausschöpfung katechetischer Potenziale über die Sakramentenvorbereitung hinaus die Versuchung, den institutionalisierten Religionsunterricht zunehmend mit katechetischen Aufgaben zu versehen. Dies sieht Englert kritisch, da dies weder dem Bildungsauftrag öffentlicher Schulen noch der begrenzten unterrichtlichen Arbeit entspräche. Vgl. ENGLERT, Rudolf (2016): Religiöse Bildung zwischen Rationalität und Emotionalität, 95f.
154 ENGLERT, Rudolf (2016): Religiöse Bildung zwischen Rationalität und Emotionalität, 97.
155 Vgl. ENGLERT, Rudolf (2016): Religiöse Bildung zwischen Rationalität und Emotionalität, 99.
156 ENGLERT, Rudolf (2016): Religiöse Bildung zwischen Rationalität und Emotionalität, 100.
157 ENGLERT, Rudolf (2016): Religiöse Bildung zwischen Rationalität und Emotionalität, 100.

In *Was wird aus Religion?* diagnostiziert Englert religiöser Bildung eine „Hypertrophie des Rationalen".[158] Er wirft die Frage auf, ob die Überbetonung von Reflexions- und Urteilskompetenz zu sehr auf eine gebildete Religion zu Lasten emotionalen Glaubens führe.[159] Ferner sei verbreitet die Ansicht zu beobachten, dass dem Glauben an Gott jegliche rationale und epistemische Qualität abgesprochen werde.[160] Für Englert ist es jedoch zentral, die epistemische Bedeutung des Glaubens und der religiösen Gefühle zu berücksichtigen, die das emotionale Profil einer Religion anders denken ließen:

> „Denn wenn religiösen Empfindungen in vielen Fällen auch eine Beziehung zu äußeren Realitäten zuzusprechen ist, das heißt, wenn diese Empfindungen eben nicht nur subjektive Zustände, sondern welthaltige Erkenntnisse repräsentieren, ist die häufig vorgenommene Gegenüberstellung von (irrationalen) Gefühlen und (rationalen) Verstandeseinsichten schlichtweg abwegig. Es geht dann vielmehr um zwei verschiedene Formen von je auf ihre Weise aufschlussreicher Erkenntnis, von denen sich keine durch die jeweils andere ersetzen lässt."[161]

In *Geht Religion auch ohne Theologie?* stellt sich Englert gegen diese Form, Emotion und Kognition auseinanderzudividieren. Seiner Ansicht nach sind „Momente eines starken emotionalen Empfindens und einer dieses Empfinden deutend einbettenden rationalen Modellierung"[162] nicht zu unterscheiden. Die beiden Komponenten sollten ineinander verschränkt gedacht werden, da auch Gefühlskonzepte auf Erfahrung und Deutung basierten. Englert resümiert, dass Gefühle „in gewisser Weise [...] soziale Konstrukte"[163] darstellen.

Zusammenfassend ist festzuhalten, dass Englert das Verhältnis von Emotionalität und Rationalität mit Blick auf das Religiöse neu bestimmt und beiden epistemische Qualität zuspricht. Aus diesem Grund sei sowohl von einer „Rationalität der Gefühle"[164] als auch von einer emotionalen Verortung des Wissens auszugehen, die eine neue Qualität und Profilierung des Religiösen ermöglichten.[165]

---

158 ENGLERT, Rudolf (²2019): Was wird aus Religion? Beobachtungen, Analysen und Fallgeschichten zu einer irritierenden Transformation, Ostfildern [2018], 161.
159 Vgl. ENGLERT, Rudolf (²2019): Was wird aus Religion?, 160f.
160 Vgl. ENGLERT, Rudolf (²2019): Was wird aus Religion?, 265-270.
161 ENGLERT, Rudolf (²2019): Was wird aus Religion?, 300f.
162 ENGLERT, Rudolf (2020): Geht Religion auch ohne Theologie? Freiburg i. Breisgau/ Basel/ Wien, 162.
163 ENGLERT, Rudolf (2020): Geht Religion auch ohne Theologie?, 162.
164 VENDRELL FERRAN, Íngrid (2013): Die Grammatik der Gefühle. Einführung in eine Phänomenologie der Emotionen. In: PrTh 48 (2), 72-78, 76.
165 Vgl. ENGLERT, Rudolf (²2019): Was wird aus Religion?, 301.

1.3.6 Gefühle und Macht in religionspädagogischer Perspektive (Janina Reiter)

In ihrer Dissertation widmet sich Janina Reiter der Frage nach der Macht von Gefühlen bzw. Macht über Gefühle und erschließt das Verhältnis, um Impulse für die religionspädagogische Theorie und Praxis abzuleiten. Hierbei greift sie auf den Begriff des Gefühls zurück und versteht andere sprachliche Benennungen wie Affekt oder Emotion als Differenzierungen dessen.[166]

Reiter zieht philosophische Gefühlstheorien heran und untersucht diese unter der Perspektive der (Deutungs-)Macht. Sie streicht heraus, dass Gefühle immer wieder neu einer Deutung bedürfen und in keiner allgemeinen Definition eindeutig und endgültig bestimmt werden können.[167] Deutungen bestimmt sie als „unterschiedliche Erschließungen von Wirklichkeit"[168] und schreibt ihnen eine machtvolle Komponente zu. Durch die Analyse neuphänomenologischer und kognitivistischer Gefühlstheorien arbeitet sie unterschiedliche Deutungsmöglichkeiten von Gefühlen heraus.

In der neuphänomenologischen Auseinandersetzung greift Reiter auf die Überlegungen von Hermann Schmitz und Hilge Landweer zurück. Sie resümiert, dass diese Theorien vom Gedanken bestimmt würden, der Mensch könne nur sehr begrenzt auf Gefühle Einfluss nehmen. Vielmehr dominiere der Ansatz, „die Passivität gegenüber der ergreifenden Macht der Gefühle sichtbar zu machen, die sich der (vollständigen) Kontrolle entzieht".[169] Regulation, Kontrolle oder Manipulation von Gefühlen würden in diesen neuphänomenologischen Gefühlstheorien zugunsten einer Betonung der Macht von Gefühlen außer Acht gelassen.[170]

Reiter untersucht auch kognitivistische Gefühlstheorien und greift hierbei auf die Ansätze von Nussbaum und Christiane Voss zurück. Hierbei hebt sie hervor, welche Bedeutung Emotionen in sozial-konstruktivistischer Perspektive zukommt, nach der Emotionen in narrative Prozesse eingebettet seien. In dieser Denkform werden Emotionen konstruiert, was sowohl Einfluss auf das eigene Fühlen als auch auf Zuschreibungen von Emotionen bei sich und bei anderen nehme. In dieser Perspektive kann der Mensch über die Veränderung seiner Überzeugungen und Deutungen sein Emotionsverständnis beeinflussen und erlangt damit schließlich Macht über seine Gefühle.[171]

---

166 Vgl. REITER, Janina (2021): Macht von Gefühlen – Macht über Gefühle. Philosophische Gefühlstheorien in religionspädagogischer Perspektive, Stuttgart, 22.
167 Vgl. REITER, Janina (2021): Macht von Gefühlen, 64.
168 REITER, Janina (2021): Macht von Gefühlen, 65.
169 REITER, Janina (2021): Macht von Gefühlen, 111.
170 Vgl. REITER, Janina (2021): Macht von Gefühlen, 111.
171 Vgl. REITER, Janina (2021): Macht von Gefühlen, 142–146.

1.3 Gegenwärtige religionspädagogische Untersuchungen

Reiter betrachtet die unterschiedlichen Deutungen in den Gefühlstheorien hinsichtlich ihrer Handlungsoptionen für religiöse Bildungsprozesse und beleuchtet sie mit Blick auf das Ziel religiöser Bildung, Schüler*innen vor dem Hintergrund der christlich-religiösen Tradition zu einer kompetenten und reflektierten Auseinandersetzung mit existenziellen Fragen anzuregen.[172] Hierfür greift sie auf das Kompetenzmodell zurück und bündelt die Erkenntnisse aus den philosophischen Gefühlstheorien für ihr religionsdidaktisches Anliegen, um zu zeigen, „dass emotionale Fähigkeiten eine Querschnittsdimension unterschiedlicher Kompetenzen darstellen, die in religiösen Bildungsprozessen erworben werden".[173]

Reiter konkretisiert die emotionalen Dimensionen kompetenzorientierter religiöser Bildung am Beispiel des Weihnachtsfestes. Hier zeigt sie, wie Emotionen in der Auseinandersetzung mit der Thematik wahrgenommen, aktiv gestaltet und gefördert werden können.[174]

So nimmt Reiter mit der Rezeption philosophischer Gefühlstheorien eine Neuakzentuierung des Gefühlsverständnisses innerhalb der Religionspädagogik vor. Unter einer machttheoretischen Perspektive streicht sie sowohl das Ergriffensein von Gefühlen als auch die Gestaltungsmacht über Gefühle heraus und zeigt daran anschließende religionspädagogische Handlungsoptionen auf.

1.3.7 Zusammenfassung des religionspädagogischen Forschungsstandes

Die angeführten theologischen und religionspädagogischen Forschungsperspektiven machen deutlich, dass sich je nach zugrunde liegender theoretischer Blickrichtung eine andere Sicht auf Emotionen ergibt. Je nach Konzept liegt die Betonung auf einer anderen Komponente und bedingt eine andere Frage. Gelten Emotionen als ganzheitlicher Modus aller menschlichen Erfahrung oder werden sie nur als Teilbereich einer Erfahrung in Abgrenzung zur Kognition in den Blick genommen? Dies wird nicht zuletzt in der Begriffsverwendung von Gefühl und Emotion deutlich.

Exemplarisch zeigen philosophisch-ethische Perspektiven eine Sicht auf Gefühle, die diese als ‚das Andere' der Vernunft proklamieren. Hier drängt sich die Frage nach dem Verhältnis von Gefühl und Erkenntnis in den Vordergrund und, inwiefern dieses den Menschen in seiner Vernunftorientierung beeinflusst oder gar stört.

Mit Schleiermacher und der Romantik kommt die Frage auf, ob Gefühle nicht doch als eigener Weltzugang mit Erkenntnispotenzial zu betrachten sind. Schleiermachers holistisches Gefühlsverständnis wird im Zuge seiner Rezeption

---

172 Vgl. REITER, Janina (2021): Macht von Gefühlen, 163.
173 REITER, Janina (2021): Macht von Gefühlen, 172.
174 Vgl. REITER, Janina (2021): Macht von Gefühlen, 172–223.

mehr ins Psychologische gewendet, was mit einer begrifflichen Engführung der Emotion als Gegenpart zur Kognition einhergeht. Hier wurde die Frage virulent, welche Funktion der emotionalen Dimension für religiöses Lernen zukomme – diese Frage ist bis in die heutigen Ansätze präsent.

Die von Schweitzer deutlich gemachte religionspädagogische Folgeproblematik einer (vermögens-)psychologischen Verwendung des Emotionsbegriffs führt zu einer Entwicklung, die von gegenwärtigen Ansätzen der Religionspädagogik ebenfalls beanstandet wird: Die aufgezeigten religionspädagogischen Forschungsperspektiven stimmen dahingehend überein, dass sie einen kognitiv-rational verengten Blick auf religiöse Bildung konstatieren. Für religiöses Lernen ist aber unter Verweis auf die enge Verknüpfung emotionaler und kognitiver Prozesse eine ganzheitliche Erschließung unerlässlich. Biesinger, Kohler-Spiegel und Naurath denken den Religionsunterricht als emotionalen Erfahrungsraum, in dem Heranwachsende über kognitive Inhalte hinaus am Lerngegenstand der Emotionen religiös lernen können.

Boschki begreift Emotionen als Grundvoraussetzung einer an ‚Beziehung' orientierten Ausrichtung religiösen Lehrens und Lernens. Ähnlich wie Biesinger, Kohler-Spiegel und Naurath sieht auch er die emotionale Dimension religiöser Lehr-Lern-Prozesse als unabdingbar. Englert versucht mit Blick auf das Religiöse eine neue Verhältnisbestimmung von Emotionalität und Rationalität zu etablieren. Er plädiert für eine Verschränkung emotionalen Erlebens und rationaler Einsicht des Glaubens. Damit ist er anschlussfähig an die Theorie Schleiermachers, der – ausgehend von einem anthropologischen Gefühlsverständnis – Gefühl als ganzheitlichen Erfahrungsmodus betrachtet.

Die Beschäftigung Reiters mit philosophischen Gefühlstheorien, die Macht von oder Macht über Gefühle unterschiedlich akzentuieren, liefert eine differenzierte Betrachtung der emotionalen Dimension religiöser Bildung und eröffnet mit der philosophischen Akzentuierung eine neue Perspektive für den religionspädagogischen Diskurs zu Gefühlen.

Emotionale Kompetenzen im Religionsunterricht zu fördern, wird seit dem Aufkommen der Kompetenzorientierung für schulisches Unterrichten in den Beiträgen von Kohler-Spiegel, Naurath und Reiter hervorgehoben. Die drei Konzepte sehen aufgrund der religionspädagogischen Methodenvielfalt, der Auseinandersetzung mit existentiellen Fragen und der Gottesbeziehung den Religionsunterricht als besonders geeignet und gleichermaßen in der Pflicht, Emotionen zu thematisieren und emotionale Kompetenz zu fördern.

Einen Beitrag zur Ergänzung des entwicklungspsychologischen Modells nach Oser und Gmünder um die Kategorie des Emotionalen leistet die Arbeit von Beile. Als eine der bislang wenigen empirischen Arbeiten in diesem Feld schreibt Beile religiösen Emotionen als Motor der Glaubensentwicklung bei Jugendlichen eine wichtige Rolle zu.

An dieser Stelle lässt sich festhalten, dass die religionspädagogische Forschung der letzten Jahre Emotionen verstärkt aus psychologisch-phänomenologischer Perspektive und an Lehr- und Lernprozessen orientiert betrachtet hat. Hierbei kommen Emotionen v. a. aus der Perspektive einer individuellen und personalen Erfahrung des lernenden Subjekts in den Blick. In den dargestellten religionspädagogischen Konzepten werden Gefühle bzw. Emotionen von kognitiven Lernprozessen unterschieden; sie fördern religiöses Lernen und werden als Instrument einer individuellen und ganzheitlichen Glaubensvermittlung betrachtet. Dieser Befund führt zu folgendem Forschungsanliegen.

1.4 Anliegen der Forschung und Forschungsfrage

Die Betrachtung des Forschungsstandes macht deutlich, dass Emotionen bislang v. a. individuell hinsichtlich ihrer Wirkung für religiöses Lernen untersucht wurden. Bislang galten Emotionen als Brücke zwischen kognitiv vermittelten Inhalten und vom Glauben inspiriertem Handeln, nach Englert sogar als eigene epistemische Qualität des Glaubens.

Kaum Berücksichtigung fand hingegen die soziale und überindividuelle Dimension, in der sich Emotionen bspw. im Kontext des Religionsunterrichts ereignen. Darüber hinaus wurde aus der Beschäftigung mit dem Forschungsstand ein empirisches Desiderat deutlich.[175]

Emotionen lassen sich jedoch auch mithilfe einer in der Religionspädagogik bislang kaum berücksichtigten, an sozialen Praktiken orientierten Perspektive und damit als überindividuelle Phänomene erforschen. Religionspädagogische Forschung kann von einer praxistheoretischen Perspektive auf Emotionen profitieren, die die private Erfahrung beim Erleben eines Gefühls um die soziale Dimension erweitert. Emotionen als Praktiken zu verstehen, bedeutet den Fokus auf den von Diskurs und Sozialität geprägten Körper, sichtbares Verhalten, Interaktionen, Sprache und Handlungen, eingebettet in ihrem jeweiligen sozialen Kontext, zu richten. Dieser Perspektivenwechsel versucht, Emotionen einer auf Beobachtungen basierenden empirischen Erforschung zugänglich zu machen. Daher untersucht die vorliegende Arbeit Emotionen durch teilnehmende Beobachtung anhand von Praktiken im Alltagsgeschehen des Religionsunterrichts, in dem Schüler*innen miteinander, mit der Lehrperson und mit religiösen Lerngegenständen konfrontiert werden.

---

[175] Diese Einschätzung teilt auch PIRNER, Manfred L. (2022): Emotionen im Religionsunterricht. In: Gläser-Zirkuda, Michael/ Hofmann, Florian/ Frederking, Volker (Hrsg.): Emotionen im Unterricht. Psychologische, pädagogische und fachdidaktische Perspektiven, Stuttgart, 190–199, 198f.

Die vorliegende Arbeit zielt nicht auf eine lerntheoretische Untersuchung des Religionsunterrichts und fragt auch nicht nach dem direkten Zusammenhang von religiösem Lernen und Emotionen. Es geht also weder um den ‚Input' des Unterrichts, also die Einstellungen, Absichten und Ziele der Unterrichtsteilnehmenden, noch um den ‚Output', also die pädagogisch-psychologisch messbaren Schüler*innenleistungen.[176] Vielmehr liegt der vorliegenden Arbeit eine Forschungsperspektive auf Religionsunterricht zugrunde, die sich das „Verstehen-Wollen"[177] unterrichtseigener Logiken und der damit verbundenen Emotionspraktiken zum Ziel setzt. Anstelle einer normativen Perspektive, die prüft, ob angestrebte Lernziele im Religionsunterricht erreicht und entsprechende Kompetenzen bei Schüler*innen erfolgreich gefördert werden, stehen die deskriptiven Praktiken des Unterrichts im Untersuchungsfokus dieser Arbeit.[178]

Worin liegt der Gewinn einer an Praktiken orientierten Sicht auf Religionsunterricht gegenüber einer psychologischen bzw. an Lerntheorien ausgerichteten Perspektive? Georg Breidenstein sieht den Mehrwert praxisorientierter Unterrichtsforschung in einer neuen Perspektive auf den schulischen Alltag:

> „Die Theorie sozialer Praktiken erschließt der Analyse den schulischen Alltag als ein Bündel aufeinander bezogener, ineinander verschränkter sozialer Praktiken, die es in ihrer Eigendynamik und in ihrem immanenten Funktionieren zu erkunden gilt."[179]

Auch für den Religionsunterricht an berufsbildenden Schulen gilt es, diese Eigendynamik zu erkunden und sich auf eine neue Perspektive von Unterricht einzulassen. Demnach liegt der Fokus der vorliegenden Arbeit auf den im Religionsunterricht auftretenden Praktiken in ihren unterrichtseigenen Logiken, die in besonderer Weise mit Emotionen verknüpft sind.

Ein an Emotionspraktiken orientierter Forschungsfokus ist überaus anschlussfähig an gängige religionspädagogische Konzeptionen und Ansätze. Performativer Religionsunterricht z. B., der darauf zielt, Religion im Klassenzimmer erfahrbar zu machen, schreibt dem körperlichen Tun religiöser Vollzüge eine bedeutsame Rolle zu. Auch hier treten Praktiken in Form von Handlungen, Sprechakten oder Körpergesten in den Mittelpunkt, die Religion für Schüler*innen erlebbar machen.[180]

---

176 Vgl. BREIDENSTEIN, Georg (2006): Teilnahme am Unterricht. Ethnographische Studien zum Schülerjob, Wiesbaden, 19.
177 HONER, Anne (1989): Einige Probleme lebensweltlicher Ethnographie. Zur Methodologie und Methodik einer interpretativen Sozialforschung. In: ZfS 18 (4), 297–312, 301.
178 Vgl. BRIEDEN, Norbert (2022): Einführung. Die alltägliche Praxis des Meldens und ihre eigentümliche (In-)Stabilität. In: Ders. u.a. (Hrsg.): Religionsunterricht beobachten. Praktiken – Artefakte – Akteure, Ostfildern, 7–15, 7f.
179 BREIDENSTEIN, Georg (2006): Teilnahme am Unterricht, 18.
180 Vgl. MENDL, Hans (2021): Performativer Religionsunterricht. In: Kropač, Ulrich/ Riegel, Ulrich (Hrsg.): Handbuch Religionsdidaktik, Stuttgart, 239–245.

1.4 Anliegen der Forschung und Forschungsfrage

Auch das Ästhetische Lernen stellt die Erfahrung des Subjekts in den Mittelpunkt, die eine bloße kognitive Erschließung von Religion im Unterricht ergänzen soll. Hierbei werden ästhetische Objekte und Vollzüge in ihrer erkenntnisgenerierenden und Emotionen mobilisierenden Wirkweise betrachtet. Praktiken, die darauf zielen, sich von ästhetischen Objekten und Vollzügen ergreifen zu lassen, sowie die Versprachlichung ästhetischer Erfahrungen bieten anschlussfähige Merkmale an die gewählte Forschungsperspektive.[181]

Bedeutsame Anknüpfungspunkte liefert auch die Konzeption des Ethischen Lernens. Emotionen stellen einen zentralen Zugang ethischer Bildung im Religionsunterricht dar, da sie in besonderer Weise mit ethischen Herausforderungen einhergehen. Die Frage des Emotionalen spielt eine gewichtige Rolle, um sowohl ethisches Denken und Urteilen als auch den Aufbau moralischer Motivation und ethischen Handelns bei Schüler*innen zu fördern. Praktiken wie z. B. die Auseinandersetzung mit Dilemmageschichten und die anschließende Reflexion dabei hervorgerufener Gefühle bieten ein hohes Anschlusspotenzial an einen an Emotionspraktiken orientierten Fokus auf Religionsunterricht.[182]

Die Forschungsfrage der vorliegenden Arbeit lautet also: Wie konstruieren Emotionspraktiken soziale Situationen im Religionsunterricht an der Berufsfachschule?

Um die Frage angemessen beantworten zu können, kläre ich in einem nächsten Schritt die theoretischen und methodologischen Voraussetzungen dieser Arbeit.

---

181 Vgl. GÄRTNER, Claudia (2021): Ästhetisches Lernen. In: Kropač, Ulrich/ Riegel, Ulrich (Hrsg.): Handbuch Religionsdidaktik, Stuttgart, 266–272.
182 Vgl. WINKLMANN, Michael/ KROPAČ, Ulrich (2021): Ethisches Lernen. In: Kropač, Ulrich/ Riegel, Ulrich (Hrsg.): Handbuch Religionsdidaktik, Stuttgart, 292–298.

Teil II: Empirische Zugänge

2. Empirische Erforschung von Emotionen im Religionsunterricht

Das folgende Kapitel liefert das theoretische Werkzeug der Untersuchung, indem es die zentrale Kategorie der Emotionen anhand praxistheoretischer Überlegungen bestimmt und sie im Kontext sozialer Interaktion verortet. Dafür werden in einem ersten Schritt soziale Praktiken näher erläutert, um darauf aufbauend in einem zweiten Schritt mithilfe der theoretischen Konzepte von Pierre Bourdieu und Monique Scheer Emotionen als Praxiskomplexe zu skizzieren. Da Praktiken und Emotionspraktiken in sozialen Situationen stattfinden, ziehe ich für die nähere Bestimmung dieser in einem dritten Schritt die Rahmenanalyse nach Erving Goffman heran. Das hier bestimmte theoretische Werkzeug kommt in einer empirischen Untersuchung katholischen Religionsunterrichts an einer Berufsfachschule für Kinderpflege zum Einsatz. Daher gehe ich in einem vierten Schritt näher auf den Religionsunterricht im Kontext der Ausbildung zum/zur Kinderpfleger*in ein und liefere eine Begründung dieses Untersuchungsfeldes mit Blick auf die bereits genannte Forschungsfrage. Damit schafft dieses Kapitel die theoretischen Voraussetzungen einer empirischen Erforschbarkeit der Thematik.

2.1 Soziale Praktiken

Den Gegenstand der Untersuchung bilden soziale Praktiken im Religionsunterricht. Soziale Praktiken haben ihren Ursprung in der Praxistheorie, die sich von klassischen Handlungstheorien dadurch unterscheidet, dass sie das Soziale nicht in normativen Orientierungen oder Entscheidungen von Handelnden betrachtet. Vielmehr konstruiert sich das Soziale bereits in alltäglichen sozialen Praktiken, die wiederum durch „*praktisches* Wissen und *praktisches* Können" ausgeführt werden.[1] Eine der bekanntesten Definitionen von Theodore R. Schatzki zufolge stellt eine Praktik die kleinste Einheit des Sozialen und den routinisierten „nexus of doings and sayings"[2] dar. Andreas Reckwitz sieht Praktiken als Ort des Sozialen und versteht darunter Verhaltensroutinen, die körperlich verankert und

---

1 BREIDENSTEIN, Georg (2006): Teilnahme am Unterricht, 17 (Hervorhebung im Original).
2 SCHATZKI, Theodore R. (1996): Social Practices. A Wittgensteinian Approach to Human Activity and the Social, Cambridge, 89.

von einem kollektiven, impliziten Wissen geleitet werden. Praktiken charakterisiert er als „genuin soziale, ‚überindividuelle' Ebene",³ die durch die Körper der Individuen hindurchwirkt. Das Verhältnis von Praxis, Handlung und Praktiken lässt sich nach Stefan Hirschauer wie folgt skizzieren:

> „‚Praxis' ist der körperliche Vollzug sozialer Phänomene. ‚Praktiken' sind bestimmbare Formen dieses Vollzugs: Typen von Aktivitäten, Weisen des Handelns, Verhaltensmuster, Interaktionsformen. Menschliches Handeln und Verhalten – d.h. Praxis – findet also im Rahmen von Praktiken statt, d.h. im Rahmen von kulturell vorstrukturierten *ways of doing* […]."⁴

Stehen soziale Praktiken im Fokus, richtet sich die Forschungsperspektive nicht primär auf die Akteur*innen, sondern auf soziale Situationen und das *was* und *wie* der Praktik. Goffman formuliert treffend: „Es geht hier also nicht um Menschen und ihre Situationen, sondern eher um Situationen und ihre Menschen."⁵ Unter dieser Perspektive nehmen Körper und Artefakte einen hohen Stellenwert ein. Zum einen stellen Körper die physischen Voraussetzungen für Tätigkeiten bereit, zum anderen werden sie zum „Speicher des Wissens"⁶ im Bereich dieser Tätigkeit. Artefakte wie Möbel, Kleidungsstücke oder Arbeitsblätter sind als ein „Teilelement von sozialen Praktiken"⁷ zu verstehen. Der Umgang mit ihnen und ihr „sinnhafter *Gebrauch*"⁸ charakterisieren die soziale Praktik. Routinierte Bewegungen und Aktivitäten des Körpers im Umgang mit Artefakten werden in der Praxistheorie „als eine ‚skillful performance' von kompetenten Körpern"⁹ betrachtet. Reckwitz zufolge bilden Artefakte oftmals überhaupt die Voraussetzung für das Ausführen einer bestimmten sozialen Praktik:

> „Wenn eine Praktik einen Nexus von wissensabhängigen Verhaltensroutinen darstellt, dann setzen diese nicht nur als ‚Träger' entsprechende ‚menschliche' Akteure mit einem spezifischen, in ihren Körpern mobilisierbaren praktischen Wissen voraus, sondern regelmäßig auch ganz bestimmte Artefakte, die vorhanden sein müssen, damit eine Praktik entstehen konnte und damit sie vollzogen und reproduziert werden kann."¹⁰

---

3 RECKWITZ, Andreas (2016): Kreativität und soziale Praxis. Studien zur Sozial- und Gesellschaftstheorie, Bielefeld, 97.
4 HIRSCHAUER, Stefan (2016): Verhalten, Handeln, Interagieren. Zu den mikrosoziologischen Grundlagen der Praxistheorie. In: Schäfer, Hilmar (Hrsg.): Praxistheorie. Ein soziologisches Forschungsprogramm, Bielefeld, 45–67, 46 (Hervorhebung im Original).
5 GOFFMAN, Erving (²1973): Interaktionsrituale. Über Verhalten in direkter Kommunikation, Frankfurt a. Main [1967], 9.
6 BAREITHER, Christoph (2016): Gewalt im Computerspiel. Facetten eines Vergnügens, Bielefeld, 21.
7 RECKWITZ, Andreas (2003): Grundelemente einer Theorie sozialer Praktiken. Eine sozialtheoretische Perspektive. In: ZfS 32 (4), 282–301, 291.
8 RECKWITZ, Andreas (2003): Grundelemente einer Theorie sozialer Praktiken, 291 (Hervorhebung im Original).
9 RECKWITZ, Andreas (2003): Grundelemente einer Theorie sozialer Praktiken, 290.
10 RECKWITZ, Andreas (2003): Grundelemente einer Theorie sozialer Praktiken, 291.

2.1 Soziale Praktiken

Beim Erlernen einer Praktik versteht ein Mensch seinen Körper auf eine bestimmte Art und Weise zu bewegen und in Bewegungsabläufe zu integrieren. Dabei folgt er impliziten und informellen Logiken und inkorporierten Wissensbeständen, die kaum explizierbar sind.[11] Es handelt sich hierbei nicht um ein „Aussagewissen (knowing that), sondern [um] ein Durchführungswissen (knowing how)".[12] Dieses Wissen wurde und wird von den Akteur*innen sozial und kulturell erlernt. Reckwitz versteht dieses Wissen als praktisches Wissen und sieht darin folgende Elemente enthalten:

> „[E]in Wissen im Sinne eines interpretativen Verstehens, d.h. einer routinemäßigen Zuschreibung von Bedeutungen zu Gegenständen, Personen, abstrakten Entitäten, dem ‚eigenen Selbst' etc.; ein i.e.S methodisches Wissen, d.h. *script*-förmige Prozeduren, wie man eine Reihe von Handlungen ‚kompetent' hervorbringt; schließlich das, was man als ein motivational-emotionales Wissen bezeichnen kann, d.h. ein implizierter Sinn ‚was man eigentlich will', ‚worum es einem geht' und was ‚undenkbar' wäre."[13]

Wie gelingt es nun soziale Praktiken und ihre impliziten Logiken im Religionsunterricht zu erforschen? Anstatt ‚hinter' oder ‚unter' ein bestimmtes Phänomen zu blicken, liegt der Schlüssel darin, dass diese Praktiken in ihrer Situiertheit bereits an der Oberfläche existieren und somit vollständig öffentlich und der Beobachtung zugänglich sind.[14] Mithilfe teilnehmender Beobachtung können implizite Wissensbestände erhoben werden, die den Akteur*innen unter Umständen selbst nicht zugänglich sind.[15]

Dabei konzentriert sich die Praxisanalyse darauf, die Logik sozialer Praktiken zu rekonstruieren:

> „Man kann davon ausgehen, dass diese vielgestaltigen und fragmentarischen Aktivitäten bestimmten Regeln gehorchen - Aktivitäten, die von der Gelegenheit und vom Detail abhängig sind, die in den Apparaten, deren Gebrauchsanweisungen sie sind, stecken und sich verstecken und die somit keine Ideologie oder eigene Institutionen haben-. Anders gesagt, es muss eine Logik dieser Praktiken geben."[16]

Nach Breidenstein liegt ein wesentlicher Mehrwert in der praxeologischen Perspektive für die Analyse des schulischen Alltags. Es geht darum „das in der Unterrichtssituation beobachtbare Geschehen aus sich und aus der Logik der situ-

---

11 Vgl. Reckwitz, Andreas (2003): Grundelemente einer Theorie sozialer Praktiken, 289f.
12 Breidenstein, Georg (2006): Teilnahme am Unterricht, 17.
13 Reckwitz, Andreas (2003): Grundelemente einer Theorie sozialer Praktiken, 292.
14 Vgl. Breidenstein, Georg (2008): Schulunterricht als Gegenstand ethnographischer Forschung. In: Hünersdorf, Bettina/ Maeder, Christoph/ Müller, Burkhard (Hrsg.): Ethnographie und Erziehungswissenschaft. Methodologische Reflexionen und empirische Annäherungen, Weinheim/ München, 107–120, 110.
15 Vgl. Breidenstein, Georg (2006): Teilnahme am Unterricht, 19. Auf die Methode der teilnehmenden Beobachtung bzw. des ethnographischen Forschens gehe ich in Kap. 3.1 näher ein.
16 Certeau, Michel de (1988): Kunst des Handelns, Berlin, 17.

ativen Bedingungen heraus zu verstehen [...]".[17] Details und scheinbare Nebensächlichkeiten der Unterrichtspraxis treten verstärkt in den Fokus, ebenso die von Routinen und Ritualen geprägten Praktiken des Schulalltags. Im Vordergrund steht der praktische Vollzug und damit die „*Performanz des unterrichtlichen Alltags*"[18] in Form einer in der Situation realisierten Praxis. Untersuchungsgegenstand der vorliegenden Arbeit sind also einzelne, meist parallel oder verschränkt stattfindende Praktiken des Religionsunterrichts wie Schreiben, Lesen, Gestalten, Sprechen oder Zuhören in verschiedenen Konstellationen und Formaten. Von Bedeutung sind die im Zusammenhang mit der Praktik stehenden Artefakte wie Möbel, Arbeitsblätter, Stifte, technische Hilfsmittel oder anderweitige Materialien.

Die vorliegende Arbeit untersucht das Soziale demnach nicht in Entscheidungen der Subjekte, sondern als in alltäglichen sozialen Praktiken verankerte Verhaltensroutinen, die von einem kollektiven Wissen geleitet werden und sich körperlich abbilden. Demnach liegt der Fokus der Arbeit weniger auf den Akteur*innen an sich, sondern auf ihrer Eingebundenheit in soziale Situationen. Mit Blick auf die Forschungsfrage sind jedoch nicht nur die sozialen Praktiken für die Untersuchung relevant, sondern auch die mit ihnen verbundenen Emotionen.

2.2 Praxistheoretische Perspektiven auf Emotionen

Im Folgenden sollen zwei Ansätze skizziert werden, um das Emotionsverständnis zu entfalten, das dieser Arbeit zugrunde liegt. In einem ersten Schritt gehe ich zunächst auf die Emotionstheorie bei Bourdieu ein, der zwar keine explizite Emotionstheorie im eigentlichen Sinne entwarf, bei dem es jedoch implizite Konzepte zu diesem Themenkomplex zu entdecken gibt. Dieser Ansatz gilt damit als Grundlage, um in einem zweiten Schritt die für diese Arbeit bedeutsame Theorie des ‚Doing Emotion' von Scheer zu erläutern, die Emotionen als soziale Praktiken begreift. Scheers Ansatz wurde für die vorliegende Arbeit ausgewählt, da sie ausgehend von den Gedanken Bourdieus eine enge Verflechtung von Emotionen und Praktiken vorschlägt, die sie als der Beobachtung zugänglich versteht. Damit liefert ihr Ansatz ein analytisches Repertoire, das Emotionen als routinierte Handlungsvollzüge mithilfe von Beobachtungen erforschbar macht. In einem dritten Schritt führe ich drei empirische Studien an, die sich diesen Denktraditionen zuordnen lassen und als Plausibilitätsgrundlage für die vorliegende Arbeit in Konzeption und Vorgehensweise dienen. Die Ausführungen zielen darauf, die theoretische Grundlage einer empirischen Erforschbarkeit der Emotionen zu liefern.

---

17 BREIDENSTEIN, Georg (2008): Schulunterricht als Gegenstand, 110.
18 BREIDENSTEIN, Georg (2006): Teilnahme am Unterricht, 19 (Hervorhebung im Original).

2.2.1 Emotionen als Mischung aus Denken, Wahrnehmen und Handeln: Die implizite Emotionstheorie bei Pierre Bourdieu

In den Werken Pierre Bourdieus lassen sich implizite Konzepte zu Emotionen ausfindig machen, dennoch kann von keiner durchdachten Emotionstheorie die Rede sein.[19] Erschwerend kommt hinzu, dass Bourdieu keine einheitliche Terminologie für Gefühl, Emotion und Affekt verwendet. Diese sind seinen Theorien zwar immanent, jedoch finden sie teils widersprüchliche Verwendung.[20] Micha Brumlik vertritt die These, Bourdieu habe die Emotionen bei seiner Habitustheorie bewusst ausgespart. Gefühle habe Bourdieu höchstens „als ein methodologisch freilich unreflektiertes hermeneutisches Mittel"[21] verwendet, etwa wenn er in einer Feldnotiz eigene auftretende Gefühle zur Sprache bringe. Brumlik sieht im Werk Bourdieus mit Blick auf die Emotionen eine „Leerstelle", was daran liege, dass für Bourdieu

> „die Welt der Emotionen, die Emotionen selbst als jenes ‚Sesam öffne dich' gelte, das letztlich das hermetische Universum eines zur ‚Natur' gewordenen historisch-gesellschaftlichen Prozesses aufsprengen könnte".[22]

Das Einbeziehen einer „universalistischen Theorie der Gefühle" hätte Brumlik zufolge Bourdieus Theorien der sozialen Strukturen und individuellen Handlungsdispositionen „den Boden unter den Füßen entzogen",[23] weshalb Bourdieu wohl darauf verzichtet habe. Dennoch betont Brumlik, es sei eine Emotionstheorie in den Werken Bourdieus zu entdecken.

Bourdieu knüpft mit seinen erkenntnistheoretischen Implikationen an die Gedanken des Strukturalismus an und versucht die Dichotomien zwischen subjektivistischen und objektivistischen Theorien, zwischen Innen und Außen, Akteur*innen[24] und Struktur zu überwinden.[25] Die strukturalistische Tradition

---

19 Vgl. BRUMLIK, Micha (²2009): Charakter, Habitus und Emotion oder die Möglichkeit von Erziehung? Zu einer Leerstelle im Werk Pierre Bourdieus. In: Friebertshäuser, Barbara/ Rieger-Ladich, Markus/ Wigger, Lothar (Hrsg.): Reflexive Erziehungswissenschaft. Forschungsperspektiven im Anschluss an Pierre Bourdieu, Wiesbaden [2006], 141–154.
20 Blumenthal macht darauf aufmerksam, dass durch eine genauere Textanalyse zu klären sei, ob Bourdieu die Begriffe ‚Emotion' und ‚Affekt' synonym verwende, oder ob bei der Übersetzung ins Deutsche eine Differenzierung verloren gegangen sei. Vgl. BLUMENTHAL, Sara-Friederike (2014): Scham in der schulischen Sexualaufklärung. Eine pädagogische Ethnographie des Gymnasialunterrichts, Wiesbaden, 22 [Fußnote 65].
21 BRUMLIK, Micha (²2009): Charakter, Habitus und Emotion, 146.
22 BRUMLIK, Micha (²2009): Charakter, Habitus und Emotion, 145.
23 BRUMLIK, Micha (²2009): Charakter, Habitus und Emotion, 146.
24 Bourdieu verwendet den Begriff ‚Akteur' und verdeutlicht damit, dass kein Gegensatz zwischen Sozialstruktur und Individuum herrsche, da sich beides im Habitus auflöse. Vgl. BOURDIEU, Pierre (1987): Sozialer Sinn. Kritik der theoretischen Vernunft, Frankfurt a. Main; BLUMENTHAL, Sara-Friederike (2014): Scham in der schulischen Sexualaufklärung, 21 [Fußnote 57].
25 Vgl. SCHEER, Monique (2016): Emotionspraktiken, 23.

innerhalb der Praxistheorie betont, dass „alles Handeln eine selbst- und körperbildende Seite hat".[26] Das Tun übt Einfluss auf den Körper des Handelnden aus und gibt damit Auskunft über dessen Tätigkeit. Durch Wiederholungen ergeben sich Routinen und Gewohnheiten, die sich in den Körper einschreiben. Praktiken „verlangen von den Handelnden das Einnehmen bestimmter Haltungen des Körpers, des Denkens, der Gefühle […]".[27] Damit konstituieren sich in Handlungen nicht nur „soziale Tatsachen", sie fördern die Ausbildung eines „spezifischen Selbst".[28]

Gefühl und Affekt übernehmen in den Theorien Bourdieus eine tragende Funktion bei der Vermittlung von Körper und sozialer Struktur. Für ihn existieren soziale Strukturen nicht aufgrund expliziter Normen und Gesetze, vielmehr beruhen sie seines Erachtens auf einer symbolischen Ordnung, die in den Körper eingeschrieben sei und dadurch reproduziert werde.[29] Er verwendet hierfür das Konzept des Habitus, das er in seinen Texten als Wahrnehmungs-, Denk- und Handlungsschemata charakterisiert. Damit bezieht sich der Habitus sowohl auf die inneren Dispositionen, die die Voraussetzungen für Handlungen schaffen, als auch auf den äußerlich sichtbaren Ausdruck dieser Dispositionen, der sich in Eigenschaften und Handlungen manifestiert. „Habitus bedeutet das, was der Mensch hat, was wiederum das bestimmt, was er tut."[30] Diese beiden Seiten bestimmen sich gegenseitig: Das Äußere stellt den Ausdruck des Inneren dar und das Innere wird durch das Äußere bedingt.[31] Dies fasst Bourdieu als „strukturierte" und „strukturierende" Funktion des Habitus.[32] Dieser begrenze die Akteur*innen in ihrem Denken und Handeln und bringe damit eine soziale Struktur hervor.[33]

Stefan Heil führt an, dass Bourdieus Habitus-Schema aus Wahrnehmungs-, Denk- und Handlungsschemata verdeutlicht,

> „dass der Habitus ein zusammenhängendes System ist, das für den ganzen Menschen gilt. Dieses System ist implizit immer vorhanden, jedoch gerade in seiner Alltäglichkeit häufig unbewusst."[34]

Habitusformen, verstanden als „Systeme dauerhafter und übertragbarer *Dispositionen*, als strukturierte Strukturen",[35] verschaffen Akteur*innen bei ihrem

---

26   HIRSCHAUER, Stefan (2016): Verhalten, Handeln, Interagieren, 56.
27   HIRSCHAUER, Stefan (2016): Verhalten, Handeln, Interagieren, 56.
28   HIRSCHAUER, Stefan (2016): Verhalten, Handeln, Interagieren, 56.
29   Vgl. BOURDIEU, Pierre (1987): Sozialer Sinn, 102.
30   HEIL, Stefan (2016): Art. Habitus. In: Das Wissenschaftlich-Religionspädagogische Lexikon im Internet (WiReLex), https://www.bibelwissenschaft.de/fileadmin/buh_bibelmodul/media/wirelex/pdf/Habitus__2018-09-20_06_20.pdf (Zugriff am 01.06.23), 1–18, 1.
31   Vgl. HEIL, Stefan (2016): Art. Habitus, 1.
32   BOURDIEU, Pierre (1987): Sozialer Sinn, 98.
33   Vgl. BOURDIEU, Pierre (1987): Sozialer Sinn, 102f.
34   HEIL, Stefan (2016): Art. Habitus, 3.
35   BOURDIEU, Pierre (1987): Sozialer Sinn, 98 (Hervorhebung im Original).

2.2 Praxistheoretische Perspektiven auf Emotionen

praktischen Handeln in Form von Wertungs- und Deutungsschemata Orientierung. Im Habitus liege nach Bourdieu eine „*körperliche Erkenntnis*",[36] die den Menschen dazu befähige, seine Umwelt praktisch zu erfassen. Irene Dölling versteht Bourdieus Habitus als

> „*Gewohnheitssinn*, der sich durch das praktische Bewegen des physischen Körpers in einem sozialen Raum/Feld(ern) herausbildet und der es ermöglicht, aus einer Situation heraus ihre Bedeutung zu erfassen und angemessen zu reagieren. D.h., Hervorbringen und Verändern sozialer Wirklichkeit ist vor allem als körperlich-praktische Aktion zu verstehen […]."[37]

Für Bourdieu konstruiert sich demnach die soziale Ordnung mithilfe des physischen Körpers. Dieser übernehme im Sozialisationsprozess, also bei der Eingliederung in die soziale Struktur, eine zentrale Funktion, bspw. wenn es darum gehe Geschlechterkonzepte oder sozial erwünschtes Verhalten zu erlernen:

> „Die strengsten sozialen Befehle richten sich nicht an den Intellekt, sondern an den Körper, der dabei als ‚Gedächtnisstütze' behandelt wird. Männlichkeit und Weiblichkeit werden wesentlich dadurch erlernt, daß die Geschlechterdifferenz in Form einer bestimmten Weise, zu gehen, zu sprechen, zu stehen, zu blicken, sich zu setzen usw., den Körpern (vor allem durch die Kleidung) eingeprägt wird. […] In der täglichen pädagogischen Praxis (‚halt dich gerade', ‚nimm dein Messer in die rechte Hand') ebenso wie in Einsetzungsriten wird dieses psychosomatische Handeln oft durch Emotion und psychisches oder sogar körperliches Leiden eingeübt […]."[38]

Der praktische Sinn, an dem sich die Theorie menschlichen Handelns orientiert, basiert auf einer körperlichen Erkenntnis, die neben dem körperlichen Empfinden von Kognition und Emotion vermittelt wird.[39] In seinen *Meditationen* kommt Bourdieu auf die vermittelnde Funktion der Emotionen mit Blick auf den Habitus zu sprechen. Hier verwendet er den Begriff der Affekte, die zwischen der sozialen Struktur und dem Körper eine Vermittlungsfunktion einnehmen. Mithilfe der Affekte sei der Körper dazu in der Lage, seinen Platz in der gesellschaftlichen Ordnung zu erlernen, die jeweiligen Denk-, Wahrnehmungs- und Handlungsschemata und die damit verwobenen Gefühle zu übernehmen:

> „Wir lernen durch den Körper. Durch diese permanente, mehr oder weniger dramatische, aber der Affektivität, genauer gesagt dem affektiven Austausch mit der gesellschaftlichen Umgebung viel Platz einräumende Konfrontation dringt die Gesellschaftsordnung in die Körper ein."[40]

---

36 DÖLLING, Irene (2011): Pierre Bourdieus Praxeologie – Anregungen für eine kritische Gesellschaftsanalyse. In: Sitzungsberichte der Leibniz-Sozietät der Wissenschaften zu Berlin 110, 163–176, 167 (Hervorhebung im Original).
37 DÖLLING, Irene (2011): Pierre Bourdieus Praxeologie, 167 (Hervorhebung im Original).
38 BOURDIEU, Pierre (2001): Meditationen. Zur Kritik der scholastischen Vernunft, Frankfurt a. Main, 181.
39 Vgl. BLUMENTHAL, Sara-Friederike (2014): Scham in der schulischen Sexualaufklärung, 22.
40 BOURDIEU, Pierre (2001): Meditationen, 181.

In *Die männliche Herrschaft* unternimmt Bourdieu eine Kategorisierung von Emotion und benennt ihre ordnungserhaltende Funktion. In seinem Ansatz zur symbolischen Macht kommt er auf das Verhältnis von Herrschenden und Beherrschten zu sprechen. Beherrschte würden – ohne es zu wissen oder gar zu wollen – zu ihrer Unterdrückung beitragen, indem sie ihre Unterwerfung mit praktischen Akten selbst herstellen und anerkennen. Diese Akte ließen sich in die eher kognitiven, innerlich erlebbaren „*Leidenschaften* oder *Gefühlen* (Liebe, Bewunderung, Respekt)" und auf der anderen Seite in die äußerlich wahrnehmbaren „*körperlichen Emotionen* (Scham, Erniedrigung, Schüchternheit, Beklemmung, Ängstlichkeit, aber auch Zorn oder ohnmächtige Wut)"[41] unterscheiden. Beide sieht er als wirksames Mittel symbolischer Macht an. Auch hier übernehmen die Affekte eine Vermittlungsfunktion zwischen Körper und sozialer Ordnung.

Zentral für Bourdieu ist das Wechselverhältnis von Innen- und Außenwelt. Für ihn bedingen sich objektive Strukturen und das subjektive Empfinden. Scheer stellt mit Blick auf das Werk Bourdieus die berechtigte Frage, ob das Fehlen einer expliziten Emotionstheorie womöglich darauf zurückzuführen sei, dass Bourdieu missverstanden werde:

> „[…] könnte es daran liegen, dass Bourdieu die Emotionen ohnehin als eine Mischung aus Denken, Wahrnehmen und Handeln begriffen hat und es beim Habitus immer schon um die Gefühle geht – und zwar in ihrer ganzen Bandbreite, vom spontanen, körperlichen Affekt bis hin zu feinsten ästhetischen Empfindungen?"[42]

Sie führt an, dass Bourdieu in seinem Werk *Sozialer Sinn* keine grundlegende Unterscheidung zwischen der kognitiven, emotionalen und leiblichen Dimension der Erfahrung vornehme. Vielmehr sehe Bourdieu die Dimensionen von Denken, Wahrnehmen, Handeln und Gefühl als ineinander verschränkt. Dies zeige sich etwa beim regelgeleiteten Ausführen einer Praktik wie bspw. Gesang oder Tanz, die gewisse Gefühle hervorbringen könne.[43]

Werden Gefühle im Zusammenhang mit einer gewissen Praktik erlernt, schreiben sich diese in den Körper ein und können bei Ausführen dieser Praktik reaktiviert werden. Damit diene der Körper als Instrument, um Gefühle wieder hervorzuholen. Bourdieu nimmt Bezug auf Blaise Pascal, der auf die Frage, wie man zum Glauben käme, folgendes vorschlägt: „Knie nieder, bewege die Lippen zum Gebet, und Du wirst glauben." Hier zeige sich, dass äußere Handlungen einen Effekt auf das Innenleben und das damit erlebbare Gefühl nehmen. Durch das Wiederholen der äußerlichen Praktiken, konstruiere sich das Innere und

---

41 BOURDIEU, Pierre (2012): Die männliche Herrschaft, Frankfurt a. Main, 72 (Hervorhebung im Original).
42 SCHEER, Monique (2017): Die tätige Seite des Gefühls. Eine Erkundung der impliziten Emotionstheorie im Werk Bourdieus. In: Rieger-Ladich, Markus/ Grabau, Christian (Hrsg.): Pierre Bourdieu. Pädagogische Lektüren, Wiesbaden, 255–267, 259.
43 Vgl. BOURDIEU, Pierre (1987): Sozialer Sinn, 128.

werde aufrechterhalten. Damit stünden Innen und Außen in unauflöslicher Wechselbeziehung.[44] Da Bourdieu nicht zwischen dem Leib und dem Subjekt unterscheidet, stellt sich nicht die Frage, ob es sich dabei um ein gespieltes oder ‚echtes' Gefühl handelt.[45]

> „Der Leib glaubt, was er spielt: er weint, wenn er Traurigkeit mimt. Er stellt sich nicht vor, was er spielt, er ruft sich nicht die Vergangenheit ins Gedächtnis, sondern *agiert* die Vergangenheit *aus* […]. Was der Leib gelernt hat, das besitzt man nicht wie ein wiederbetrachtbares Wissen, sondern das ist man."[46]

Zusammenfassend lässt sich Bourdieus implizite Emotionstheorie wie folgt verstehen: Bei der Vermittlung von Körper und sozialer Struktur weist Bourdieu auf die zentrale Funktion von Gefühl und Affekt hin. Der Habitus als „*körperliche Erkenntnis*"[47] hilft Akteur*innen sich in diese Struktur einzufinden, indem er Denk-, Wahrnehmungs- und Handlungskonzepte bereithält, die sich wiederum in den Körper einschreiben. Im affektiven Austausch mit der Umwelt lernen Akteur*innen die gesellschaftliche Ordnung kennen und verinnerlichen die Denk- und Verhaltensweisen und die damit einhergehenden Emotionen. Gefühle, die im Zusammenhang mit bestimmten Praktiken erlernt wurden, können über diese erneut hervorgerufen werden. Demzufolge lassen sich Emotionen bei Bourdieu als Praktiken begreifen, die den Habitus mitkonstruieren. Scheer resümiert:

> „Emotionen werden, das lässt sich aus der Theorie Bourdieus offenbar doch recht überzeugend ableiten, vom Habitus produziert und fließen unterstützend – oder transformierend – wieder in diesen zurück. Damit wären Emotionen nun wie alle anderen Praxisformen auch zu verstehen, als *opus operatum*."[48]

2.2.2 Emotionen als Praktiken: ‚Doing Emotion'-Ansatz bei Monique Scheer

Der für diese Arbeit zentrale Ansatz der Emotionspraktiken geht auf die empirische Kulturwissenschaftlerin Monique Scheer zurück, die aufbauend auf den Gedanken Bourdieus eine praxistheoretische Perspektive auf Emotionen entwirft.[49] Scheer ist der Ansicht,

---

44 Vgl. SCHEER, Monique (2016): Emotionspraktiken, 25.
45 Vgl. SCHEER, Monique (2017): Die tätige Seite des Gefühls, 260.
46 BOURDIEU, Pierre (1987): Sozialer Sinn, 135 (Hervorhebung im Original).
47 DÖLLING, Irene (2011): Pierre Bourdieus Praxeologie, 167 (Hervorhebung im Original).
48 SCHEER, Monique (2017): Die tätige Seite des Gefühls, 263 (Hervorhebung im Original).
49 Vgl. SCHEER, Monique (2016): Emotionspraktiken; SCHEER, MONIQUE (2012): Are Emotions a Kind of Practice. Teile dieses Abschnitts über Emotionspraktiken wurden bereits veröffentlicht in: KRAIN, Rebekka/ MÖßLE, Laura (2020): Christliches Influencing auf YouTube als ‚*doing emotion*'. In: ÖRF 28 (1), 161–178, 169–171.

„dass wir Emotionen nicht *haben*, sondern *tun*. Wir tun sie nicht im Sinne einer intentionalen Handlung, sondern im Sinne des *doing* der Performativitäts- und Praxistheorie, und da dieses *doing* stets mit anderen Praktiken verbunden ist, kommen wir methodisch in der historischen und kulturwissenschaftlichen Forschung über diese Praxiskomplexe an die Gefühle ‚heran'."[50]

Angelehnt an die praxistheoretische Denkrichtung Bourdieus sind für Scheer „Emotionen […] ein Tun, eine Aktivierung des immer schon von Diskurs und Sozialität durchdrungenen Körpers".[51] Diese Perspektive lässt Emotionen nicht nur als individuelle Erfahrung und passives Geschehen, das im Inneren eines Menschen auf sehr persönliche Weise erlebt wird, denken. Vielmehr schlägt Scheer vor, Emotionen als etwas zu betrachten, das durch Praktiken hervorgerufen und gestaltet werden kann. Damit sind Emotionen zum einen selbst Praktiken und gleichzeitig mit anderen Praktiken verwoben, in denen sie kommuniziert, mobilisiert und gestaltet werden können.[52] Emotionen in diesem Verständnis sind dann nicht mehr nur privat, sondern auch öffentlich hör- und sichtbar. Emotionen „als Kommunikations- und Tauschmedien in sozialen Beziehungen" existieren „im zwischenmenschlichen Austausch, also gewissermaßen im äußerlichen, wenn nicht gleich öffentlichen Raum".[53] Damit sind Emotionen als überindividuelles Phänomen zu denken.

In dieser Theorie wird nicht zwischen Emotionen und Gefühlen unterschieden,[54] um Dichotomien von inneren vs. äußeren, körperlichen vs. geistigen oder echten vs. gespielten Emotionen zu überwinden:

„The approach proposed here suggests that the distinction between ‚inner' and ‚outer' sides of emotion is not given, but is rather a product of the way we habitually ‚do' the experience. Practice may create an ‚inner' and ‚outer' to emotion with the ‚ex-pression' of feelings originating inside and then moving from inner to outer. But practice may also create bodily manifestations seemingly independent from the mind, ego, or subject, depending on historically and culturally specific habits and context. For this reason, I use the terms ‚emotion' and ‚feelings' […] interchangeably."[55]

In praxistheoretischen Überlegungen wie bereits bei Bourdieu veranschaulicht, verzichten diese Denkformen auf eine dichotome Einteilung von Innen und Außen. Sichtbare Emotionen sind nicht von inneren zu unterscheiden, da sie

---

50 SCHEER, Monique (2016): Emotionspraktiken, 16f (Hervorhebung im Original).
51 SCHEER, Monique (2016): Emotionspraktiken, 23.
52 Vgl. BAREITHER, Christoph (2017): Internet-Emotionspraktiken. Theoretische und methodische Zugänge. In: Lauterbach, Burkhart (Hrsg.): Alltag – Kultur – Wissenschaft. Beiträge zur Europäischen Ethnologie Jg. 4, 11–35, 16.
53 SCHEER, Monique (2016): Emotionspraktiken, 16.
54 Vgl. im Gegensatz dazu den prominenten Ansatz von Damasio, der zwischen körperlichen Veränderungen (‚emotion') und der geistigen Wahrnehmung und der Verarbeitung dieser im Gehirn (‚feeling') unterscheidet. Vgl. DAMASIO, ANTONIO (2003): Looking for Spinoza. Joy, Sorrow, and the Feeling Brain, Orlando, FL.
55 SCHEER, Monique (2012): Are Emotions a Kind of Practice, 198.

sich gegenseitig konstituieren: „Die Geste oder das Sprechen über Gefühle hat durchaus eine wirksame Verbindung zu den erfahrenen psychophysischen Prozessen."[56] Es besteht eine enge Verbindung von Denken und Fühlen, welche Scheer um die Dimension des Handelns ergänzt. Damit sieht sie keinen Bruch zwischen Erfahrung und Repräsentation der Emotionen. Eine Trennung zwischen innerem Gefühl und äußerem Ausdruck lehnt Scheer also ab, vielmehr gehe es darum, „wie das Äußere und das Innere sich gegenseitig konstituieren".[57]

An einem Beispiel aus der Unterrichtsbeobachtung skizziert: Teilt eine Lehrperson ihren Schüler*innen bei der Rückgabe einer Klassenarbeit in positivem Tonfall mit, dass sie „eigentlich ganz zufrieden" sei, dann ist davon auszugehen, dass das Sprechen über dieses Gefühl das innere Erleben mitkonstruiert. Da die soziale Situation der Klassenarbeitsrückgabe eine Form des Feedbacks von Seiten der Lehrperson erfordert, greift sie in diesem Beispiel auf eine in der Sozialität des Unterrichts gängige Formulierung zurück. Diese bringt zum einen ihr eigenes, inneres Gefühl ins Wort und teilt es zum anderen zugleich nach außen hin mit, was wiederum Einfluss auf das Gefühlte nimmt. Der Ausdruck eines Gefühls ist damit nicht nur ein Stellvertreter des inneren, ‚wahren' Gefühls, sondern elementarer Bestandteil.[58] Damit wehrt sich Scheer gegen den Vorwurf, Emotionen seien nicht beobachtbar: „Emotionen als kulturelle Praxis zu verstehen heißt, sie aus der ‚black box' der Psyche zu befreien und als kommunikative, interaktive Handlung zu fokussieren[…]."[59]

Damit gelangt sie zu der Erkenntnis, „dass wir Emotionen nicht haben, sondern tun".[60] Erst über dieses Tun, so Scheer, kommen Emotionen zustande, was sie als ‚Doing Emotion' bezeichnet.[61] Dieses Tun wird nicht als ein intentional gerichtetes Handeln verstanden, sondern vielmehr als ein ‚Doing' das den Prinzipien der Performativitäts- und Praxistheorie folgt.[62] Im Alltag finden sich

---

56   SCHEER, Monique (2016): Emotionspraktiken, 16.
57   SCHEER, Monique (2016): Emotionspraktiken, 16.
58   Vgl. SCHEER, Monique/ WERNER, Gunda (2018): Material Religion. Eine ethnologische und systematisch-theologische Analyse der Materialität von Religion am Beispiel charismatischer und pentekostaler Spiritualität. In: ThQ 198, 95–105, 98.
59   SCHEER, Monique/ WERNER, Gunda (2018): Material Religion, 98.
60   SCHEER, Monique (2016): Emotionspraktiken, 16.
61   Vgl. SCHEER, Monique/ WERNER, Gunda (2018): Material Religion, 98.
62   Vgl. dazu das ähnliche Theoriemodell von Reckwitz, der Affekte als konstitutiven Bestandteil sozialer Praktiken betrachtet und die Aktivität des ‚Affiziertwerdens' in den Vordergrund rückt. Reckwitz versteht Affekte nicht als subjektiv, sondern sozial und sieht sie der sozialen Praktik selbst zugeschrieben. Jede soziale Praktik gehe mit einer „spezifische[n] affektuelle[n] ‚Gestimmtheit'" einher, die sich realisiere, sobald das Individuum die Praktik ausführe und damit die kulturellen und historischen Wissensbestände inkorporiere. Reckwitz kommt zu der Ansicht, „nicht die Individuen haben Gefühle, sondern die Praktiken sind affektiv strukturiert". RECKWITZ, Andreas (2016): Kreativität und soziale Praxis, 105. Scheer und Reckwitz stimmen in ihrer Denktradition grundsätzlich überein,

unterschiedliche routinierte Formen, Emotionen auf diese Weise hervorzurufen und unter Rückgriff auf kulturelle Ausdrucksformen zu gestalten. Scheer nennt verschiedene Beispiele wie das romantische Werben in einer Liebesbeziehung oder der Umgang mit Medien, wie Film, Musik oder Kunst, die dazu führen, Gefühle hervorzurufen, zu verstärken oder zu lenken.[63]

Doch wie gelingt ein praxistheoretischer Blick auf Emotionen im Religionsunterricht? Das Klassenzimmer ist Kontext zahlreicher Interaktionen und Erfahrungen, in dem sich vielfältige Emotionen abspielen und ereignen. Das Arbeiten in Gruppen, der Umgang mit Noten oder das Austragen von Konflikten sind nur wenige Beispiele aus vielen, in denen Lehrpersonen und Schüler*innen routinierten Handlungsschemata folgen und im Zuge dessen Emotionen mobilisieren, kommunizieren, benennen oder regulieren.

Scheer führt insgesamt vier Praktiken an, die in besonderer Weise mit Emotionen zusammenhängen. Diese bezeichnet sie als Emotionspraktiken.[64] Die vier Kategorien versteht sie einander überlappend, so dass eine Emotionspraktik mehreren Kategorien zuzuordnen ist. Das Ziel der Differenzierung dieser Praktiken dient keiner Typologie, vielmehr geht es darum, „den Blick für verschiedene Wirkungsweisen von Emotionspraktiken zu verschärfen".[65]

Zunächst kommt Scheer auf *mobilisierende Praktiken* zu sprechen, die Emotionen im eigenen Körper oder bei anderen evozieren. Bewegende Körpergesten wie bspw. Tanzen, Marschieren, Hüpfen oder weitere können Emotionen im Körper mobilisieren oder verstärken. Oftmals werden sie vom handelnden Subjekt gerade deshalb ausgeführt, weil es ein gewisses Gefühl erleben will, das mit dieser Praktik einhergeht. Hierzu gehört auch die Mediennutzung wie bspw. das Spielen eines Computerspieles, von dem man sich Vergnügen erwartet.[66] Neben Körpergesten und Medien können Gegenstände und Artefakte sowie Räume Emotionen mobilisieren, wie bspw. das kniende Gebet in einem Kirchenraum.[67]

---

allerdings bevorzugt Reckwitz den Begriff des Affekts und zieht diesen dem der Emotion vor. Praxeologisch könnten Affekte nicht als verstetigte Eigenschaft eines Individuums betrachtet werden oder als etwas, das in den Besitz eines Individuums übergehe. Der Begriff der Emotion suggeriere seiner Ansicht nach, dass das Subjekt die Emotion *habe*. Reckwitz betont vielmehr die „dynamische Aktivität", die sich dadurch bemerkbar mache, dass sich Individuen durch Praktiken von anderen Subjekten, Dingen oder Vorstellungen affizieren ließen. Vgl. RECKWITZ, Andreas (2016): Kreativität und soziale Praxis, 107.

63   Vgl. SCHEER, Monique (2012): Are Emotions a Kind of Practice, 210.
64   Vgl. SCHEER, Monique (2016): Emotionspraktiken, 29–34.
65   SCHEER, Monique (2016): Emotionspraktiken, 29.
66   Vgl. BAREITHER, Christoph (2016): Gewalt im Computerspiel.
67   Bilder und Gegenstände können Scheer zufolge als Speicher für Emotionen fungieren, um sich bei deren Gebrauch bestimmte Gefühle zu vergegenwärtigen. Darauf bezieht sich auch die kulturwissenschaftliche Erinnerungsforschung, die sich sowohl mit kognitiven als auch emotionalen Inhalten auseinandersetzt, weshalb sich viele Erinnerungspraktiken

2.2 Praxistheoretische Perspektiven auf Emotionen

Exemplarisch können als mobilisierende Emotionspraktiken im Religionsunterricht das Betrachten eines Bildes, das Vorlesen einer Geschichte oder die Formierung eines Stuhlkreises angeführt werden.

Darüber hinaus kommt Scheer auf *benennende Praktiken* zu sprechen, die Emotionen mithilfe sprachlicher ‚emotives' verbalisieren und wiederum das Erleben eines Gefühls beeinflussen können.[68] Hinter der sprachlichen Äußerung verbirgt sich der Versuch, das Gefühlte zu steuern oder sich dessen zumindest bewusst zu werden. Diese Praktiken zielen ebenso auf eine soziale Dimension: „Benennungspraktiken sind der Versuch, unsere Gefühle eindeutig wahrzunehmen und zu äußern, damit sie ihre soziale und relationale Funktion wahrnehmen können."[69] Das bereits geschilderte Beispiel bei der Klassenarbeitsrückgabe kann als benennende Praktik gefasst werden.

Scheer nennt auch *kommunizierende Praktiken*, die das Ziel verfolgen, Emotionen an andere Akteur*innen zu vermitteln, und eine Kombination aus den beiden vorigen Kategorien darstellen. Das Mitteilen der Emotionen mobilisiert diese und zielt auf einen „patenten relationalen Zweck",[70] da sie bestimmte Gefühle bei anderen hervorrufen wollen. Als Beispiel können Gefühlsmitteilungen während des Unterrichts angeführt werden, die darauf zielen, den eigenen Gemütszustand auf andere zu übertragen.

Zuletzt führt Scheer *regulierende Praktiken* an, die Emotionen in gewisser Weise lenken oder dämpfen. Zwar können Mobilisierung, Benennen und Kommunizieren von Gefühlen ebenfalls regulierend wirken, jedoch geht es hierbei weniger um das Generieren von Emotionen als um die Einhaltung emotionaler Normen. Regulierende Praktiken streben nach Gefühlserziehung und sind z. B. für die Teilnahme an Ritualen und Zeremonien bedeutsam. Exemplarisch kann hier auf den Umgang mit starken oder unvorhergesehenen Gefühlsmitteilungen während des Unterrichts rekurriert werden.

Die Unterscheidung der vier Praktiken unterliegt keiner streng analytischen Trennung und folgt keiner ‚entweder-oder'-Logik. Sie bietet vielmehr Perspektiven an, um Funktionen einzelner Praktiken zu verdeutlichen und eine gezielte Betrachtung dieser anzubieten.[71]

Hinter der praxistheoretischen Annahme, dass Emotionen *getan* werden, verbirgt sich keineswegs eine intentionale Gerichtetheit dieses Tuns. Vielmehr sollen Praktiken untersucht werden, die beiläufig, unbedacht und automatisch vollzogen werden. Dabei treten Praktiken stets nur in Praxiskomplexen auf: Das

---

zu den Emotionspraktiken zählen ließen. Vgl. SCHEER, Monique (2016): Emotionspraktiken, 30.
68 Hier greift Scheer den Ansatz von William M. Reddy auf. Vgl. REDDY, William M. (1997): Against Constructionism. The Historical Ethnography of Emotions. In: Current Anthropology 38 (3), 327–351.
69 SCHEER, Monique (2016): Emotionspraktiken, 32.
70 SCHEER, Monique (2016): Emotionspraktiken, 32.
71 Vgl. BAREITHER, Christoph (2017): Internet-Emotionspraktiken, 17.

Bewegen von Körpern, der Umgang mit Artefakten, Sprechen, Denken, Fühlen, Wahrnehmen von Gerüchen und Geräuschen, der Umgang mit anderen Akteur*innen sind als simultan und in sich verwobene Abläufe zu begreifen, die unter dem Fokus der Emotionspraktiken nicht isoliert betrachtet werden können. Emotionspraktiken können laut Scheer nur als Praxiskomplexe umrissen werden, „die in besonderer Weise mit Emotion zu tun haben, etwa weil sie Gefühle mobilisieren, benennen, kommunizieren oder regulieren".[72] Für die vorliegende Forschung bildeten die kommunikativen, und damit auch die multimodalen Ausdrucksformen des Emotionalen, die von Schüler*innen und Lehrpersonen innerhalb des Religionsunterrichts performativ realisiert wurden, die Grundlage der Untersuchung. Der Fokus richtet sich dabei auf das Zusammenspiel sprachlicher, parasprachlicher, gestischer, mimischer, inszenatorischer, situativer und interaktiver Aspekte.

Zusammenfassend lässt sich mit Blick auf Scheers Ansatz des ‚Doing Emotion' festhalten: Die praxistheoretische Perspektive und damit die enge Verflechtung von Emotionen und Praktiken bietet das analytische Werkzeug, um Emotionen als Phänomene zu betrachten, die der Beobachtung zugänglich sind. Die vier Emotionspraktiken bieten ein analytisches Repertoire, mit dem routinierte und kulturell gelernte Handlungsvollzüge und Ausdrucksformen des Emotionalen genauer in den Blick genommen werden können. Für Unterricht und im Speziellen für Religionsunterricht kann diese Perspektive einen Mehrwert liefern, da religionspädagogische Konzepte und die damit einhergehenden Handlungsroutinen auf ihr Emotionen mobilisierendes und generierendes Potenzial hin untersucht werden können.

2.2.3 *Paradigmen empirisch-kulturtheoretischer Emotionsforschung*

Im Folgenden werden exemplarisch drei Paradigmen für eine empirisch-kulturtheoretische Emotionsforschung angeführt. Die ausgewählten Studien berufen sich auf ein Emotionsverständnis, das diese als Praktiken bzw. der Beobachtung zugänglich begreift. Die knappe Darstellung richtet sich auf die jeweiligen Forschungsanliegen, das zugrunde liegende Emotionsverständnis, die methodische Ausrichtung und zentrale Ergebnisse. Der Überblick soll exemplarische Einsicht in erziehungswissenschaftliche und kulturwissenschaftliche Forschungsarbeiten zu Emotionen liefern, um schließlich das theoretische Emotionsverständnis der vorliegenden Arbeit bei diesen Ansätzen zu verorten.

In ihrer Arbeit von 2014 untersucht die Erziehungswissenschaftlerin Sara-Friederike Blumenthal mittels einer pädagogischen Ethnographie die Emotion Scham in der schulischen Sexualaufklärung in Berliner Biologieklassen. Ihr For-

---

72 SCHEER, Monique/ WERNER, Gunda (2018): Material Religion, 99. Scheer verweist an dieser Stelle auf ihren englischsprachigen Artikel vgl. SCHEER, MONIQUE (2012): Are Emotions a Kind of Practice.

2.2 Praxistheoretische Perspektiven auf Emotionen

schungsinteresse liegt dabei auf der sozialregulativen Funktion des verbalen und körperlichen Schamausdrucks. Hierfür nimmt Blumenthal beobachtend an der gesamten Unterrichtseinheit der Sexualaufklärung im Biologieunterricht vierer gymnasialer Klassen der Sekundarstufe I teil. Darüber hinaus führt sie Gruppendiskussionen und Expert*inneninterviews zur Erforschung der Thematik durch. Blumenthal sieht sich im Zuge ihrer Forschung mit der Schwierigkeit konfrontiert, dass Scham oftmals nicht als solche direkt konzeptualisiert werde. Der ethnographische Forschungsansatz liefert jedoch Zugang zum sozialen Kontext und damit zum impliziten Affektwissen der Teilnehmenden.[73]

In ihrem transdisziplinären Theoriegerüst beruft sich Blumenthal zunächst auf eine emotionspsychologische Definition von Scham und legt dabei besonderen Wert auf die psychosozialen Funktionen. Ihre Arbeit folgt der Schamtheorie des ‚low-visibility-shame'-Ansatzes von Thomas Scheff,[74] sowie dem emotionstheoretischen Ansatz ‚Emotions as Bio-cultural Processes' nach Eva-Maria Engelen et. al.[75] Die emotionspsychologische Ausrichtung ergänzt sie um eine sozialisationstheoretische Perspektive von Scham als Affekt in Bourdieus Habitustheorie. Blumenthal arbeitet mit dem Oberbegriff des Affekts unter welchen sie Emotion und Gefühl subsumiert.[76]

Geleitet vom Forschungsinteresse der sozialregulativen Funktion von Scham zeigt Blumenthal anhand ihrer empirischen Daten auf, dass Lehrende in der Sexualaufklärung Beschämung – meist unbewusst – als Erziehungsmittel einsetzen. Dabei greifen sie auf soziale Praktiken und symbolische Ordnungen zurück, bspw. um Restriktion sexueller Praktiken und Orientierungen zu erreichen. Darüber hinaus zeigt Blumenthal, dass sich die Beteiligung am Unterricht seitens der Schüler*innen schmälert, wenn Lehrende sexualitätsbezogene Beschämung im Unterricht ausüben. Anhand ihrer Beobachtungen zeigt sie den Einfluss von Scham und Beschämung auf die Unterrichtsdynamik auf und bestätigt die Annahme, dass Scham als solche in westlichen Kulturen kaum konzeptualisiert werde. Blumenthal kommt zu dem feldspezifischen Schluss, wenn Beschämung als Erziehungsmittel innerhalb der Sexualaufklärung zum Einsatz komme, sei diese pädagogisch nicht reflektiert und werde weder von Lehrpersonen oder Schüler*innen direkt als solche benannt. Aufgrund der niedrigen Sichtbarkeit sei Scham einer pädagogischen Reflexion nur schwer zugänglich,

---

73 Vgl. BLUMENTHAL, Sara-Friederike (2014): Scham in der schulischen Sexualaufklärung, 161.
74 Vgl. SCHEFF, Thomas J. (1988): Shame and Conformity. The Deference-Emotion System. In: American Sociological Review 53 (3), 395–406; SCHEFF, Thomas J. (1990): Socialization of Emotions. Pride and Shame as Causal Agents. In: Kemper, Theodore D. (Hrsg.): Research Agendas in the Sociology of Emotions, Albany, NY, 281–304.
75 Vgl. ENGELEN, Eva-Maria u.a. (2009): Emotions as Bio-cultural Processes. Disciplinary Debates and an Interdisciplinary Outlook. In: Röttger-Rössler, Birgitt/ Markowitsch, Hans Jürgen (Hrsg.): Emotions as Bio-cultural Processes, New York, 23–53.
76 Vgl. BLUMENTHAL, Sara-Friederike (2014): Scham in der schulischen Sexualaufklärung, 160.

was auch mit der Annahme korrespondiere, dass Scham als kein probates Erziehungsmittel westlicher Kulturen gelte.[77]

Blumenthals interdisziplinäre Perspektive auf Scham und ihr Fokus auf verbale und körperliche Praktiken liefern einen zentralen Mehrwert in der Erforschung schulisch vermittelter Schamgefühle. Ihre Forschung zeigt auf, dass Schampraktiken schulische Sozialität eindrücklich formen und regulieren.

Der empirische Kulturwissenschaftler Christoph Bareither untersucht in seiner 2016 erschienenen Studie *Gewalt im Computerspiel. Facetten eines Vergnügens* die Frage nach den emotionalen Erfahrungen von Akteur*innen im spielerischen Umgang mit der computervermittelten Repräsentation physischer Gewalt.[78] Dafür ermittelt er wie Spieler*innen mit Gewalt in alltäglichen Spielprozessen und spielbezogenen Praktiken des Computerspielens umgehen.

Die zentrale Kategorie des Vergnügens bestimmt Bareither aufbauend auf den ‚Cultural Studies' und anderen praxistheoretischen Ansätzen als Geflecht aus Praktiken. Praktiken des Vergnügens zeichneten sich durch die Kommunikation, Mobilisierung und Gestaltung positiv gedeuteter emotionaler Erfahrungen aus. Für seine Untersuchung zieht Bareither den Ansatz des ‚Doing Emotion' nach Scheer heran, der Emotionen als Praktiken, konkretes Tun und in ihrer prozessualen Hervorbringung betrachtet. Vergnügen – so verbindet Bareither die Ansätze – gelten ebenfalls als „ein Prozess des Hervorbringens, Gestaltens und Kommunizierens von Gefühlen und Emotionen, ein Prozess des *doing emotion*".[79]

Um seiner Forschungsfrage nachzugehen, wählt Bareither ein multiperspektivisch ethnographisches Verfahren, und führt eine teilnehmende Beobachtung in unterschiedlichen Online-Multiplayer-Games durch. Neben den am Bildschirm stattfindenden Praktiken untersucht er die in den Audiosprachkanälen vermittelten Konversationen der Spielenden. Dabei nimmt er v. a. die kommunizierenden Emotionspraktiken, die sich auf Gewalt beziehen, und die damit einhergehenden emotionalen Erfahrungen in den Blick. Die Teilnahme an offline stattfindenden LAN-Partys, leitfadengestützte, qualitative Online-Interviews, die Analyse von Singleplayer-Spielen auf YouTube und Beiträge aus Computerspielzeitschriften komplettieren seinen Datenkorpus.[80]

Bareither identifiziert unterschiedliche Erfahrungen des Vergnügens an Computerspielgewalt. Neben körperlich-virtuellen Erfahrungen wie bspw. ein Angriff auf computervermittelte Gegner*innen vermittle sich Vergnügen auch in kompetitiven und kooperativen Praktiken. Praktiken, die die virtuelle, körperliche Teilhabe fördern, wirken emotional mobilisierend und involvieren die

---

77 Vgl. BLUMENTHAL, Sara-Friederike (2014): Scham in der schulischen Sexualaufklärung, 162–166.
78 Vgl. BAREITHER, Christoph (2016): Gewalt im Computerspiel, 9.
79 BAREITHER, Christoph (2016): Gewalt im Computerspiel, 26 (Hervorhebung im Original).
80 Vgl. BAREITHER, Christoph (2016): Gewalt im Computerspiel, 10f.

2.2 Praxistheoretische Perspektiven auf Emotionen

Spielenden in das Spielnarrativ. Auch ambivalente, emotionale Erfahrungen nimmt Bareither in den Blick. Dabei geht es um Erfahrungen, in denen vergnügsame Momente unvergnüglich werden und sich Zweifel oder schlechtes Gewissen hinsichtlich der Ausübung von Computerspielgewalt einstellen.

Mit einem emotionspraxistheoretischen Untersuchungsansatz zielt Bareither auf einen Erkenntnisgewinn abseits psychologisierender und wertender Ergebnisse hinsichtlich des meist negativ besetzten Themas von Vergnügen und Computerspielgewalt.[81] Mithilfe der Emotionspraktiken kann Bareither in seiner Studie die Wirkmechanismen von ludischer Gewalt in Computerspielen nachzeichnen und aufweisen, dass es sich dabei um ein aktives Hervorbringen von Gefühlen handelt.

Der Kulturwissenschaftler Stefan Wellgraf beschäftigt sich in seiner 2018 erschienenen Studie *Schule der Gefühle. Zur emotionalen Erfahrung von Minderwertigkeit in neoliberalen Zeiten* mit der Frage, welche Emotionen und Affekte ein exkludierendes Bildungssystem erzeuge. Wellgraf fragt nach den dadurch bedingten emotionalen Dispositionen und Subjektbildungsprozessen. Damit verbindet er die beiden Forschungsfelder der sozial-gesellschaftlichen Abwertungsprozesse mit der Analyse von Affektstrukturen. Die Studie zielt auf eine politische Lesart von Gefühlen. Mit der zeitlichen Verortung in „neoliberalen Zeiten" übt Wellgraf Kritik an den (Fehl-)Entwicklungen gegenwärtiger Bildungspolitik.[82]

Mithilfe einer einjährigen ethnographischen Untersuchung an einer als prekär geltenden Schule in Berlin-Neukölln beforscht Wellgraf die emotionalen Erfahrungen der Schüler*innen zweier zehnten Klassen eines Hauptschul-Abschlussjahrgangs. Neben teilnehmender Beobachtung führt er narrative Interviews innerhalb und außerhalb des Unterrichts mit Schüler*innen und Lehrkräften. Um sich den mit sozialer Ausgrenzung verbundenen emotionalen Erfahrungen zu nähern, untersucht er Gefühle aus unterschiedlichen Perspektiven: Atmosphären und sozialräumliche Verortungen kommen ebenso in den Blick wie theoretische Reflexionen über Narrationen und Diskurse. Auch der Umgang mit Artefakten und Dokumenten, Filmen und Popkultur, Körper- und Medienpraktiken finden in seiner Analyse Berücksichtigung, ebenso wie die Untersuchung sozialer Interaktionen und schulischer Hierarchien, Bewertungsformen, Selbstpositionierungen und Perspektiven auf Zukunft.[83]

Auch Wellgraf arbeitet mit einer praxistheoretischen Perspektive auf Emotionen und bezieht sich unter Rückgriff auf Reckwitz und Scheer auf das ‚Doing Emotion' in verbalen, körperlichen, gestischen und anderen Formen, welche er als kulturell eingebettete Emotionspraktiken versteht. In seiner Arbeit verwendet er ein weites Emotionsverständnis, das es ihm ermöglicht neben spezi-

---

81 Vgl. BAREITHER, Christoph (2016): Gewalt im Computerspiel, 321.
82 Vgl. WELLGRAF, Stefan (2018): Schule der Gefühle, 7–9.
83 Vgl. WELLGRAF, Stefan (2018): Schule der Gefühle, 13.

fischen Emotionen wie Wut, Scham und Angst auch affektiv aufgeladene Gefühlskomplexe wie Coolness in den Blick zu nehmen. Dabei verzichtet er auf eine Trennung von Emotionen und Affekten.[84]

Wellgraf kommt auf verschiedene Gefühlslagen zu sprechen, die gesellschaftliche Abwertungsprozesse und ein exkludierendes Bildungssystem hervorbringen: Das Phänomen der Langeweile betrachtet Wellgraf in seiner schulatmosphärischen Hervorbringung sowie in seiner sozial-räumlichen Herabsetzung. Er zeigt auf, dass unzureichende Infrastruktur, sei es ein heruntergekommener Schulhof oder schlecht ausgestattete Klassenräume, Langeweile begleitet von affektiven Atmosphären wie depressiven Stimmungen und Resignation hervorbringen. Darüber hinaus beschreibt Wellgraf Formen der Selbstermächtigung wie Coolness und sog. ‚Ghetto'-Stolz, die auf emotionale Distanz und demonstrative Gelassenheit im Umgang mit Exklusionsdynamiken zielen.[85] Wellgraf sieht diese Praktiken als „affektive Selbstbehauptungsstrategie angesichts der emotionalen Zumutungen von Stigmatisierung und sozialer Ausgrenzung"[86] und untersucht hierfür Selfie-Posen Jugendlicher in ihren Selbstkonstruktionsprozessen auf Facebook. Ebenso identifiziert Wellgraf Gefühle der Unzulänglichkeit wie Scham und Peinlichkeit und entlarvt Benotungssituationen als Produzenten von Minderwertigkeitsgefühlen. Die Emotion Wut im untersuchten Feld beschreibt Wellgraf als Ausdrucksform erfahrener Abwertungsprozesse bspw. im Kontext rassistischer Diskriminierung und verweist auf die enge Verbindung zu pädagogischen Machtbeziehungen. Auch Körperpraktiken wie Box- und Kampfposen untersucht Wellgraf mit Blick auf Aggressivität und identifiziert eine darüber hinausreichende kulturelle Bedeutung im hauptschulischen Kontext. Darüber hinaus zeigt seine Untersuchung Gefühle auf, die über den Kontext der Hauptschule hinausreichen und Zukunftsängste und -hoffnungen der Schüler*innen abbilden.

Wellgrafs ethnographische Untersuchung arbeitet die emotionale Dimension von Exklusionsprozessen am Beispiel einer Berliner Hauptschule heraus. Mit seiner multiperspektivischen Analyse von Diskursen, Narrationen, Praktiken und Räumen kann er Gefühlskomplexe identifizieren, die die sozial-gesellschaftlichen Abwertungen eines exkludierenden Bildungssystems hervorbringen.

Eine Zusammenschau der drei Studien zeigt das Potenzial einer praxistheoretischen Perspektive auf Emotionen, die diese als überindividuelle, an Diskursen und Sozialität gebundene Phänomene begreift. Soziale Praktiken, die im Unterrichts- bzw. Schulkontext oder bei Computerspielen begegnen, gehen mit Emotionen einher und bringen diese gleichsam hervor. Soziale Praktiken beru-

---

84 Vgl. WELLGRAF, Stefan (2018): Schule der Gefühle, 14f.
85 Vgl. WELLGRAF, Stefan (2018): Schule der Gefühle, 91.
86 WELLGRAF, Stefan (2018): Schule der Gefühle, 91.

hen auf kollektivem, implizitem Wissen, sodass alle drei Studien ethnographisch arbeiten, um die Wissensbestände der Feldteilnehmenden und die Logik des jeweiligen Feldes aus einer Innenperspektive heraus zu erforschen.

Die vorliegende Arbeit zielt auf eine Erforschung der Emotionspraktiken im Kontext des Religionsunterrichts an der Berufsfachschule und sieht – wie die aufgeführten Studien – eine praxistheoretische Perspektive auf Emotionen vor. Der ‚Doing Emotion'-Ansatz soll durch ein weiteres Analyseelement zur näheren Untersuchung sozialer Interaktionen ergänzt werden.

2.3 Soziale Interaktionen und ihre Regelstrukturen: Rahmen und Rahmungen bei Erving Goffman

Um Emotionspraktiken im Religionsunterricht an der Berufsfachschule untersuchen zu können, sollen für die Analysen auch *Rahmen* bzw. *Rahmungen* sozialer Interaktionen Berücksichtigung finden. Diese Perspektive ermöglicht es, den für Unterrichtsbeobachtungen gängigen Fokus auf Lehr-Lern-Prozesse hin zum Unterrichtsgeschehen als soziale Situation zu verlagern und Emotionen als zentralen Aspekt sozialer Interaktion zu bergreifen. Hierfür ziehe ich die Rahmenanalyse des Soziologen Erving Goffman heran, um bspw. Interaktionsordnungen zu analysieren und näher zu untersuchen, was Interaktionsteilnehmenden durch den schulischen Rahmen vorgegeben wird.[87]

In einem ersten Schritt bestimme ich die Begriffe *soziale Interaktion* und *sozialer Anlass*, um in einem zweiten Schritt die Idee des *Rahmens* (‚frame') und der *Rahmung* (‚framing') sozialer Interaktion zu erläutern. In einem letzten Schritt zeige ich auf, welchen Mehrwert eine rahmenanalytische Forschungsperspektive für das vorliegende Forschungsvorhaben liefert.

2.3.1 Begriffliche Bestimmungen

Rahmen bzw. Rahmungen richten sich auf *soziale Interaktionen*, die sich nach Goffman dadurch auszeichnen, dass sie in sozialen Situationen auftreten, in denen zwei oder mehrere Personen physisch anwesend sind.[88] Dabei ist der unmittelbare Kontakt und die räumliche Nähe entscheidend, was Goffman als „gemeinsame[...] Präsenz"[89] beschreibt. Diese sei nur gegeben, wenn die Beteiligten

---

[87] Das Kapitel greift auf die Ausführungen von Anja Schmid-Thomaes zu Goffmans Rahmen und Rahmungen zurück. Vgl. SCHMID-THOMAE, Anja (2012): Berufsfindung und Geschlecht. Mädchen in technisch-handwerklichen Projekten, Wiesbaden, 17–27.
[88] Vgl. GOFFMAN, Erving (1994): Interaktion und Geschlecht, Frankfurt a. Main/ New York, 55.
[89] GOFFMAN, Erving (1971): Verhalten in sozialen Situationen, 28 (Hervorhebung im Original).

„deutlich das Gefühl haben, daß sie einander nahe genug sind, um sich gegenseitig wahrzunehmen bei allem, was sie tun, einschließlich ihrer Erfahrungen der anderen, und nahe genug auch, um wahrgenommen zu werden als solche, die fühlen, daß sie wahrgenommen werden".[90]

Damit bildet die „Wechselseitigkeit des Wahrgenommen-Werdens"[91] eine wesentliche Bedingung für *„gemeinsame[...] Präsenz"*.[92]

Ferner sind soziale Interaktionen von einem *sozialen Anlass* geprägt, der den Grund der Zusammenkunft bildet. Goffman versteht darunter

„eine größere soziale Angelegenheit, eine Unternehmung oder ein Ereignis, zeitlich und räumlich begrenzt und jeweils durch eine eigens dafür bestimmte Ausstattung gefördert; ein sozialer Anlaß liefert den strukturellen sozialen Kontext, in dem sich viele Situationen und Zusammenkünfte bilden, auflösen und umformen, während sich ein Verhaltensmuster als angemessen und (häufig) offiziell oder beabsichtigt herausbildet und anerkannt wird [...]".[93]

Situationen, in denen mehr als zwei Personen unmittelbar anwesend sind, können nach Goffman in nicht-zentrierte und zentrierte Interaktionen differenziert werden.[94] In nicht-zentrierten Interaktionen richten die Situationsteilnehmenden ihre Aufmerksamkeit nicht auf einen gemeinsamen Fokus. Hierzu gehören zufällige oder flüchtige Begegnungen wie in einer Fußgängerzone oder die bloße Präsenz von Personen in einem Raum, bspw. in einem Wartezimmer, in der jede Person einer eigenen Handlung nachgeht. Hier erhalten die Anwesenden Informationen über die gegenseitige Wahrnehmung. „Nicht-zentrierte Interaktion betrifft hauptsächlich die Handhabung bloßer gemeinsamer Anwesenheit."[95] In diesen Begegnungen kann es zu einer sorglosen Kenntnisnahme kommen, die Goffman als „höfliche Unaufmerksamkeit"[96] versteht.

Als zentrierte Interaktionen lassen sich all jene Phänomene beschreiben, bei denen Menschen (nahe) zusammenkommen, ihre Aufmerksamkeit auf einen gemeinsamen Gegenstand richten oder gemeinsamen Handlungen nachgehen. Dies ist z. B. in einem Klassenzimmer der Fall, wenn Situationsteilnehmende miteinander kooperieren oder in einer Diskussion ihre Aufmerksamkeit bewusst auf einen gemeinsamen Fokus richten. Die sozialen Interaktionen, die für die vorliegende Arbeit untersucht werden, lassen sich als zentrierte Interaktionen

---

90 GOFFMAN, Erving (1971): Verhalten in sozialen Situationen, 28.
91 SCHMID-THOMAE, Anja (2012): Berufsfindung und Geschlecht, 17.
92 GOFFMAN, Erving (1971): Verhalten in sozialen Situationen, 28 (Hervorhebung im Original).
93 GOFFMAN, Erving (1971): Verhalten in sozialen Situationen, 29.
94 Vgl. GOFFMAN, Erving (1971): Verhalten in sozialen Situationen, 35.
95 GOFFMAN, Erving (1971): Verhalten in sozialen Situationen, 35.
96 Darunter fasst Goffman das Phänomen, dass Personen sich körperlich nahekommen und gleichzeitig keinerlei Interesse aneinander zeigen können. „[E]in Vorgang, bei dem man weder böse Absichten hat noch vom anderen erwartet und dann den Blick wieder abwendet mit einem Gefühl, das eine Mischung aus Vertrauen, Rücksichtnahme und scheinbarer Sorglosigkeit ist." GOFFMAN, Erving (1994): Interaktion und Geschlecht, 153.

2.3 Soziale Interaktionen und ihre Regelstrukturen

verstehen. Die unmittelbare Anwesenheit der Schüler*innen und der Lehrperson im Kontext des Religionsunterrichts geht mit einem geteilten Aufmerksamkeitsfokus auf Unterrichtsinhalte und gemeinsamen Handlungslinien einher.

2.3.2 Vom Rahmen und der Rahmung einer sozialen Interaktion

Goffmans berühmte Frage „Was geht hier eigentlich vor?"[97] steht stets zu Beginn einer jeden sozialen Interaktion. Personen, die Teil einer Situation sind oder werden, orientieren sich dabei am sog. *Rahmen* um diese Frage für sich zu beantworten und angemessene Regelstrukturen für ihr Verhalten abzuleiten. Hierfür entscheidend sind die Organisations- und Regelstrukturen, die den Situationsteilnehmenden helfen, die Situation einzuordnen und angemessen zu interpretieren. Interaktionsteilnehmende erhalten durch die im Rahmen angelegte Ordnungsstruktur Orientierung für ihr Verhalten in dieser Interaktion. Auch die körperliche Kopräsenz wird für andere Situationsteilnehmende zur Informationsquelle, was das Verhalten, aber auch das äußerliche Erscheinungsbild angeht.[98]

Auch der soziale Anlass bestimmt die Verhaltensreglements für die Interaktionsteilnehmenden, schreibt das Setting und gibt den Rahmen für die Zusammenkunft vor.[99]

Für die vorliegende Arbeit bildet das Setting ‚Unterricht' den vorgegebenen Rahmen für das Interaktionsgeschehen zwischen Schüler*innen und Lehrpersonen. Es stellt den sozialen Anlass und gibt Verhaltensmuster wie z. B. das Sitzen auf Stühlen und eine an der Tafel ausgerichtete Blickrichtung vor. Der Rahmen schreibt vor wie sich Personen adäquat in Situationen zu verhalten haben. Der vorgegebene Rahmen von Unterricht zielt auf das Lernen der Schüler*innen und sieht Unterricht v. a. als Form der Unterweisung. Hierzu gehören bspw. die zeitliche Taktung des Schulalltags sowie die räumliche Ausstattung oder die gesetzte formale Hierarchie durch Benotung zwischen Schüler*innen und Lehrperson. Wenn Situationsteilnehmende unter dem sozialen Anlass von Unterricht zusammenkommen, strukturiert dies die Situation bereits vor. Alle, die an der Situation teilnehmen, wissen, welches Verhalten erwartet und welche Regeln befolgt werden müssen.

Allerdings müssen sich Situationsteilnehmende diesen Regeln nicht in Gänze unterwerfen – sie selbst können auf den Rahmen einwirken, Ordnungen anpassen oder verändern, was Goffman mit dem Konzept der *Rahmung* beschreibt. Der Rahmen stellt lediglich die Struktur bereit, die die Situation definiert und in der sich die Interaktion abspielt. Für eine Rahmung können die Si-

---

97 GOFFMAN, Erving (1977): Rahmen-Analyse. Ein Versuch über die Organisation von Alltagserfahrungen, Frankfurt a. Main, 16.
98 Vgl. SCHMID-THOMAE, Anja (2012): Berufsfindung und Geschlecht, 18f.
99 Vgl. GOFFMAN, Erving (1971): Verhalten in sozialen Situationen, 31.

tuationsteilnehmenden aus einem Verhaltensrepertoire auswählen, das für den jeweiligen Rahmen vorgesehen ist.[100]

Wiederum mit Blick auf den Unterricht können unter einer Situations-Rahmung diejenigen Phänomene verzeichnet werden, die die Schüler*innen innerhalb der vorgesehenen Ordnungsstruktur ausführen, wie bspw. das Schaffen einer eigenen Hierarchie innerhalb einer Klassengemeinschaft oder das Ausführen von Nebenpraktiken während des Unterrichts.

Zusammenfassend lässt sich festhalten, dass der Rahmen (‚frame') die Struktur bzw. die Bühne des sozialen Handelns darstellt, wohingegen die Rahmung (‚framing') nach Goffman die Praktiken der Teilnehmenden, die mit dem Rahmen umgehen, bestimmt. Wird von den vorgesehenen Verhaltens- und Darstellungsformen Gebrauch gemacht, erfährt der Rahmen eine Form der Sinnaktualisierung. So unterscheidet Herbert Willems zwischen dem Begriffspaar Rahmen und Rahmung als „Differenz von sozialem Sinn und sinnaktualisierender Praxis".[101] Für Goffman stellen Rahmen und Rahmungen zwei Seiten einer Medaille dar, allerdings verfügen sie über unterschiedliche Eigenschaften. Während der Rahmen eine „relative Stabilität und Immunität gegenüber der faktischen (Inter-)Aktion" aufweist, zeigt sich die Rahmung „als kontingent, subjektiv anforderungsreich"[102] und in sozialen Interaktionen formbarer.[103]

Situationsteilnehmende orientieren sich an dem vorgegebenen Rahmen und dem damit verbundenen „Rahmungswissen",[104] um ihr Verhalten auszugestalten. Dabei greifen die Situationsteilnehmenden auf implizite, gesellschaftlich und kulturell vermittelte Wissensbestände zurück.[105]

Ferner ermittelt Goffman „Primäre Rahmen"[106] und unterteilt diese in natürliche und soziale Rahmen. Natürliche Rahmen seien durch rein physikalische Ursachen bestimmt und zeichnen sich dadurch aus, dass kein Handelnder Einfluss auf das Ergebnis nehmen könne. Sie seien einzig auf natürliche Ursachen zurückzuführen wie z. B. die Witterung entsprechend eines Wetterberichts.[107]

---

100 Vgl. GOFFMAN, Erving (1994): Interaktion und Geschlecht, 83.
101 WILLEMS, Herbert (1997): Rahmen und Habitus. Zum theoretischen und methodischen Ansatz Erving Goffmans. Vergleiche, Anschlüsse und Anwendungen, Frankfurt a. Main, 46.
102 WILLEMS, Herbert (1997): Rahmen und Habitus, 46.
103 Vgl. WILLEMS, Herbert (1997): Rahmen und Habitus, 47.
104 SOEFFNER, Hans-Georg (1986): Handlung – Szene – Inszenierung. Zur Problematik des „Rahmen"-Konzeptes bei der Analyse von Interaktionsprozessen. In: Kallmeyer, Werner (Hrsg.): Kommunikationstypologie. Handlungsmuster, Textsorten, Situationstypen, Düsseldorf, 73–91, 76.
105 Vgl. SCHMID-THOMAE, Anja (2012): Berufsfindung und Geschlecht, 20. Brüchigkeit erfahren Situationsdefinitionen u.a. dann, wenn sie mehrdeutig sind. Dies kann sich stets dann ereignen, wenn Situationsteilnehmende unterschiedliche Interpretationen über eine Situation anstellen. Vgl. SCHMID-THOMAE, Anja (2012): Berufsfindung und Geschlecht, 22.
106 GOFFMAN, Erving (1977): Rahmen-Analyse, 31.
107 Vgl. GOFFMAN, Erving (1977): Rahmen-Analyse, 31f.

2.3 Soziale Interaktionen und ihre Regelstrukturen

Soziale Rahmen hingegen „liefern einen Verständnishintergrund für Ereignisse, an denen Wille, Ziel und steuerndes Eingreifen einer Intelligenz, eines Lebewesens, in erster Linie des Menschen, beteiligt sind".[108] Die vorliegende Arbeit fokussiert sich auf soziale Rahmen, da hier die Situationsteilnehmenden als aktiv Handelnde berücksichtigt werden und Rahmen maßgeblich mitbestimmen. Anja Schmid-Thomae sieht die Schule als klassisches Beispiel eines primären, sozialen Rahmens. Der schulische Rahmen bedinge eine Typisierung von Personen in Lehrpersonen und Schüler*innen und gehe mit dezidierten Handlungserwartungen, wie z. B. das Heben der Hand bei einer Frage auf Seiten der Schüler*innen, einher.[109]

Diese primären Rahmen bilden Goffman zufolge die Grundlage für sog. *Modulationen* oder (Sinn-)Transformationen. Diese sind in gewisser Weise als Kopie einer primären Situation zu verstehen, die zwar auf diese anspielt oder diese aufgreift, aber gewisse Merkmale des primären Rahmens nicht adaptiert.[110] Als Beispiel greift Goffman Batesons Beobachtung zum spielerischen Kampf zwischen Ottern auf. Die Tiere orientieren ihr Verhalten am Vorbild des Kampfs und adaptieren diese Verhaltensformen bis zu einem bestimmten Grad. Allerdings wird das Verhalten der kämpfenden Tiere abgewandelt, sodass es zu keinen echten Verletzungen kommt. Hierbei wird eine Kampfsituation in eine Spielsituation modelliert. Allen an dieser Situation Beteiligten scheint aufgrund des Rahmens klar zu sein, dass es sich um ein Spiel und nicht um einen Kampf handelt.[111] Goffman versteht diese Modulationen als

„System von Konventionen, wodurch eine bestimmte Tätigkeit, die bereits im Rahmen eines primären Rahmens sinnvoll ist, in etwas transformiert wird, das dieser Tätigkeit nachgebildet ist, von den Beteiligten aber als etwas ganz anderes gesehen wird".[112]

2.3.3 Mehrwert einer rahmenanalytischen Forschungsperspektive

Inwieweit bringt die Auseinandersetzung mit der Rahmentheorie nach Goffman einen Mehrwert für die Analyse von Emotionspraktiken im Religionsunterricht? Die Darstellung des Konzepts konnte zeigen, dass zwei Seiten für die Analyse von Situationen bedeutsam sind: Der vorgegebene Rahmen und die ausübende Praxis der Situationsteilnehmenden – die sog. Rahmung. Beide sind durch unterschiedliche Merkmale geprägt. Während mit dem Rahmen die Ordnungsstruktur schulischen Unterrichts und die Vorgaben des Religionsunterrichts an der Berufsfachschule untersucht werden können, eröffnet die Rahmung Einblick in die

---

108 GOFFMAN, Erving (1977): Rahmen-Analyse, 32.
109 Vgl. SCHMID-THOMAE, Anja (2012): Berufsfindung und Geschlecht, 23.
110 Vgl. GOFFMAN, Erving (1977): Rahmen-Analyse, 93.
111 Vgl. GOFFMAN, Erving (1977): Rahmen-Analyse, 52f.
112 GOFFMAN, Erving (1977): Rahmen-Analyse, 55.

Auseinandersetzung der handelnden Personen mit den vorgegebenen Strukturen. Ferner lässt sich fragen, wie Emotionen und die mit ihnen verwobenen Praktiken die Aufgabe sinnaktualisierender Praxis übernehmen: Wie bestätigen oder modulieren Emotionen soziale Situationen im Religionsunterricht, in dem Schüler*innen und Lehrpersonen mit einer vorgegebenen Struktur umgehen?

Das Klassenzimmer ist Kontext zahlreicher sozialer Interaktionen und Erfahrungen, in dem sich vielfältige Emotionen abspielen. Häufig folgen die am Unterricht Beteiligten routinierten Handlungsschemata und mobilisieren, kommunizieren, benennen oder regulieren ihre Emotionen durch soziale Praktiken. Schüler*innen und Lehrpersonen orientieren sich hierfür an Ordnungsstrukturen, innerhalb derer sie ihre Handlungen ausgestalten.

Die bisherigen Überlegungen des Kapitels konnten das theoretische Werkzeug, die Prämissen der Arbeit, festlegen. Nun soll der Untersuchungsort, der Religionsunterricht an der Berufsfachschule, näher umrissen werden.

2.4 Religionsunterricht an der Berufsfachschule für Kinderpflege

Die Untersuchung richtet sich auf den katholischen Religionsunterricht angehender Kinderpfleger*innen, die innerhalb ihrer zweijährigen schulischen Ausbildung an einer Berufsfachschule für Kinderpflege in Baden-Württemberg das Fach Religion besuchen. Anders als die duale Berufsschule wird die Berufsfachschule in der Regel als Vollzeitschule geführt.[113] Im Folgenden skizziere ich das komplexe Feld der Ausbildung an beruflichen Schulen, gehe im Anschluss auf die Ausbildung zum/zur Kinderpfleger*in in Baden-Württemberg ein und verorte das Fach Religion an der Berufsfachschule. Darüber hinaus erläutere ich, warum der berufsbildende Religionsunterricht ein für die Forschungsfrage bedeutsames Untersuchungsfeld darstellt.

---

113 Vgl. §11 SchG Baden-Württemberg.

2.4 Religionsunterricht an der Berufsfachschule

2.4.1 Ausbildung an beruflichen Schulen

Berufliche[114] Schulen umfassen all jene Schularten, bei denen im weitesten Sinn die Vermittlung beruflicher Handlungsfähigkeit im Vordergrund steht.[115] Dies umspannt berufsvorbereitende Schulformen wie auch solche, die in einem allgemeinen Schulabschluss mit berufsspezifischem Profil münden.[116]

Das komplexe Feld der beruflichen Schulen gliedert sich in Baden-Württemberg in folgende Schulformen: Berufsschule, Berufliches Gymnasium, Berufskolleg, Berufsfachschule, Berufsoberschule und Fachschule. In jeder dieser Schularten finden sich vielfältige Bildungsgänge und fachliche Spezialisierungen. Derzeit werden deutschlandweit etwa 330 Ausbildungsberufe angeboten, die an kaufmännischen, gewerblich/technischen, sozial- und gesundheitswissenschaftlichen sowie landwirtschaftlichen Berufsschulen angeboten werden.[117]

Klassisch finden Ausbildungen dual, d.h. im Bündnis zwischen Betrieb und Berufsschule bzw. Berufskolleg statt. Hier übernimmt der Betrieb die praktische Ausbildung und die Berufsschule die Vermittlung berufstheoretischer Kenntnisse sowie der Allgemeinbildung meist in Form von Teilzeitunterricht. Ausbildungen können aber auch in schulischer Vollzeit an Berufsfachschulen absolviert werden. Je nach Profil treten neben die schulische Ausbildung ein bis zwei Tage pro Woche berufliche Praktika hinzu.[118] Beide Ausbildungsformen zielen neben dem Ausbau der Allgemeinbildung auf den Erwerb beruflicher Fertigkeiten, Kenntnisse und Fähigkeiten, sodass der Bezug zu anwendungsbezogenen Anforderungssituationen und Arbeitskontexten im Vordergrund steht.[119]

In Baden-Württemberg stehen neben Ausbildungen im gewerblich-technischen oder sonstigen Bereich, Ausbildungen im hauswirtschaftlich-sozialpädagogischen oder pflegerischen Bereich an Berufsfachschulen zur Verfügung. Zu

---

114 Die Begriffe ‚beruflich' oder ‚berufsbildend' verzeichnen in manchen Bundesländern und fachlichen Diskursen feine begriffliche Schattierungen. In der vorliegenden Arbeit werden die Begriffe für eine erleichterte Handhabung gleichbedeutend verwendet. Vgl. BADER, Reinhard (2009): Lernfelder und allgemeinbildende Fächer an beruflichen Schulen. In: Bonz, Bernhard/ Kochendörfer, Jürgen/ Schanz, Heinrich (Hrsg.): Lernfeldorientierter Unterricht und allgemeinbildende Fächer. Möglichkeiten der Integration, Baltmannsweiler, 12–29, 12.
115 Vgl. §1 Abs. 2 BBiG.
116 Vgl. GRONOVER, Matthias (2021): Berufliche Schulen. In: Kropač, Ulrich/ Riegel, Ulrich (Hrsg.): Handbuch Religionsdidaktik, Stuttgart, 459–464, 459.
117 Vgl. MINISTERIUM FÜR KULTUS, JUGEND UND SPORT BADEN-WÜRTTEMBERG (o.J.): Berufliche Schulen Baden-Württemberg, https://km-bw.de/Lde/startseite/%20%20schule/Berufliche+Schulen (Zugriff am 01.06.23).
118 Vgl. MINISTERIUM FÜR KULTUS, JUGEND UND SPORT BADEN-WÜRTTEMBERG (o.J.): Berufsfachschulen, https://km-bw.de/Lde/startseite/schule/Berufsfachschulen (Zugriff am 01.06.23).
119 Vgl. GRONOVER, Matthias (2020): Art. Ausbildung. In: Das Wissenschaftlich-Religionspädagogische Lexikon im Internet (WiReLex), https://www.bibelwissenschaft.de/fileadmin/buh_bibelmodul/media/wirelex/pdf/Ausbildung__2020-01-31_19_23.pdf (Zugriff am 01.06.23), 1–13, 2.

letzterem gehört die Ausbildung zum/zur staatlich anerkannten Kinderpfleger*in.[120]

2.4.2 Religionsunterricht im Kontext der Berufsausbildung zum/zur Kinderpfleger*in

Die zweijährige Ausbildung an der Berufsfachschule für Kinderpflege (kurz 2BFHK) zielt darauf, bei der Erziehung und Betreuung von Kindern bis zu sechs Jahren v. a. sozialpflegerische und -pädagogische Tätigkeiten auszuführen und die Erzieher*innen in Kindertageseinrichtungen zu unterstützen.[121] Neben Kindertagesstätten stellen Kindergärten, Familien oder Kinderhäuser weitere Arbeitsfelder dar. Zugangsvoraussetzungen bilden ein Hauptschulabschlusszeugnis mit einer Gesamtnote von mindestens 3,0, daneben zumindest eine durchschnittliche Gesamtnote von 3,0 im Fach Deutsch oder ein Abschlusszeugnis des Berufseinsteigerjahrs (BEJ).[122] Die zweijährige schulische Ausbildungsphase ist in einen Theorieteil (vier Tage/ Woche) und einen praktischen Teil in einer Kindertageseinrichtung (einen Tag/ Woche) untergliedert. Im Anschluss an die beiden Schuljahre folgt ein einjähriges Berufspraktikum in einer Kindertageseinrichtung, das durch die Berufsfachschule begleitet wird.

Unterricht an der Berufsfachschule orientiert sich an lernfeldstrukturierten Rahmenlehrplänen der Kultusministerkonferenz, die das Ziel verfolgen, berufliche Bildung fachübergreifend an aktuellen berufspraktischen Anforderungen auszurichten. Die Organisation des Rahmenlehrplans nach Lernfeldern, der nicht nach Fächern, sondern nach beruflichen Handlungsfeldern strukturiert ist, zielt auf die Vorbereitung komplexer, berufspraktischer Abläufe.[123]

---

120 Vgl. SERVICEPORTAL BADEN-WÜRTTEMBERG (2022): Erwerb der Fachschulreife oder eines Berufsabschlusses an Berufsfachschulen, https://www.service-bw.de/zufi/lebenslagen/5000980 (Zugriff am 01.06.23).

121 An dieser Stelle muss vermerkt werden, dass zum Zeitpunkt der Veröffentlichung und mit Beginn des Schuljahres 2022/23 die Ausbildung zum/zur Kinderpfleger*in inhaltlich zum/zur sozialpädagogischen Assistent*in weiterentwickelt wurde. Vgl. MINISTERIUM FÜR KULTUS, JUGEND UND SPORT BADEN-WÜRTTEMBERG (2020): Neues Ausbildungsmodell der pädagogischen Assistenz, https://km-bw.de/,Len/startseite/service/2020+12+10+Neues+Ausbildungsmodell+paedagogische+Assistenz (Zugriff am 01.06.23).

122 Das BEJ ist primär für minderjährige Jugendliche vorgesehen, die zwar einen Hauptschulabschluss und die allgemeine Schulpflicht absolviert haben, jedoch keine weiterführende Schule oder keinen Ausbildungsplatz gefunden haben. Vgl. MINISTERIUM FÜR KULTUS, JUGEND UND SPORT BADEN-WÜRTTEMBERG (o.J.): Berufseinstiegsjahr (BEJ), https://www.bildungsnavi-bw.de/schulsystem/62 (Zugriff am 01.06.23).

123 Vgl. KÜLS, Holger (2010): Handlungs- und lernfeldorientierter Unterricht. In: Jaszus, Rainer/ Ders. (Hrsg.): Didaktik der Sozialpädagogik. Grundlagen für die Lehr-/Lernprozessgestaltung im Unterricht, Stuttgart, 113–147, 113f; BADER, Reinhard (2009): Lernfelder und allgemeinbildende Fächer, 14.

2.4 Religionsunterricht an der Berufsfachschule

Die Stundentafel[124] sieht je nach Ausbildungsjahr folgende Fächer und Handlungsfelder in Schulstunden (je 45 Min) vor:

Fächer/ Handlungsfelder	1. Schuljahr	2. Schuljahr
Religionslehre/ Religionspädagogik	2	2
Deutsch	3	2
Gemeinschaftskunde	1	1
Englisch	1	1
Berufliches Handeln theoretisch und methodisch fundieren	4	4
Förderung der körperlichen Entwicklung und Gesunderhaltung	5	5
Anregung der Sinne und kreativer Ausdrucksmöglichkeiten	4	3
Unterstützung der Sprachentwicklung	2	3
Unterstützung der kognitiven Entwicklung	2	3
Unterstützung der emotional-sozialen Entwicklung	2	2
Berufspraktisches Handeln	4	4

Der katholische Religionsunterricht an der Berufsfachschule für Kinderpflege „dient einerseits der persönlichen und beruflichen Orientierung und befähigt andererseits zur Begleitung und Unterstützung religiöser Bildungsprozesse von Kindern".[125] Die doppelte Perspektive nimmt die Auszubildenden sowohl als Person mit eigenen religiösen Fragen und Anliegen in den Blick, als auch in der Rolle als angehende Multiplikator*innen religiöser Bildungsprozesse in der Kindertagesstätte. Diese doppelte Ausrichtung zeigt sich auch an der Bezeichnung des Fachs als ‚Religionskunde/ Religionspädagogik'. Zur vereinfachten Handhabung spreche ich in dieser Untersuchung von ‚Religionsunterricht'.

2.4.3 Berufsbildender Religionsunterricht als geeignetes Untersuchungsfeld

Der berufsbildende Religionsunterricht zeichnet sich durch verschiedene Merkmale aus, die diesen mit Blick auf die Forschungsfrage zu einem lohnenswerten Untersuchungsfeld machen.

---

124 Vgl. MINISTERIUM FÜR KULTUS, JUGEND UND SPORT BADEN-WÜRTTEMBERG (o.J.): Bildungspläne Baden-Württemberg. Berufsfachschule für Kinderpflege, https://www.bildungsplaene-bw.de/Lde/berufsfachschule+fuer+kinderpflege (Zugriff am 01.06.23).
125 LANDESINSTITUT FÜR SCHULENTWICKLUNG (2007): Berufsfachschule für Kinderpflege – Katholische Religionslehre/ Religionspädagogik Schuljahr 1 und 2, https://ls.kultus-bw.de/site/pbs-bw-new/get/documents/lsbw/Bildungsplaene-BERS/MediaCenter/bfs/bfs_sonstige/bfs_sch_vers_soz_paed/kipf/06_3460_02_BFS-Kpfl_Kath-Religionslehre.pdf (Zugriff am 01.06.23), 1–12, 2.

Ein erstes Merkmal liegt in der *heterogenen Klassenzusammensetzung*. Der Religionsunterricht an Berufsfachschulen wird in der Regel im Klassenverband erteilt, sodass eine Vielzahl an Konfessionen, Religionen und Weltanschauungen im Religionsunterricht präsent ist. In Bundesländern, die sich wie Baden-Württemberg auf Art. 7.3 GG berufen, wird der Religionsunterricht an Berufsfachschulen in Orientierung an der Religionslehrperson konfessionsgebunden, d.h. römisch-katholisch und/ oder evangelisch erteilt. Islamischer, (christlich-)orthodoxer, alevitischer oder jüdischer Religionsunterricht wird im beruflichen Bildungswesen bislang nicht angeboten. Es gibt also *einen* konfessionsgebundenen Religionsunterricht für *alle* Schüler*innen einer Klasse.[126] Religionsunterricht an der Berufs- und Berufsfachschule wird aus diesem Grund häufig als „Ort der Begegnungen vielfältiger religiöser und areligiöser Haltungen und Einstellungen"[127] wahrgenommen. Heterogenität in der Klassenzusammensetzung zeigt sich darüber hinaus auch in Bezug auf die Altersspanne. Das Alter von Berufsschüler*innen einer Klasse reicht oftmals von 15 bis in die 40er Jahre und sorgt für eine Bandbreite an divergierenden Lebenswelt- und Erfahrungsbezügen. Weitere Kennzeichen der Heterogenität zeigen sich im beruflichen Bildungskontext mit Blick auf Behinderung, Gender, Lebensstil/Milieu sowie Migrationshintergrund.[128] Darüber hinaus weisen Berufsschüler*innen oftmals sehr heterogene Vorbildungsniveaus auf. Häufig sind größere Defizite hinsichtlich der Allgemeinbildung bzw. der Fremdsprachenkenntnisse zu verzeichnen, die zu Unzufriedenheit und Ängsten gegenüber Leistungs- und Prüfungssituationen bzw. Kritik an Lehrpersonen oder der Unterrichtsart führen kann.[129] Es ist zu erwarten, dass die heterogene Klassenzusammensetzung mit emotionalen Praktiken der Abgrenzung, Anerkennung, Distanzierung, Suche nach und des Ringens mit Wahrheitsansprüchen einhergeht.

Zweitens ist Religionsunterricht an der Berufsfachschule mit Blick auf die Forschungsfrage aufgrund der *Phase des jungen Erwachsenenalters* bedeutsam. Die Phase des jungen Erwachsenenalters geht mit einer Vielzahl an Herausforderungen einher. Während der Übergang von der Kindheit in die Jugendphase durch die Pubertät gekennzeichnet ist und sich damit eindeutiger bestimmen lässt, ereignet sich die Transition ins Erwachsenenalter „fließend" bzw. „schleichend". Klaus Hurrelmann und Gudrun Quenzel betonen: „[E]s ist nicht möglich, eine für alle Menschen verbindliche und fest erwartbare Reife- oder Altersschwelle für

---

126 Vgl. SCHRÖDER, Bernd (2018): Die Schülerinnen und Schüler im BRU. In: Biewald, Roland u.a. (Hrsg.): Religionsunterricht an berufsbildenden Schulen. Ein Handbuch, Göttingen, 134–163, 136.
127 SCHWEITZER, Friedrich u.a. (2018): Einführung – Zusammenfassung – Zentrale Ergebnisse. In: Ders. u.a. (Hrsg.): Jugend – Glaube – Religion. Eine Repräsentativstudie zu Jugendlichen im Religionsunterricht, Münster/ New York, 10–39, 35.
128 Vgl. SCHRÖDER, Bernd (2018): Die Schülerinnen und Schüler im BRU, 142–149.
129 Vgl. PAHL, Jörg-Peter (2009): Berufsfachschule. Ausformungen und Entwicklungsmöglichkeiten, Bielefeld, 220f.

2.4 Religionsunterricht an der Berufsfachschule

das Passieren des Übergangspunktes zwischen den beiden Lebensphasen zu benennen".[130] Damit ist von einer Ungleichzeitigkeit in den vereinzelten Entwicklungsschritten auszugehen, die diese Lebensphase in besonderer Weise kennzeichnet. Die Phase des Erwachsenenalters ist vom Erreichen einer „Selbstbestimmungsfähigkeit"[131] geprägt, die sich mittels unterschiedlicher Entwicklungsaufgaben einstellt. Zur Aufgabe des Erwachsenenalters gehört es, über Kompetenzen zu verfügen, um Verantwortung für die eigene Existenzsicherung zu übernehmen. Auch die Aufgabe der Ablösung vom Elternhaus sowie das Eingehen von Partnerschaften sind Merkmale dieser Lebensphase. Ferner gehört auch das selbstständige und eigenverantwortliche Entscheiden mit Blick auf das Freizeitverhalten dazu. Die vorläufige Festigung eines eigenen Werte- und Normsystems zählt mit den anderen Entwicklungsaufgaben im westlichen Kulturraum zu den Merkmalen junger Erwachsener, die sich insgesamt durch wachsende Selbstbestimmung im Umgang mit inneren und äußeren Anforderungen charakterisieren.[132] Selbstbestimmung zeigt sich an Berufsfachschulen z. B. auch, wenn Schüler*innen sich vom Religionsunterricht abmelden, sei es aufgrund organisatorischer oder persönlicher Gründe.[133] Die ablehnende Haltung gegenüber Religion und Kirche fragt aus Schüler*innenperspektive Religionsunterricht und seine Relevanz im Fächerkanon der Berufsfachschulen deutlich an. Im Kontext beruflicher Bildung stellen sich Fragen nach Lebens- und Berufsrelevanz der Lerninhalte des Religionsunterrichts in besonderer Weise.[134] In diesem Kontext ist die Frage nach Emotionspraktiken, die den Religionsunterricht in seiner Relevanz für Berufsschüler*innen stärken oder schwächen, bedeutsam.

Ein drittes für die Forschungsfrage relevantes Merkmal liegt in der *Bearbeitung von Glaubensthemen*. In der Phase des jungen Erwachsenenalters können sich mit Blick auf Glauben und Weltanschauung große Anfragen und Zweifel einstellen. Sinn- und Zukunftsfragen stellen sich unter Umständen neu oder ganz anders, da große biographische Veränderungen und Verantwortung in Berufs- und Arbeitswelt mit Glaubens- und Ethikfragen zusammenfallen.[135] Dabei können Themen wie Erwerbsarbeit und Lebenssinn, ethische Fragen der Berufsausübung oder die religiöse Dimension des eigenen Schaffens im Sinne einer Mitge-

---

130 HURRELMANN, Klaus/ QUENZEL, Gudrun ([11]2012): Lebensphase Jugend. Eine Einführung in die sozialwissenschaftliche Jugendforschung, Weinheim/ Basel [1985], 31.
131 HURRELMANN, Klaus/ QUENZEL, Gudrun ([11]2012): Lebensphase Jugend, 31.
132 Vgl. HURRELMANN, Klaus/ QUENZEL, Gudrun ([11]2012): Lebensphase Jugend, 31.
133 Vgl. GENNERICH, Carsten (2018): Wegbleiben, Abmelden, Austreten. Religionspädagogische Bewertung und Möglichkeiten des Umgangs mit einem Krisenphänomen. In: Theo-Web. Zeitschrift für Religionspädagogik 17 (2), 63–96.
134 Vgl. NOWACK, Rebecca (2018): Die Bedeutung von Religion für junge Menschen. In: Schweitzer, Friedrich u.a. (Hrsg.): Jugend – Glaube – Religion. Eine Repräsentativstudie zu Jugendlichen im Religionsunterricht, Münster/ New York, 187–246, 234.
135 Vgl. SCHWEITZER, Friedrich u.a. (2018): Einführung – Zusammenfassung – Zentrale Ergebnisse, 35f.

staltung an der Schöpfung aufkommen und diskutiert werden.[136] Die Frage nach der Bedeutung von Emotionspraktiken bei der Vermittlung und Bearbeitung von Glaubensthemen ist damit zentral.

Ein viertes Merkmal stellt die *Förderung von Berufsprofessionalität* angehender Kinderpfleger*innen dar. Der Religionsunterricht an der Berufsfachschule trägt zur beruflichen Sozialisation der Auszubildenden bei, da sie hier wie auch in den Handlungsfeldern mit den Erwartungen an ihren Beruf konfrontiert werden.

> „Dabei geht es um das Erlernen bestimmter sozialer Rollen, von Berufsrollen, und um den Erwerb von Wissen und technischen Fertigkeiten, einer Berufssprache und bestimmter Sprachspiele, aber auch um Verhaltensmuster, Ehrenkodices, Sinnzuschreibungen und das Reagieren auf Erwartungen der Umwelt und zwar eines bestimmten Ausschnittes aus der Umwelt."[137]

Das Einüben der Berufsrolle zum/zur Kinderpfleger*in geht mit dem Erwerb unterschiedlicher religionspädagogischer Kompetenzen einher, bspw. aus religionspädagogischer Perspektive der kompetente Umgang mit Kindern und Eltern unterschiedlicher Religionen und Kulturen. Zudem werden die Berufsschüler*innen später selbst zu Multiplikator*innen religiöser Lernprozesse an der Kindertagesstätte. Dies gilt nicht nur für Einrichtungen in kirchlicher Trägerschaft. Im Orientierungsplan in Baden-Württemberg stellen die Themen rund um Sinn, Werte und Fragen nach der Transzendenz eine verbindliche Zielsetzung aller Kindertagesstätten – unabhängig ihrer konfessionellen Ausrichtung – dar.[138] Damit richten sich bestimmte Erwartungen an die Berufsprofessionalität von Kinderpfleger*innen, die sie im Kontext ihrer Ausbildung entwickeln: Von ihnen wird erwartet, selbst über einen reflektierten Standpunkt zu verfügen, für Anfragen der Kinder offen und ansprechbar zu sein und Sensibilität gegenüber religiöser Vielfalt aufzubringen.[139] Dabei ist die Auseinandersetzung mit der eigenen Religiosität und den eigenen Anfragen und Zweifeln im Religionsunterricht ebenso zentral wie die Ausbildung professioneller Kompetenzen, um Kindern kompetente Gesprächspartner*innen zu sein.[140] Didaktische Prozesse, die Berufsschüler*innen zu einer reflektierten Auseinandersetzung

---

136 Vgl. GRONOVER, Matthias (2020): Berufliche Schulen, 463.
137 MIKL-HORKE, Gertraude (⁶2007): Industrie- und Arbeitssoziologie, München/ Wien [1991], 360.
138 Vgl. MINISTERIUM FÜR KULTUS, JUGEND UND SPORT BADEN-WÜRTTEMBERG (Hrsg.) (²2015): Orientierungsplan für Bildung und Erziehung in baden-württembergischen Kindergärten und weiteren Kindertageseinrichtungen. Fassung vom 15. März 2011, Freiburg i. Breisgau/ Basel/ Wien: Herder [2014].
139 Vgl. KNOBLAUCH, Christoph/ MÖßLE, Laura (2018): Religionssensibles Lernen in der Ausbildung: „Religionen sind in jedem Winkel drin." In: Helmchen-Menke, Heike (Hrsg. für das Institut für Religionspädagogik der Erzdiözese Freiburg): Religionssensibles Lernen in der Kita, Freiburg i. Breisgau: Institut für Religionspädagogik der Erzdiözese Freiburg, 12–15.
140 Vgl. BOSCHKI, Reinhold/ SCHWEITZER, Friedrich (2018): Religionsunterricht an Berufsbildenden Schulen, 87.

mit Glaubensthemen anregen, berufspraktische Anforderungen einüben und eine Berufsprofessionalität ausbilden, beruhen auf vielfältigen sozialen Interaktionen. Auch hier ist zu erwarten, dass das Mobilisieren, Kommunizieren, Benennen und Regulieren von Emotionen im Religionsunterricht von zentraler Bedeutung ist.

2.5 Zwischenfazit

Aufbauend auf den Gedanken Bourdieus, Gefühl als überindividuelle Vermittlungsinstanz zwischen Körper und sozialer Struktur zu betrachten, entwickelt Scheer die Theorie des ‚Doing Emotion', in der Emotionen durch sicht- und hörbare Praktiken aktiv hervorgebracht und gestaltet werden können.

In diesem Verständnis spreche auch ich von Emotionen als Praktiken und gehe der Frage nach, wie Emotionspraktiken soziale Situationen im Religionsunterricht konstruieren. Die in anderen Disziplinen übliche Unterscheidung von ‚Gefühl' und ‚Emotion' wird in der Theorie der Emotionspraktiken aufgelöst.[141] Eine strikte Einteilung nimmt eine Eingrenzung eines prozesshaften und unabgeschlossenen Phänomens vor. Daher verwende ich die Begriffe für die vorliegende Arbeit gleichbedeutend. Ein weites Emotionsverständnis eröffnet eine Mannigfaltigkeit und fokussiert nicht ausschließlich isolierte Emotionen wie bspw. Freude, Wut und Ärger.[142]

Für das Forschungsanliegen ist es nicht notwendig, sich auf eine zentrale Definition von Emotionen festzulegen. So postuliert Bareither, der ebenfalls auf den Ansatz des ‚Doing Emotion' für die Untersuchung zu Vergnügen in Computerspielen zurückgreift:

> „Entscheidend ist, dass die zu untersuchenden Emotionen *da* sind. Wir wissen das, weil Akteure etwas mit ihnen tun, sie hervorbringen, verändern, in die Interaktion mit anderen einbringen, sie beschreiben oder gezielt unterdrücken."[143]

Ferner unternehme ich keine Einteilung in positiv/negativ konnotierte Zuschreibungen von Emotionen. Hierfür beziehe ich mich auf die Untersuchung von Wellgraf, der vermeintlich positive Gefühlskomplexe im Schulkontext wie Stolz und Coolness auf ihre selbstexkludierenden Wirkungen hin untersucht oder negativ zugeschriebene Emotionen wie Wut und Neid unter der Perspektive emanzipativen und kritischen Potenzials betrachtet.[144] Die Vermeidung ei-

---

141 Vgl. SCHEER, Monique (2012): Are Emotions a Kind of Practice, 198.
142 Vgl. BAREITHER, Christoph (2014): Vergnügen als Doing Emotion – Beispiel YouTube. In: Maase, Kaspar u.a. (Hrsg.): Macher – Medien – Publika. Beiträge der europäischen Ethnologie zu Geschmack und Vergnügen, Würzburg, 36–49, 40.
143 BAREITHER, Christoph (2016): Gewalt im Computerspiel, 26 (Hervorhebung im Original).
144 Vgl. WELLGRAF, Stefan (2018): Schule der Gefühle, 17.

ner vorschnellen Einordnung in wertende Kategorien zielt darauf, Emotionen in ihrer Komplexität und ihrem Gestaltungspotenzial zu untersuchen.

Die Untersuchung der Emotionen bezieht sich in der vorliegenden Arbeit auf den Unterrichtskontext. Unterricht bezeichnet nach gängigen pädagogischen Definitionen die „gezielte Planung, Organisation und Gestaltung von Lehr-Lern-Prozessen".[145] Dabei wird dieser über den Zweck der Vermittlung definiert, was für die vorliegende Forschung jedoch zu kurz greift. Als Unterrichtssituation soll mithilfe von Breidenstein all das in Betracht gezogen werden, „was während der für ‚Unterricht' vorgesehenen Zeit in dem dafür vorgesehenen Raum geschieht – unter der Bedingung der Anwesenheit der Beteiligten".[146] Die erweiterte Definition schließt auch solche Praktiken, Aktivitäten und Bezugnahmen ein, die scheinbar nichts mit dem ‚eigentlichen' Unterricht zu tun haben, jedoch mit Blick auf die Forschungsfrage von Relevanz sind.

Unter Bezugnahme auf die Rahmentheorie nach Goffman wird Unterricht in der vorliegenden Arbeit als Interaktionsprozess zwischen Individuen betrachtet, der sich in dem dafür vorgesehenen Setting entfaltet. Damit ist die Interaktion in den schulischen Rahmen des Unterrichts eingelassen und kommt durch die strukturierenden Handlungen der Interaktionsteilnehmenden zu seiner Entfaltung.

Für Unterricht charakteristisch ist auch die Vielzahl einander überlappender Prozesse und Gleichzeitigkeiten, die sich je nach Perspektive und damit verbundener Tätigkeit unterschiedlich darstellt. Breidenstein schließt für die Betrachtung von Unterricht auch die Vielzahl an Orten ein, in denen während des Unterrichts soziale Interaktion stattfinden kann. Diese sieht er sowohl als „Bedingungen des Schülerhandelns und zugleich […] als Ergebnis von Schülerhandeln",[147] die zum einen durch äußere Strukturen vorgegeben und zum anderen durch Praktiken von den Schüler*innen selbst hervorgebracht werden.

Der Religionsunterricht an der Berufsfachschule zeichnet sich durch unterschiedliche Merkmale aus, die das Feld für die Forschungsfrage relevant machen. Die heterogene Klassenzusammensetzung, die Phase des jungen Erwachsenenalters, die Bearbeitung von Glaubensthemen und die Förderung einer Berufsprofessionalität werfen in unterschiedlicher Form die Frage nach der Bedeutung von Emotionspraktiken auf.

In diesem Kapitel konnte ich zwei Grundprämissen festlegen. Zum einen, dass Emotionen überindividuell in sozialen Beziehungen als Kommunikations- und Tauschmedien auftreten und mithilfe von Praktiken hervorgerufen und gestaltet werden können. Zum anderen konnte ich zeigen, dass es sich bei Unterricht um einen sozialen Anlass, genauer um einen Interaktionsraum handelt, in-

---

145 HELSPER, Werner/ KEUFFER, Josef (⁹2010): Unterricht. In: Krüger, Heinz-Hermann/ Helsper, Werner (Hrsg.): Einführung in die Grundbegriffe und Grundfragen der Erziehungswissenschaft, Opladen/ Farmington Hills [1995], 91–103, 91.
146 BREIDENSTEIN, Georg (2006): Teilnahme am Unterricht, 10.
147 BREIDENSTEIN, Georg (2006): Teilnahme am Unterricht, 60.

2.5 Zwischenfazit

dem Emotionen zu Tage treten. Der Interaktionsraum erfährt einen Rahmen, eine Zielrichtung und damit einen Fokus auf etwas Vorgegebenes.

Das Analyserepertoire der Emotionspraktiken betrachtet Emotionen als der Beobachtung zugänglich, sodass sich eine ethnographische Forschungsweise im Religionsunterricht an der Berufsfachschule anbietet. In einem nächsten Schritt bestimme ich daher die methodologischen Voraussetzungen der Ethnographie als Forschungsstrategie verbunden mit dem Forschungsansatz der Grounded Theory.

3. Methodologische Voraussetzungen

Die vorliegende Arbeit begreift sich als eine qualitativ-ethnographische Studie im Schnittfeld der religionspädagogischen Unterrichts- und kulturtheoretischen Emotionsforschung. Den Hauptuntersuchungsgegenstand bilden Emotionspraktiken und damit die Konstruktion von Emotionen im Religionsunterricht.

Das folgende Kapitel unternimmt eine methodologische Standortbestimmung. Um Emotionspraktiken im Religionsunterricht zu erforschen, wird ein ethnographischer Zugang verbunden mit dem Forschungsstil der Grounded Theory gewählt. Zuerst wird Ethnographie als Forschungsstrategie erläutert und anhand zentraler Charakteristiken eingehend beschrieben. Es folgt eine Bestimmung darüber, worin der Gewinn ethnographischen Forschens für eine an Gegenwart und Praxis ausgerichteten Theologie liegt. Im Anschluss wird das Datenerhebungs- und Auswertungsverfahren der Grounded Theory anhand ihrer Grundannahmen und Verfahrensformen näher bestimmt.

3.1 Ethnographie als Forschungsstrategie

‚Ethno-graphie' bezeichnet dem Ursprung nach die Beschreibung eines Volkes und dessen Kultur und entstammt der wissenschaftlichen Disziplin der Ethnologie, die sich von der vorwiegend naturwissenschaftlich ausgerichteten Anthropologie des 19. Jahrhunderts abspaltete.[1] Die Erforschung ethnischer Gruppen und indigener Völker sowie deren Sprachen, Traditionen und Artefakte wurde besonders mit den historischen Anfängen der Globalisierung und den aufkommenden Handelsbeziehungen bedeutend.[2] Bis Mitte des 19. Jahrhundert war es unter Ethnolog*innen üblich, keine eigenen Beobachtungen anzufertigen, sondern auf die Expeditions- und Reiseberichte von Missionar*innen oder Entdecker*innen zurückzugreifen:

> „At the beginning, ethnologists did not collect information by means of direct observation; instead, they examined official statistics, documents originating from government officials and missionaries, accounts of journeys, archaeological findings, artifacts harvested by exotic art collectors, or they simply interacted with travelers, missionaries and explorers."[3]

---

1 Vgl. GOBO, Giampietro/ MOLLE, Andrea (²2017): Doing Ethnography, Los Angeles u.a. [2008], 10.
2 Vgl. BREIDENSTEIN, Georg u.a. (²2015): Ethnografie. Die Praxis der Feldforschung, Konstanz/ München [2013], 14.
3 GOBO, Giampietro/ MOLLE, Andrea (²2017): Doing Ethnography, 10.

Seit dem 20. Jahrhundert gehört ethnographische Feldforschung, d.h. das eigene Bereisen fremder Länder, das selbstständige Erkunden der Lebenswirklichkeiten vor Ort sowie das persönliche Vertrautmachen mit Sprache und Kultur, zum Selbstverständnis moderner Ethnologie.[4]

Neben der Ethnologie liegt eine weitere Tradition der ethnographischen Forschung in der Soziologie begründet: Forschende der Chicagoer School begannen in den 1920er Jahren Subkulturen und Milieus der eigenen Kultur zu beforschen. Die Idee war ähnlich: Sich als ‚Fremde*r' auf die Logik des Feldes einzulassen, um es dann aus einer Innenperspektive zu verstehen und zu beschreiben. Als Beispiele für die ersten Untersuchungen der Chicagoer School sind die Arbeiten von William F. Whyte aus dem Jahr 1943 zu Jugendgangs[5] oder die 1961 erschienene Studie von Goffman über die Innenansichten einer Psychiatrie[6] anzuführen.[7] Die vorliegende Untersuchung verortet sich in der soziologischen Tradition ethnographischer Forschung und greift das forschungsmethodische Anliegen auf, Alltag und im engeren Sinne Schulalltag aus einer Innenperspektive zu verstehen.

3.1.1 Charakteristiken ethnographischen Forschens

Eine profilierte Beobachtungspraxis und die reflektierte Beschreibung dieser Beobachtungen kennzeichnen die Ethnographie. Besonders mit Blick auf die Forschungsfrage, wie Emotionspraktiken soziale Situationen im Religionsunterricht konstruieren, zeigt sich die Ethnographie und mit ihr die teilnehmende Beobachtung als adäquate Forschungsstrategie, da ihr die Annahme zugrunde liegt, dass

> „Sozialität wesentlich in Situationen stattfindet, und durch die Annahme, dass Situationsteilnehmer einen privilegierten Zugang zu den sozialen Relevanzen einer Situation haben […]".[8]

Durch Teilnahme erhält die forschende Person Zugang zu zentralen sozialen Informationen, die für die Konstruktion von Emotionen im Unterricht von Bedeutung sind.

Im Folgenden sollen unter Rückgriff auf die „Markenzeichen der Ethnografie"[9] von Breidenstein et. al. sechs Charakteristiken ethnographischen Forschens

---

4   Vgl. BREIDENSTEIN, Georg u.a. (^{2}2015): Ethnografie, 14.
5   Vgl. WHYTE, William F. (^{4}1993): Street Corner Society. The Social Structure of an Italian Slum, Chicago, IL/ London [1943].
6   Vgl. GOFFMAN, Erving (1961): Asylums. Essays on the Social Situation of Mental Patients and Other Inmates, Garden City, NY.
7   Vgl. BREIDENSTEIN, Georg (2012): Ethnographisches Beobachten. In: Boer, Heike de/ Reh, Sabine (Hrsg.): Beobachtung in der Schule – Beobachten lernen, Wiesbaden, 27-44, 29.
8   BREIDENSTEIN, Georg u.a. (^{2}2015): Ethnografie, 41 (Hervorhebung im Original).
9   BREIDENSTEIN, Georg u.a. (^{2}2015): Ethnografie, 31-36.

3.1 Ethnographie als Forschungsstrategie

dargelegt werden. Das erste Charakteristikum ethnographischen Forschens liegt im *integrierten Forschungsansatz*. Im engeren Sinne ist unter Ethnographie keine ‚Methode' zu verstehen, als vielmehr eine Forschungsstrategie, die verschiedene sozialwissenschaftliche Methoden und Verfahren miteinander verzahnt.[10] Die Daten werden auf unterschiedliche Weise gewonnen, zum Großteil jedoch aus Feldprotokollen generiert, die anhand teilnehmender Beobachtung oder Gesprächen im Feld erstellt werden. Dazu werden die im Feld entstandenen Notizen im Anschluss an den Feldaufenthalt am Schreibtisch zu Feldprotokollen ausformuliert. Zu den ethnographischen Daten können auch Einzel- oder Gruppeninterviews, Fotos, Schriftstücke oder Artefakte gezählt werden. Auch das Forschungstagebuch zählt zum Datenkorpus, in dem Erfahrungen im Feld und die Rolle der forschenden Person reflektiert werden.

Ziel der ethnographischen Forschungsstrategie ist es, sich der Alltagspraxis empirisch so zu nähern, dass sich der forschenden Person die Vielfältigkeit, Vielschichtigkeit und Widersprüchlichkeit des Feldes zeigt.[11] Clifford Geertz sieht die Erforschung der Vielschichtigkeit eines komplexen Feldes als zentrale Herausforderung und wesentlichen Sinn ethnographischer Arbeit:

> „Das, womit es der Ethnograph tatsächlich zu tun hat – wenn er nicht gerade mit der routinemäßigen Kleinarbeit der Datensammlung beschäftigt ist (die natürlich auch sein muß) –, ist eine Vielfalt komplexer, oft übereinandergelagerter oder ineinander verwobener Vorstellungsstrukturen, die fremdartig und zugleich ungeordnet verborgen sind und die er zunächst einmal irgendwie fassen muß. Das gilt gerade für die elementarsten Ebenen seiner Tätigkeit im Dschungel der Feldarbeit: [...] Ethnographie betreiben gleicht dem Versuch, ein Manuskript zu lesen (im Sinne von ‚eine Lesart entwickeln'), das fremdartig, verblaßt, unvollständig, voll von Widersprüchen, fragwürdigen Verbesserungen und tendenziösen Kommentaren ist, aber nicht in konventionellen Lautzeichen, sondern in vergänglichen Beispielen geformten Verhaltens geschrieben ist."[12]

In diesem Zusammenhang stellt die *andauernde unmittelbare Erfahrung* ein zweites Charakteristikum der Ethnographie dar. Die Erkundung erfolgt durch Feldforschung, was bedeutet, dass sich die forschende Person selbst mit dem Ziel des „going native"[13] in das zu untersuchende Feld über einen längeren Zeitraum hineinbegibt,[14] längerfristig teilnimmt und mit der Alltagspraxis vertraut macht.[15] ‚Going native' beschreibt hierbei das Ideal, selbst zum ‚native' also zum ‚Einheimischen' zu werden und verweist auf den

---

10 Vgl. BREIDENSTEIN, Georg (2006): Teilnahme am Unterricht, 20.
11 Vgl. BREIDENSTEIN, Georg u.a. (²2015): Ethnografie, 9.
12 GEERTZ, Clifford (⁶1999): Dichte Beschreibung. Beiträge zum Verstehen kultureller Systeme, Frankfurt a. Main [1987], 15.
13 HITZLER, Ronald (³2011): Ethnografie, 49.
14 Vgl. HITZLER, Ronald (³2011): Ethnografie, 49.
15 Vgl. LÜDERS, Christian (¹²2017): Beobachten im Feld und Ethnographie. In: Flick, Uwe/ Kardorff, Ernst von/ Steinke, Ines (Hrsg.): Qualitative Forschung. Ein Handbuch, Reinbek bei Hamburg [2000], 384–401, 384f.

„Anspruch, den Aufenthalt im Feld nicht nur auf ein reines Vor-Ort-Sein zu beschränken, sondern zu versuchen, möglichst normal am Leben im Feld teilzuhaben und von den Menschen dort akzeptiert und integriert zu werden [...]".[16]

Der Strategie liegt die Annahme zugrunde, dass „nur die andauernde Präsenz vor Ort einen direkten Einblick in verschiedene Wissensformen der Teilnehmer ermöglicht".[17] Geertz beschreibt dies als Austausch mit den Feldteilnehmenden, der weit mehr als nur die kommunikative Ebene umfasst.[18] Das zentrale Erkenntnispotenzial liegt dabei in der eigenen Erfahrung und der Übernahme der Innenperspektive. Indem sich die forschende Person in die Praxis involvieren lässt, kann sie erfahren, welche Bedingungen und Anforderungen sich an die Praxis stellen. Auf diese Weise wird eine Beschreibung aus der Binnenperspektive möglich.

Die forschende Person begreift sich dabei selbst als Messinstrument. Dazu formuliert Goffman anschaulich:

„Die Technik besteht m.E. darin, Daten zu erheben, indem man sich selbst, seinen eigenen Körper, seine eigene Persönlichkeit und seine eigene soziale Situation den unvorhersehbaren Einflüssen aussetzt, die sich ergeben, wenn man sich unter eine Reihe von Leuten begibt [...]. Daß man also in ihrer Nähe ist, während sie auf das reagieren, was das Leben ihnen zumutet. Meiner Meinung nach ist es natürlich nicht damit getan, nur zuzuhören, was sie sagen; man muß auch auf ihre kleinen Stöhner und Seufzer achten, während sie ihr Leben meistern. Diesem Zweck dient in meinen Augen die Standardtechnik, sich möglichst authentisch ihren Lebensumständen auszusetzen, und das heißt: obwohl man das Feld immer verlassen kann, muß man so handeln, als ob man bleiben und dabei alle Annehmlichkeiten und Unannehmlichkeiten in Kauf nehmen müßte, die ihr Leben so mit sich bringt. Dadurch wird der Körper auf das Feld ‚eingestimmt', und mit einem solchen ‚eingestimmten' Körper und dem Recht, ihnen räumlich nahe zu sein (das Sie sich durch das eine oder andere hinterlistige Mittel erschlichen haben), sind Sie in der Lage, die gestischen, visuellen oder körperlichen Reaktionen auf das festzuhalten, was um sie herum vor sich geht. Und weil Sie im selben Schlamassel wie die anderen stecken, werden Sie auch einfühlsam genug sein, das zu erspüren, worauf sie reagieren."[19]

Die unmittelbare Erfahrung bedeutet nach Goffman also einen möglichst nahen und authentischen Mitvollzug von Situationen. Erkenntniszuwachs wird durch

---

16 SCHOLTZ, Christopher P. (2007): Teilnehmende Beobachtung. In: Dinter, Astrid/ Heimbrock, Hans-Günter/ Söderblom, Kerstin (Hrsg.): Einführung in die Empirische Theologie. Gelebte Religion erforschen, Göttingen, 214-225, 215. Als ‚going native' wird auch die Gefahr bezeichnet, die analytische Distanz zum erforschten Feld zu verlieren. Eine zu hohe Anpassung an das Feld birgt die Gefahr, der Rolle als forschende Person nicht mehr gerecht werden zu können und im Handlungsmuster der Feldteilnehmenden aufzugehen. Vgl. BREIDENSTEIN, Georg, u.a. (^{2}2015): Ethnografie, 111.
17 BREIDENSTEIN, Georg u.a. (^{2}2015): Ethnografie, 7.
18 Vgl. GEERTZ, Clifford (^{6}1999): Dichte Beschreibung, 20-24.
19 GOFFMAN, Erving (1996): Über Feldforschung. In: Knoblauch, Hubert (Hrsg.): Kommunikative Lebenswelten. Zur Ethnographie einer geschwätzigen Gesellschaft, Konstanz, 261-269, 263.

3.1 Ethnographie als Forschungsstrategie

die Technik des Aussetzens möglich, indem die forschende Person Situationen anhand ihrer eigenen Sinne erspürt und nachvollzieht. Der Fokus liegt darauf „Wissen aus eigener und erster Hand"[20] zu generieren, sich denselben Bedingungen auszusetzen und sich potenziell in die Situation zu bringen, die es erlaubt, ähnliches zu fühlen oder zumindest die Reaktionen der Feldteilnehmenden antizipieren zu können. Im „zeitgleichen, mit Aufzeichnungen unterstützen Mitvollzug einer lokalen Praxis"[21] liegt eine aufschlussreiche Perspektive, wofür die forschende Person auf ihre Sinneswahrnehmungen und ihren „*soziale[n] Sinn*" zurückgreift:

> „Beobachtung umfasst zunächst alle Formen der Wahrnehmung unter der Bedingung der Kopräsenz: also alle Sinneswahrnehmungen, die sich per Teilnahme erschließen. Beobachten ist also die Nutzung der kompletten Körpersensorik des Forschenden: das Riechen, Sehen, Hören und Ertasten sozialer Praxis. Aber auch der *soziale Sinn* der Forscherin, ihre Fähigkeit zu verstehen, zu fokussieren, sich vertraut zu machen, fällt in ihre Aufmerksamkeitskapazität."[22]

Es ist davon auszugehen, dass sich soziale Situationen im Kontext des Unterrichts womöglich verändern, wenn die forschende Person anwesend ist. Reaktivität – das Reagieren des Feldes auf seine Erforschung – ist für die ethnographische Erhebung kein Qualitätsverlust, „sondern geradezu der Modus Vivendi der Forschung: Erst in der Interaktion mit dem lokal fremden Beobachter macht sich das Feld in seinen Eigenarten erfahrbar".[23]

Gilt der Körper als Messinstrument, stellt sich die Frage wie Forschende mit ihren eigenen Gefühlen im Forschungsprozess umgehen. Der Stellenwert von und der Umgang mit Gefühlen Forschender im Feld wird in der ethnographischen Literatur kontrovers diskutiert.[24] Dabei lassen sich zwei Lager voneinander unterscheiden: Entweder werden die Gefühle als etwas betrachtet, das es während des Feldaufenthalts zu kontrollieren und schließlich zu neutralisieren gilt oder aber sie bieten eine wertvolle Datenquelle. Carolin Oppermann streicht heraus, dass die Handhabung einiger Ansätze aus dem ersten Lager lediglich die Absicht verfolgen, Gefühle von den ‚richtigen' Daten zu unterscheiden. Oppermann zufolge etabliert es sich in ethnographischen Forschungsprozessen zunehmend, die Gefühle der Forschenden im Datenerhebungs- und Auswertungsprozess zu berücksichtigen:

---

20 BREIDENSTEIN, Georg u.a. (²2015): Ethnografie, 40.
21 BREIDENSTEIN, Georg u.a. (²2015): Ethnografie, 40.
22 BREIDENSTEIN, Georg u.a. (²2015): Ethnografie, 71 (Hervorhebung im Original).
23 BREIDENSTEIN, Georg u.a. (²2015): Ethnografie, 37.
24 Vgl. STODULKA, Thomas (2014): Feldforschung als Begegnung. Zur pragmatischen Dimension ethnographischer Daten. In: Sociologus 64(2), 179–205; OPPERMANN, Carolin (2012): Using Subjective Feelings to Gain Insights During Transnational Ethnographic Research. In: TSR 2 (2), 199–219; DAVIES, JAMES/ SPENCER, DIMITRINA (Hrsg.) (2010): Emotions in the Field. The Psychology and Anthropology of Fieldwork Experience, Stanford, CA.

> „According to this point of view, the scientist's feelings are seen as a methodological instrument which can be used to understand the field better and thus to extend ethnographical reflection and analysis."[25]

Auch Blumenthal betont die Niederschrift affektiver Zustände Forschender in jeder ethnographischen Forschungsarbeit. Diese Informationen können – je nach Projektausrichtung – eine Hilfe zur Reflexion der Forschendenrolle darstellen oder Auskunft über Forschungsthemen liefern.[26]

Auch theologische Forschung ist auf Verfahren angewiesen, die die Gefühle von Forschenden angemessen berücksichtigen. Strube weist darauf hin, dass das Miteinbeziehen von Gefühlen bei Forschungsthemen und -ergebnissen dazu dienen kann, mehr Transparenz zu schaffen und die Qualität erkenntnistheoretischer Theoriegewinnung zu verbessern. Sie verweist auf eine notwendige Methodenentwicklung, die dabei helfe, die Emotionen der Forschenden für wissenschaftlich-theologisches Forschen als wertvolle Datenquelle mit zu berücksichtigen.[27]

Die damit verknüpfte *Perspektivität* gilt als drittes Charakteristikum ethnographischen Forschens. Die durch das einzelne Subjekt erhobenen Daten unterliegen zwangsläufig einer gewissen Perspektivität der forschenden Person, bspw. aufgrund ihrer Erfahrung, ihres Vorwissens und ihrer Erwartungen.
Mit Rückgriff auf die wissenschafts- und erkenntnistheoretischen Grundannahmen qualitativer Forschung sind Erkenntnisse stets an Perspektivität gebunden.[28] Ethnomethodologisch ist die soziale Wirklichkeit, die erforscht wird, stets das Ergebnis situativ und interaktiv hergestellter Sinn- und Bedeutungskonstruktionen. Zugang zu diesen Konstruktionen erhalten die Akteur*innen durch individuelle und kollektive Deutungsleistungen. Gemeinsam geteilte Bedeutungen bilden die Handlungsgrundlage aller Akteur*innen, sodass Perspektivität letztlich sogar als „Voraussetzung des Verstehens"[29] dieser Sinn- und Bedeutungskonstruktionen zu betrachten ist. Die Perspektivität ethnographischen Forschens liefert damit die „Voraussetzung des Verstehens", um Situationen und ihre Relevanzen einordnen zu können.

---

25 OPPERMANN, Carolin (2012): Using Subjective Feelings, 202.
26 Vgl. BLUMENTHAL, Sara-Friederike (2018): Ethnographisches Forschen zu Affekten. Eine methodische Annäherung an Scham. In: Huber, Matthias/ Krause, Sabine (Hrsg.): Bildung und Emotion, Wiesbaden, 397–412, 408f.
27 Vgl. STRUBE, Sonja Angelika (2012): Gefühle ausgeschlossen, 53.
28 Vgl. AKBABA, Yalız (2017): Lehrer*innen und der Migrationshintergrund. Widerstand im Dispositiv, Weinheim/ Basel, 93.
29 KLEIN, Stephanie (2000): Gottesbilder von Mädchen als Zugang zu ihrer religiösen Vorstellungswelt. Methodische Überlegungen zum Erheben und Verstehen von Kinderbildern. In: Fischer, Dietlind/ Schöll, Albrecht (Hrsg.): Religiöse Vorstellungen bilden. Erkundungen zur Religion von Kindern über Bilder, Münster, 97–128, 102.

3.1 Ethnographie als Forschungsstrategie

Hirschauer und Klaus Amann nennen diese Deutungsleistungen „*Sinnstiftungen des Autors*",[30] die Erlebnisse und Erfahrungen erst zu ethnographischen Daten werden lassen. Von Beginn an ist die forschende Person mit der Aufgabe konfrontiert, Sinnstiftungen vorzunehmen, etwa bei der Benennung einer Praktik, der Zuordnung eines Gefühls oder der Sequenzierung von Ereignissen. Diese Deutungsleistungen „entstehen in einem spannungsreichen Verhältnis zwischen dem Hintergrund von Erfahrungen […] und der Orientierung an einer auf Explikation angewiesenen Leserschaft".[31]

Die sich aus der Perspektivität der forschenden Person ergebenen Interpretationen sollten deshalb nicht einfach ausgelassen, sondern vielmehr als Teil der Beobachtung bereitgestellt werden. „Indem Beobachter ihre eigenen Interpretationsleistungen in der Situation beobachten, lernen sie etwas über die spezifische Interpretativität dieser Situation."[32]

Allerdings weist Breidenstein auf die „Suspendierung der Normativität des pädagogischen Blicks"[33] hin. Damit warnt er vor der Gefahr, speziell bei ethnographischen Unterrichtsbeobachtungen, auftretende Praktiken unter der Perspektive ‚guten' Unterrichts zu bewerten. Fern von der Begutachtung einer vermeintlich gelungenen Stunde, stehen für die ethnographisch forschende Person auch Nebentätigkeiten im Fokus, die nicht vorschnell als unwichtig oder störend außer Acht gelassen werden dürfen. Anne Honer bezeichnet diese wertfreie Haltung als ein „Verstehen-Wollen" und v. a. als ein „Nicht-besser-wissen-Wollen".[34] An dieser Stelle sei auf die Kritik von Jürgen Zinnecker hingewiesen, der der pädagogischen Forschung und v. a. den Deutungen von Lehrpersonen als Akteur*innen im Bildungssystem einen Drang zur Vereinheitlichung unterstellt. Das wertfreie Aushalten der Mehrperspektivität und vielzähligen Deutungsversionen ist seiner Ansicht nach keine Stärke der pädagogischen Fachdisziplin:

> „Man könnte, überpointierend, sogar behaupten: Wenn es eine Berufsgruppe oder eine Fachdisziplin gibt, die für eine solche Aufgabe denkbar schlecht gerüstet ist, so trifft das auf die Pädagogik zu. Und das hängt strukturell, also zwangsläufig für die pädagogisch Handelnden, mit der sozialen Position im schulischen Geschehensraum und mit dem praktischen Verflochtensein in das dortige Alltagsgeschehen zusammen. LehrerInnen beobachten die schulische Umwelt und die Kinder unter einem ausdrücklich handlungspraktischen Interesse. Sie müssen einheitliche Definitionen der schulischen Wirklichkeit herstellen und deren Gültigkeit bei den Beteiligten

---

30 HIRSCHAUER, Stefan/ AMANN, Klaus (1997): Die Befremdung der eigenen Kultur. Ein Programm. In: Diess. (Hrsg.): Die Befremdung der eigenen Kultur. Zur ethnographischen Herausforderung soziologischer Empirie, Frankfurt a. Main, 7–52, 31 (Hervorhebung im Original).
31 HIRSCHAUER, Stefan/ AMANN, Klaus (1997): Die Befremdung der eigenen Kultur, 31.
32 HIRSCHAUER, Stefan/ AMANN, Klaus (1997): Die Befremdung der eigenen Kultur, 23.
33 BREIDENSTEIN, Georg (2012): Ethnographisches Beobachten, 41.
34 HONER, Anne (1989): Einige Probleme lebensweltlicher Ethnographie, 301.

durchsetzen. Darauf beruht ihre pädagogische Handlungsfähigkeit und das sind sie der Bildungsinstitution, als deren Repräsentanten sie tätig sind, schuldig."[35]

Dabei ist nicht zu vergessen, dass es sich bei alltagsnahen Erhebungsorten, wie z. B. Schule und Unterricht, um ein vermeintlich bekanntes Terrain handelt, das die Notwendigkeit der systematischen Distanzierung und Analyse erfordert. Die notwendige Befremdung der eigenen Kultur verfolgt die „Heuristik der Entdeckung des Unbekannten"[36] und erfordert eine neue, gar befremdete Perspektive auf Alltagsroutinen und Gewohnheiten:

„Das weitgehend Vertraute wird dann betrachtet als sei es fremd, es wird nicht nachvollziehend verstanden, sondern methodisch ‚befremdet': es wird auf Distanz zum Beobachter gebracht."[37]

Viertens zeichnet sich Ethnographie durch den Untersuchungsgegenstand der *sozialen Praktiken* aus. Mithilfe der Ethnographie soll grundsätzlich der Frage nachgegangen werden, „wie die jeweiligen Wirklichkeiten praktisch ‚erzeugt' werden; es geht ihr also um die situativ eingesetzten Mittel zur Konstitution sozialer Phänomene aus der teilnehmenden Perspektive"[38]. Mit Goffman gesprochen stehen bei Ethnographien nicht die Menschen und ihre Situationen, als vielmehr die Situationen mit ihren Menschen im Vordergrund.[39] Von zentralem Interesse sind die „syntaktischen Beziehungen zwischen den Handlungen verschiedener gleichzeitig anwesender Personen".[40]

Soziale Praktiken sind „von einem *impliziten Wissen* der Teilnehmer bestimmt"[41] und können nicht ohne Weiteres sprachlich vermittelt werden. Das implizite Wissen der Feldteilnehmenden kann durch den Mitvollzug der sozialen Praktiken erforscht werden. Dies umfasst „den Vollzug und die Darstellung von Praktiken".[42] Feldspezifische Verhaltensregeln, Einschränkungen und Handlungsoptionen sind dabei als Forschungsgegenstand zu betrachten.[43]

Die Untersuchung sozialer Praktiken zielt darauf, die Eigenlogik des Feldes zu erschließen, worin nach Hirschauer und Amann zwei Erwartungen begründet liegen. Zum einen, die Erwartung, dass

---

35 ZINNECKER, Jürgen (2001): Stadtkids. Kinderleben zwischen Straße und Schule, Weinheim/München, 153.
36 HIRSCHAUER, Stefan/ AMANN, Klaus (1997): Die Befremdung der eigenen Kultur, 9.
37 HIRSCHAUER, Stefan/ AMANN, Klaus (1997): Die Befremdung der eigenen Kultur, 12.
38 LÜDERS, Christian (^{12}2017): Beobachten im Feld, 390.
39 Vgl. GOFFMAN, Erving (^{2}1973): Interaktionsrituale, 9.
40 GOFFMAN, Erving (^{2}1973): Interaktionsrituale, 8.
41 BREIDENSTEIN, Georg u.a. (^{2}2015): Ethnografie, 33 (Hervorhebung im Original).
42 BREIDENSTEIN, Georg u.a. (^{2}2015): Ethnografie, 33.
43 Vgl. BREIDENSTEIN, Georg (2006): Teilnahme am Unterricht, 23.

3.1 Ethnographie als Forschungsstrategie

> *„jedes* Feld über eine Sozio-Logik, eine kulturelle ‚Ordentlichkeit' verfügt, zum anderen die Erwartung, daß in der schrittweisen Positionierung und ‚Eichung' der Ethnographin im Feld diese Sozio-Logik handhabbar gemacht und als empirisches Wissen *mobilisiert* werden kann".[44]

Unterricht ist von einer Vielzahl sozialer Praktiken bestimmt. Alltagsroutinen wie das Begrüßen der Lehrperson zum Unterrichtsbeginn, das Fragenstellen der Schüler*innen, Seitengespräche der Schüler*innen während des Unterrichts, Anweisungen der Lehrperson oder die Reaktionen der Schüler*innen auf einen Lerngegenstand stellen beispielhafte Praktiken der Unterrichtspraxis dar. Diese sind vom impliziten und lokalen Wissen der Feldteilnehmenden geprägt. Die Akteur*innen verfügen über praktisches Durchführungswissen, wie spezifische Unterrichtssituationen ablaufen bzw. ablaufen sollten.[45]

Im *Akt des Schreibens* liegt das Kerngeschäft der Ethnographie und damit ein fünftes bedeutsames Charakteristikum. Die „[...]Leistung besteht darin, im direkten Kontakt das Wissen der Teilnehmer zu explizieren, das heißt in Sprache übersetzen".[46] Das Erlebte wird in Form eines ethnographischen Feldprotokolls niedergeschrieben, um andere an der Erfahrung teilhaben zu lassen. Hirschauer und Amann bezeichnen dies als „Mobilisierung von Erfahrung".[47] Das Feldprotokoll muss neben der möglichst umfassenden Auskunft über die Details und den Ablauf einer Situation auch die Bedeutung von Ereignissen beschreiben.

> „Dabei impliziert die Praxis des Schreibens einen wirksamen Zwang zur Explikation: Was man in der Situation nur intuitiv oder ‚praktisch' verstanden hat, trachtet das Protokoll zu verbalisieren."[48]

Neben Körperhaltung, Mimik und Gestik können auch emotionale Lautäußerungen, wie bspw. ein angespanntes Seufzen, im Feldprotokoll notiert werden. Ferner dient die Verschriftlichung der Erfahrung dem Aufbau einer analytischen Distanz und „macht aus Erfahrungen *Daten* [...]".[49] Das Niederschreiben ermöglicht eine genaue Auseinandersetzung mit dem beobachteten Gegenstand:

> „Die Verschriftlichung ermöglicht die Verlangsamung und De-Komponierung von Abläufen. Sie erlaubt die Schritt-für-Schritt Rekonstruktion der Vollzugslogik von

---

44 Hirschauer, Stefan/ Amann, Klaus (1997): Die Befremdung der eigenen Kultur, 20 (Hervorhebung im Original).
45 Vgl. Angele, Claudia (2016): Ethnographie des Unterrichtsgesprächs. Ein Beitrag zur Analyse von Unterrichtsgesprächen über Differenz als Alltagserfahrung, Münster/ New York, 51.
46 Breidenstein, Georg u.a. (²2015): Ethnografie, 11.
47 Hirschauer, Stefan/ Amann, Klaus (1997): Die Befremdung der eigenen Kultur, 30.
48 Breidenstein, Georg (2006): Teilnahme am Unterricht, 24.
49 Hirschauer, Stefan/ Amann, Klaus (1997): Die Befremdung der eigenen Kultur, 30 (Hervorhebung im Original).

Praktiken. Einzelne Praktiken können isoliert (aus der verwirrenden Vielschichtigkeit der Situation gelöst), präpariert und dann zum Sezieren unter das 'Mikroskop' gelegt werden."[50]

Im Akt des Niederschreibens erfährt das Erlebte eine „De-Komponierung" und wird von der forschenden Person durch die Anordnung, Selektion und Hervorhebung einzelner Elemente interpretiert.

> „As the field researcher participates in the field, she inevitably begins to reflect on and interpret what she has experienced and observed. Writing fieldnotes heightens and focuses these interpretive and analytic processes; writing up the day's observations generates new appreciation and deeper understanding of witnessed scenes and events. In writing, a field researcher assimilates and thereby starts to understand and experience. She makes sense of the moment by intuitively selecting, highlighting, and ordering details [...]."[51]

Im Aufschreiben beginnt die forschende Person ihre Erfahrungen und Eindrücke zu sortieren. Das Anordnen situativer Eindrücke ermöglicht ein tieferes Durchdringen und Verstehen der Situationslogik, das sich adaptiv auf das weitere Beobachten auswirkt.

Aufgrund der selektiven Wahrnehmung und Vergesslichkeit der forschenden Person erheben die verschriftlichten Protokolle keinen Anspruch auf Vollständigkeit. Diese Eigenschaft gilt es nicht als Nachteil einer Untersuchung zu betrachten, sondern zu nutzen und die eigene Selektionsleistung offen zu legen.

> „*Personale* Aufzeichnungsapparate sind also vergesslich, aber sie haben auch (anders als Computer) die *Fähigkeit* zu vergessen, aber Wichtiges zu behalten; sie haben keine standardisierbaren Eigenschaften, aber sie sind flexibel und kommunikativ; sie sind nicht unerschütterlich, aber sie haben seismografische Qualitäten und verfügen über Empathie, also Mitempfindungen, die die Aufzeichnung von Lauten oder visuellen Signalen übersteigen. Die Aufzeichnungen eines menschlichen Speichers gewinnen ihre Qualität also aus dessen fortlaufender Justierung als Ko-Teilnehmer, der allmählich lernt, was situativ von Bedeutung ist."[52]

Die forschende Person nutzt die Vorteile, die sie gegenüber einem technischen Gerät hat: Zum einen die Möglichkeit durch körperliche Teilnahme Situationen mitempfinden und in der Logik des Feldes flexibel und adaptiv agieren zu können. Zum anderen die Bedeutungsschattierungen in Situationen erlernen und Interpretationsleistungen anstellen zu können, sowie das Transparentmachen dieser. Hierin liegt der entscheidende Mehrwert ethnographischer Forschung:

---

50 BREIDENSTEIN, Georg (2006): Teilnahme am Unterricht, 26.
51 EMERSON, Robert M./ FRETZ, Rachel I./ SHAW, Linda L. (²2011): Writing Ethnographic Fieldnotes, Chicago, IL/ London [1995], 79.
52 BREIDENSTEIN, Georg u.a. (²2015): Ethnografie, 41 (Hervorhebung im Original).

3.1 Ethnographie als Forschungsstrategie

Videokameras oder Diktiergeräte zeichnen zwar Bildaufnahmen und Gesprochenes vollständig auf, jedoch bilden auch diese wiederum nur Perspektiven selektierter Wirklichkeit ab.[53]

Feldprotokolle stellen demnach keine Tatsachenberichte dar, sondern eine (Re-)Konstruktion der sozialen und kulturellen Wirklichkeit.[54] Christoph P. Scholtz argumentiert, dass objektivistische Sachberichte größtenteils am Versuch der Beschreibung sozialer und kultureller Wirklichkeit scheitern.[55]

Das sechste Charakteristikum ethnographischen Forschen berücksichtigt die *Persönlichkeit der forschenden Person*. Um überhaupt am Feld teilnehmen zu können, müssen Beziehungen initiiert und sollte Vertrauensarbeit geleistet werden. Der Feldzugang ist als dauerhafter Prozess zu verstehen, der die Beziehungsgestaltung und -pflege zu den Feldteilnehmenden einschließt.[56] Scholtz streicht heraus, dass Forschende aus diesem Grund über „ein ausgeprägtes praktisches und organisatorisches Geschick" und „hohe soziale Kompetenz"[57] verfügen sollten. Nur so könnten sie auf die im Feld entstehenden sozialen Dynamiken reagieren und das Vertrauen der Feldteilnehmenden gewinnen.[58]

Die forschende Person muss zudem flexibel und adaptiv auf die Situationen des Feldes reagieren und sich auf vorgefundene Ordnungen einlassen können, die bestimmte Beobachtungs- und Verhaltensweisen vorgeben.[59]

> „Gerade das Interesse an der Insiderperspektive zwingt den Ethnographen dazu, sich den jeweils gelebten situativen Ordnungen und Praktiken gleichsam auszusetzen, anzupassen, in einem gewissen Sinn auch zu unterwerfen."[60]

Honer sieht Feldforschende mit der Herausforderung konfrontiert, eigene Moralvorstellungen oder Vorurteile (vorübergehend) beiseite zu lassen. In der Konsequenz bedeutet dies, dass man als forschende Person „auch selber, sozusagen ‚privat', aus *keinem* Feld so herauskommt, wie man hineingegangen ist".[61]

---

53 Man denke bspw. an den selektiven Bildausschnitt einer Videoaufnahme oder die Interpretation, die bei einer Interviewtranskription vorliegt. In beiden Fällen werden Perspektiven abgebildet, die häufig unzureichend transparent gemacht werden.
54 Vgl. HIRSCHAUER, Stefan/ AMANN, Klaus (1997): Die Befremdung der eigenen Kultur, 34f.
55 Vgl. SCHOLTZ, Christopher P. (2007): Teilnehmende Beobachtung, 217.
56 Vgl. BREIDENSTEIN, Georg (2006): Teilnahme am Unterricht, 22.
57 SCHOLTZ, Christopher P. (2007): Teilnehmende Beobachtung, 216.
58 Vgl. SCHOLTZ, Christopher P. (2007): Teilnehmende Beobachtung, 216.
59 Vgl. BREIDENSTEIN, Georg u.a. (^{2}2015): Ethnografie, 38.
60 LÜDERS, Christian (^{12}2017): Beobachten im Feld, 391.
61 HONER, Anne (1989): Einige Probleme lebensweltlicher Ethnographie, 300 [Fußnote 7] (Hervorhebung im Original).

3.1.2 Ethnographie und Theologie

Der ethnographische Forschungsansatz erfährt eine größer werdende Beachtung in der methodischen Reflexion der Theologie.[62] Die aufkommende Konjunktur hängt insgesamt mit der Öffnung gegenüber empirischer Forschung und dem Einsatz einer breiter werdenden Methodenvielfalt in den unterschiedlichen theologischen Disziplinen zusammen. Damit zieht seit etwa zehn Jahren auch der ethnographische Forschungsansatz verstärkt in die theologische Forschung ein.[63]

Scholtz führt als einen möglichen Grund für den bislang zurückhaltenden Einsatz ethnographischer Methoden innerhalb der Theologie die „*Doppelköpfigkeit von Schlichtheit und Komplexität*"[64] an. Menschen aufzusuchen und bei ihnen zu leben sei im Grunde ein simples Prinzip, das sich auch bei theologischen Forschungsarbeiten sinnvoll anwenden ließe. Doch die methodische Konkretisierung hänge stark vom jeweiligen Einzelfall und dessen Kontextfaktoren ab, was sich wiederum nur schwer im Rahmen einer verallgemeinernden methodischen Darstellung vermitteln ließe.[65]

Zwar mag es sich bei der Ethnographie um ein recht aufwändiges und komplexes Instrument empirischer Sozialforschung handeln, doch stellt der Forschungsansatz einen Gewinn für den theologischen Erkenntniszuwachs dar. Im Folgenden soll daher Ethnographie als Erkenntnisquelle theologischen Forschens und Arbeitens erläutert werden.

Die Pastoralkonstitution *Gaudium et Spes* gilt als Wendepunkt des kirchlichen Selbstverständnisses im Zuge des Zweiten Vatikanischen Konzils. Die Hinwendung zum Menschen, seinen Erfahrungen und Problemen in der heutigen Welt ist

---

62 Vgl. exemplarisch ROTHGANGEL, Martin (2018): Beobachtung. In: Pirner, Manfred L./ Ders. (Hrsg.): Empirisch forschen in der Religionspädagogik. Ein Studienbuch für Studierende und Lehrkräfte, Stuttgart, 57–70; BOLLIG, Sabine/ SCHULZ, Marc (2016): Art. Ethnografie. In: Das Wissenschaftlich-Religionspädagogische Lexikon im Internet (WiReLex), https://www.bibelwissenschaft.de/fileadmin/buh_bibelmodul/media/wirelex/pdf/Ethnografie_2020-04-20_11_46.pdf (Zugriff am 01.06.23), 1-14; SCHOLTZ, Christopher P. (2007): Teilnehmende Beobachtung, 214–225.

63 Vgl. exemplarisch die Forschungsarbeiten von SPALLEK, Gerrit (2021): Tor zur Welt? Hamburg als Ort der Theologie, Ostfildern; MARTIN, Tanja (2019): Die Sozialität des Gottesdienstes. Zur sozialen Kraft besonderer Gottesdienste, Stuttgart; KÜHN, Jonathan (2018): Klanggewalt und Wir-Gefühl. Eine ethnographische Analyse christlicher Großchorprojekte, Stuttgart; STOCKINGER, Helena (2017): Umgang mit religiöser Differenz im Kindergarten. Eine ethnographische Studie an Einrichtungen katholischer und islamischer Trägerschaft, Münster/ New York.

64 SCHOLTZ, Christopher P. (2007): Teilnehmende Beobachtung, 223 (Hervorhebung im Original).

65 Vgl. SCHOLTZ, Christopher P. (2007): Teilnehmende Beobachtung, 223f.

3.1 Ethnographie als Forschungsstrategie

> „keine pastoraltheologische Handreichung, sondern ein fundamentaltheologisches Programm. Sie ist Ort und Prinzip kirchlicher Auseinandersetzung mit den Problemen des Menschseins in der heutigen Welt."[66]

Noch im Vorwort des Dokuments rücken die Konzilsväter eine ganzheitliche Betrachtung des Menschen in den Mittelpunkt: „Der Mensch also, der eine und ganze Mensch, mit Leib und Seele, Herz und Gewissen, Vernunft und Willen steht im Mittelpunkt unserer Ausführungen" (GS 3).[67] Stephanie Klein bezeichnet dies als eine Zuwendung zum *realen* Menschen und sieht darin, neben einem Selbstvollzug der Kirche, auch wesentliche Aufgaben der Praktischen Theologie begründet:

> „Die Hinwendung zu den konkreten, empirisch vorfindbaren Menschen, die Anteilnahme an ihrem Schicksal, ist der pastorale Auftrag der Kirche und ein Teil ihres Selbstvollzuges. Praktische Theologie muss dieser Hinwendung zu den konkreten und situativen Freuden und Leiden der Menschen konzeptuell gerecht werden."[68]

Weiter heißt es in der Pastoralkonstitution:

> „Zur Erfüllung dieses ihres Auftrags obliegt der Kirche allzeit die Pflicht, nach den Zeichen der Zeit zu forschen und sie im Licht des Evangeliums zu deuten. [...] Es gilt also, die Welt, in der wir leben, ihre Erwartungen, Bestrebungen und ihren oft dramatischen Charakter zu erfassen und zu verstehen" (GS 4).

Regina Polak und Martin Jäggle sehen in den „Zeichen der Zeit" ein Verständnis von Gegenwart als *locus theologicus* begründet. Gegenwart sei nicht nur der Ort, an dem Theologie umsetzbar werde oder sich gar erst bewähren müsse, sondern Gegenwart gelte bereits als „theoriegenerativer Lernort".[69] Damit ist es die Aufgabe von Theolog*innen die Gegebenheiten der Gegenwart zu erforschen und zu verstehen. Artikel 44 der Pastoralkonstitution formuliert als Aufgabe für Seelsorger*innen und Theolog*innen

> „auf die verschiedenen Sprachen unserer Zeit zu hören, sie zu unterscheiden, zu deuten und im Licht des Gotteswortes zu beurteilen, damit die geoffenbarte Wahrheit immer tiefer erfasst, besser verstanden und passender verkündet werden kann" (GS 44).

---

66 KLINGER, Elmar (1990): Armut. Eine Herausforderung Gottes. Der Glaube des Konzils und die Befreiung des Menschen, Zürich, 69.
67 Die Pastoralkonstitution über die Kirche in der Welt von heute ‚Gaudium et Spes' findet man in DH 4301–4345. Vgl. DENZINGER, Heinrich/ HÜNERMANN, Peter (Hrsg.) (^{45}2017): Kompendium der Glaubensbekenntnisse und kirchlichen Lehrentscheidungen, lat.-dt., Freiburg i. Breisgau/ Basel/ Wien [1854].
68 KLEIN, Stephanie (2005): Erkenntnis und Methode in der Praktischen Theologie, Stuttgart, 36.
69 POLAK, Regina (2015): An den Grenzen des Faches. In: PThI 35 (2), 83–88, 85.

Eine Theologie der „Zeichen der Zeit" bedeutet also, die Gegenwart so zu betrachten, dass sich Theologie in ihr zeigt und konkretisiert. Damit wird die Gegenwart „zu einer unverzichtbaren theologischen Erkenntnisquelle".[70]
Eine kontinuierliche Ausrichtung und Rückbindung an Gegenwart und Praxis sieht auch Karl-Ernst Nipkow bei Begriffen und Konzepten theologischer und religionspädagogischer Theoriebildung:

> „Sie [die Begriffe und Konzepte; L.M.] sind mit unserer veränderlichen *Erfahrung* verbundene, veränderbare *Deutungs-* und *Erklärungsversuche*, Reflexionsmodelle mit ‚Konstrukt'charakter [sic!], Ergebnisse der zugleich vernehmenden und ‚konstruktiv' produzierenden Vernunft."[71]

Begriffe und Konzepte als wandelbar und in ihrer jeweiligen Situation und Praxis verortet zu begreifen, verzichtet auf den Gedanken einer überzeitlichen Verstetigung dieser. Vielmehr braucht die wissenschaftliche Theoriebildung nach Nipkow eine konstruktive Ausrichtung an der gegenwärtigen Praxis. Für seine Argumentation greift er auf Schleiermacher zurück, der Praxis – unabhängig von theoretischer Reflexion – eine eigene Würde zuspricht:

> „Ist doch überhaupt auf jedem Gebiete, das Kunst heißt im engeren Sinne, die Praxis viel älter als die Theorie, so daß man nicht einmal sagen kann, die Praxis bekomme ihren bestimmten Charakter erst mit der Theorie. Die Dignität der Praxis ist unabhängig von der Theorie; die Praxis wird nur mit der Theorie eine bewußtere."[72]

Diesem Verständnis folgend kommt der Theorie gegenüber den praktischen Lebensvollzügen eine dienende Haltung zu: „Wissenschaft soll erhellen und orientieren, nicht bevormunden."[73]

Soll dieser Auftrag ernst genommen werden, braucht die Theologie Methoden und Verfahren, um sich gesellschaftlichen Phänomenen und Lebenswelten der Menschen zuzuwenden, sie zu verstehen und zu interpretieren.

Der „zyklischen Vierschritt"[74] basiert auf einer methodologischen Ausrichtung, die die „Zeichen der Zeit" wahrnimmt und sich aus den Schritten

---

70 POLAK, Regina/ JÄGGLE, Martin (2012): Gegenwart als locus theologicus. Für eine migrationssensible Theologie im Anschluss an Gaudium et spes. In: Tück, Jan-Heiner (Hrsg.): Erinnerung an die Zukunft. Das Zweite Vatikanische Konzil, Freiburg i. Breisgau/ Basel/ Wien, 570–598, 572.
71 NIPKOW, Karl Ernst (⁴1990): Grundfragen der Religionspädagogik, Bd.1, Gesellschaftliche Herausforderungen und theoretische Ausgangspunkte, Gütersloh [1975], 131 (Hervorhebung im Original).
72 SCHLEIERMACHER, Friedrich (1983): Pädagogische Schriften I. Die Vorlesungen aus dem Jahre 1826, Frankfurt a. Main/ Berlin/ Wien, 11.
73 NIPKOW, Karl Ernst (⁴1990): Grundfragen der Religionspädagogik, 132.
74 Vgl. BOSCHKI, Reinhold (2007): Der phänomenologische Blick: „Vierschritt" statt „Dreischritt" in der Religionspädagogik. In: Ders./ Gronover, Matthias (Hrsg.): Junge Wissenschaftstheorie der Religionspädagogik, Berlin/ Münster, 25–47.

3.1 Ethnographie als Forschungsstrategie

Orientieren – Sehen – Urteilen – Handeln[75] zusammensetzt. Der empirischen Analyse der Lebenswelt der Menschen und ihrer Sinnkonstruktionen (‚Sehen'), der Interpretation dieser Analysen und Ergebnisse mithilfe der Theologie und Religionspädagogik (‚Urteilen') und den daraus folgenden Konsequenzen für die Praxis (‚Handeln') ist der zentrale Schritt des ‚Orientierens' vorweg zu schalten. Das Orientieren ist als erstes geboten und sieht vor, sich der eigenen Perspektivität, den persönlichen Interessen und Optionen als forschendes Subjekt bewusst zu werden und zu kontextualisieren.[76] Damit wird der von Johann Baptist Metz geforderten Standortbestimmung für jedes Theologietreiben Rechnung getragen. Seiner Auffassung nach muss stets zunächst geklärt werden, wo, mit wem und für wen Theologie betrieben wird.[77] Auch die Beziehung des Forschenden zu den Erforschten muss vorab reflektiert werden. Boschki sieht hier das Prinzip einer „dialogische[n] Beziehung", da es sich bei (religions-)pädagogischer Forschung nicht um eine Beziehung aus „Subjekt-Objekt", sondern um eine „Subjekt-Subjekt-Beziehung"[78] handle.[79]

Die christliche Anthropologie, die dieser methodologischen Ausrichtung zugrunde liegt, lässt sich mit den methodologischen Grundannahmen der Ethnographie verknüpfen. Im Folgenden sollen die methodischen Vorannahmen, die sich aus der Theologie an eine Erforschung der „Zeichen der Zeit" stellen, in der Forschungsstrategie der Ethnographie eingelöst werden.

Zunächst handelt es sich bei der Ethnographie um einen integrierten Forschungsansatz, der die Verzahnung verschiedenster Methoden vorsieht. Dieses Vorgehen nimmt die Komplexität der Praxis und der menschlichen Lebenswelt ernst und ermöglicht, diese in ihrer Vielschichtigkeit und Widersprüchlichkeit wahrzunehmen. Da kein festgelegtes Methodenkorsett das Vorgehen bestimmt, kann flexibel und adaptiv auf die Situation im Feld und auf die Individuen reagiert werden.

Um überhaupt die Lebenswelt und die jeweiligen Situationen der Menschen erforschen zu können, muss ein Feldzugang ermöglicht werden, der wiederum Beziehung und Vertrauen zwischen forschender Person und Beforschten voraussetzt. Hier lässt sich das dialogische Prinzip verorten, das die Beziehung zu

---

75 Der zyklische Vierschritt baut auf dem von Joseph Cardijn entwickelten Dreischritt auf, den er im Zuge seiner Arbeit mit der Christlichen Arbeiterjugend entwarf. Der methodische Dreischritt aus „Sehen – Urteilen – Handeln" wurde durch Johannes XXIII. in seiner Enzyklika ‚Mater et magistra' 1961 bestätigt und fand weite Anerkennung in der kirchlichen Arbeit. Vgl. METTE, Norbert (2005): Einführung in die katholische Praktische Theologie, Darmstadt, 41.
76 Vgl. BOSCHKI, Reinhold (2007): Der phänomenologische Blick, 39.
77 Vgl. METZ, Johann Baptist (⁵1992): Glaube in Geschichte und Gesellschaft. Studien zu einer praktischen Fundamentaltheologie, Mainz [1977], 71.
78 BOSCHKI, Reinhold (2007): Der phänomenologische Blick, 34.
79 Vgl. STOCKINGER, Helena (2017): Umgang mit religiöser Differenz, 12f.

den Feldteilnehmenden als „Subjekt-Subjekt-Beziehung" begreift. Ein neugieriges und empathisches Interesse an den Erfahrungen und Sinnzusammenhängen der Beforschten begreift diese nicht als Untersuchungsobjekt, sondern als Expert*innen ihrer jeweiligen Lebenszusammenhänge. Das Anliegen einer ethnographisch forschenden Person ist es, diese Sinn- und Lebenszusammenhänge so gut es geht zu verstehen und dabei „das Fremde so weit wie möglich als Fremdes bestehen zu lassen".[80]

Auch die Perspektivität der forschenden Person und das Transparentmachen der eigenen Kontextualität bildet ein zentrales Verbindungsglied zwischen theologischem Forschen und der ethnographischen Forschungsstrategie. Ethnographisches Forschen sieht in der Perspektivität keinen Nachteil, sondern nutzt diese als dezidierten Erkenntniszugang. Im Reflektieren der eigenen (theologischen) Herkunft, Absichten und Annahmen liegt wesentliches Erkenntnispotenzial, das auch die forschende Person und die Wechselbeziehung zu den Feldteilnehmenden berücksichtigt.

Die unmittelbare und eigene Erfahrung der forschenden Person kann als weiteres verbindendes Element gelten. Über die längerfristige Teilnahme kann die forschende Person die Alltagspraxis der Beforschten kennen und verstehen lernen. Das entspricht der pastoralen Grundhaltung des Zweiten Vatikanischen Konzils, das die Achtung und Anerkennung des Menschen in seiner Andersheit proklamiert.[81] Die „[e]ntdeckende, wahrnehmende und anteilnehmende Grundhaltung"[82] zeichnet auch die ethnographisch forschende Person aus, wenn sie sich erkundend auf das Fremde einlässt. In den je verschiedenen Situationen kommen unterschiedliche Ordnungen und Sinnzusammenhänge zum Vorschein. Sich auf diese situative Ordnung einzulassen drückt die Hochachtung und den Respekt gegenüber der jeweiligen Praxissituation aus.

Sog. „theoriegenerative[...] Lernort[e]"[83] empirisch aufzusuchen ist ein Versuch, die partizipatorische Öffnung des Offenbarungsverständnisses des Zweiten Vatikanischen Konzils ernst zu nehmen und umzusetzen. Damit ist im Sinne einer Theologie der „Zeichen der Zeit" ethnographisches Forschen als eine Strategie theologischen Erkenntnisgewinns zu postulieren.

---

80 SCHOLTZ, Christopher P. (2007): Teilnehmende Beobachtung, 225.
81 „Zu praktischen und dringlicheren Folgerungen übergehend, will das Konzil die Achtung vor dem Menschen einschärfen: alle müssen ihren Nächsten ohne Ausnahme als ein ‚anderes Ich' ansehen, vor allem auf sein Leben und die notwendigen Voraussetzungen eines menschenwürdigen Lebens bedacht." GS 27.
82 KLEIN, Stephanie (2005): Erkenntnis und Methode, 37.
83 POLAK, Regina (2015): An den Grenzen des Faches, 85.

3.1.3 Grenzen ethnographischen Forschens

Eine Problematik ethnographischen Forschens trat im Zuge der Debatte um die *Krise ethnographischer Repräsentation* auf.[84] Die Problematik kreiste um die Frage der rechtmäßigen Autor*innenschaft beobachteter Phänomene, die einem postkolonialen Anspruch gerecht wird. In der Debatte um *Writing Culture*[85] wurde das Verhältnis von ethnographischer Autor*innenschaft und Autorität geprüft und die Frage aufgeworfen, wie sich der Anspruch rechtfertige, für und über Beforschte sprechen zu können:

> „Eine Stimme, der autoritative Monolog des Ethnografen, ersetzt das Stimmengewirr eines kulturellen Zusammenhangs und auch jene Dialoge (etwa Interviews), in denen die Ethnografie erst entstand."[86]

Ein zentraler Aspekt dieser Debatte betrifft die machtvolle Repräsentation ethnographischen Forschens:

> „Ethnografen beschreiben nicht in unschuldiger Weise ein soziales Phänomen, sondern schreiben kulturelle Eigenschaften, Denkweisen und Praktiken zu. Dieser performative Akt – das ‚Sprechen von' ist ein ‚Sprechen für' – ist ein nicht hintergehbarer asymmetrischer Bestandteil ethnografischer Forschungen."[87]

Nur indem die Widersprüchlichkeit und Vielschichtigkeit des Feldes – bspw. durch die Verwendung von Dialogen in ethnographischen Berichten – abgebildet wird, kann dem Vorwurf zumindest partiell entgegengewirkt werden.[88]

Ein weiterer Aspekt der Debatte weist kritisch auf die Strategien der Nostrifizierung bzw. auf das Phänomen des ‚Othering' hin.[89] Hierbei werden Beforschte mit essentialistischen Zuschreibungen versehen und kulturelle Praktiken mithilfe von Vergleichen oder Gegensätzen der eigenen Kultur beschrieben, die stets mit einem bestimmten Standpunkt verbunden sind und keine neutralen Umschreibungen darstellen. Vielmehr handelt es sich dabei um sprachliche Setzungen, die sowohl in Feldprotokollen als auch im ganzen Forschungsprozess repliziert werden.[90]

Die Grenzen des ethnographischen Forschens müssen auch für diese Arbeit kritisch betrachtet und reflektiert werden. Auch die vorliegende Arbeit ist nicht

---

84 Vgl. BERG, Eberhard/ FUCHS, Martin (Hrsg.) (²1995): Kultur, soziale Praxis, Text. Die Krise der ethnographischen Repräsentation, Frankfurt a. Main.
85 Vgl. CLIFFORD, James/ MARCUS, George E. (Hrsg.) (1986): Writing Culture. The Poetics and Politics of Ethnography, Berkeley, CA.
86 BREIDENSTEIN, Georg u.a. (²2015): Ethnografie, 19.
87 BREIDENSTEIN, Georg u.a. (²2015): Ethnografie, 19.
88 Vgl. BREIDENSTEIN, Georg u.a. (²2015): Ethnografie, 19.
89 Vgl. dazu auch FREUDING, Janosch (2023): Art. Othering. In: Das Wissenschaftlich-Religionspädagogische Lexikon im Internet (WiReLex), https://www.bibelwissenschaft.de/fileadmin/buh_bibelmodul/media/wirelex/pdf/Othering_2023-04-03_08_42.pdf (Zugriff am 01.06.23), 1–15.
90 Vgl. BREIDENSTEIN, Georg u.a. (²2015): Ethnografie, 19.

vor Prozessen der Nostrifizierung gefeit, die die Analyseergebnisse aus einer bestimmten Perspektive konstruieren. Dies muss zu jedem Zeitpunkt kritisch mitgedacht werden.

3.2 Forschungsstil Grounded Theory

Die Organisation des Forschungsprozesses und die Datenauswertung erfolgte mittels des Forschungsstils der Grounded Theory. Sie geht zurück auf die amerikanischen Soziologen Barney Glaser und Anselm L. Strauss, die 1967 in ihrem gemeinsamen Werk *The Discovery of Grounded Theory. Strategies for Qualitative Research* die Grundlagen der Grounded Theory erstmals publizierten.[91]

Die Grounded Theory knüpft an die Tradition des amerikanischen philosophischen Pragmatismus und des symbolischen Interaktionismus an. Typische Merkmale wie die Betonung der Wandelbarkeit sozialer Phänomene sowie die Akteur*innenorientierung sind darauf zurückzuführen. Sie finden ihren Ausdruck in der prozesshaften Ausrichtung des Forschungsstils und in der Berücksichtigung der Entscheidungen von Akteur*innen sowie deren Bedingungen und Konsequenzen.[92] Geht man von einer sozialtheoretischen Rahmung der untersuchten Gegenstände aus, werden diese als interaktiv hergestellt, prozesshaft und perspektivgebunden wahrgenommen. Für die wissenschafts- und erkenntnistheoretische Einordnung der Grounded Theory bedeutet dies, dass die Daten als im Forschungsprozess hergestellt betrachtet werden.[93]

Die Ansätze der beiden Gründer entfernten sich über die Jahre voneinander, sodass sich unterschiedliche Spielarten der Grounded Theory etablierten. Neben der von Strauss geprägten pragmatisch inspirierten Strömung, koexistiert die von Glaser angeführte empirische Form. Ich schließe mich der von Strauss entwickelten Version der Grounded Theory an, die er gemeinsam mit Juliet Corbin fortgeführt hat.

Im deutschen Sprachraum gab es vermehrt Versuche, „Grounded Theory" adäquat zu übersetzen: als „gegenstandsbegründet", „gegenstandsverankert", „gegenstandsnah", „datenbasiert" oder „empirisch fundiert".[94] Mittlerweile

---

91 Die Theorie entwickelten Glaser und Strauss in den frühen 1960er Jahren im Zuge ihres gemeinsamen Forschungsprojekts zum Umgang mit Sterben und Tod in Krankenhäusern. Vgl. GLASER, Barney G./ STRAUSS, Anselm L. (1965): Awareness of Dying, Chicago, IL; GLASER, Barney G./ STRAUSS, Anselm L. (1968): Time for Dying, Chicago, IL.
92 Vgl. PRZYBORSKI, Aglaja/ WOHLRAB-SAHR, Monika (^{4}2014): Qualitative Sozialforschung. Ein Arbeitsbuch, München [2008], 199.
93 Vgl. STRÜBING, Jörg (^{2}2018): Qualitative Sozialforschung. Eine komprimierte Einführung, Berlin/ Boston, MA [2013], 123.
94 MEY, Günter/ MRUCK, Katja (^{2}2011): Grounded-Theory-Methodologie. Entwicklung, Stand, Perspektiven. In: Dies (Hrsg.): Grounded Theory Reader, Wiesbaden [2007], 11–48, 12.

3.2.1 Grundannahmen der Grounded Theory

wird die englische Bezeichnung auch im deutschen Sprachgebrauch beibehalten.

Der Leitsatz „the theory should fit the data"[95] stellt das Kernelement der Grounded Theory dar und betont die Theoriegenese aus den Daten heraus, d.h. die Theorie wird induktiv aus der Untersuchung des Phänomens entwickelt. Die Grounded Theory bezieht sich sowohl auf den Prozess der empirischen Forschung als auch auf das daraus resultierende Ergebnis.

Auf der Basis empirischer Forschung ermöglicht die Grounded Theory eine Theorie über einen bestimmten Gegenstandsbereich zu formulieren. Diese Theorie besteht aus vernetzten Konzepten, die ein bestimmtes soziales Phänomen beschreiben oder erklären.[96] Die Grounded Theory kann überall dort zum Einsatz kommen, „wo eine komplexe soziale Wirklichkeit nicht allein durch Zahlen erfaßbar ist, sondern wo es um sprachvermittelte Handlungs- und Sinnzusammenhänge geht […]".[97] Sie zielt darauf, „neue Entdeckungen in der Sozialwelt zu machen und auch soziale Phänomene, die bislang nicht beschrieben worden sind, oder für die es keine wissenschaftlichen Begriffe und Theorien gibt, theoretisch zu fassen und zu benennen".[98]

Die Grounded Theory gehört zu den theoriegenerierenden Verfahren und strebt die Entdeckung aus dem Feld begründeter Hypothesen an. Das offene Vorgehen sieht zu Beginn des Forschungsprozesses keine konkreten theoretischen Fragestellungen, Hypothesen oder Methoden vor, die im weiteren Verlauf empirisch geprüft werden. Vielmehr werden diese erst im weiteren Verlauf der Forschung ermittelt, ausgehandelt und spezifiziert.[99] Das wiederum schließt nicht das Vorwissen oder Studieren der Fachliteratur aus. Allerdings sollte dieses Wissen nicht zu Vorannahmen führen, sondern zu einem sensibilisierten Umgang mit dem Forschungsgegenstand, was in der Grounded Theory „theoretische Sensibilität"[100] genannt wird. Strauss und Corbin verstehen darunter „ein

---

95 GLASER, Barney G./ STRAUSS, Anselm L. (1967): The Discovery of Grounded Theory. Strategies for Qualitative Research, Chicago, IL, 261.
96 Vgl. BÖHM, Andreas ([12]2017): Theoretisches Codieren. Textanalyse in der Grounded Theory. In: Flick, Uwe/ Kardorff, Ernst von/ Steinke, Ines (Hrsg.): Qualitative Forschung. Ein Handbuch, Reinbek bei Hamburg [2000], 475–485, 476.
97 STRAUSS, Anselm L./ CORBIN, Juliet (1996): Grounded Theory, IX.
98 KLEIN, Stephanie (2005): Erkenntnis und Methode, 261.
99 Vgl. KLEIN, Stephanie (2005): Erkenntnis und Methode, 261.
100 GLASER, Barney G./ STRAUSS, Anselm L. (1998): Grounded Theory. Strategien qualitativer Forschung, Bern u.a., 54.

Bewußtsein für die Feinheiten in der Bedeutung von Daten" sowie „die Fähigkeit, Einsichten zu haben, den Daten Bedeutung zu verleihen, die Fähigkeit zu verstehen und das Wichtige vom Unwichtigen zu trennen".[101]

Grundlegend dafür ist „das Suchen nach Neuem (und nicht [...] das Bestätigen von Bekanntem)".[102] Ziel ist es eine „regelgeleitete, kontrollierte und prüfbare, ‚Entdeckung' von Theorie aus Daten/ Empirie"[103] vorzunehmen. Anders als bei standardisierten Methoden gibt die Grounded Theory keine klaren Handlungsschritte vor. Es gilt das Vorgehen für jedes Projekt stets neu zu planen und anzupassen.

Die regelgeleitete Entdeckung der Theorie ergibt sich aus dem iterativ angelegten Forschungsprozess. Die Forschungslogik der Grounded Theory versteht die Datengewinnung, Datenanalyse und die Theoriebildung nicht als nacheinander organisierte Abfolgen, sondern parallellaufende, sich produktiv beeinflussende Prozesse. Die Datenanalyse kann Einfluss auf die Theoriebildung und Datenerhebung nehmen, bspw. indem die Erhebungsmodi angepasst werden müssen.[104] Schließlich kann sich auch das Sample, also die Erhebungsauswahl, während des Forschungsprozesses neu formieren, was Strauss als ‚Theoretical Sampling' bezeichnet:

„Das Theoretical Sampling ist ein Verfahren, ‚bei dem sich der Forscher *auf einer analytischen Basis* entscheidet, welche Daten als nächstes zu erheben sind und wo er sie finden kann.'"[105]

Das Prinzip des ‚Theoretical Sampling' geht also davon aus, dass die sich im Forschungsprozess entwickelnde Theorie die Datenerhebung leitet und kontrolliert.[106] Hierin liegt die methodologische Begründung der Grounded Theory, die ihre Genese wissenschaftlicher Theorien nicht mit der Repräsentativität ihrer Stichprobe rechtfertigt, sondern aufgrund ihrer theoriegeleiteten Erhebung. Im Verlauf des Forschungsprozesses werden theoriegeleitet kontrastierende Fälle gesucht, um eine „*Repräsentativität der Konzepte in Variation* im Unterschied zur Repräsentativität der Population"[107] zu erzielen.

---

101 STRAUSS, Anselm L./ CORBIN, Juliet (1996): Grounded Theory, 25.
102 MEY, Günter/ MRUCK, Katja (2009): Methodologie und Methodik der Grounded Theory. In: Kempf, Wilhelm/ Kiefer, Markus (Hrsg.): Forschungsmethoden der Psychologie. Bd. 3: Natur und Kultur, Berlin, 100–152, 106.
103 MEY, Günter/ MRUCK, Katja (²2011): Grounded-Theory-Methodologie, 11.
104 Vgl. STRÜBING, Jörg (²2018): Qualitative Sozialforschung, 125.
105 STRAUSS, Anselm L. (²1998): Grundlagen qualitativer Sozialforschung. Datenanalyse und Theoriebildung in der empirischen soziologischen Forschung, München [1991], 70 (Hervorhebung im Original).
106 Vgl. STRAUSS, Anselm L. (²1998): Grundlagen qualitativer Sozialforschung, 70.
107 MUCKEL, Petra (²2011): Die Entwicklung von Kategorien mit der Methode der Grounded Theory. In: Mey, Günter/ Mruck, Katja (Hrsg.): Grounded Theory Reader, Wiesbaden [2007], 333–352, 337 (Hervorhebung im Original).

3.2 Forschungsstil Grounded Theory

Daran lässt sich das Kerngeschäft des analytischen Verfahrens bestimmen, nämlich das Anstellen von Vergleichen. Die „Analysemethode der ständigen Vergleiche"[108] beruht auf einer basalen Alltagsheuristik, nämlich dem Beobachten von Übereinstimmungen und Differenzen. Dabei können ähnliche oder voneinander abweichende Phänomene miteinander verglichen werden. Hierbei zeigen sich mögliche Gemeinsamkeiten, aber auch spezifische Ausprägungen oder Variationen eines Phänomens. Im systematischen Vergleich „erhöht sich das Verständnis für die Komplexität und Variation sowie für die strukturellen Zusammenhänge eines Untersuchungsfeldes".[109] In kontrastiven Vergleichen zeigt sich die Reichweite eines bisher ausgearbeiteten Konzepts und unter welchen Bedingungen dieses modifiziert werden muss. Stellen sich beim Hinzuziehen weiterer Fälle keine neuen Erkenntnisse mehr ein, ist eine theoretische Sättigung erreicht.[110] Darunter verstehen Glaser und Strauss,

> „dass keine zusätzlichen Daten mehr gefunden werden können, mit deren Hilfe der Soziologe weitere Eigenschaften der Kategorie entwickeln kann. Sobald er sieht, dass die Beispiele sich wiederholen, wird er davon ausgehen können, dass eine Kategorie gesättigt ist".[111]

Für den Forschungsprozess nach der Grounded Theory ist die kreative Eigenleistung der Forschenden unabdingbar, „weil Theorie nicht ohne Zutun der Forschenden aus den Daten emergiert".[112] Kreativität meint in diesem Zusammenhang die subjektive Eigenleistung forschender Personen innerhalb des kontrollierten Prozesses. Hierbei bedingen sich das kreative Erkennen von Bezügen und Zusammenhängen bei systematischer Materialverortung. Als Quelle theoretischer Erkenntnis kommt der subjektiven Eigenleistung der forschenden Person ein hoher Stellenwert zu, allerdings muss diese stets intersubjektiv nachvollziehbar und vermittelbar sein.[113]

Dabei ist es offensichtlich, dass Textpassagen unterschiedlich interpretiert und kodiert werden können, doch die „*Möglichkeit alternativer Lesarten*" soll nicht als Defizit betrachtet werden. „Diese Vielfalt ist kein Mangel, kein Zeichen von Unschärfe oder Beliebigkeit, sondern Zeichen eines *kritisch fragenden, prozessorientierten Denkens* [...]."[114]

---

108 GLASER, Barney G./ STRAUSS, Anselm L. (1967): The Discovery of Grounded Theory, 101–116.
109 STÖGBAUER-ELSNER, Eva-Maria (2018): Art. Grounded Theory (Method). In: Das Wissenschaftlich-Religionspädagogische Lexikon im Internet (WiReLex), https://www.bibelwissenschaft.de/fileadmin/buh_bibelmodul/media/wirelex/pdf/Grounded_Theory_Method__2018-09-20_06_20.pdf (Zugriff am 01.06.23), 1–18, 10.
110 Vgl. STRÜBING, Jörg (²2018): Qualitative Sozialforschung, 126–129.
111 GLASER, Barney G. / STRAUSS, Anselm L. (³2010): Grounded Theory. Strategien qualitativer Forschung, Bern [1998], 77.
112 STRÜBING, Jörg (²2018): Qualitative Sozialforschung, 126.
113 Vgl. STRÜBING, Jörg (²2018): Qualitative Sozialforschung, 126.
114 MUCKEL, Petra (²2011): Die Entwicklung von Kategorien, 349 (Hervorhebung im Original).

3.2.2 Datenanalyse nach Grounded Theory

In der Grounded Theory wird das Analysieren und Interpretieren von Daten als ‚Kodieren' bezeichnet und meint „den Oberbegriff für systematische Strategien der interpretativen Materialanalyse".[115] Petra Muckel spricht vom „*Konzeptualisieren der Daten*",[116] wobei im Material auftauchende Phänomene mit möglichst prägnanten Begriffen benannt werden.[117] Die Konzepte, die aus dem Material erarbeitet werden, werden als ‚Kodes' bezeichnet.

Strauss bestimmt drei Arten des Kodierens, die ineinander übergehen: Das offene Kodieren, das axiale Kodieren und das selektive Kodieren. Beim *offenen Kodieren* werden Sätze nicht als geschlossen gelesen, sondern zunächst als einzelne Worte oder Sequenzen. Im offenen Kodieren werden bestehende Logiken aufgebrochen, um neue Bedeutungen und Ideen zu entwickeln. Hierfür werden die Sätze aktiv befragt: Worum geht es hier? Was passiert hier eigentlich? Woran erinnert mich das? Was hätte hier außerdem stehen können? Auch Fragen nach kausalen Zusammenhängen oder den Akteur*innen sollen helfen, das Material aufzubrechen, über eine deskriptive Beschreibung des Phänomens hinauszukommen und aussagekräftige Konzepte zu entdecken. Nach Muckel ist das Lesen und Analysieren der Daten am ehesten mit der Methode der freien Assoziation vergleichbar.[118] Im Verlauf des offenen Kodierens entsteht eine Liste mit Kodes, die mit einem oder mehreren Textelementen verknüpft sind.

Im *axialen Kodieren* werden Kategorien entworfen, die möglichst eine Vielzahl an Kodes einschließen und verdichten, ohne ihre Komplexität zu schmälern. Diese Kategorien werden durch einzelne Analysen angereichert, ausdifferenziert und in Zusammenhang gestellt, um erste datenbasierte Bausteine für die entstehende Theorie zu formulieren. Um einzelne erklärende Konzepte wieder zusammenzuführen kann das *selektive Kodieren* dabei helfen, Schlüssel- bzw. Kernkategorien zu finden, durch die eine analytische Struktur und damit eine gegenstandsbezogene Theorie entsteht. Dieser Schritt zielt auf die Abbildung der entwickelten Theorie in seinem „Gesamtnetzwerk"[119] aus Kodes und Kategorien und den jeweiligen Bezügen zueinander. Auch das Schreiben theoretischer Memos ist für den gesamten Forschungsprozess zentral. Hier werden vage Ideen, vorläufige Analysen und Verbindungen festgehalten, die wiederum erste Textbausteine für die spätere Verschriftlichung liefern können.[120] Auf diese Weise ergibt sich ein Speicher aus vorläufigen Konzepten und Ideen, die über den Forschungsprozess weiter anwachsen. Einige der Memos

---

115 STRÜBING, Jörg (²2018): Qualitative Sozialforschung, 131.
116 MUCKEL, Petra (²2011): Die Entwicklung von Kategorien, 338 (Hervorhebung im Original).
117 Vgl. MUCKEL, Petra (²2011): Die Entwicklung von Kategorien, 338.
118 Vgl. MUCKEL, Petra (²2011): Die Entwicklung von Kategorien, 342.
119 MEY, Günter / MRUCK, Katja (2009): Methodologie und Methodik, 134.
120 Vgl. STRÜBING, Jörg (²2018): Qualitative Sozialforschung, 131–140.

3.2.3 Religionspädagogische Anwendung und Grenzen der Grounded Theory

Der Forschungsstil der Grounded Theory findet in der empirischen Religionspädagogik starke Berücksichtigung und zählt zu den zentralen Auswertungsverfahren qualitativ-empirischer Forschungsprojekte.[122] Grob lassen sich nach Eva-Maria Stögbauer-Elsner zwei Tendenzen an Arbeiten unterscheiden, die die Grounded Theory in empirischer Religionspädagogik anwenden: Arbeiten, die der Rekonstruktion und dem Handeln von Individuen und Gruppen an (religiösen) Lernorten nachgehen, sowie Arbeiten, die sich den religiösen Vorstellungen und Einstellungen von Kindern, Jugendlichen und Erwachsenen empirisch nähern.[123] Die vorliegende Forschungsarbeit ist der ersten Tendenz zuzuordnen.

Stögbauer-Elsner gibt zu bedenken, dass der Forschungsstil der Grounded Theory mit gewissen Nachteilen und Grenzen einhergehe, die auch für die vorliegende Arbeit kritisch reflektiert werden müssen. Das Prozedere des Kodierens, bei dem Einzelfälle in vergleichenden Verfahren reduziert und zu übergeordneten Kodes zusammengefasst werden, verallgemeinere Phänomene zu einer abstrakten Struktur, die sich auf individueller Ebene in einem bestimmten Kontext zeigten.[124] Auf diese Weise löse man sich zunehmend von der *„sprachlichen und inhaltlichen Eigenlogik der Daten"*, sodass „die Spannung zwischen alltäglichem und wissenschaftlichem Sprachgebrauch zugunsten der Begrifflichkeit der Forschenden aufgelöst"[125] werde. Auch für die vorliegende Arbeit muss die in der Grounded Theory angelegte Spannung und reduktive Verfahrensweise kritisch reflektiert und ausgehalten werden.

---

121 Vgl. HERMISSON, Sabine/ ROTHGANGEL, Martin (2018): Grounded Theory. In: Pirner, Manfred L./ Rothgangel, Martin (Hrsg.): Empirisch forschen in der Religionspädagogik. Ein Studienbuch für Studierende und Lehrkräfte, Stuttgart, 111–126, 117.
122 Vgl. HERMISSON, Sabine/ ROTHGANGEL, Martin (2018): Grounded Theory; STÖGBAUER-ELSNER, Eva-Maria (2018): Art. Grounded Theory (Method).
123 Vgl. STÖGBAUER-ELSNER, Eva-Maria (2018): Art. Grounded Theory (Method), 12.
124 Vgl. STÖGBAUER-ELSNER, Eva-Maria (2018): Art. Grounded Theory (Method), 13f.
125 PORZELT, Burkard (2000): Qualitativ-empirische Methoden in der Religionspädagogik. In: Ders./ Güth, Ralph (Hrsg.): Empirische Religionspädagogik. Grundlagen – Zugänge – Aktuelle Projekte, Münster/ Hamburg/ London, 62–81, 74 (Hervorhebung im Original).

3.3 Zwischenfazit

Die Auseinandersetzung mit den methodologischen Bestimmungen ergibt, dass sich die ethnographische Forschungsstrategie, verbunden mit dem Forschungsstil der Grounded Theory mit Blick auf die Forschungsfrage aus den folgenden Gründen als produktiv erweist:

Die offene Ausrichtung der Forschungsfrage bedingt einen explorativen, an das Untersuchungsfeld ausgerichteten und von der Theorieentwicklung geleiteten Forschungsprozess. Die Gegebenheiten des Religionsunterrichts können angemessen berücksichtigt werden, wenn Datenerhebung, -analyse und Theoriebildung wechselseitig aufeinander bezogen und Erhebungsmodi ggf. angepasst werden können.

Ferner ermöglicht ein integrierter Forschungsansatz die Komplexität der Unterrichtspraxis ernst zu nehmen und diese in ihrer Vielfältigkeit, Vielschichtigkeit und Widersprüchlichkeit wahrzunehmen. Neben Beobachtungen aus dem Religionsunterricht, die zu Feldprotokollen verschriftlicht werden, können auch Interviews, Schriftstücke, Stoffverteilungspläne, Fotos und Artefakte zum Datenkorpus gezählt werden.

Die andauernde unmittelbare Erfahrung im Feld eröffnet der forschenden Person einen tieferen Einblick in die Praxis des Religionsunterrichts. Auf diese Weise kann es gelingen, die Logik des Feldes nachzuvollziehen, Situationen und ihre Relevanzen zu durchdringen und die in alltäglichen Routinen verankerten Emotionspraktiken im Religionsunterricht zu entdecken. Für die vorliegende Untersuchung, bei der Emotionen im Zentrum der Forschung stehen, ist es essentiell, die Gefühle der forschenden Person als Datenquelle mit zu berücksichtigen.

Die Perspektivität ethnographischen Forschens stellt eine wesentliche Voraussetzung des Verstehens dar und wird im gesamten Forschungsprozess als wirksames Hilfsmittel in der Wahrnehmung und Interpretation von Emotionspraktiken herangezogen. Ethnographisches Beobachten kann eine neue Perspektive auf den Religionsunterricht als ein vermeintlich bekanntes Terrain eröffnen.

Ethnographisches Forschen widmet sich dem Untersuchungsgegenstand der sozialen Praktiken, über die die Feldteilnehmenden nicht ohne Weiteres Auskunft geben können, da sie auf impliziten, kulturell verankerten Handlungs- und Verhaltensroutinen beruhen. Auch Emotionspraktiken können diesen impliziten Wissensbeständen zugeordnet werden. Der Mitvollzug und die nähere Beschreibung dieser alltäglichen Praktiken eröffnen einen tieferen Einblick in diese impliziten Wissensbestände.

3.3 Zwischenfazit

Das Niederschreiben der Beobachtungen ermöglicht eine Explikation eben dieser Wissensbestände. Auf diese Weise können die im Unterricht beobachteten Phänomene und Erfahrungen mobilisiert und für Außenstehende zugänglich gemacht werden.

Mit Blick auf das vorliegende Forschungsvorhaben ist auch die Person der/des Forschenden von Bedeutung. Der Untersuchungsgegenstand der Emotionspraktiken erfordert neben dem kommunikativen und sozialen Geschick eine hohe Empathiefähigkeit. Im ethnographischen Forschungsansatz liegt das methodische Potenzial begründet, die Perspektivität der forschenden Person als Deutungsangebot sozialer Situationen zur Verfügung zu stellen.

4. Untersuchungsanlage

Im Folgenden soll die konkrete Umsetzung der bisher theoretisch formulierten methodologischen Bestimmungen expliziert werden. Aufgrund der engen Verbindung von der Person der Forscherin mit der Datenerhebung ist dieses Kapitel explizit in erster Person formuliert, um die Perspektivität der Forscherin abzubilden und transparent zu machen.

4.1 Feldzugang

> „Der Feldzugang ist nicht einfach nur eine lästige Hürde, die es zu nehmen gilt, in seiner Beobachtung und Analyse liegt bereits eine reichhaltige Erkenntnisquelle über ein Feld, eine Gelegenheit, über es zu lernen."[1]

Beim Feldzugang zeigt sich bereits die Innenlogik und Eigenwilligkeit des Feldes. Im Fall dieser Forschung mussten schulische Zyklen, hierarchisch organisierte Strukturen und eine gewisse Unübersichtlichkeit mit Blick auf die Institution Berufsschule und ihre Entscheidungsträger*innen bedacht werden.

Im Juni 2018[2] stellte ich Kontakt zu einer Berufsschule her, der sich allerdings im Oktober nach mehrfachen Treffen, Briefen an die Schulleitung und die Religionslehrperson, einem Brief an die Fachkonferenz für katholische Religion sowie mehreren Telefonaten wieder verwarf. Gründe hierfür lagen in zu starken Ressentiments gegenüber der angedachten Forschungsdauer von einem Schuljahr und der für die Religionslehrperson schwer abschätzbaren Konsequenzen meiner Anwesenheit für ihren Unterricht, die sich trotz Bemühungen meinerseits nicht ausräumen ließen.

Die Kontaktaufnahme mit der zweiten Berufsschule verlief vergleichsweise unkompliziert und effizient. Anstatt selbst den Kontakt zu einer Religionslehrperson zu suchen, die in der Ausbildung pädagogischer Fachkräfte tätig ist und erneut die formale Organisationsstruktur einer Berufsschule zu durchkämmen,

---

1 BREIDENSTEIN, Georg u.a. (²2015): Ethnografie, 59.
2 Zuvor führte ich eine Vorstudie bei einer Lehrperson aus meinem Bekanntenkreis durch, um mich mit dem Handwerkszeug der Ethnographie vertraut zu machen. Ich beobachtete von Juni bis Juli 2018 vier Doppelstunden im Fach Religion an einem Gymnasium in Klasse 10. Hier bot sich eine niedrigschwellige Gelegenheit, mich mit dem Beobachten und dem Verschriftlichen der Beobachtungen vertraut zu machen. Den Einträgen aus dem Forschungstagebuch ist zu entnehmen, dass ich mich innerhalb des Unterrichtssettings in der Rolle der Forscherin erst einfinden und mit der Simultanität der Unterrichtsprozesse zurechtfinden musste. Die aus der Vorstudie entstandenen Ergebnisse bildeten erste sensibilisierende Konzepte, die mich im weiteren Forschungsprozess begleiteten.

ermittelte ich eine ‚Gatekeeperin',[3] die mir den Zugang zum Feld eröffnete. Die Schuldekanin für katholischen Religionsunterricht an beruflichen Schulen vermittelte mir im Oktober 2018 eine Lehrperson, die Religionsunterricht an einer Berufsfachschule für angehende Kinderpfleger*innen an einer süddeutschen Großstadt[4] erteilte. Die Religionslehrerin Frau Lorenz[5] zeigte sich im Mailverkehr meiner Forschung gegenüber offen und interessiert und willigte zu einem persönlichen Gespräch ein. Aus forschungsethischen Gründen hielt ich es für angemessen, sie über mein Forschungsvorhaben aufzuklären und ihr meine Forschungsfragen und Erhebungsmethoden in groben Zügen[6] zu erläutern. Da die angedachte Forschungsdauer von einem Schuljahr bei der ersten Berufsschule für Schwierigkeiten sorgte, bat ich die Religionslehrperson zunächst um einen Forschungsaufenthalt von einigen Monaten. Die Lehrperson gab ihr Einverständnis und bezeichnete die Forschung sogar als ‚Win-win-Situation', da sie sich neue Impulse aus der Wissenschaft für ihren Unterricht versprach. Bei dem Hinweis, dass meine Beobachtungen zu ihrem Unterricht pseudonymisiert in einem Buch veröffentlicht würden, zeigte sie sich nicht abgeschreckt, vielmehr interessiert und neugierig.

Wir ermittelten zwei ihrer Klassen als für die Untersuchung geeignet: Die 2BFHK1,[7] Kinderpfleger*innen im ersten Ausbildungsjahr und die 2BFHK2 im zweiten Ausbildungsjahr. Wir vereinbarten, dass ich nach den Herbstferien im Religionsunterricht ihrer beiden Kinderpfleger*innenklassen im Schuljahr 2018/2019 beobachtend teilnehmen konnte.

Im Anschluss an unser Gespräch folgten Absprachen mit der Schulleitung sowie der Schulkonferenz – einem Gremium aus Eltern, Lehrkräften und Vertreter*innen aus den Ausbildungsberufen. Mit der Zusicherung des Datenschutzes zeigten sich auch diese beiden Gremien meiner Arbeit aufgeschlossen. Kurz darauf stellte ich mich den beiden Klassen vor, erläuterte meine Forschungsabsicht

---

3 Gatekeeper, wörtlich ‚Türsteher*innen' bezeichnen in der ethnographischen Feldforschung Personen, die aufgrund ihrer Position oder Zuständigkeit innerhalb einer Einrichtung oder Institution Ethnograph*innen (offiziellen) Zugang zum Feld eröffnen oder verweigern können. Vgl. BREIDENSTEIN, Georg u.a. (²2015): Ethnografie, 52.
4 Die nicht namentliche Nennung der Schule ist der Zusicherung der Anonymität geschuldet.
5 Alle Namen im Untersuchungsfeld wurden pseudonymisiert.
6 Hierfür erhielt die Religionslehrperson ein mehrseitiges Exposee, in dem die Forschungsfragen und Erhebungsmethoden dargelegt wurden. Um Feldteilnehmende in ihrem Verhalten nicht zu sehr durch theoretische Vorannahmen zu beeinflussen, entscheiden sich Forschende bei teilnehmenden Beobachtungen oftmals dazu, ihr genaues Forschungsinteresse nicht zu kommunizieren. Da in diesem Fall der Zugang zum Feld ein hohes Maß an Vertrauen voraussetzte, entschied ich mich dazu, mein Vorhaben gegenüber der Lehrperson und der Schulleitung offen zu legen.
7 Die Abkürzung für die beiden Klassen setzt sich wie folgt zusammen: Zweijährige Ausbildung an der Berufsfachschule für Kinderpflege im ersten oder zweiten Ausbildungsjahr.

4.1 Feldzugang

in einem Informationsbrief[8] und bat die Schüler*innen bzw. ihre gesetzlichen Vertreter*innen um ihr Einverständnis. Ab November 2018 nahm ich beobachtend am Religionsunterricht der beiden Klassen teil.

Nach Goffman benötigt das Auftreten der forschenden Person im Feld die „richtige Mischung"[9] aus Anpassung und Glaubwürdigkeit. Äußere Erscheinung oder Dialekt können die Zugehörigkeit zu einer Gruppe fördern oder erschweren. Während meiner Feldphase legte ich bspw. bei der Wahl meiner Kleidung Wert darauf, mich mehr dem schulischen als meinem sonst universitären Arbeitskontext anzupassen. Im Kontakt mit den Schüler*innen war es mir gleich von Beginn an ein hohes Anliegen, nicht als Lehrerin wahrgenommen zu werden, da ich fürchtete, dass mich die pädagogische Rolle in meinen Beobachtungen im Feld einschränken könnte. Dass die Schüler*innen von mir als erwachsene Person im Schulkontext zunächst eine überwachende, pädagogische Funktion erwarteten, zeigt folgender Ausschnitt. Der Ausfall einer Klassenarbeit fällt mit meiner Vorstellung in dieser Klasse zusammen.

> Eine sagt zu einer anderen: „Psst sonst denkt sie noch wir freuen uns, weil wir nicht gelernt haben" und zeigt schmunzelnd auf mich. Ich wehre ab, und sage, dass ich keine Lehrerin sei. (2BFHK2, 08.11.18).

Die Schülerin beweist mit ihrem Kommentar, dass sie mich als eine pädagogische Autorität wahrnimmt, vor der sie die Außenwirkung einer strebsamen Schülerin aufrechterhalten möchte. Ähnlich wie in dieser Situation betonte ich an mehreren Stellen, dass ich keine Lehrerin sei. Aus diesem Grund war der Beziehungsaufbau zu den Schüler*innen eng mit dem Aufbau meiner Integrität als Forscherin verbunden. Die Schüler*innen mussten sich sicher sein können, dass ich ihre Erzählungen nicht an Lehrpersonen preisgeben würde. Je länger ich am Religionsunterricht teilnahm, desto besser gelang mir der Beziehungsaufbau zu den Schüler*innen. Gegen Ende meines Feldaufenthalts verfasste ich folgende Notiz:

> Ich war überrascht, dass Sofia mich umarmte, als sie mich begrüßt hat. Ich kam gleich nach ihren Freund*innen an die Reihe. [...] Ein Zeichen, dass ich gänzlich akzeptiert bin? Den anderen Schüler*innen, die nicht im Religionsunterricht sind, wurde ich als jemand vorgestellt, vor der man offen reden kann. Ich sei ja keine Lehrerin. (2BFHK2, 05.06.19).

---

8   Zu Beginn meiner Feldstudie umriss ich den Forschungsgegenstand bei den Schüler*innen nur grob, um den Einfluss auf ihr Verhalten gering zu halten. Im Informationsbrief formulierte ich mein Forschungsinteresse allgemeinverständlich als „Gespräche im Unterricht sowie Motivation und Emotion."
9   GOFFMAN, Erving (1996): Über Feldforschung, 265f.

Als erwachsene Person an den Gesprächen der Schüler*innen teilhaben zu können, war nur dadurch möglich, dass keine pädagogische Beziehung zu Schüler*innen bestand.[10] So durfte ich an recht privaten Gesprächen der Schüler*innen vor, während und nach dem Unterricht teilnehmen.

Eine meiner Strategien, um mich von der Rolle als Lehrperson abzugrenzen, war das Angebot an die Schüler*innen, mich beim Vornamen zu nennen. Dies nahmen alle an, vereinzelt rutschten die Schüler*innen in das höfliche ‚Sie', korrigierten sich darauf jedoch meistens selbst.

4.2 Beschreibung der Schule

Die beiden Klassen befanden sich an einer großen Berufsschule, die ein breitflächiges Berufs- und Ausbildungsspektrum aufweist. Neben Schulabschlüssen vom Hauptschulabschluss über den Mittleren Bildungsabschluss, Fachhochschulreife bis hin zum Abitur werden berufsvorbereitende Bildungsgänge und berufliche Ausbildungen angeboten. Die langjährige Schulgeschichte steht in der Tradition der beruflichen Qualifizierung junger Frauen. In den 60er und 70er Jahren öffnete die Schule ihr Profil, sodass neben Hauswirtschaft und Soziales mittlerweile auch Biotechnologie, Gesundheit und Ernährung Schwerpunkte der Schule bilden.

Dem Leitbild zufolge gilt die Schule als „innovativer Lernort", der sich neuen methodischen und didaktischen Ansätzen gegenüber offen zeigt. Darüber hinaus verschreibt sich die Schule der bestmöglichsten Vorbereitung ihrer Schüler*innen auf das Erwachsenenalter: Neben der Vorbereitung auf die Berufswelt und Eingliederung in den Arbeitsmarkt sollen Schüler*innen an der Schule zu selbstbestimmten Persönlichkeiten und zur Entdeckung ihrer eigenen Talente befähigt werden. Autonomie und Mündigkeit sind Ziele, die durch die pädagogische Arbeit erreicht werden sollte. Die Teilhabe an Gesellschaft und ein verantwortungsvoller Umgang mit Umwelt und Mitmenschen bilden zentrale Pfeiler des Profils. Ein Merkmal des Leitbilds ist die Bedeutung des ‚Wohlfühlens': Die Schule versteht sich ihrem Selbstverständnis nach nicht nur als Bildungsinstitution, sondern als Ort emotionalen Erlebens, an dem sich – so betont das Leitbild auf unterschiedliche Weise – alle die an ihr lernen und arbeiten, wohlfühlen sollen. Diesen Aspekt betont das Leitbild auch mit Blick auf die Leistungsfähigkeit: Das von den Lehrpersonen bereitete Lernklima sorge nicht nur dafür, dass die Schüler*innen gerne zur Schule gingen, sondern ermögliche ihnen Leistungen zu erbringen und den erfolgreichen Umgang mit Widerständen zu erlernen.[11]

---

10 Vgl. BENNEWITZ, Hedda (2004): Helenas und Fabiennes Welt. Eine Freundschaftsbeziehung im Unterricht. In: ZSE 24 (4), 393–407, 397.
11 Der Verweis auf die Quelle ist aufgrund der Zusicherung der Anonymität nicht möglich.

4.3 Klassenzusammensetzung

Das Untersuchungsfeld bildete der Religionsunterricht zweier Ausbildungsklassen für Kinderpflege. Pädagogische Berufe werden nach wie vor vermehrt von Frauen ausgeübt, was sich in der beinah ausschließlich weiblichen Klassenzusammensetzung niederschlägt.[12] Da sich die Schüler*innen während des Schuljahres vom Religionsunterricht abmelden konnten, divergierten Klassen- und Religionsunterrichtsgröße. Der Religionsunterricht im ersten Ausbildungsjahr (2BFHK1) setzte sich zu Beginn der Untersuchung aus 16 weiblichen Schüler*innen[13] im Alter von 15–25 Jahren zusammen. Zum Schulhalbjahr hin verringerte sich der Kurs aufgrund von Ausbildungsabbrüchen und Abmeldungen vom Religionsunterricht auf sechs Schüler*innen. Etwa ein Drittel der 16 Schüler*innen wies einen Migrationshintergrund wie russisch, griechisch, kroatisch oder afghanisch auf. Die Heterogenität zeigte sich auch bei der Religionszugehörigkeit: Der Kurs setzte sich zusammen aus evangelischen, katholischen, griechisch-orthodoxen, muslimischen und neuapostolischen Bekenntnissen.

Der Religionsunterricht im zweiten Ausbildungsjahr (2BFHK2) wurde von einem männlichen und sechs weiblichen Schüler*innen im Alter von 17-19 Jahren besucht. Die Gruppe war bereits im Vorjahr schon sehr klein geworden und bildete eine feste Größe mit gelegentlichen Gastbesuchen einer Schülerin aus der Gesamtklasse. Die Hälfte des Kurses verfügte über einen Migrationshintergrund wie arabisch, bosnisch, kroatisch und italienisch. Der Kurs bestand jeweils zur Hälfte aus katholischen und evangelischen Schüler*innen.

---

12 Dies deckt sich mit dem Berufsbildungsbericht des Bundesministeriums für Bildung und Forschung. Von 33.282 angehenden Erzieher*innen im Schuljahr 2018/19 waren 26.502 weiblich und 6.780 männlich. Weitere Ausbildungsberufe, die im Bereich der Kinderbetreuung und -erziehung angesiedelt sind, werden von bundesweit 6.633 Auszubildenden 5.499 weiblichen und 1.134 männlichen Personen ausgeübt. Im Schuljahr 2018/19 waren bundesweit von 60.864 Auszubildenden Sozialer Berufe 48.279 weiblich und 12.585 männlich. Vgl. BUNDESMINISTERIUM FÜR BILDUNG UND FORSCHUNG (BMBF) (Hrsg.) (2020): Berufsbildungsbericht 2020, Bonn, 50 [Tabelle 14].
13 Zum Zeitpunkt der Erhebung gab es in beiden Klassen die geschlechtliche Selbstzuordnung ‚weiblich' und ‚männlich'. Um Personen außerhalb des binären Geschlechtersystems zu berücksichtigen, spreche in der Untersuchung von Schüler*innen.

4.4 Forschungsprozess

Der Forschungsprozess orientiert sich am Vorgehen der Grounded Theory[14] und ihrem Leitprinzip des ‚Theoretical Sampling'.[15] Das Prinzip geht davon aus, dass die sich im Forschungsprozess entwickelnde Theorie die Datenerhebung leitet und kontrolliert. Auf Grundlage einer analytischen Basis wird entschieden, welche Daten als nächstes erhoben werden.[16] Die zunächst grobe Annäherung an den Forschungsgegenstand der Emotionspraktiken im Religionsunterricht wurde innerhalb des Forschungsprozesses von den Beobachtungen im Feld gelenkt, spezifiziert und fokussiert. Das explorative Vorgehen ermöglicht eine Forschung, die die Eigentümlichkeit des Feldes ernst nimmt und sich davon lenken lässt. In dem offenen und suchenden Ansatz besteht die Möglichkeit zur Überraschung und Verunsicherung:

> „Wenn das Überraschende, Unerwartete einmal ausbleibt – also alles so ist, wie man es erwartet hat – so würde dies nur anzeigen, dass es der teilnehmenden Beobachterin misslungen ist, sich in ihren Vorannahmen verunsichern zu lassen."[17]

Zu Beginn meiner Feldforschung wählte ich deshalb eine offene Fragestellung, die sich im Laufe des Feldaufenthaltes mit Blick auf die Praktiken und ihre Konstruktionsprozesse im Religionsunterricht spezifizierte.

Die Datenerhebungs- und Auswertungsphasen wechseln sich während des Forschungsprozesses ab. Zum einen um erste Themen zu identifizieren und Analysen anzustellen, die die Forschungsfrage und das Vorgehen fokussierten. Zum anderen sind Rückzugsphasen an den Schreibtisch von zentraler Bedeutung, um mit der nötigen Distanz beim nächsten Feldaufenthalt wieder neue Phänomene entdecken zu können und nicht gänzlich dem ‚going native' zu verfallen.[18]

Der Forschungsprozess der vorliegenden Untersuchung lässt sich grob in fünf Phasen gliedern:

---

14 Vgl. GLASER, Barney G./ STRAUSS, Anselm L. (1967): The Discovery of Grounded Theory.
15 Vgl. Kapitel 3.2.1.
16 Vgl. STRAUSS, Anselm L. (²1998): Grundlagen qualitativer Sozialforschung, 70.
17 BREIDENSTEIN, Georg u.a. (²2015): Ethnografie, 39.
18 Vgl. Kap. 3.1.1.

4.4 Forschungsprozess

Abb. 1: Feld- und Auswertungsphasen im Forschungsprozess

An dieser Stelle ist auf die Zirkularität des ethnographischen Forschungsprozesses hinzuweisen, d.h. Datenerhebung, -auswertung und Theoriebildung sind keine strikt trennbaren Phasen, sondern bilden ineinandergreifende Prozesse.

Im ersten Schulhalbjahr war ich an zwei Tagen im Feld: donnerstags in der 5.+6. Stunde (11.10–12.40 Uhr) bei der 2BFHK2 und freitags in der 3.+4. Stunde (9.25–10.55 Uhr) bei der 2BFHK1. Meist kam ich jeweils früher an die Schule, um die 15-Minuten-Pause mit den Schüler*innen entweder im Klassenzimmer oder auf dem Pausenhof zu verbringen. Zwei Vormittage in der Woche im Feld zu verbringen zeigte sich als praktikable Lösung, da ich meist gleich im Anschluss oder im Verlauf des Wochenendes meine Beobachtungen zu Feldprotokollen verschriftlichen konnte.

Zum Halbjahr hin veränderten sich die Stundenpläne, sodass beide Klassen ihren Religionsunterricht am Freitag hatten. Die 2BFHK2 von 9.25–10:55 Uhr und die 2BFHK1 von 13:30–15:00 Uhr. Aus diesem Grund war ich ab Februar 2019 ausschließlich freitags an der Schule und verbrachte somit auch die Mittagspause entweder im Lehrer*innenzimmer oder im Aufenthaltsbereich der Schüler*innen.

Die Absprachen bezüglich meiner Teilnahme am Unterricht verliefen problemlos. Als ich die Lehrperson nach etwa drei Monaten im Feld bat, die Feldforschung bis zum Ende des Schuljahres auszudehnen, zeigte sie sich damit einverstanden. War ich aufgrund beruflicher Verpflichtungen am Freitag verhindert, reichte ein kurzer Hinweis per E-Mail an die Lehrperson. Im Großen und Ganzen nahm ich jedoch regelmäßig – mit Ausnahme einer sechswöchigen Auswertungsphase im Februar/ März, in der sich die Schüler*innen der 2BFHK2 im Praktikum befanden – am Religionsunterricht der beiden Klassen teil.

Das Anfertigen von kurzen Notizen oder Zitaten während des Unterrichts verlief meist problemlos. Meine Notizen fertigte ich in einem unscheinbaren Schulheft an, so hatte auch ich wie die Schüler*innen ein Heft auf dem Tisch, was dem Unterrichtssetting angemessen erschien. Da im Unterricht allgemein viel geschrieben und notiert wurde, fiel mein Mitschreiben nicht sonderlich auf. Allerdings kam es von Seiten der Schüler*innen und der Lehrperson hin und wieder zu Rückfragen, was ich mir denn notieren würde. Ich erklärte, dass ich bspw. eine Gesprächssituation als sehr spannend empfand und mir dazu ein paar Stichworte machen würde, was die Fragenden meist zufrieden stellte. Sowohl die Religionslehrerin als auch die Schüler*innen gewöhnten sich an meine Anwesenheit soweit, dass es ihnen vielmehr auffiel, wenn ich einmal nicht dabei sein konnte. Auch meine eigentümliche Rolle als Forscherin fand nach wenigen Wochen Akzeptanz. Die Rückfragen, was ich eigentlich genau mache, ließen im Verlauf des Schuljahres nach.

Von bleibender Herausforderung blieb jedoch die Komplexität des Unterrichtsgeschehens. Viele Situationen und Abläufe ereigneten sich simultan und dicht gefolgt von weiteren Geschehnissen, was eine große Herausforderung für meine Aufnahmekapazität darstellte. Aus diesem Grund fokussierte ich mich auf einzelne Akteur*innen und Situationen, um mit der Komplexität des Unterrichts umgehen zu können, im gleichzeitigen Wissen darum, dass die Dichte an Ereignissen nicht vollständig abgebildet werden konnte. Die Entscheidung, welche Schüler*innengruppe, welche Nebentätigkeit oder welche Lehrer*innen-Schüler*innen-Interaktion dieses Mal in den Fokus meiner Beobachtung rücken würde, traf ich situativ und je nach Gelegenheit. Dies war oft von unterschiedlichen Faktoren bestimmt, wie bspw. das Kontaktangebot auf Seiten der Schüler*innen, eine Gruppenarbeit, bei der ich mitmachen konnte, eine spannende Unterhaltung oder Nebentätigkeit, die sich in meinem Hör- und Sichtfeld bewegte. Um meine Beobachtungen so gut es ging zu streuen, achtete ich darauf, verschiedene Unterrichtsphasen in den Blick zu nehmen und meine Aufmerksamkeit auf verschiedene Schüler*innen zu richten. Dennoch ist auch in meinen Protokollen ein Überhang an den Schüler*innen sichtbar, die den Kontakt zu mir als Forscherin verstärkt suchten und insgesamt im Unterricht lauter agierten. Auch waren Situationen, in denen etwas vor sich ging, eine Aktion, eine Aktivität oder eine Beschäftigung stattfand, meist verstärkt in meinem Aufmerksamkeitsfokus.

Für die Beobachtungen versuchte ich den Blick nicht vorschnell auf vermeintlich emotionale Situationen zu verengen, sondern weitete meinen Fokus auf die Alltäglichkeit des Religionsunterrichts. Dabei standen soziale Praktiken, d.h. die situativen Handlungs- und Verhaltensformen im Zusammenspiel mit

4.4 Forschungsprozess

Sprache, Gesten und Artefakten während des Religionsunterrichts im Vordergrund meiner Beobachtungen. Scheers Theorie der Emotionspraktiken zog ich hierbei als sensibilisierendes Konzept heran.[19]

Häufig wählte ich meinen Sitzplatz an einer leeren Tischreihe im vorderen Teil des Klassenzimmers aus. Um sowohl die Schüler*innen als auch die Lehrperson beobachten zu können, setzte ich mich an die andere Seite des Tisches, von wo aus ich einen Blick auf die Tischreihen, die Lehrperson und durch leichtes Drehen auf die Tafel hatte. In seltenen Fällen setzte ich mich zwischen die Schüler*innen oder an das hintere Ende des Klassenraumes. Dies war v. a. bei den Kontrastierungen mit anderen Lehrpersonen der Fall, da diese von Referendar*innen oder Hospitant*innen gewohnt waren, dass sich Beobachtende im hinteren Teil des Klassenzimmers aufhielten.

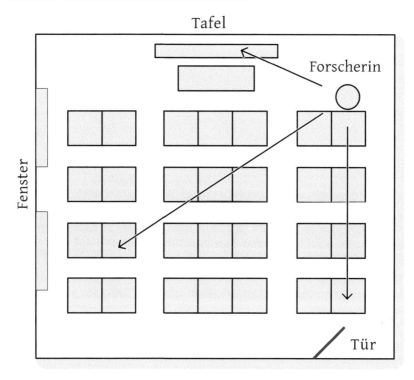

Abb. 2: Position der Forscherin im Klassenraum

Die Teilnahme am Religionsunterricht zweier Klassen bei derselben Lehrperson ermöglichte vielfältige Einblicke in soziale Unterrichtssituationen, sodass ich

---

19 Vgl. STRAUSS, Anselm L./ CORBIN, Juliet (1996): Grounded Theory, 25-30.

Kontrastierungen mit Blick auf die Situationen anstellen konnte. Um weitere kontrastierende Fälle in meinen Beobachtungen zu erzielen, nahm ich an einzelnen Tagen im Mai und Juni 2019 am Unterricht der beiden Gesamtklassen teil und begleitete diese in ihren anderen Fächern wie Englisch, Deutsch, Sport, Gemeinschaftskunde und in verschiedenen Handlungsfeldern. Die Kontaktaufnahme zu den Fachlehrer*innen lief problemlos über die Klassenlehrerin oder durch persönliches Ansprechen im Lehrer*innenzimmer.

Dem integrierten Forschungsansatz der Ethnographie folgend, wurden die Feldprotokolle von April bis Mai 2019 durch Einträge in ein digitales Emotionstagebuch[20] von Seiten der Schüler*innen ergänzt. Hierfür wählte ich während der Stunde eine Unterrichtssituation aus, auf die die Schüler*innen Bezug nehmen sollten. Für das sog. ‚Reli-Tagebuch' bekamen die Schüler*innen sechs Wochen lang jeweils am Ende des Unterrichts etwa fünf bis zehn Minuten Zeit, unter einem persönlichen Codenamen Einträge auf ihren Smartphones zu erstellen.

Die digitalen Tagebücher wurden über das Online-Tool für digitale Fragebögen Sosci Survey erstellt, das den Richtlinien des deutschen Datenschutzes entspricht.[21] Den Link zum Tagebuch erhielten die Schüler*innen stets am Ende der Religionsstunde.

Auf der Startseite trugen die Schüler*innen bei jeder Befragung ihren persönlichen Code ein, der sich aus Buchstaben der Vornamen ihrer Eltern und dem jeweiligen Ausbildungsjahr zusammensetzte. So sollte eine Zuordnung zu den Klassen gegeben sein, nicht jedoch zu den jeweiligen Personen.

Die Unterrichtssituationen, auf die die Schüler*innen in den Emotionstagebüchern Bezug nehmen sollten, wurden von mir vorgegeben. Meist handelte es sich um eine markante Situation (z. B. eine Diskussion in der Großgruppe, eine Arbeitsphase in der Kleingruppe oder ein Unterrichtseinstieg), auf die die Schüler*innen am Ende der Stunde leicht Bezug nehmen konnten. Um die Konstruktionsleistungen der Schüler*innen mit Blick auf Emotionen zu erheben, wurden ihnen zu bestimmten Unterrichtssituation im Religionsunterricht folgende Fragen gestellt:

---

20 Die Idee der Emotionstagebücher entstammt der Forschungsarbeit von Tina Hascher, die mithilfe teilstrukturierter Fragen emotionsrelevante Ereignisse im Schulalltag aus Sicht der Schüler*innen erhob. Hierfür notierten die Schüler*innen täglich am Schulende „eine aus ihrer Sicht bedeutsame emotionale Situation, d.h. eine Situation, in der sie selbst eine bestimmte Emotion in der Schule erlebt hatten". (185) Die Schüler*innen wurden im Zuge dessen aufgefordert, ihr Emotionserleben sowie ihre Gedanken und Reaktionen zu begründen. Zudem sollten sie Auskunft über die Häufigkeit und Intensität dieses Gefühls geben. Vgl HASCHER, Tina (2004): Wohlbefinden in der Schule, Münster u.a., 185-187.

21 Vgl. SOSCI SURVEY GMBH (o.J.): SoSci Survey – die Lösung für eine professionelle Onlinebefragung, https://www.soscisurvey.de (Zugriff am 01.06.23).

4.4 Forschungsprozess

> 1. Beschreibe in einem Wort, wie es dir in [Situation] ging
>
> 2. Wähle einen Emoji, der zu dieser Situation passt
>
> 3. Führe aus: Was waren deine Gedanken in dieser Situation?
>
> 4. Führe aus: Was waren deine Gefühle in dieser Situation? Wodurch wurden sie ausgelöst?

Dankeschön!
Herzlichen Dank für deinen Eintrag im Reli-Tagebuch.

Abb. 3: Oberfläche im digitalen Emotionstagebuch

Die ersten beiden Fragen zielten auf die sprachlich knappe bzw. bildliche Umsetzung einer Emotion. Besonders die Auseinandersetzung mit einem Emoji[22] regte die Jugendlichen sehr an und sie wählten diese meist mit großer Sorgfalt aus. Die beiden offenen Fragen zielten auf die Frage, wie Schüler*innen ihre

---

22 Der Duden bezeichnet Emojis als „aus Japan stammendes, einem Emoticon ähnliches Piktogramm, das auf Gefühlslagen, Gegenstände, Orte, Tiere, Essen o. Ä. verweist (in elektronischen Nachrichten)". DUDEN – BIBLIOGRAPHISCHES INSTITUT GMBH (2023): Emoji, das, https://www.duden.de/rechtschreibung/Emoji (Zugriff am 01.06.23). Emojis imitieren menschliche Emotionen und finden breiten Einzug in die Alltagskommunikation bzw. entwickeln diese weiter. Z. B. ermöglicht das Verwenden eines Zwinkersmileys „in seiner kontingenten Unschärfe jederzeit ironische Distanzierung vom Gesagten [...]". LÜNENBORG, Margreth (2020): Soziale Medien, Emotionen und Affekte, Working Paper SFB 1171 Affective Societies 01/20, https://refubium.fu-berlin.de/bitstream/handle/fub188/27948/SFB1171_WP_14_Luenenborg_2020.pdf?sequence=5&isAllowed=y (Zugriff am 01.06.23), 1–21, 7.

Emotionen rückblickend auf eine Unterrichtssituation konstruierten. Hierbei ist von besonderem Interesse, auf welche Metaphern, körperliche Ausdrucksformen, Empfindungen oder Gedanken die Schüler*innen zu sprechen kommen. Auch das Vermeiden oder Bestreiten von Gefühlen kann anhand dieser Quelle aufgezeigt werden.

Zudem führte ich vier Gruppeninterviews mit den Schüler*innen und ein Interview mit der Religionslehrperson gegen Ende meines Feldaufenthalts. Die Gruppeninterviews fanden in von den Schüler*innen selbstgewählten Kleingruppen statt und wurden von mir in einer Freistunde bzw. in der Mittagspause anhand eines vorbereiteten Leitfadens[23] durchgeführt. Abweichungen vom Leitfaden bzw. eigene Erzähldynamiken in den Interviews hatten dabei Vorrang.[24] Alle Interviews wurden aufgezeichnet und vollständig transkribiert. Die Namen der Schüler*innen und Lehrpersonen wurden in den Interviews und Feldprotokollen durch Pseudonyme ersetzt und regionale Angaben anonymisiert.

Die Satzstellung und Grammatik wurden unverändert verschriftlicht. Darüber hinaus wurden Pausen erst ab 3 Sekunden notiert. Intonation und Tonfallveränderungen wurden bei der Transkription nicht berücksichtigt. Ebenso wenig wurden gesprächsunterstützende Laute der Forscherin während der Gespräche transkribiert.

Folgende Zeichen[25] wurden für die Transkription verwendet:

⌊	Beginn einer Überlappung der Redebeiträge
(3)	Dauer der Pause in Sekunden
<u>ja</u>	Betonung
jaaa	Dehnung
ja	Laut in Relation zur üblichen Lautstärke
°ja°	Leise in Relation zur üblichen Lautstärke
viellei-	Abbruch des Wortes
(unverst.)	Äußerung ist unverständlich
[räuspert sich]	Anmerkungen zu parasprachlichen, nicht verbalen oder gesprächsexternen Ereignissen
@(.)@	kurzes Auflachen
@ja@	lachend gesprochene Äußerung
@(3)@	Dauer des Lachens in Sekunden

Die Interviewtransskripte wurden – wie die Einträge im Emotionstagebuch – nicht vorrangig als Auskunft über Emotionen im Unterricht, sondern als Dokumente einer Praxis, in diesem Fall die Praxis des ‚Über-Emotionen-Sprechens' gelesen und interpretiert.[26] Auch hier ging es um die Konstruktion von Emotio-

---

23 Vgl. Anhang.
24 Vgl. LOOS, Peter/ Schäffer, Burkhard (2001): Das Gruppendiskussionsverfahren. Theoretische Grundlagen und empirische Anwendung, Opladen.
25 In Anlehnung an PRZYBORSKI, Aglaja/ WOHLRAB-SAHR, Monika (⁴2018): Qualitative Sozialforschung, 167–170.
26 Vgl. BREIDENSTEIN, Georg (2006): Teilnahme am Unterricht, 33.

nen, verwendete Sprachbilder und Vermeidungsstrategien mit Blick auf Emotionen im Religionsunterricht.

Hauptgegenstand der Analyse bildeten die Beobachtungen aus 27 Doppelstunden im Fach Religion, fünf (Gruppen-)Interviewtransskripte und 30 Einträge in das digitale Emotionstagebuch. Weitere Beobachtungen in anderen Fächern und Handlungsfeldern, Unterrichtsmaterialien und Arbeitsblätter, Realmedien, die über Fotos dokumentiert wurden, Tafelanschriebe, Stoffverteilungspläne, Stundenpläne, das Leitbild der Schule sowie von Schüler*innen selbst erstellte Artefakte und Schriftstücke komplettierten den Datenkorpus.

Die Datenauswertung fand parallel zu den Feldphasen bzw. in anschließenden größeren Auswertungsphasen statt. Um Kodierungen und Memos auf ihre intersubjektive Nachvollziehbarkeit hin zu prüfen, nahm ich an zwei Auswertungsgruppen und unterschiedlichen Kolloquien und methodischen Workshops teil. In den Auswertungsgruppen wurden Teile des Datenmaterials gemeinsam kodiert, Analysen konzipiert und auf ihre Tragfähigkeit hin geprüft. Für die Kodierarbeit verwendete ich das Datenauswertungsprogramm MAXQDA.[27]

4.5 Die Rolle als Forscherin im Feld

Meine Rolle im Feld war zunächst die einer Praktikantin. Im Kontext von Schule und Unterricht sind Praktikant*innen oder Referendar*innen keine Seltenheit – sie gehören zum Schulalltag dazu. Beobachten und beobachtet werden prägen das Unterrichtssetting und sind allen Akteur*innen des Unterrichts bereits vertraut. Demnach war es nicht schwer, mich in dieser Rolle als Observierende in den Unterricht zu integrieren. Nachdem ich mich und mein Forschungsvorhaben bei den Schüler*innen vorgestellt hatte, kam es zu folgender Situation:

> Im Anschluss teilte ich die Bögen aus, es gab keinerlei Rückfragen von Seiten der Schüler*innen. Frau Lorenz fügte nur noch etwas humorvoll hinzu: „Ich werde genauso beobachtet wie ihr." (2BFHK1, 09.11.18).

Damit rekurriert die Lehrperson auf die gängige Beobachtungspraxis im Unterricht, die alle – sie selbst eingeschlossen – betrifft. Allerdings ist es im Feld der Schule vorgesehen, dass Praktikant*innen und Referendar*innen ab einem bestimmten Zeitpunkt die passive Aufgabe des Beobachtens in einen aktiven Part eintauschen und zumindest Teile des Unterrichts mitgestalten oder übernehmen. Als ich mich zunehmend sicherer im Klassenraum aufhielt, wollte mich die Religionslehrperson mehr und mehr in die lehrenden Tätigkeiten einspannen. Des Öfteren bat sie mich, Teile vorzulesen, die Hausaufgabenbesprechung zu übernehmen oder Anschriebe anzufertigen. In wenigen Fällen übernahm ich

---

27 Vgl. MAXQDA – VERTRIEB DURCH DIE VERBI GMBH (o.J.): MAXQDA. The Art of Data Analysis, https://www.maxqda.de (Zugriff am 01.06.23).

diese Teile des Unterrichts. Allerdings war es für meine Forschungsabsicht wichtig, von der Rolle einer Praktikantin in die der Forscherin zu wechseln, um meine Involviertheit in Lehrtätigkeiten zu beschränken. Eine weitere Besonderheit von Praktikant*innen oder Referendar*innen im Unterricht ist die Feedbackkultur. Nach gehaltenen Unterrichtsstunden ist es üblich, sich Rückmeldung zum Unterricht und dem pädagogischen Handeln zu geben. In kurzen Nachbesprechungen nach der Stunde forderte die Religionslehrperson regelmäßig meine Rückmeldung ein. Dem konnte ich nur teilweise gerecht werden, da ich den Unterricht nicht bewertend und nicht in didaktischen Kategorien zu beobachten versuchte. Nach und nach gelang es mir, die Akzeptanz der Lehrperson mit Blick auf meine Tätigkeit als Forscherin zu erlangen. Dennoch bereitete mir meine hybride Rolle aus Praktikantin und Forscherin teilweise Unbehagen, da ich den Ansprüchen von Seiten der Religionslehrperson nicht immer gerecht werden konnte.

Zudem verbarg sich im Kommunizieren des Forschungsgegenstands gegenüber der Religionslehrperson eine nicht vorschnell aufzulösende Schwierigkeit. Immer wieder kam es zu Situationen, in denen sie in Gesprächen das Thema Emotionen vor oder nach dem Unterricht aufgriff oder Situationen explizit als ‚emotional' beschrieb. Auch diese Emotionskonstruktionen, die aufgrund meines transparenten Umgangs mit meiner Forschungsabsicht aufkamen und damit von mir als Forschende beeinflusst waren, bezog ich kritisch reflektierend in meine Analysen mit ein.

Zu Beginn meines Feldaufenthaltes reagierte das Feld auf meine Anwesenheit im Religionsunterricht deutlich spürbar. Die Schüler*innen zeigten sich zwar offen und interessiert gegenüber meiner Forschung (Zitat eines Schülers: „Ah, so werden also Studien gemacht. Das hab ich mich schon immer gefragt!"), aber gleichzeitig kam es anfangs zu Irritationen mit Blick auf meine Anwesenheit und Mitarbeit im Unterricht oder gar meiner Absicht, sie zu beobachten. Dies äußerte sich in ihrem Blickverhalten, schüchternem Lächeln, Lachen oder Rotwerden, wenn sie bemerkten, dass ich sie beobachtete. Auch die Religionslehrperson war anfangs durch meine Anwesenheit im Unterricht und das Anfertigen meiner Notizen irritiert und teilte mir ihre Unsicherheit mit. Nach mehreren Gesprächen über meine Beobachtungen und verschiedenen Nachfragen auf Seiten der Lehrperson und der Schüler*innen rückte meine Anwesenheit von Stunde zu Stunde mehr in den Hintergrund. Während des Unterrichts arbeitete ich an den gestellten Aufgaben, beteiligte mich bei Gruppenarbeitsphasen und schrieb sogar zwei Klassenarbeiten mit. Nach nur wenigen Wochen im Feld bemerkte ich an mir selbst, dass ich mich immer mehr als Schülerin im Unterricht fühlte und gewisse schülertypische Praktiken ausführte.[28] In den Pausen beglei-

---

28 Bspw. die heimliche Nutzung des Handys, um Nachrichten während des Unterrichts zu lesen oder eine offen ratsuchende Haltung, etwa wenn Arbeitsaufträge nicht sofort verständlich waren.

4.5 Die Rolle der Forscherin im Feld

tete ich die Schüler*innen beim Rauchen auf den Pausenhof oder verbrachte die Zeit mit ihnen im Klassenzimmer. Das ermöglichte das ein oder andere persönliche Gespräch und schaffte Vertrauen auf beiden Seiten. Nach nur wenigen Monaten hatte ich sogar den Eindruck auch von außen als Berufsschülerin wahrgenommen zu werden:

> Als irgendwann Sofia und Carmina dazukommen gehen wir einen langen Gang entlang. Vorbeigehende Lehrer*innen schauen mich nicht an, ich scheine in der Gruppe der Schüler*innen aufgegangen zu sein. (2BFHK2, 13.12.18).

Breidenstein et. al. sprechen mit Blick auf die sozialen Beziehungen im Feld von „zwei starke[n] Kräften",[29] die auf Forschende einwirken und die auch ich in meiner Rolle als Forscherin wahrnehmen konnte. Zum einen die „Vereinnahmungsdynamik",[30] auf die ich mich in meiner Felderfahrung immer wieder einließ, um überhaupt Teil des Feldes zu werden. Diese Dynamik war sowohl von Seiten der Religionslehrperson als auch der Schüler*innen zu spüren. Beide unternahmen gewisse Bemühungen, mich für ‚ihre Seite' zu gewinnen. Mit Blick auf die Beziehung zur Lehrperson sind hier die Übernahme von kleineren Unterrichtselementen, gewünschte Rückmeldungen zum pädagogischen Handeln aber auch Geschichten über die Hintergründe der Schüler*innen zu nennen.[31] Auch das Teilen des Frusts über Leistungen der Schüler*innen bei Klassenarbeiten kann als eine Vereinnahmungsdynamik interpretiert werden. In Bezug auf die Schüler*innen fanden Vereinnahmungsdynamiken auf ganz ähnliche Weise statt. Auch sie teilten ihren Frust über Schule und Unterricht mit mir, erzählten mir ihre Zukunftspläne, weihten mich in ihre Geheimnisse ein oder forderten mich auf, sie in den Pausen zu begleiten.

Zum anderen wirkte die „Trennungsdynamik"[32] auf die Beziehung zwischen Beforschten und mir als Forscherin. Jede soziale Beziehung im Feld dient der Wissensgewinnung und erfüllt damit auch in gewisser Weise den Zweck der Forschung. Diese beiden Dynamiken wirkten auf mich als Forscherin ein und mussten sowohl in Feld- als auch Auswertungsphasen reflektiert werden.

---

29 BREIDENSTEIN, Georg u.a. (^{2}2015): Ethnografie, 69.
30 BREIDENSTEIN, Georg u.a. (^{2}2015): Ethnografie, 69.
31 Goffman sieht im Teilen strategischer Geheimnisse ein wichtiges Indiz für Ansehen und den Beweis, tatsächlich im Feld angekommen zu sein. Vgl. GOFFMAN, Erving (1996): Über Feldforschung, 266.
32 BREIDENSTEIN, Georg u.a. (^{2}2015): Ethnografie, 69.

Teil III: Ergebnisse im Kontext

5. Gefühle von Langeweile und Kurzweile im Religionsunterricht

Die Thematisierung der Langeweile[1] ist brisant. Obwohl sie mit Blick auf Schule und Unterricht zu den zentralen Erfahrungswerten[2] gehört und seit jeher den Schulalltag wesentlich mitbestimmt, kommt das Phänomen im deutschsprachigen Raum erst seit wenigen Jahren wissenschaftlich in den Blick.[3] Eine exemplarische Durchsicht erziehungswissenschaftlicher, (schul-)pädagogischer und pädagogisch-psychologischer Handbücher ergibt ein überschaubares Ergebnis.[4] Langeweile findet keinen expliziten Eintrag in den einschlägigen Lexika, viel-

---

1 Die folgenden Ausführungen wurden in Teilen bereits veröffentlicht in: MÖßLE, Laura (2023): Art. Langeweile. In: Das Wissenschaftlich-Religionspädagogische Lexikon im Internet (WiReLex), https:// www.bibelwissenschaft.de/fileadmin/buh_bibelmodul/media/wirelex/pdf/Langeweile__2023-03-21_09_50.pdf (Zugriff am 01.06.23), 1–14.
2 Die Studie von Ulrike E. Nett, Thomas Götz und Nathan C. Hall konnte zeigen, dass Schüler*innen im Durchschnitt 58 % der Unterrichtszeit als einigermaßen langweilig empfinden. Vgl. NETT, Ulrike E./ GOETZ, Thomas/ HALL, Nathan C. (2011): Coping with Boredom in School. An Experience Sampling Perspective. In: Contemporary Educational Psychology 36 (1), 49–59, 55.
3 Vgl. exemplarisch die Studien von KRANNICH, Maike/ GÖTZ, Thomas (2021): Langeweile und Kreativität im Lern- und Leistungskontext. In: Rubach, Charlott/ Lazarides, Rebecca (Hrsg.): Emotionen in Schule und Unterricht. Bedingungen und Auswirkungen von Emotionen bei Lehrkräften und Lernenden, Opladen/ Berlin/ Toronto, 45–64; GÖTZ, Thomas u.a. (2018): Langeweile. In: SZBW 40 (3), 663–681; SCHOMÄCKER, Sabine (2011): Schule braucht Langeweile? Über den Nutzen jugendlicher Langeweile für die Schule, Münster u.a.; LOHRMANN, Katrin (2008): Langeweile im Unterricht, Münster u.a.; GÖTZ, Thomas/ FRENZEL, Anne C. (2006): Phänomenologie schulischer Langeweile. In: ZEPP 38 (4), 149–153.
4 Exemplarisch wurden folgende Werke untersucht: PREISER, Siegfried (Hrsg.) (³2021): Pädagogische Psychologie. Psychologische Grundlagen von Erziehung und Unterricht, Weinheim/ Basel [2003]; BÖHM, Winfried/ SEICHTER, Sabine (Hrsg.) (¹⁷2018): Wörterbuch der Pädagogik, Paderborn [1931]; TENORTH, Heinz-Elmar/ TIPPELT, Rudolf (Hrsg.) (2012): Beltz Lexikon Pädagogik, Weinheim/ Basel; BLÖMEKE, Sigrid u.a. (Hrsg.) (2009): Handbuch Schule. Theorie – Organisation – Entwicklung, Bad Heilbrunn; ANDRESEN, Sabine u.a. (Hrsg.) (2009): Handwörterbuch Erziehungswissenschaft, Weinheim/ Basel; HELSPER, Werner/ BÖHME, Jeanette (Hrsg.) (²2008): Handbuch der Schulforschung, Wiesbaden [2004]; Lediglich im Handwörterbuch Pädagogische Psychologie kommen Anne C. Frenzel und Thomas Götz auf Langeweile zu sprechen. Vgl. FRENZEL, Anne C./ GÖTZ, Thomas (⁵2018): Emotionen im Lern- und Leistungskontext. In: Rost, Detlef H./ Sparfeldt, Jörn R./ Buch, Susanne (Hrsg.): Handwörterbuch Pädagogische Psychologie, Weinheim/ Basel [1998], 109–118.

mehr fokussieren (schul-)pädagogische und pädagogisch-psychologische Forschungen verstärkt das Phänomen der Motivation,[5] des Interesses[6] und der kognitiven Aktivierung.[7]

Religionspädagogisch findet die Thematik der Langeweile bislang geringe Berücksichtigung, und wenn, dann meist als etwas, das es durch einen am Alltag junger Menschen ausgerichteten Religionsunterricht und darauf ausgelegte Zugangsweisen zu vermeiden gilt.[8] Vereinzelt treten Ansätze mit alternativen Perspektiven auf Zeit auf,[9] die den Religionsunterricht als einen Ort für kreatives und wohltuendes Potenzial sehen, der Raum für *lange Weile* bereithält.[10]

Trotz der bislang geringen wissenschaftlichen Berücksichtigung lohnt sich ein genauerer Blick auf Langeweile, da sie sich in den empirischen Befunden der vorliegenden Forschung als markantes Phänomen herausstellt. Gleichermaßen zeigen sich ebenso Gefühle von Kurzweile, Interesse und ‚Flow' im Religionsunterricht an der Berufsfachschule. Das Kapitel fokussiert zunächst das bislang wenig berücksichtigte Phänomen der Langeweile und nähert sich ihm aus verschiedenen Perspektiven. Zunächst soll erstens eine phänomenologische Bestimmung der Langeweile vorgenommen werden, verbunden mit der Frage, weshalb die Thematisierung der Langeweile im schulischen Kontext einem gewissen Tabu unterliegt. In einem zweiten Schritt folgt eine nähere Untersuchung möglicher Gründe für Langeweile im Unterricht. Im Anschluss wird es drittens um Darstellungsformen der Langeweile gehen, verbunden mit der Frage wie

---

5   Vgl. SCHWARZ, Susanne (2023): Art. Motivation. In: Das Wissenschaftlich-Religionspädagogische Lexikon im Internet (WiReLex), https://www.bibelwissenschaft.de/fileadmin/buh_bibelmodul/media/wirelex/pdf/Motivation__2023-04-03_08_01.pdf (Zugriff am 01.06.23), 1–15; SANN, Uli (³2021): Motivation und Emotion. In: Preiser, Siegfried (Hrsg.): Pädagogische Psychologie. Psychologische Grundlagen von Erziehung und Unterricht, Weinheim/ Basel [2003], 102–125; JERUSALEM, Matthias (2006): Motivationale und volitionale Voraussetzungen des Unterrichts. In: Arnold, Karl-Heinz/ Sandfuchs, Uwe/ Wiechmann, Jürgen (Hrsg.): Handbuch Unterricht, Bad Heilbrunn, 575–579; RHEINBERG, Falko (²2001): Motivationstraining und Motivierung. In: Rost, Detlef H. (Hrsg.): Handwörterbuch Pädagogische Psychologie, Weinheim [1998], 478–483.
6   Vgl. SCHIEFELE, Ulrich (2008): Lernmotivation und Interesse. In: Schneider, Wolfgang/ Hasselhorn, Marcus (Hrsg.): Handbuch der Pädagogischen Psychologie, Göttingen u.a., 38–49; KRAPP, Andreas (²2001): Interesse. In: Rost, Detlef H. (Hrsg.): Handwörterbuch Pädagogische Psychologie, Weinheim [1998], 286–294.
7   Vgl. KUNTER, Mareike/ TRAUTWEIN, Ulrich (2013): Psychologie des Unterrichts, Paderborn u.a.
8   Vgl. exemplarisch BEUSCHER, Bernd (2009): Langeweile im Religionsunterricht? Zur Sache und unter die Haut, Göttingen.
9   Vgl. SCHLENKE, Dorothee (2023): Art. Zeit. In: Das Wissenschaftlich-Religionspädagogische Lexikon im Internet (WiReLex), https://www.bibelwissenschaft.de/fileadmin/buh_bibelmodul/media/wirelex/pdf/Zeit__2023-05-15_08_35.pdf (Zugriff am 01.06.23), 1–11.
10 Vgl. HILGER, Georg (1993): Für eine religionspädagogische Entdeckung der Langsamkeit. In: Ders./ Reilly, George (Hrsg.): Religionsunterricht im Abseits? Das Spannungsfeld Jugend – Schule – Religion, München, 261–279.

Akteur*innen im Schulkontext mit ihr umgehen. In einem vierten Schritt kommen Phänomene wie berufliche und persönliche Relevanz und Erfahrungsbezüge in den Blick, die den Religionsunterricht an der Berufsfachschule für Schüler*innen interessant und kurzweilig werden ließen. Schließlich werden die Überlegungen in einem finalen Schritt religionspädagogisch gebündelt und diskutiert.

5.1 Annäherung an das Phänomen der Langeweile

Eine phänomenologische Annäherung soll Aufschluss über folgende zwei Fragen bringen: Was hat es mit Langeweile auf sich? Warum wird das weitverbreitete Alltags- und insbesondere Schulphänomen kaum thematisiert?

5.1.1 Langeweile als „lähmende Betroffenheit vom zögernden Zeitverlauf" (Martin Heidegger)

Um sich dem Phänomen der Langeweile zu nähern, ist es hilfreich, auf philosophische Überlegungen zurückzugreifen, da die Thematik hier bereits von unterschiedlichen Autor*innen eingehend betrachtet und diskutiert wurde.[11] Einschlägige philosophisch-theoretische Auseinandersetzungen zu Langeweile finden sich in der Vorlesung Martin Heideggers aus dem Jahr 1929/30, in der er eine phänomenologische Bestimmung der Langeweile unternimmt.

Heidegger differenziert drei verschiedene Formen der Langeweile: das „Gelangweiltwerden von etwas", das „Sichlangweilen bei etwas" und das „es ist einem langweilig".[12] Die erste Form zeichnet sich durch ein bedrängendes Zeitverhältnis aus, sodass sich „eine eigentümliche *lähmende Betroffenheit vom zögernden Zeitverlauf und der Zeit überhaupt* [einstellt; LM], eine Betroffenheit, die uns in

---

11 Exemplarisch finden sich nähere Überlegungen bei Søren Kierkegaard und Arthur Schopenhauer. Kierkegaard sieht Langeweile als einen beinahe unerträglichen Zustand und setzt sie mit der „Erfahrung des Nichts" (58) gleich. Hierunter begreift er eine Form der Leere und der Inhaltslosigkeit, die für ihn sogar eine Art der Gottesferne darstellt. Abwechslung in den Aktivitäten sei es, die dem Geist Zerstreuung und damit eine Flucht vor Langeweile verspreche. Bei Kierkegaard und auch Schopenhauer wird deutlich, dass es dabei um eine Sehnsucht des modernen Menschen geht, dessen Schicksal es ist, der Leere, der Eintönigkeit und des Nichts nie gänzlich entfliehen zu können. Bei Schopenhauer ist es geradezu ein Charakteristikum des leidvollen Menschen, Langeweile zu verspüren. Vgl. BELLEBAUM, Alfred (1990): Langeweile, Überdruß und Lebenssinn. Eine geistesgeschichtliche und kultursoziologische Untersuchung, Opladen, 57–63.
12 HEIDEGGER, Martin (1983): Die Grundbegriffe der Metaphysik. Welt – Endlichkeit – Einsamkeit, Bd. 29/30 der Gesamtausgabe, Frankfurt a. Main, 117–238.

ihrer Weise bedrängt".[13] Langeweile ist dabei nicht einfach als „seelisches Erlebnis im Inneren" eines Menschen zu verstehen. Vielmehr sei Langeweile eine von den Dingen ausgehende Dynamik, das als „das *Langweilende*", dem Menschen „*aus den Dingen selbst*" entgegentrete.[14]

> „Die Langeweile ist viel eher draußen, sitzt im Langweiligen, und von draußen schleicht sie sich in uns ein. Merkwürdig – so unfaßlich das zunächst ist, wir müssen dem folgen, was das *alltägliche* Sprechen und Verhalten und Urteilen zum Ausdruck bringt: daß Dinge selbst, Menschen selbst, Veranstaltungen, Gegenden selbst *langweilig* sind."[15]

Erweisen sich Dinge als langweilig, versteht Heidegger darunter: „[S]chleppend, öd; es regt nicht an und regt nicht auf, es gibt nichts her, hat uns nichts zu sagen, geht uns nichts an".[16] Dies bedeute jedoch nicht, dass die Dinge dem Menschen gleichgültig seien.

> „Denn wenn etwas schleppend und öde ist, dann liegt darin, daß es uns nicht völlig gleichgültig gelassen hat, sondern umgekehrt: wir sind im Lesen dabei, hingegeben, aber nicht hingenommen. Schleppend besagt: es fesselt nicht; wir sind hingegeben, aber nicht hingenommen, sondern eben nur *hingehalten*. Öde besagt: es füllt uns nicht aus, wir sind *leer gelassen*."[17]

Langeweile zeichne sich demnach durch das „*Hinhaltende und doch Leerlassende*"[18] aus. Hingehalten wird der Mensch durch den zögernden Zeitverlauf, aus dem er durch Beschäftigung entfliehen möchte. Findet er Ablenkung, verstreiche die Zeit zwar nicht schneller, das Zögern der Zeit trete jedoch in den Hintergrund.[19] Leergelassenheit erlebt der Mensch nicht in Form einer Abwesenheit oder des Nichtvorhandenseins von Dingen. Vielmehr müssen die Dinge sogar vorhanden sein, um den Menschen leer zu lassen. Weil das Vorhandene jedoch nichts zu bieten hat und den Menschen sich selbst überlässt, lassen sie ihn leer.[20]

Die zweite Form der Langeweile, das „Sichlangweilen bei etwas" ist im Gegensatz zur ersten Form losgelöst von Gründen und Anlässen. Nach Heidegger fokussiert sich diese Form nicht auf etwas Bestimmtes, sondern weitet sich zunehmend aus und dringt in alle Bereiche vor.

---

13   HEIDEGGER, Martin (1983): Die Grundbegriffe der Metaphysik, 148 (Hervorhebung im Original).
14   HEIDEGGER, Martin (1983): Die Grundbegriffe der Metaphysik, 124 (Hervorhebung im Original).
15   HEIDEGGER, Martin (1983): Die Grundbegriffe der Metaphysik, 124 (Hervorhebung im Original).
16   HEIDEGGER, Martin (1983): Die Grundbegriffe der Metaphysik, 126.
17   HEIDEGGER, Martin (1983): Die Grundbegriffe der Metaphysik, 130 (Hervorhebung im Original).
18   HEIDEGGER, Martin (1983): Die Grundbegriffe der Metaphysik, 130 (Hervorhebung im Original).
19   Vgl. HEIDEGGER, Martin (1983): Die Grundbegriffe der Metaphysik, 150.
20   Vgl. HEIDEGGER, Martin (1983): Die Grundbegriffe der Metaphysik, 154f.

5.1 Annäherung an das Phänomen der Langeweile

> „Sie, die Langeweile selbst, gibt jetzt unserem Dasein über das besondere Langweilige hinaus einen merkwürdigen Horizont. Sie bezieht sich nicht nur auf das bestimmte Langweilende, sondern legt sich über mehreres, anderes: alles wird langweilig."[21]

Im Unterschied zur ersten Form besteht hier kein bedrängendes Verhältnis zur Zeit, vielmehr wird sie gewissermaßen vergeudet, zieht das Subjekt in die Schwere der Langeweile und lässt es leer zurück.[22] In dieser Form dehnt sich die stillstehende Zeit in die eigene Existenz aus und wird zu einem „mitplätschernde[n] Sichloslassen an das, was passiert".[23]

Ferner formuliert Heidegger eine dritte, existenzielle Form, „es ist einem langweilig". Hier stellt sich eine Gleichgültigkeit der Situation und des Selbst ein, sodass alles gleich viel bzw. gleich wenig gilt:

> „Die ganze Situation und wir selbst als dieses individuelle Subjekt sind dabei gleichgültig, ja diese Langeweile läßt es gerade nicht erst dazu kommen, daß dergleichen uns etwas Besonderes gilt, sie macht vielmehr, daß *alles gleich viel und gleich wenig gilt*."[24]

Diese Form der Langeweile, die sich über das Bewusstsein legt, geht mit einer Leere um die eigene Existenz einher und lässt das Selbst gleichgültig zurück.

Ausgehend von den Überlegungen Heideggers lässt sich festhalten, dass sich das Phänomen der Langeweile anhand der Komponente des Zeitverhältnisses in unterschiedliche Wirkungsformen explizieren lässt. Wird Langeweile als etwas gedacht, das aus den Dingen selbst entspringt, strahlt sie von diesen aus und bedrängt den Menschen von außen. Langeweile lässt sich mit Heidegger als hinhaltendes und leerlassendes Phänomen begreifen, das den Menschen leer und unerfüllt sich selbst überlässt. Als eigentümliches und verlangsamtes Verstreichen des zögerlichen Zeitverlaufs ist sie stets eine präsentische Erfahrung. Mit Lars Svendsen lässt sich hier anschließen, dass sich Langeweile als eine der wenigen Emotionen ausschließlich in der Gegenwart abspielt: „Die Langeweile ist primär definiert durch eine Gegenwart, oder genauer: Die Langeweile ist ohne Vergangenheit und Zukunft [...]."[25] Die von Heidegger beschriebene lähmende Betroffenheit durch den zögerlichen Zeitverlauf, hängt eng mit der präsentischen Erfahrung zusammen. Eine Erinnerung oder Erwartung von Langeweile führt nicht dazu, dass sich das Subjekt sogleich langweilt. Vielmehr ist das Gefühl an eine gegenwartsbezogene Situation gebunden.[26]

---

21 HEIDEGGER, Martin (1983): Die Grundbegriffe der Metaphysik, 139.
22 Vgl. HEIDEGGER, Martin (1983): Die Grundbegriffe der Metaphysik, 194; 197.
23 HEIDEGGER, Martin (1983): Die Grundbegriffe der Metaphysik, 187.
24 HEIDEGGER, Martin (1983): Die Grundbegriffe der Metaphysik, 207 (Hervorhebung im Original).
25 SVENDSEN, Lars (2002): Kleine Philosophie der Langeweile, Frankfurt a. Main/ Leipzig, 98.
26 Vgl. LOHRMANN, Katrin (2008): Langeweile im Unterricht, 16.

Mit Martin Doehlemann kann insbesondere die zweite Form als überdrüssige Langeweile bezeichnet werden, bei der kein konkreter Anlass ausschlaggebend für das ausweitende Gefühl ist. Hier leide der Mensch an der täglichen Gleichförmigkeit des Lebens, an der Gegenwart banaler Gedanken und spießiger Normen der Mitwelt.[27] Breidenstein wirft die Frage auf, ob es sich mit Blick auf Schule und Unterricht nicht um ebendiese verselbstständigte Form von Langeweile handelt, die auf beliebige Situationen und Kontexte ausstrahlt.[28]

5.1.2 Die Tabuisierung der Langeweile

Die phänomenologische Annäherung an Langeweile gibt bislang keine Auskunft darüber, weshalb das Phänomen selten thematisiert und besonders mit Blick auf die Institution Schule weitestgehend tabuisiert wird.

Obwohl Langeweile ein weitreichendes Phänomen darstellt, das schularten- und fächerübergreifend auftritt, wirft sie ein schlechtes Bild auf didaktische Prozesse und geht mit Anfragen an die Professionalität einer Lehrperson einher.[29] Aus diesem Grund ist ihre Thematisierung unter Lehrpersonen nicht üblich und für Schüler*innen im Allgemeinen nicht opportun, da sie als Kritik an der Lehrperson und ihrer Unterrichtsdurchführung aufgefasst werden kann. Schüler*innen fürchten Sanktionen, wenn sie diese benennen oder haben Sorge, dass sie – missverstanden als persönliche Kritik an der Lehrperson – womöglich dazu führt, dass sich diese als unzureichend in ihrem Beruf wahrnimmt.[30]

Langeweile zu thematisieren bedeutet ein weiteres Risiko, da sie den stillen Pakt schulischen Unterrichts bedrohen kann. Wird schulischer Unterricht pauschal als langweilig eingestuft, kommt er dem zentralen Ziel nicht nach, Schüler*innen für Lerngegenstände zu interessieren oder gar zu begeistern. Aus diesem Grund liegt es nahe, Langeweile im Schulalltag weitestgehend auszuklammern.

> „Eine Explikation der Langeweile ist brisant. Sie würde die Arbeitsgrundlage schulischen Unterrichts gefährden. Denn der Arbeitskonsens besteht darin, dass Schülerinnen und Schüler ihren Pflichten nachkommen, *obwohl* es (bisweilen) langweilig ist. Sie nehmen die Langeweile in Kauf und richten sich darauf ein – und im Gegenzug lässt die Lehrperson sie in Ruhe. Schülerinnen und Schüler dürfen sich (in

---

27 Vgl. DOEHLEMANN, Martin (1991): Langeweile? Deutung eines verbreiteten Phänomens, Frankfurt a. Main, 53.
28 Vgl. BREIDENSTEIN, Georg (2006): Teilnahme am Unterricht, 73.
29 Vgl. LOHRMANN, Katrin/ HAAG, Ludwig/ GÖTZ, Thomas (2011): Dösen bis zum Pausengong. Langeweile im Unterricht: Ursachen und Regulationsstrategien von Schülerinnen und Schülern. In: Schulverwaltung Bayern. Zeitschrift für Schulleitung und Schulaufsicht 34 (4), 113–116.
30 Vgl. LOHRMANN, Katrin (2008): Langeweile im Unterricht, 17.

einem gewissen Rahmen) die Langeweile während des Unterrichts vertreiben, solange sie gleichzeitig ihren Schülerjob erfüllen. Die Langeweile selbst wird dabei von den Beteiligten nicht thematisiert."[31]

Die fehlende unterrichtliche Thematisierung der Langeweile führe nach Breidenstein zufolge zu einer unzureichenden Berücksichtigung in schulpädagogischer Literatur.[32]

Die empirischen Befunde an der Berufsfachschule für Kinderpflege machen eine ähnliche Tabuisierung der Emotion deutlich. Erst jenseits des Unterrichts und unter Abwesenheit schulischer Autoritäten kann Langeweile bei Schüler*innen deutlicher zur Sprache kommen.

> I: [...] Was habt ihr so geschrieben?
>
> Franziska: Langeweile.
>
> I: Langeweile.
>
> Julia: @(.)@
> (Gruppeninterview 2BFHK2b).

Franziska notiert bei der Frage, welche Gefühle sie am heutigen Schultag bereits gefühlt hätte, Langeweile. Im Gruppeninterview, das zwar im Schulgebäude, aber nicht im Unterricht und ohne Beisein der Lehrperson stattfindet, scheint Franziska diese Emotion ohne Weiteres thematisierbar. Dass es sich dabei trotzdem um eine Form von Tabu zu handeln scheint, wird durch die Reaktionen der Interviewerin und Julia deutlich. Die Wiederholung des Wortes verweist auf eine überraschte Vergewisserung, angesichts der im Unterricht sonst kaum thematisierten Emotion. Darüber hinaus signalisiert Julias kurzes Auflachen, dass es anstößig zu sein scheint, den Schulalltag mit Langeweile zu beschreiben.

5.2 Gründe für Langeweile

Setzt man sich mit den Gründen für Langeweile auseinander, ergibt sich eine Vielzahl an potenziellen Möglichkeiten. Nach Katrin Lohrmann sind weniger spezielle Inhalte oder Fächer für Langeweile verantwortlich, als vielmehr gewisse Unterrichtssituationen, in denen bestimmte Fächer für Schüler*innen langweilig werden.[33]

---

31 BREIDENSTEIN, Georg (2006): Teilnahme am Unterricht, 77 (Hervorhebung im Original).
32 Vgl. BREIDENSTEIN, Georg (2006): Teilnahme am Unterricht, 77 [Fußnote 9].
33 Vgl. LOHRMANN, Katrin (2008): Langeweile im Unterricht, 143.

5.2.1 Ursachen von Langeweile

Mögliche Ursachen sehen Lohrmann, Ludwig Haag und Thomas Götz[34] zum einen in einem mangelnden Lebensbezug, bspw. wenn Schüler*innen keinen Bezug zu ihrer Lebenspraxis herstellen oder diesen in den vermittelten Inhalten erkennen können. Eine subjektive Bedeutsamkeit der Lerninhalte stelle sich vermehrt dann ein, wenn Schüler*innen in ihrer Lernumgebung einen Bezug zu realen Kontexten herstellen könnten. Je echter und anwendungsbezogener sich die Situationen darstellten, desto höher sei die Motivation und das Interesse der Schüler*innen an den Unterrichtsinhalten.

Als weitere Ursache für Langeweile benennen die Autor*innen Unter- bzw. Überforderung. Misslinge es, eine Passung zwischen dem Aufgabenniveau und den Lernenden zu erreichen, bspw. weil eine Anforderung als zu leicht wahrgenommen werde, könne Langeweile entstehen. Handle es sich ausschließlich um bereits Bekanntes oder würden die Anforderungen unterschritten, stelle sich weder Neugierde noch Reiz bei Lernenden ein. Jedoch könne es auch bei einer überfordernden Situation zu Langeweile kommen, bspw. wenn sich die Schüler*innen aufgrund fehlender Kenntnisse nicht aktiv an der Lernsituation beteiligen können.

Den Autor*innen zufolge kann auch ungenutzte Lernzeit ein Grund für schulische Langeweile sein. Situationen, in denen die Lernzeit Einzelner ungenutzt bleibe – bspw. wenn Schüler*innen auf ihre Mitschüler*innen und die Fertigstellung ihrer Aufgaben warten müssten, können einen Leerlauf ergeben. Allerdings geben Lohrmann et. al. zu verstehen, dass ungenutzte Zeit nicht automatisch als Langeweile empfunden werden muss. Diese komme erst auf, wenn Lernende diese Pause als unerwünscht oder als ungenutzt empfinden. Hierbei sind Störungen zu nennen, welche die Aufmerksamkeit der Lehrperson für sich beanspruchen, die Vermittlung unterbrechen und damit den Lernfortschritt Einzelner behindern. Störungen im Unterricht können für Leerlauf und damit für Langeweile unter den Schüler*innen sorgen.

Auch inhaltliche sowie methodische Monotonie können im Unterrichtskontext Langeweile hervorrufen. Inhalte wiederholt ohne neue Facetten aufzuzeigen, ohne Zusammenhänge herzustellen oder ohne tiefere Erkenntnisse herbeizuführen, mache den Unterricht für Schüler*innen langweilig. Auch methodische Wiederholungen, ähnliche Unterrichtsabläufe und sich stets wiederholende Medien, lassen Abwechslung vermissen und bergen das Risiko der Langeweile.

Zuletzt führen Lohrmann et. al. auch mangelnde Aktivierung ins Feld, die Langeweile im Unterricht verschulden kann. Würden Schüler*innen im Unterricht über einen längeren Zeitraum zu wenig beteiligt und gegen ihren Wunsch

---

34 Vgl. LOHRMANN, Katrin/ HAAG, Ludwig/ GÖTZ, Thomas (2011): Dösen bis zum Pausengong.

5.2 Gründe für Langeweile

nur passiv in das Unterrichtsgeschehen eingebunden, kann dies zu Langeweile führen.

5.2.2 Langeweile und Überforderung

Im Religionsunterricht an der Berufsfachschule lag ein Grund für Langeweile in der Anforderungssituation. Kam es bei einer Aufgabe zu höheren Anforderungen oder gar zu Überforderung, zogen sich die Schüler*innen meist körperlich zurück und nutzten Müdigkeit als thematisierbare Entschuldigung, um die Aufgabe nicht erledigen zu müssen. Die folgende Beobachtung kann stellvertretend für ähnliche Erfahrungen betrachtet werden, in der eine enge Verflechtung von Überforderung, Müdigkeit und Langeweile deutlich wird.

> Nach dem Film gibt Frau Lorenz der Klasse die Aufgabe, auf AB 11 die Aussagen mit gelb anzustreichen, die biblisch, und die Aussagen mit rot anzustreichen, die naturwissenschaftlich sind. Nicht alle finden das Arbeitsblatt auf Anhieb. Frau Lorenz hatte es schon in der Woche davor ausgeteilt. Eigentlich, so dachte ich, war der Arbeitsauftrag sogar Hausaufgabe gewesen. „Ihr müsst euch nochmal genau überlegen, was ist eine Glaubensaussage und was ist naturwissenschaftlich", sagt Frau Lorenz bestimmt. In der Klasse ist es unruhig, auch ich habe den Eindruck, dass ich nicht so richtig weiß, wie ich vorgehen soll. Frau Lorenz geht zu Einzelnen in der Klasse und erklärt ihnen, was zu tun ist. [...]
> „Boah, ich bin voll müde!" sagt Sofia und stützt ihren Kopf auf ihrem Arm ab. Ich merke, dass auch ich sehr müde bin und die Aufgabe langweilig finde. Tamara ruft aus der hinteren Reihe „Ich will schlafen." Frau Lorenz kommentiert die Aussagen nicht. Sofia sagt, sie sei mit der Aufgabe fertig und legt ihren Kopf auf den Tisch. Ihre Sitznachbarin zieht die Kapuze über Sofias Kopf. (2BFHK2, 29.11.18).

In der Szene wird ein anspruchsvoller Aufgabenanspruch deutlich. Der Hinweis genau zu überlegen zeigt den Schüler*innen an, dass die Bearbeitung des Arbeitsblatts Konzentration und Aufmerksamkeit verlangt. Die Selbstbeobachtung der Forscherin, ebenfalls unsicher bei der Lösung des Aufgabenblatts zu sein, gibt einen ersten Hinweis auf das Zustandekommen von Langeweile bei hoher Anforderung. Die wahrgenommene Unruhe verstärkt die Annahme, dass auch die anderen Schüler*innen mit der Aufgabe Schwierigkeiten haben und möglicherweise überfordert sind. Die Situation wird von Sofias Ausruf unterbrochen. Lautstark informiert sie alle anderen über ihren Gefühlszustand als kommunizierende Emotionspraktik. Ihre Müdigkeit stellt sie dar, indem sie zuerst ihren Kopf abstützt und später sogar auf den Tisch legt. Dass es sich dabei um ein soziales Phänomen handelt, verdeutlicht die Resonanz, die sich sowohl bei der Forscherin als auch bei Tamara einstellt. Müdigkeit scheint im Klassenzimmer thematisierbar, Langeweile jedoch nicht. Erst bei der Forscherin wird das Phänomen benannt. Die Lehrperson lässt die öffentliche Demonstration der Müdigkeit und Unlust unkommentiert, was einen weiteren Hinweis auf die Tabuisierung der Emotion liefert. Das Nichtthematisieren in der Unterrichtspraxis ist Usus, sie vermeidet didaktische Anfragen und umgeht eine Grundsatzdiskussion.

5.2.3 Didaktische Vermittlung und Arbeitsmaterialien

Auch die Inhaltsvermittlung im Religionsunterricht kann aus Schüler*innenperspektive Ursache für Langeweile sein.

> Heike: Ja, es ist teilweise auch langweilig. Also, es ist nicht so spannend gestaltet irgendwie. Keine Ahnung, ich kann es auch nicht so erklären.
>
> Miriam: Irgendwie auch langweilig und öde und trocken.
>
> I: Wie würdest du es dir wünschen?
>
> Miriam: Dass sie sich halt mehr Gedanken darüber macht, wie man es gestalten könnte. Weil wir in der Praxis müssen auch irgendwie gucken, dass Kinder Freude haben und sich nicht so langweilen. (Gruppeninterview 2BFHK1b).

Heike und Miriam kommen auf die didaktische Gestaltung des Religionsunterrichts zu sprechen. Beide beklagen am Religionsunterricht mit vorsichtigen Formulierungen, dass dieser langweilig und nicht spannend gestaltet sei. Die abschwächenden Formulierungen „teilweise" und „[i]rgendwie" deuten erneut auf eine Form der Tabuisierung hin. „[L]angweilig und öde und trocken" ist aus Sicht der Schüler*innen eine Folge dürftiger Vermittlung und verweist auf einen Unterricht, der die Schüler*innen wenig involviert oder berührt. Miriam fügt die Bemerkung hinzu, dass sie in ihrer Rolle als angehende pädagogische Fachkräfte ebenfalls verantwortlich seien, Inhalte ansprechend zu vermitteln. Mit Heidegger gesprochen wird hier Langeweile von außen durch unbefriedigende und leerlassende didaktische Gestaltung hervorgebracht. In den Aussagen der Schüler*innen wird ein normativer Anspruch deutlich, der vorsieht, dass Unterricht eigentlich anregend und ansprechend sein sollte. Dies korrespondiert mit der Einsicht Bourdieus, nach der sich im Zeitgefühl der Langeweile ein Auseinandertreten von Erwartungen und Zuständen zeige.[35]

Die beiden Schüler*innen machen die Lehrperson in ihrer Rolle als Initiatorin von Bildungsprozessen für ihre empfundene Langeweile verantwortlich und formulieren ihre Gefühlsäußerungen als Kritik an der für sie unbefriedigenden Unterrichtspraxis.[36] Das Phänomen, dass Schüler*innen sich selbst nicht in der Verantwortung sehen, die empfundene Langeweile zu verändern, sondern diese ausschließlich bei der Lehrperson verorten, führen auch Lohrmann et. al. an.[37] In diesem Befund zeigt sich eine Spannung angesichts der Beobachtungen im Unterricht, in denen die Schüler*innen lediglich auf sich und ihre Müdigkeit, nicht jedoch auf das Lehrer*innenhandeln Bezug nehmen.

---

35 Vgl. BOURDIEU, Pierre (2001): Meditationen, 277.
36 Vgl. WELLGRAF, Stefan (2018): Schule der Gefühle, 44f.
37 Vgl. LOHRMANN, Katrin/ HAAG, Ludwig/ GÖTZ, Thomas (2011): Dösen bis zum Pausengong, 116.

5.2 Gründe für Langeweile

Darüber hinaus scheint bedeutsam, dass die Schüler*innen ihre Einschätzung der Langeweile teilen. Religionsunterricht als langweilig zu charakterisieren, macht die beiden zu Gleichgesinnten. Zentral ist die geteilte Deutung des Unterrichts, mit der sich die Schüler*innen gegenseitig vergewissern, dass nicht sie oder ihr Desinteresse, sondern die Vermittlung die Langeweile verschuldet.[38]

Nicht nur die didaktische Gestaltung, auch die Arbeitsmaterialien können dafür sorgen, dass sich Unlust und mangelnde Motivation ausbreiten, wie aus einer Selbstbeobachtung der Forscherin hervorgeht.

> Das Thema ist noch immer Islam. Auf den Tischen der Schüler*innen liegen Arbeitsblätter über Geschichten vom Leben Mohammeds. Insgesamt sind es drei Blätter auf Ökopapier in einem hellen braun kopiert, alle drei in unterschiedlichen Schriftarten, oben von Hand steht in krakliger Schrift ‚AB3', ‚AB4' und ‚AB5'. Ich finde sie optisch nicht sonderlich ansprechend und habe kaum Lust mir die Sachen darauf durchzulesen. (2BFHK2, 29.03.19).

Arbeitsblätter im Religionsunterricht stellen ein bewährtes Medium dar, um Texte, Bilder und Arbeitsaufträge an die Schüler*innen zu vermitteln und damit den Lehr-Lernprozess zu unterstützen.[39] Als weitverbreiteter und scheinbar konstitutiver Bestandteil unterrichtlicher Praxis wird das Arbeitsblatt als solches selten hinterfragt. Nach Stögbauer-Elsner verdichten sich elementare Überlegungen zur Unterrichtsplanung und -gestaltung auf dem häufig verwendeten DINA-4-Format, dessen primäres Ziel Motivierung und Schüleraktivierung darstellt.[40] Diese Ansicht deckt sich mit der Auffassung Scheers, der zufolge Gegenständen und Artefakten eine Emotionen mobilisierende Funktion zukommt. Im Religionsunterricht an der Berufsfachschule wurden viele Arbeitsblätter ausgehändigt, was auf Seiten der Schüler*innen zu Überdruss und Motivationslosigkeit führte.

> Carmina: […] Aber dieses Jahr sind es nur Blätter, Blätter, Blätter. Wir sehen nur- ich seh nur Blätter überall, sogar zu Hause seh ich nur Blätter. Und deshalb hab ich dieses Jahr keine Motivation auf Religion. Also ich war nicht so motiviert so wie letztes Jahr. (Gruppeninterview 2BFHK2a).

Die große Anzahl an Arbeitsblättern und ihre weniger ansprechende Ästhetik minderten unter den Berufsschüler*innen die Lust, sich mit dem Geschriebenen auseinanderzusetzen. Oftmals bewerkstelligten sie diese Aufgabe nicht, weil sie,

---

38 Vgl. BREIDENSTEIN, Georg (2006): Teilnahme am Unterricht, 80.
39 Vgl. DIERK, Heidrun/ SCHEIBLE, Annette (2022): Arbeitsblatt. In: Brieden, Norbert u.a. (Hrsg.): Religionsunterricht beobachten. Praktiken – Artefakte – Akteure, Ostfildern, 206–215.
40 Vgl. STÖGBAUER-ELSNER, Eva-Maria (2021): Art. Arbeitsblatt. In: Das Wissenschaftlich-Religionspädagogische Lexikon im Internet (WiReLex), https://www.bibelwissenschaft.de/fileadmin/buh_bibelmodul/media/wirelex/pdf/Arbeitsblatt_2021-02-03_12_03.pdf (Zugriff 01.06.23), 1–13.

gleich nachdem sie die Blätter in den Händen hielten, kapitulierten. Die Arbeitsblätter wurden damit mehr als nur ein Medium, mit dem Fachwissen, Arbeitsaufträge und Inhalte an die Schüler*innen vermittelt werden sollten. Schüler*innen mit tendenziell schwächeren Bildungsbiographien bauten beim Anblick längerer Textelemente Barrieren und Hemmnisse auf. Aufgrund mangelnder Kompetenzen hatten die Berufsschüler*innen größere Schwierigkeiten mit Lesen und Vorlesen. Gefangen in einem Dilemma aus Üben und gleichzeitiger Stoffvermittlung führte dies dazu, dass die Lehrperson viele Texte selbst oder von der Forscherin vorlesen ließ und sich die Langeweile aufgrund erneuter, fehlender Beteiligung nur noch weiter verstärkte.

Die Arbeitsblätter transportierten also nicht nur Gefühle von Langeweile, sie erinnerten die Berufsschüler*innen auch an ihre mangelnden Fertigkeiten und ließen die Motivation und das Interesse am Unterricht abklingen. So berichtet Carmina von sich und ihrer Klassenkameradin:

> Carmina: Also, wenn wir beide zum Beispiel gut gelaunt sind, dann machen wir schon mit. Also dann sind wir schon motiviert. Aber wenn sie keine Lust hat, und ich keine Lust hab, und in Religion nur Blätter bekommen, dann ist bei mir vorbei. Also das Interesse. (Gruppeninterview 2BFHK2a).

5.3 Darstellungen von und Umgang mit Langeweile

Langeweile genießt im Schulalltag ein breites Maß an Akzeptanz. Ihre Selbstverständlichkeit und geringe Thematisierung lässt sie allerdings nahezu unsichtbar werden. In diesem Unterkapitel soll sie sichtbar und anhand von Körperpraktiken explizit gemacht werden. Eine Spur der Langeweile zu folgen, liegt in der näheren Betrachtung der Nebentätigkeiten, mit denen Schüler*innen den langsamen und schleppenden Zeitverlauf antreiben. Nicht alle Ausdrucks- und Umgangsformen der Langeweile werden akzeptiert, in manchen Fällen kommt es zu einer Intervention seitens der Lehrperson.

5.3.1 Unscheinbar und am Körper ablesbar: Langeweile im getakteten Schulablauf

> Ich setze mich vor dem Klassenzimmer neben Sven, Franziska und die Schülerin, die als Gast am Reliunterricht teilnimmt. Wir sitzen auf einer buntbemalten Holzbank mit einem ebenso bunt bemalten Tisch. Ich vermute, dass es sich dabei um ein selbstgestaltetes Abschiedsgeschenk einer Abschlussklasse handelt. Wir vier sind alle etwas träge. Draußen schneit es, es ist kalt und in 10 Minuten beginnt der Unterricht. Wir sitzen schweigsam nebeneinander. Svens Körper ist vorn übergeneigt, seine Schultern hängen schlapp herunter. Ich sitze ihm gegenüber, die beiden Mädchen sitzen – ihre Blicke in die Ferne gerichtet – rechts neben mir auf der Heizung. (2BFHK2, 24.01.19).

5.3 Darstellungen von und Umgang mit Langeweile

Die beschriebene Situation kommt ohne die explizite Nennung von Langeweile aus, dennoch wird sie augenscheinlich. Denn hier geschieht nichts, außer zu warten und das Voranschreiten der Zeit abzusitzen. Das Protokoll fängt eine gängige auf den ersten Blick unbedeutende Praktik im schulischen Alltag ein: Das Warten. Wartenmüssen gilt als häufiger Anlass für Langeweile, die sich ereignen kann „wenn man nicht kann, was man tun will und wenn man tun muß, was einen überhaupt nicht interessiert oder unterfordert".[41] Die Situation des Wartens ist allgegenwärtig in der Schule: Ungeduldiges Warten auf Autoritäten (und ihre Schlüssel), Warten auf den Anfang oder das Ende der Stunde, sehnsüchtiges Warten, bis man an die Reihe kommt, oder schlicht Warten darauf, dass sich ein Ereignis einstellt, das die in Schule häufig erlebte Monotonie kurzweilig unterbricht. In diesem Fall warten die Schüler*innen auf den Ortswechsel vom Gang in den Klassenraum, der wiederum die nächste Stunde und damit das Voranschreiten im rhythmisierten Schultag einleitet. Im Schulalltag sind Schüler*innen Teil einer vorgegebenen Zeitstruktur, die sich auch im Stundenplan abbildet.[42] Neben Unterrichtsstunden, die 45 oder 90 Minuten in Anspruch nehmen, gibt es größere und kleinere Pausen, die den Ablauf takten. Ein melodisch ertönender Gong und die in jedem Klassenzimmer klar sichtbare große Uhr geben den Schüler*innen Auskunft und Orientierung über das Voranschreiten der schulischen Zeit. Markierungen dieser zeitlichen Übergänge ergeben sich auch durch den Wechsel von Räumen und Lehrpersonen, die das jeweilige Fach repräsentieren. Breidenstein macht darauf aufmerksam, dass sich die organisierte und rhythmisierte Zeitstruktur von Schule von der persönlichen Erfahrung der Zeit im Schulalltag unterscheidet. Er kommt auf das subjektive Zeitempfinden zu sprechen, das keine private Angelegenheit, sondern vielmehr ein öffentliches und damit beobachtbares Phänomen ist:

> „Die Zeit scheint schneller und langsamer zu verstreichen, sie kann in ihrem nicht-vergehen-Wollen (quälend) bewusst werden oder ganz in den Hintergrund treten angesichts ‚fesselnder' Ereignisse. Diese ‚subjektiven' Qualitäten des Zeiterlebens sind offenkundig keine rein ‚privaten' Empfindungen: Sie sind im Kontext der Unterrichtssituation *beobachtbar*. Vor allem das Bewusst-werden der Zeit, die ‚Langeweile', ist bisweilen mit Händen zu greifen – es scheint sich dann durchaus um ein kollektives Phänomen zu handeln."[43]

Die Trägheit der wartenden Schüler*innen vor dem verschlossenen Klassenraum symbolisiert mit Breidenstein das, was „mit den Händen zu greifen" ist. Das schleppende Voranschreiten der Zeit manifestiert sich im körperlichen Ausdruck der Wartenden. Svens zusammengesunkene Körperhaltung ist Abbild seiner Unlust. Er gibt sich träge der Situation des Wartens hin. Auch die in die Weite

---

41 DOEHLEMANN, Martin (1991): Langeweile?, 39.
42 Vgl. DÖBRICH, Peter (2009): Stundenplan. In: Blömeke, Sigrid u.a. (Hrsg.) (2009): Handbuch Schule. Theorie – Organisation – Entwicklung, Bad Heilbrunn, 368–372.
43 BREIDENSTEIN, Georg (2006): Teilnahme am Unterricht, 67 (Hervorhebung im Original).

gerichteten Blicke der beiden Mädchen lassen eine innere Abwesenheit mutmaßen, die der Pflicht des Wartens ausharrt.

Peter Toohey identifiziert in seinem Werk *Boredom* diese und weitere Körperpraktiken, die Langeweile zum Ausdruck bringen. Neben aufgestützten Ellenbogen, welche die Schwere des Körpers abstützen wollen, nennt er auch die abgestützten Hände auf der Hüfte, Gähnen, den Blick ins Leere sowie den herabhängenden Hals als Ausdruck des Phänomens.[44]

Ähnlich wie bei Toohey konnten in den Beobachtungen verschiedene Körperpraktiken der Langeweile identifiziert werden. Exemplarisch dient folgender Ausschnitt:

> Wir sehen einen Film über die Passion Jesu. Heike und Alicia lehnen mit ihren Oberkörpern vornübergebeugt auf den Tischen. […] Sie liegen auf ihren verschränkten Armen, zwischenzeitlich schließen sie die Augen. (2BFHK1, 05.04.19)

Das Ablegen der Ellbogen auf Knien, Tischen und Ordnern mit darauf aufstützendem Kopf; den Oberkörper mit verschränkten Armen auf den Tischen ablegen; den gesamten Oberkörper auf Stühlen zurücklehnen und Gähnen waren gängige Körperpraktiken, die im Unterricht zu beobachten waren. Mithilfe dieser Gesten vermittelten die Schüler*innen ein unübersehbares Signal: Hier findet nur wenig Berührung oder Verbindung zum Unterrichtsgeschehen statt. Doch wie gehen Akteur*innen im Unterricht mit Langeweile um?

5.3.2 *Zeitvertreib und Nebentätigkeiten*

Eine Strategie mit Langeweile umzugehen ist es, sich die Zeit zu vertreiben. Heidegger macht darauf aufmerksam, dass wir beim Zeit ‚vertreiben' die Zeit

> „herumtreiben, sie dazu treiben, antreiben, daß sie herumgeht. Dieses Vertreiben der Zeit ist aber in sich eigentlich ein Vertreiben der Langeweile, wobei Vertreiben jetzt heißt: Weg-treiben, Verscheuchen. Zeitvertreib ist *ein Zeit antreibendes Wegtreiben der Langeweile.*"[45]

Der Zeitvertreib zielt darauf, einer Beschäftigung nachzugehen, bei der das Gefühl entsteht, die Zeit gehe schneller vorbei. Dabei ist der Mensch nicht mehr auf die Zeit bezogen, sie tritt in den Hintergrund oder wird gar vergessen.[46]

Im Religionsunterricht konnten Nebentätigkeiten als Praktiken des Zeitvertreibs beobachtet werden. Langeweile als vermeidendes Phänomen ist deutlich schwieriger zu beobachten als jene Praktiken, die ausgeführt werden, um ihr zu entgehen.

---

44 Vgl. TOOHEY, Peter (2011): Boredom. A Lively History, New Haven, CT/ London, 35–41.
45 HEIDEGGER, Martin (1983): Die Grundbegriffe der Metaphysik, 140 (Hervorhebung im Original).
46 Vgl. HEIDEGGER, Martin (1983): Die Grundbegriffe der Metaphysik, 150f.

5.3 Darstellungen von und Umgang mit Langeweile

> „Der Zustand der Langeweile erscheint als ein zu vermeidender, sobald er sich einstellt, sucht man den Zeitvertreib, so dass man, will man die Langeweile fokussieren, zumeist nur den Zeitvertreib beobachtet."[47]

Durch das Ausführen von Nebentätigkeiten machen die Schüler*innen den für sie langsamen Zeitverlauf sichtbar. Mit Michael Schüßler lässt sich Zeit praktisch gewendet als soziale Konstruktion denken. „Zeit entsteht für den Menschen in seinen Praktiken."[48] Nach Schüßler ist Zeit nie für sich greifbar, sondern wird erst in Phänomenen der Welt, in Erfahrungen und in Form von Praktiken sichtbar.[49]

Im Religionsunterricht konnten *passive Nebentätigkeiten* wie das Träumen oder die Flucht in Gedanken von *aktiven Nebentätigkeiten* wie das Ausmalen von Kästchen oder Zettelschreiben unterschieden werden:

> Aus der Unruhe der Mädchen vor mir schließe ich, dass sie nicht so ganz verstehen, worum es in diesem Vortrag geht. Die Mädchen schieben sich ein weißes Blatt zu, auf dem sie abwechselnd schreiben. (2BFHK2, 22.11.18).

> Alicia und Johanna richten ihre Blicke ab vom Film und beginnen mit Eddings auf ihren Ordnern zu malen. Beide haben sichtlich Spaß daran, sie reden leise miteinander und lachen. (2BFHK1, 01.02.19).

In beiden Fällen wenden sich die Schüler*innen vom Unterrichtsgeschehen ab und treten in den sozialen Austausch, statt der Wissensvermittlung weiter zu folgen. Die Schüler*innen schaffen innerhalb der Klasse eine intime Subgruppe, in der sie den sozialen Austausch vorziehen und damit eine Entkoppelung vom Unterrichtsgeschehen erwirken.[50]

Nebentätigkeiten können jedoch auch ohne eine Distanzierung vom Unterrichtsgeschehen ausgeführt werden. Nathalie vertreibt sich die Zeit und richtet ihre Aufmerksamkeit auf eine Nebentätigkeit. Dabei hört sie dem Unterricht weiterhin zu und bringt sich ein:

> Mein Blick richtet sich auf Nathalie. Sie sitz schweigend am Tisch direkt mir gegenüber. Ihr Blick ist nach unten gerichtet. Vor ihr liegt ein karierter Block, auf dem sie am linken Rand farbige Kästchen ausgemalt hat. Sie bilden ein Muster und sie ist dabei, weitere Kästchen auszumalen. Dazu führt sie sorgfältig den dunkelgrünen Filzstift in der Hand in das nächste Kästchen, das sie zunächst umrandet und es dann mit Farbe ausfüllt. Frau Lorenz sieht Nathalies Zeichnungen. Statt sie zu kommentieren oder gar zu verbieten, stellt sie die nächste Frage: „Wer war denn König David?" Nathalie sagt: „Irgendein Retter", greift sich kurz an die Brille und zeichnet weiter

---

47 BREIDENSTEIN, Georg (2006): Teilnahme am Unterricht, 84.
48 SCHÜßLER, Michael (2013): Mit Gott neu beginnen. Die Zeitdimension von Theologie und Kirche in ereignisbasierter Gesellschaft, Stuttgart, 49.
49 Vgl. SCHÜßLER, Michael (2013): Mit Gott neu beginnen, 49.
50 Subgruppen des Unterrichts verlaufen meist abgekoppelt und distanziert zum inhaltlichen Unterrichtsgeschehen und dienen dem Ausbau von Freundschaft und Gemeinschaft. Vgl. BENNEWITZ, Hedda (2004): Helenas und Fabiennes Welt.

auf ihrem Papier. Sie arbeitet sich vom linken Rand weiter vor und beginnt eine neue senkrechte Spalte. Auch hier färbt sie wieder mit großer Sorgfalt weitere Karokästchen bunt untereinander ein. (2BFHK1, 14.12.18).

Im Vergleich zu den bereits angeführten Beispielen von Nebentätigkeiten handelt es sich hier um eine Einzelunternehmung. Die Schülerin führt ihre Tätigkeit des Kästchen-Ausmalens mit viel Muße aus. Aus ihrem Antwortversuch geht hervor, dass sie sich weiterhin am Unterrichtsgeschehen beteiligt und mit der Nebentätigkeit nicht in eigene Gedanken zurückzieht. Es wird deutlich, dass die Schülerin dem Unterricht gedanklich weiterhin folgt, da sie sich an der Frage der Lehrperson beteiligt. Nathalies zeitvertreibende Praktik lässt sich auch als Tätigkeit interpretieren, die ihre Konzentration sogar verstärkt. Angeschlossen an die zuvor benannte ästhetische Kritik an den Arbeitsmitteln lässt sich diese Sequenz auch dahingehend interpretieren, dass Nathalie im Religionsunterricht zwar gedanklich gefordert, aber zu wenig ästhetisch stimuliert wird. Die Religionslehrperson kommentiert Nathalies detailreiche und bedachte Ausführung des Malens nicht. Nebentätigkeiten als Praktiken des Zeitvertreibs genießen – solange sie den Unterrichtsverlauf nicht behindern oder stören – ein hohes Maß an Akzeptanz.

Schüler*innen berichten auch, sich in Nebentätigkeiten zu ‚flüchten', wenn Lehrpersonen „zu arg reden" und sie selbst in irgendeiner Form aktiv werden möchten.

> Tamara: […] Ich kritzel da halt auch auf dem Block rum oder tu Kästchen, ja, äh und Kästchen ausmalen.
>
> I: ᒪWenn du nachdenklich bist?
>
> Tamara: Ich mag das halt nicht, wenn Lehrer zu arg reden und du willst selber was hinschreiben und ich mag das gar nicht irgendwie […]. (Gruppeninterview 2BFHK2b).

Von einer passiven Nebentätigkeit berichtet Franziska. Sie beschreibt eine Form der Flucht, um sich von einem weniger interessanten Unterrichtsthema gedanklich abzukoppeln und die Situation für sich angenehm zu gestalten.

> Franziska: Ja, wenn zum Beispiel, wenn mich ein Thema nicht so interessiert, dann passiert es schon ziemlich schnell oder das Thema halt sehr langwierig ist, dann denkst: och, jetzt reicht's auch mal, und dann hast du lieber deine eigenen Gedanken, die sind dann viel spannender als das, was im Unterricht ist.
>
> I: Wie zeigt sich das an deinem Körper, dass du mit den Gedanken irgendwie gerade woanders bist?
>
> Franziska: Dass ich mit den Ellenbogen und Kopf so, und dann ich woanders hinguck. Oder einfach so auf dem Papier herumkritzel oder so. Ja. (Gruppeninterview 2BFHK2b).

5.3 Darstellungen von und Umgang mit Langeweile

Von Schüler*innen wird während des Unterrichts körperliche Präsenz erwartet. Allerdings steht es ihnen frei, während des Unterrichts innerlich ‚abzuschalten' und sich in ihre Gedanken zurückzuziehen. Auch Franziska „passiert es", dass sie sich bei fehlendem Interesse innerlich abkoppelt. Die Flucht in die Gedanken manifestiert sich an ihrem Körper, sie wird äußerlich sichtbar. Sie nennt typische Darstellungsformen der Langeweile wie das Abstützen des Körpers, abschweifende Blicke oder das Ausführen von Nebentätigkeiten.[51]

Die nähere Auseinandersetzung mit den Nebentätigkeiten des Unterrichts zeigen auf eindrückliche Weise, dass die Praktiken und Darstellungen der Langeweile öffentlich vollzogen werden und ein hohes Maß an Akzeptanz finden. Es zeigt sich eine hohe Sichtbarkeit und Normalität der Langeweile, die von Seiten der Lehrperson erkannt und akzeptiert wird. Breidenstein kommt in seiner ethnographischen Untersuchung zu dem Schluss, dass Schüler*innen und Lehrpersonen einen stillen Pakt schließen, der die Akzeptanz von Langeweile auf beiden Seiten betrifft: Lehrende nehmen bis zu einem bestimmten Grad die öffentlich zur Schau gestellte Langeweile in Kauf. Schüler*innen wiederum akzeptieren die Tatsache, dass Unterricht aufgrund inhaltlicher und formaler Vorgaben ein annehmbares Risiko an Langeweile birgt.[52] Die These des stillen Pakts zwischen Lehrpersonen und Schüler*innen lässt sich durch die vorliegende Untersuchung bestätigen.

5.3.3 ‚Doing Motivation'

In den bisherigen Auszügen aus den Feldprotokollen wurde ein hohes Maß an Akzeptanz im Umgang mit Langeweile an der Berufsfachschule deutlich. Es ließen sich aber auch Situationen beobachten, die über die Grenzen des für die Religionslehrperson Akzeptierbaren hinaus gingen und eine Intervention erforderten.

> Als ich in die Klasse komme, liegt Carmina ausgestreckt auf dem Rücken auf dem hinteren Tisch und hat die Augen geschlossen. Die anderen lungern auf ihren Stühlen herum, ich blicke in müde Gesichter. Es klingelt. Schwungvoll und mit einem Lächeln im Gesicht betritt die Religionslehrerin den Raum, freundlich begrüßt sie die Klasse. Verwundert über Carminas Liegeposition fragt Frau Lorenz, was denn los sei. In dem Moment richtet sich Carmina langsam auf. Verschlafen schaut sie die Lehrperson an. Dass sie auf den Tischen lag, was ja eigentlich nicht erlaubt ist, bleibt unerwähnt. Vielmehr schaut die Lehrperson in die Runde und sagt etwas enttäuscht, dass sie heute ja wieder so wenige seien. Sven ruft eifrig, dass da noch jemand auf dem Boden liege. Wir schauen nach hinten, wo Sofia ausgestreckt auf dem Boden an der Heizung liegt. Sofia steht nicht gleich auf, sie wartet, bis sie von der Lehrperson mit Nachdruck aufgefordert wird. Dann hebt sie sich langsam und gemächlich. Ihre Haare sind zerzaust, auch sie sieht sehr, sehr müde aus. Frau Lorenz fragt erneut, was

---

51 Vgl. TOOHEY, Peter (2011): Boredom, 35–41.
52 Vgl. BREIDENSTEIN, Georg (2006): Teilnahme am Unterricht, 85.

denn los sei, woraufhin die Schüler*innen zu jammern beginnen. Sie hätten nicht gut geschlafen – außerdem folgen weitere Begründungen: Jemand stellt seine Medikamente um, jemand musste gestern schwere Kisten schleppen, jemand kann einfach generell nicht gut schlafen. Frau Lorenz muss die Schüler*innen unterbrechen. Die Asymmetrie an Motivation ist für mich deutlich zu spüren: die Lehrerin ist hochmotiviert und schaut auf müde, träge Körper. (2BFHK2, 03.05.19).

Das Herumliegen auf Tischen oder auf dem Boden ist unüblich in einer Bildungsinstitution. Vielmehr verlangt der schulische Habitus von Schüler*innen, aufmerksam, in Arbeitshaltung auf Stühlen und an Tischen zu sitzen. Mit Carminas ausgestrecktem, auf dem Tisch liegendem Körper kann kein Unterricht stattfinden. Damit blockiert sie ein wichtiges und sehr präsentes Arbeitsmittel, was das Arbeiten und Lernen zunächst nicht möglich macht. Die prominente Inszenierung ihres müden Körpers und die gleichzeitige Blockierung des Arbeitsmediums kann als eine Form des subtilen Protests gegen die nun anstehende Stunde interpretiert werden.

Die Unüblichkeit der Situation wird auch an der Reaktion der eintretenden Religionslehrperson deutlich: Verwundert erkundigt sie sich, ob bei Carmina alles in Ordnung sei. Zwar ist ein gewisser Ausdrucksgrad von Müdigkeit und Langeweile im Schulkontext erlaubt und gehört zum impliziten Konsens zwischen Schüler*innen und Lehrpersonen, um Unterricht unter den fremdbestimmten Rahmenbedingungen stattfinden zu lassen, allerdings scheint dieser hier überschritten.

Der öffentlich inszenierte Ruheplatz erfordert eine Thematisierung seitens der Lehrperson. Anders als in den bisherigen Beispielen stellt es hier für die Lehrperson keine Option dar, die Müdigkeit und Unlust ihrer Schüler*innen nicht zu benennen. Allmählich – erst als Frau Lorenz sie anspricht – setzt sich Carmina auf. Sie wird nicht direkt aufgefordert ihre Körperposition zu ändern, vielmehr kommt sie selbst der unausgesprochenen Norm vertikaler Körperpositionen im Unterricht nach. Die Frage der Lehrperson muss Carmina gar nicht beantworten. Mit ihrer müden und trägen Körperpraktik kommuniziert sie bereits genug, sodass sich die Lehrperson auf die geringe Anwesenheitszahl der Schüler*innen fokussiert.

Zunächst von der Lehrperson unbemerkt, kann Sofia länger liegen bleiben als Carmina. Erst als Sven sie verrät und sie mit Nachdruck von Frau Lorenz aufgefordert wird, fängt sie an sich zu bewegen. Ihre Trägheit und Unlust werden dabei augenscheinlich.

Die erneute Nachfrage, was denn los sei, wird für die Schüler*innen nun zur Einladung, der Religionslehrperson umfassend ihr Leid zu klagen und gestaltet sich zu einer Form der Beziehungspflege aus. Die Situation droht allerdings auszuufern, sodass die Lehrperson sie schließlich unterbricht. Ihre Motivation – bereits beim Betreten des Klassenzimmers deutlich zu spüren – bildet einen deutlichen Kontrast zur Trägheit der Klasse. Die Situation verläuft weiter wie folgt:

5.3 Darstellungen von und Umgang mit Langeweile

> „Ihr braucht also etwas Aktivierung!", ruft sie lächelnd. So könne sie schließlich keinen Unterricht machen, flüstert sie mir zu. Sie fordert die Schüler*innen auf, nach vorne in einen Kreis zu stehen. Sie würde ein bisschen Chi Gong mit uns machen. Die Schüler*innen blicken sie sehr skeptisch an. Niemand macht Anstalten sich zu bewegen. Auch mich fordert sie direkt auf, nach vorne zu kommen. Ich stehe auf und trete neben sie. Dann bittet sie die Schüler*innen erneut, zunächst freundlich, dann irgendwann frustriert. „Jetzt kommt schon nach vorne", sagt sie etwas gereizt. Noch immer bewegt sich niemand, irritiert schauen sie zu uns, ihre Köpfe noch immer auf den Armen aufgestützt. Nach dem vierten, inzwischen recht strengen Aufruf finden sich die müden und sichtlich unmotivierten Körper vor der Tafel ein. Die Lehrperson bittet uns schulterbreit hinzustehen. Dann sollen wir die Beine heben. Immer abwechselnd und den gegenüberliegenden Arm. Sie macht die Übung lächelnd vor und sagt, dass wir mithilfe der Übung fitter würden. Ich hebe meine Beine und Arme und fühle mich etwas merkwürdig dabei. Die Schüler*innen machen mit, allerdings ziehen sie ihre Arme und Beine nicht so weit nach oben wie die Lehrperson, sondern rollen mit den Augen. [...] Wir lachen die ganze Übung über und die Schüler*innen wirken tatsächlich fitter. Die noch immer lachenden und kichernden Körper bewegen sich wieder an ihre Plätze. Ihre aufmerksamen Blicke und aufrechten Körperpositionen lassen sie motivierter erscheinen. (2BFHK2, 03.05.2019).

Die Religionslehrperson ist mit einer augenscheinlich sehr müden und demotivierten Klasse konfrontiert. Ihre Worte „Ihr braucht also etwas Aktivierung!" können als motivierender Schlachtruf interpretiert werden, der für Energie und Motivation auf Seiten der Schüler*innen sorgen soll. Der Ausruf macht auch deutlich, dass sich Frau Lorenz der Müdigkeit und Lustlosigkeit der Schüler*innen nicht anpasst, sondern invers eine Anpassung an ihren Gemütszustand auf Seiten der Schüler*innen anstrebt. Ihre kurze Nebenbemerkung, dass sie so schließlich keinen Unterricht machen könne, zeigt die normative Disposition der Lehrperson an. Mit derart trägen Schüler*innen scheint ihr Unterricht nicht möglich zu sein. Gelungene Unterrichtskultur setzt voraus, dass sich die Körper der Lernenden in einem wachen, aufmerksamen Zustand befinden. Die Lehrperson betrachtet es als ihren Job, diese Grundbedingung guten Unterrichts herzustellen. Um den unmotivierten Gemütszustand ihrer Schüler*innen zu transformieren, setzt sie hier auf ein besonderes Mittel. Sie wählt eine Chi Gong Übung aus, von der sie ausgeht, dass alle „fitter" werden. Sie wählt eine Körperpraktik zur Kreislaufstimulierung, um motivierende Gefühle zu mobilisieren.

Allerdings kommt der Aufforderung, neben ihr nach vorne zu treten, nur die Forscherin nach. Die Schüler*innen bleiben auf ihren Plätzen sitzen, blicken skeptisch und bringen damit ihre ablehnende Haltung zum Ausdruck. Selbst nach mehrfachen Aufforderungen (zunächst freundlich, dann frustriert und schließlich gereizt) verharren die Schüler*innen in ihrer Position. Ihre aufgestützte Sitzhaltung und das mehrfache Ignorieren der Aufforderung, lassen sich sowohl als Protest gegen das Vorhaben der Lehrperson interpretieren, als auch als Körperpraktik, die weiterhin Gefühle von Lustlosigkeit und Müdigkeit verstärken und an die Lehrperson adressieren soll. Beide Fronten – so scheint es –

wollen ihre Gefühlslage auf die andere übertragen: Motivation und Aktivierung versus Trägheit und Lustlosigkeit.

Erst der vierte, strenge Aufruf setzt die Schüler*innen in Bewegung. Sie zeigt auch die Autoritätsmacht der Lehrperson über die Schüler*innen an.[53] Die Veränderung ihrer Stimme hin zur Strenge, kann als wirksamer Gebrauch dieser Macht betrachtet werden.

Allerdings sind die Schüler*innen keineswegs ‚macht-los'. Die halbherzige Ausführung der Übung sowie das Augenrollen können als deutlicher, wenn auch nicht verbalisierter Protest betrachtet werden.

Die mobilisierende Körperpraktik scheint einen Effekt zu haben. Aus dem Protokoll wird deutlich, dass die Schüler*innen einen fitteren Eindruck machen. Verstärkt wird dieser Eindruck durch das Lachen und Kichern, das auf eine gelöste und heitere Situation schließen lässt.

Schließlich begeben sich die Schüler*innen wieder auf ihre Plätze. Ihre aufmerksamen Blicke und aufrechten Körper lassen den Eindruck entstehen, dass sie durch die Körperpraktik motivierter als zuvor zu sein scheinen. Damit hat die Lehrperson nun einen Zustand geschaffen, mit dem sie den Religionsunterricht beginnen kann.

5.4 Kurzweile: Berufliche und persönliche Relevanz

Neben Praktiken, die antriebslose und gelangweilte Körper stimulierten, konnte das Vehikel der beruflichen und persönlichen Relevanz beobachtet werden, das der Langeweile im Religionsunterricht entgegenwirken konnte und den Unterricht für Schüler*innen kurzweilig werden ließ.

Werden Inhalte ohne nähere Berücksichtigung der Lebenswelt von Schüler*innen vermittelt, kommt es nach Doehlemann zu einer Teilung des Selbst, die wesentliche Züge des Menschseins im Schulkontext ausblendet.

> „Die Schule hält heute wie ehedem junge Menschen in Unterrichtsräumen zeitweilig gefangen, legt ihre Körper still und setzt ihnen einen weitgehend abstrakten Lernstoff vor, der meist nichts mit ihrem derzeitigen Leben zu tun hat und vor allem mittels Prüfungsdruck in ihre Köpfe gelangt. Der Schüler wird sein noch ungefestigtes Selbst in einen schulangemessenen Teil und einen Teil für draußen aufspalten. Zum

---

53 Nach Richard Utz lässt sich unter Autoritätsmacht der „Weisungs- und Anordnungsanspruch institutioneller Autorität" verstehen. Er weist darauf hin, dass „Träger institutioneller Autoritätsmacht" gegenüber den „Autoritätsadressaten" mit der Anerkennung ihrer Autorität rechnen. Vgl. UTZ, Richard (2011): „Total Institutions", „Greedy Institutions". Verhaltensstruktur und Situation des sexuellen Missbrauchs. In: Baldus, Marion/ Ders. (Hrsg.): Sexueller Missbrauch in pädagogischen Kontexten. Faktoren, Interventionen, Perspektiven, Wiesbaden, 51–76, 56.

5.4 Kurzweile: Berufliche und persönliche Relevanz

letzteren gehören weite Bereiche der jugendlichen Emotionalität, Körperlichkeit und Sinnlichkeit."[54]

Nach Doehlemann spart schulische Vermittlung wesentliche Merkmale des Menschseins aus: Emotionalität, Körperlichkeit und Sinnlichkeit stellen Bezugspunkte dar, die in der Vermittlung abstrakter Lerninhalte ohne Bezugnahmen auf die körperlichen Konstitutionen von Lernenden zu kurz kämen.

Ähnlich wie Doehlemann sehen auch Lohrmann, Haag und Götz mangelnden Lebensweltbezug als Problematik schulischen Unterrichtens. Könnten Schüler*innen keine Bezüge zu ihrer Lebenspraxis herstellen oder diese in den vermittelten Inhalten erkennen, sei Langeweile unter den Schüler*innen die Folge. Ließen sich keine Bezüge zu realen Kontexten herstellen, schreiben Schüler*innen den Lerninhalten kaum Bedeutsamkeit zu. Je echter und anwendungsbezogener Unterrichtssituationen gestaltet würden, desto höher sei die Motivation und das Interesse der Schüler*innen an den Inhalten.[55]

5.4.1 Glück, Leidenschaft und Perfektion: Berufliche Relevanz des Religionsunterrichts

Der Religionsunterricht an der Berufsfachschule steht vor der Herausforderung, Lerninhalte für den Alltag sowohl persönlich als auch beruflich relevant zu machen. Dabei spielt v. a. das Üben beruflicher Praxis und die Anwendungsbezogenheit im Rahmen der Berufsausbildung im Vordergrund. Das Berufsbildungsgesetz, das auf den Erwerb einer beruflichen Handlungsfähigkeit zielt, betont besonders den Erfahrungsbezug von Bildungsprozessen.[56] Im Vordergrund stehen Bildungs*erfahrungen*, die sich an den dafür ausgelegten Räumlichkeiten am Lernort Berufsschule abbilden. Praxisbezug und Berufsrelevanz stehen an berufsbildenden Schulen an zentraler Stelle und treten auch in der Gebäudestruktur deutlich hervor: Werkstätten, Küchen, Bewegungsräume, Praxiszimmer und Büroräume stehen neben Räumlichkeiten für allgemeinen Fachunterricht zur Verfügung und bilden wesentliche Elemente des erfahrungsbezogenen Ausbildungssettings.[57]

Im Gruppeninterview zeigt sich eine von den Schüler*innen hergestellte Verknüpfung erlebter Berufsrelevanz im Religionsunterricht mit Glück und Zufriedenheit. In der folgenden Passage beschreiben Sofia und Carmina Unter-

---

54 Doehlemann, Martin (1991): Langeweile?, 152.
55 Vgl. Lohrmann, Katrin/ Haag, Ludwig/ Götz, Thomas (2011): Dösen bis zum Pausengong, 113.
56 Vgl. §1 Abs. 2.3 BBiG.
57 Vgl. Gronover, Matthias (2020): Berufsorientierte Religionspädagogik – Konturierung eines Forschungsfeldes. Über konstitutive Unschärfen, Unbestimmtheiten und Vagheiten. In: ThQ 200, 375–387, 382.

schiede zwischen den Ausbildungsjahren. Abwechslungsreicher, praktischer Religionsunterricht wird für die Schüler*innen zum Gütekriterium guten Unterrichts, für den es sich lohne, freitagnachmittags in die Schule zu kommen.

> Sofia: Die hat damals im ersten Jahr ihre Religion sehr wechselreich gestaltet, Stationen-
>
> I: Welches Gefühl hattest du da?
>
> Sofia: Ich war glücklich, bin froh in Religion gewesen zu sein. Weil, wir hatten auch Freitag Nachmittagsschule bis 15:50 Uhr an einem Freitag, eigentlich hatte keiner Bock, weil Wochenende, aber wir sind trotzdem alle geblieben, und es war nicht so- es hat sich nicht falsch angefühlt als wir dort waren. Es war echt lustig, weil wir haben viel unternommen, allgemein auch mit Frau Lorenz. Und jetzt ist es halt, vielleicht weil es ein bisschen Druck gibt gerade wegen ähm Schul- äh wegen Prüfungen, und da versteh ich sie schon mit den ganzen Blättern, aber man sollte auch ein bisschen andere Sachen machen. Wir können auch praktisch manche Sachen auch noch lernen […].
>
> Carmina: Zum Beispiel Bilderbuchbetrachtung hat uns auch geholfen, wo wir das bei Frau Lorenz gemacht haben. Sie hat uns erklärt, wie man das macht und wir haben das halt gemacht und sie hat uns gelobt. Sie hat gesagt: Ihr habt es richtig gut gemacht und so hab ich es auch zum Beispiel im Kindergarten gemacht. (Gruppeninterview 2BFHK2a).

Sofia führt die ungünstigen Rahmenbedingungen an, unter denen der Religionsunterricht im letzten Schuljahr stattgefunden hat. Mehrfach betont sie den Nachmittagsunterricht an einem Freitag – ein aus ihrer Perspektive hoher Preis, den sie und ihre Mitschüler*innen bereit waren zu zahlen. „Ich war glücklich, bin froh in Religion gewesen zu sein." Schnell zeigt sich, warum Sofia diesen Unterricht schätzte. „[W]ir haben viel unternommen" weist auf eine erfahrungsbezogene Unterrichtsgestaltung hin. Der praktisch ausgerichtete Unterricht wird nun im zweiten Ausbildungsjahr mit Blick auf die Abschlussprüfungen von einer zunehmenden theoretischen Ausrichtung „mit den ganzen Blättern" abgelöst.[58] Sie sehnt sich nach „andere[n] Sachen" und verweist auf eine praktische Auseinandersetzung, die sie der theoretischen deutlich bevorzugt. Auch Carmina streicht eine hohe Anwendungsorientierung positiv hervor. Sie kommt auf Bilderbuchbetrachtungen zu sprechen, die für die Praxis „geholfen" haben. Mithilfe der Anleitung der Lehrperson habe sie das Angebot in dieser Form umsetzen können. In ihrem Zitat fällt auf, wie häufig sie das Wort „machen" gebraucht – ein Hinweis auf die zentrale Bedeutung einer an Berufsschulen praktisch und an Erfahrungen ausgerichteten Bildung.

---

58 Das Fach Religion kann bei der schulischen Abschlussprüfung auf Antrag hin mündlich geprüft werden.

5.4 Kurzweile: Berufliche und persönliche Relevanz

Folgende Situation veranschaulicht das Üben beruflicher Praxis und die Anwendungsbezogenheit des berufsbildenden Religionsunterrichts. Wie Gefühle der Unlust und Motivationslosigkeit in Gestaltungslust und ‚Flow' übergehen, zeigt ein Ausschnitt aus einer kreativen Gruppenarbeitsphase. Die Schüler*innen wurden zuvor in Kleingruppen aufgeteilt und verschiedenen Stationen mit unterschiedlichen Arbeitsaufträgen zugewiesen. Der Arbeitsauftrag der folgenden Gruppe lautet Szenen aus dem Leben Mohammeds mithilfe unterschiedlicher Materialien darzustellen.

> Ich setze mich neben Carmina, mit uns sind Tamara und die Gastschülerin in der Gruppe. Auf zwei nebeneinanderstehenden Tischen liegen ein hellblaues und ein gelbes Tuch, ein Plastikkamel, zwei kleine Pappfiguren, die mit blau und rotem Filzstoff beklebt sind, Äste mit Blättern, die in Korken gestochen wurden und so aussehen wie kleine Bäumchen, kleine aus Pappe gebastelte Häuschen, ein Engel und ein quaderförmiges Kästchen, das mit schwarzem Stoff überzogen ist. Die Gegenstände liegen auf dem Tisch, abwechselnd nehmen wir alles in die Hand. Wir lesen das Arbeitsblatt, das zu unserer Station gehört. Ich beobachte Tamara, auf mich wirkt sie unmotiviert, stöhnt mehrmals, sagt, dass sie die andere Station besser fände. Sie lehnt sich mit dem Rücken an die Wand und bringt damit Abstand zwischen sich und die mit Arbeitsmaterial beladenen Tische. Ganz anders die Gastschülerin. Sie rückt näher an die Tische heran, beginnt die Tücher auszubreiten und plappert aufgeregt vor sich hin. (2BFHK2, 29.03.19).

Eine immense Materialfülle steht den Schüler*innen zur Verfügung, um ihren Arbeitsauftrag umzusetzen. Nach und nach nehmen sie es in die Hand. Nach der Lektüre des Arbeitsblattes wirkt Tamara unmotiviert. Mit ihrem Stöhnen und ihrer Bemerkung, dass sie die anderen Stationen bevorzuge, kommuniziert sie ihre Unlust an die restlichen Gruppenmitglieder. Als sie mit dem Arbeitsauftrag ihrer Gruppe konfrontiert wird, zeigt sich ihr Widerstand, den sie an die Gruppenmitglieder kommuniziert. Sie nimmt sich im wahrsten Sinne aus der Aufgabe heraus, indem sie ihren Körper in Richtung Wand dreht und Abstand zwischen sich und der geforderten Aufgabe bringt. Tamaras Körpergestik, ihr nonverbales sowie verbales Verhalten lassen sich als kommunizierende Emotionspraktik interpretieren, um ähnliche Gefühle der Unlust und der Motivationslosigkeit bei den anderen Gruppenmitgliedern zu mobilisieren. Im Gegensatz zu Tamaras ausweichender Körperhaltung rückt die Gastschülerin mit ihrem Körper sogar noch näher an die Aufgabe heran. Sie beginnt die Materialien auszubreiten und teilt ihre Ideen mit den anderen. Die Situation verläuft weiter wie folgt:

> Nach und nach bauen die Schüler*innen auf dem Tisch eine lebendige Szenerie aus den mitgebrachten Gegenständen. Auch Tamara hilft mit. Sie wirkt so, als habe sie zwar nicht ganz so viel Lust auf die Aufgabe wie die beiden anderen, aber ihr Körper dreht sich zunehmend in Richtung der Szenerie.
> Das blaue Tuch wird zum Meer, das gelbe zur Wüste. Die Häuschen stellen die Geburtsstadt Mohammeds dar. Behutsam stellen sie die Gegenstände und Figuren auf, verrücken sie, nehmen sie wieder in die Hand und stellen sie anders hin. „Das Haus steht ja voll im Meer", sagt Tamara lachend und verrückt es um zwei Zentimeter –

> vom blauen auf das gelbe Tuch. Die Stimmung ist ausgelassen, die Schüler*innen haben Spaß. (2BFHK2, 29.03.19).

Die Motivation der Gastschülerin beginnt sich auf die Gruppe zu übertragen. Gemeinsam kommen die drei Schüler*innen dem Arbeitsauftrag nach, wobei Tamara noch etwas lustlos wirkt. Allerdings zeigt sie durch ihre Körperhaltung einen höheren Grad an Involviertheit als zuvor. Im Verlauf der Szene nimmt sie zunehmend mehr Teil, gegen Ende scheint sie sogar Spaß zu haben. Die Aufgabenstellung lässt die Schüler*innen eine regelrechte Perfektion entwickeln. Spontan fertigen sie aus kleinen Steinen noch fehlende Figuren an, die sie vor dem Schulhaus sammeln und im Klassenzimmer bemalen.

> Nun üben sie den Ablauf, wann welche Figur die Szenerie betritt und in welchem Tempo die Geschichte vorgetragen wird. Die Schüler*innen gehen ganz in ihrer Aufgabe auf. Sie entwickeln Leidenschaft und Perfektion. Alles um sie herum ist unwichtig geworden. (2BFHK2, 29.03.19).

Mihaly Csikszentmihalyi spricht von sog. Fließ-Erlebnissen als ‚Flow', in denen eine optimale Passung aus Handlungsanforderung und den Fähigkeiten einer Person gegeben ist.[59] Dieses Phänomen zeichne sich durch ein vollkommenes Aufgehen in einer Aktivität mit laufenden Herausforderungen aus. Im Zustand des ‚Flows' verschmelze die Grenze zwischen der Person und ihrer Umwelt, auch der Weg und das Ziel bildeten eine Einheit. Die handelnde Person vergesse sich selbst in der Einheit aus Bewusstsein und Handlung. Der Prozess wird als einheitliches Fließen wahrgenommen, in dem – nach einer inneren Logik – Handlung auf Handlung folge. Dabei fühle sich die Person den Anforderungen gewachsen und erlebe ein starkes Kontrollgefühl. Eine zentrale Eigenschaft des ‚Flows' liege darin, dass allein das Tun die Mittel entschädige und es in diesem Zustand nicht auf Bestätigung oder Entlohnung ankäme. „[…] Menschen geben sich einem Erlebnis um des Zustandes selbst willen hin, nicht wegen damit verbundenen äußerer Belohnungen."[60]

Das Handeln der drei Schüler*innen lässt sich als ‚Flow' interpretieren: Die Anforderung, Szenen aus dem Leben Mohammeds mithilfe unterschiedlicher Materialien darzustellen, erfährt eine Passung durch ihre Fähigkeiten. Hinzu kommt die Materialfülle, die ihnen eine haptische und ästhetische Erfahrung ermöglichen. Die freie und kreative Umsetzung der Aufgabe sowie die Gruppenaktivität fördern die Gestaltungslust der Schüler*innen. In der praktischen Anforderungssituation erfahren sie einen hohen Praxisbezug, der Gefühle von Motivation mobilisiert.

> Dann erfolgt die Präsentation. Die Mitschüler*innen setzen sich auf Stühle und Tische rund um den Tisch, ebenso die Lehrperson, alle blicken auf die Szenerie. Wie bei

---

59 Vgl. CSIKSZENTMIHALYI, Mihaly (^{2}1987): Das *flow*-Erlebnis. Jenseits von Angst und Langeweile: im Tun aufgehen, Stuttgart [1985], 58–81.
60 CSIKSZENTMIHALYI, Mihaly (^{2}1987): Das *flow*-Erlebnis, 59.

5.4 Kurzweile: Berufliche und persönliche Relevanz

einer Aufführung wird es ganz still. Die Gastschülerin beginnt zu lesen. Voller Begeisterung trägt sie die Geschichte vor, immer wieder schaut sie vom Blatt auf in Richtung Publikum, hält kurz inne und lächelt. Carmina und Tamara platzieren die Figuren. Als Mohammed der Engel erscheint, lässt Carmina ihn behutsam von oben einfliegen. Die Geschichte ist zu Ende, alle klatschen. Im Anschluss bespricht die Lehrperson mit ihnen, was bei einer Umsetzung in der Kita-Praxis zu beachten sei und lobt die drei Schüler*innen. Sie lächeln zufrieden. (2BFHK2, 29.03.19).

Das Beispiel verdeutlicht die völlige Versunkenheit, Konzentration, ja sogar Perfektion, die Lernende für eine Aufgabe entwickeln können. Erfahren Schüler*innen eine Passung aus Anforderung und eigenen Fähigkeiten, kann es zu Fließ-Erlebnissen kommen, in denen sie in ihren Handlungen aufgehen. Offene Gestaltungsmöglichkeiten, kreative Umsetzungsformen und ästhetisches Material können Gefühle von Leidenschaft im Unterrichtskontext mobilisieren. Ein für die Berufsausbildung zentraler Aspekt liegt im Praxisbezug und in der Berufsrelevanz. Erleben Schüler*innen die behandelten Inhalte als für sie oder ihren Berufsalltag relevant, entwickeln sie Motivation und Konzentration, sich vertieft mit den Lerngegenständen auseinanderzusetzen.

5.4.2 Betroffenheit und Lebensweltbezug: Persönliche Relevanz des Religionsunterrichts

Einen Unterschied zwischen beruflicher und persönlicher Relevanz hebt Sven im Gruppeninterview hervor.

I: Sven, wie geht's dir- an welche Emotionen denkst du, wenn du an den Reliunterricht denkst? Muss gar nicht unbedingt bloß der Reliunterricht sein, sondern-

Sven: Allgemein Religion? Hab ich noch nie richtig gemocht. Also ich geh dahin, weil meine Mutter sagt: Du hast dich konfirmieren lassen und ich lass dich da nicht mehr abmelden oder sowas, aber so richtig selber gläubig bin ich nicht. Also ich glaub schon, dass es da vielleicht irgendetwas gibt.

I: ⌊Welches Gefühl hast du denn da? Wenn du in Reli sitzt?

Sven: Es ist schon interessant etwas darüber zu lernen oder sowas und man kann es halt auch gut den Kindern weitervermitteln oder so, aber so für <u>mich</u> ist es jetzt halt nichts. (Gruppeninterview 2BFHK2a).

Als angehender Kinderpfleger schätzt Sven den Religionsunterricht dafür, dass er dort Inhalte lernt, die er „den Kindern weitervermitteln" kann und die damit für seinen Beruf relevant sind. Hingegen seien die Inhalte für ihn persönlich nur bedingt von Bedeutung. Sven findet sie zwar interessant, doch sieht er aufgrund seines fehlenden persönlichen Glaubens keine persönliche Relevanz.

Um diese persönliche Relevanz und die Verbindung zur Lebenswelt ihrer Schüler*innen scheint es der Religionslehrperson beim Unterrichten des Fachs

5. Gefühle von Langeweile und Kurzweile im Religionsunterricht

allerdings zu gehen. Im Interview verweist sie auf eine Verbindung, die Schüler*innen von den Lerninhalten zu sich selbst und ihren Emotionen ziehen sollen:

> L: [...] Und ich versuch auch oft zu Beginn von inhaltlichen Themen erst mal so die eigene Betroffenheit abzufragen in gewisser Weise, ne. Also ich hab jetzt gerade wieder die Oberstufe vorbereitet. Selbstwerdung/ Ichwerdung. Und da liegt es ja auf der Hand- also mir ist es schon wichtig, dass die Schüler so ein bisschen andocken auch an sich selber und damit auch an ihre Emotionen. Na also das finde ich ist schon sehr zentral im Religionsunterricht. Weil die Fragen, die wir haben, sind immer existentielle Fragen. (Interview Lehrperson).

Die Religionslehrperson gibt Auskunft darüber, wie sie versucht die Lebens- und Erfahrungswelt ihrer Schüler*innen im Unterricht zu berücksichtigen. Ihrer Unterrichtsvorbereitung liegt der Gedanke zu Grunde, dass die Schüler*innen an die Inhalte „andocken". Zu Beginn einer Einheit frage sie deshalb ab, wie die Schüler*innen zu einer Thematik stehen und wie sie davon betroffen sind. Die Lehrperson thematisiert, dass es Themen im Religionsunterricht gebe, mit denen sich die Schüler*innen als Person in Beziehung setzen. Das hält sie für ein zentrales Element des Religionsunterrichts, denn hier seien existentielle Fragen wesentlicher Bestandteil des Unterrichts, welche die persönliche Ebene der Schüler*innen tangieren.

Auf existentielle Fragen und die Auseinandersetzung mit Themen des Religionsunterrichts, die ihre Gefühlswelten berühren, kommen Franziska, Tamara und Julia im Gruppeninterview zu sprechen.

> Franziska: Weiß nicht, Reliunterricht, das ist so, da denkt man viel nach irgendwie so über das Leben, dann von früher. So man kann ja auch viel mitnehmen da und zum Beispiel von den biblischen Geschichten oder je nachdem von dem Leben von denen und das ist-
>
> I: Wie geht's dir da? Was würdest du da für ein Gefühl nennen?
>
> Franziska: Schwierig, ja, vom Gefühl her würde ich sagen, interessiert. (8) Weiß nicht.
>
> I: Vielleicht kommt dir noch was ja. Wie geht's den anderen?
>
> Tamara: Abwechslungsreich. Es gibt halt Themen, wo interessieren und Themen, die eher weniger.
>
> [...]
>
> Julia: Also interessant, also dass man freudig in das Thema geht. Und ja manchmal auch dafür auch traurig ist, das kommt drauf an, welches Thema du hast.
>
> I: Nimmt dich das mehr mit als beispielsweise in Deutsch oder in äh Englisch oder so?
>
> Julia: Ja, ja.

5.4 Kurzweile: Berufliche und persönliche Relevanz

Franziska: Weil das sind ja Geschichten von Personen, die das wirklich durchlebt haben und so, meistens. Das ist halt auch noch, das zu wissen, ist halt auch mal so ok, wie wenn ich jetzt einen Aufsatz schreib in Deutsch zum Beispiel oder mit Experimenten.

Julia: ∟@(.)@

I: Macht das dann nochmal mehr mit dir?

Franziska: Ja, es macht mich nochmal nachdenklicher. Was wenn- man weiß halt, dass es schon Personen erlebt haben. Und das macht es halt nochmal interessanter. Wenn ich irgendeine Doku anguck über- wo ich weiß, dass die Personen das wirklich erlebt haben und so, find ich das viel interessanter-

Tamara: So rührende Themen.
(Gruppeninterview 2BFHK2b).

Die Schüler*innen schätzen ihren Religionsunterricht als interessant ein, was für sie in einem engen Wechselverhältnis zu den Themen und der Bedeutung für ihre Lebenswelt steht. Sie berichten davon, im Religionsunterricht über das Leben nachzudenken, beispielhaft kommt Franziska auf biblische Geschichten zu sprechen. Daraus ergebe sich für sie eine Bedeutung für ihr eigenes Leben. Auf die Frage, mit welchem Gefühl sie diese Passung zwischen Inhalten und Lebensweltbezug bezeichnen würde, antwortet sie Interesse. Auch Tamara kommt auf Interesse zu sprechen, bindet es jedoch nur an ausgewählte Themen, die im Religionsunterricht verhandelt würden. Für Julia scheint die Bezeichnung nicht in allen Fällen passend. Je nach Thema nehme sie interessiert und freudig am Religionsunterricht teil, andererseits könnten Themen, die im Unterricht verhandelt würden, auch dazu führen, dass sie sich traurig fühle. Da im Religionsunterricht ‚echte' Lebenserfahrungen anderer Personen zur Sprache kommen, würden sie die Inhalte stärker betroffen machen. Nachdenklich stimme Franziska bspw. die Auseinandersetzung mit Biographien, die es wirklich gegeben habe. Das mache den Religionsunterricht für sie interessant. Tamara fasst das Phänomen noch einmal neu: Im Religionsunterricht würden „rührende" und damit die Gefühle ansprechende Themen behandelt. Es zeigt sich, die Schüler*innen nehmen den Religionsunterricht – ähnlich wie von der Lehrperson intendiert – als Unterricht wahr, der ihre Lebens- und Gefühlswelt anspricht.

5.4.3 Interesse und persönliche Erfahrungsbezüge

Erweisen sich Themen als persönlich relevant, ist wie bei Julia und Tamara von Interesse die Rede. Ein Blick in die Interessenstheorie nach Hans Schiefele verdeutlicht, dass die Auseinandersetzung mit einem interessanten Gegenstand als Bereicherung für das Subjekt wahrgenommen werde. Schiefele schlägt in seinem Aufsatz vor, Interesse in Anlehnung an Philipp Lersch als *„wissende Teil-*

habe"⁶¹ zu verstehen. Bekunde jemand Interesse, nähere sich diese Person dem Gegenstand

> „mit der Geste der Wertschätzung, der Bereitschaft, sich etwas sagen zu lassen, was er noch nicht wußte, der Erwartung, im Umgang mit der Sache, um die es geht, Spannung, Überraschung, Befriedigung zu erleben, mit der Freude, Neues zu entdecken und der Hoffnung, daß das Ergebnis schließlich allen Einsatz lohnt".⁶²

Damit kommt Schiefele auf eine Reihe von Gefühlslagen zu sprechen, die sich im Umgang einer Person mit einem für sie interessanten Sachverhalt oder Gegenstand einstellen. Interesse gilt bei Schiefele als besondere Beziehungsqualität, die sich im Verhältnis eines Menschen zu einem bestimmten Sachverhalt oder Gegenstand zeige.

Diese Subjekt-Gegenstands-Beziehung sei durch drei Merkmale gekennzeichnet. Das erste Merkmal sieht die Auseinandersetzung mit dem materiellen oder sozialen Sachverhalt als erkennende Erschließung. Darin begreift das Subjekt die Eigenart des Gegenstandes und lernt ihn immer besser zu verstehen.

Zweitens sei die Erschließung für das Subjekt mit besonders positiven Gefühlen verbunden, da die genaue und intensive Beschäftigung mit dem Gegenstand oder Sachverhalt eine hohe Attraktivität kennzeichne. Die nähere Erschließung und die intensive Auseinandersetzung mit dem Gegenstand erlebe das Subjekt als Bereicherung. Dabei könne die Gefühlslage unterschiedliche Qualitäten erreichen wie „Spannung, Wissensdurst, Bewunderung, Ergriffenheit" aber auch andere ausschließen wie Langeweile, Abneigung, Widerwille, Gleichgültigkeit".⁶³

Als drittes Merkmal führt Schiefele den tieferen Sinn an, der in der näheren Auseinandersetzung und Erschließung mit einem Gegenstand liegt. Sich mit dem Sachverhalt oder Gegenstand zu beschäftigen, ihn zu verstehen und „einsichtig damit umgehen zu können", erachte das Subjekt für sich als überaus wertvoll.⁶⁴ Damit stehe nicht der Nutzen im Vordergrund, wie bspw. die erlebte Kurzweile oder Ablenkung, vielmehr sei es so, dass die „Gegenstandkenntnis mit dem Selbstverständnis einer Person in Zusammenhang gebracht"⁶⁵ werde. Für das Subjekt stelle sich in der näheren Beschäftigung, dem zunehmenden Verständnis und Wissen ein Lebenssinn ein, indem es sich selbst und seine Interessen verwirkliche. Der Nutzen spiele dabei eine untergeordnete Rolle. In der tiefen und interessegeleiteten Auseinandersetzung mit Dingen wird nach Schiefele ein Sinn menschlichen Lebens erkennbar.

---

61   SCHIEFELE, Hans (1986): Interesse. Neue Antworten auf ein altes Problem. In: ZfPäd 32 (2), 153–162, 155 (Hervorhebung im Original).
62   SCHIEFELE, Hans (1986): Interesse, 155.
63   SCHIEFELE, Hans (1986): Interesse, 156.
64   SCHIEFELE, Hans (1986): Interesse, 156.
65   SCHIEFELE, Hans (1986): Interesse, 156.

5.4 Kurzweile: Berufliche und persönliche Relevanz

> „Über eine bestimmte Sache Bescheid zu wissen, erscheint sinnvoll, nicht bloß um eines Nutzens willen, vielmehr erschließt sich Lebenssinn. Und welchen anderen Sinn könnte das Leben eines Menschen denn haben, als die Welt zu begreifen, in der er lebt; wenigstens etwas davon? […] So gesehen verwirklicht der Mensch in seinen Interessen immer auch sich selbst; in ihnen wird er für sich und andere begreifbar."[66]

Schiefele kommt im Zuge dessen auch auf den Bildungsauftrag der Schulen zu sprechen. Seiner Ansicht nach ist es eine zentrale Aufgabe der Schulen, Interessensbildung zu betreiben.

> „Denn den Anspruch, Interessen zu wecken, hat sie [die Schule; LM] wohl, sie fordert ja geradezu, daß sich die Schülerinnen und Schüler für die Gegenstände interessieren, die sie ihnen in ihrem curricularen Menü vorsetzt. Und sie erwartet wohl auch, daß solche Interessen, einige wenigstens, die Schulzeit überdauern. Wenn die Schule Bildung vermitteln will, was sie ja wohl immer noch von sich behauptet, wäre dann Interesse nicht eine notwendige Bedingung?"[67]

Bei Schiefele ergeben sich zentrale Punkte, die helfen, das Phänomen der persönlichen Relevanz von Schüler*innen zu konturieren. Wesentlich ist der von Freude und Spannung getragene Drang, die Eigenart eines Lerngegenstandes zu durchdringen. Die Erschließung zeichne sich durch eine hohe Attraktivität und persönliche Bereicherung aus, die wiederum Langeweile und Gleichgültigkeit bei Lernenden ausschließe. Ferner stelle sich durch die Erschließung ein tieferer Sinn bei Lernenden ein. Eine eingehende Beschäftigung erhöhe nicht nur die Gegenstandskenntnis, sondern auch das Selbstverständnis der eigenen Person. Auf diese Weise würde die Welt, in der wir leben, begreiflicher und offenbare einen Lebenssinn.

Im Religionsunterricht konnten auch Situationen beobachtet werden, in denen Schüler*innen selbst persönliche Erfahrungsbezüge zum präsentierten Lerninhalt herstellten. Exemplarisch soll folgende Situation betrachtet werden, die sich im Rahmen der Lehrplaneinheit ‚Erzählen von Jesusgeschichten', mit dem Fokus auf die Lebenswelt zu Zeiten Jesu ereignete.

> Die Energielosigkeit im Raum ist deutlich zu spüren, hinter mir gähnt jemand, müde schauen die Schüler*innen nach vorne. Es ist Freitagnachmittag. Mein Blick wandert zur Uhr.
> Frau Lorenz hält ein Buch mit Bildern über Israel unter den Dokumentenscanner. Sie steht daneben, sagt ein paar Sätze zu den Bildern im Vortragsstil und blättert dann weiter. Die Bilder zeigen die Jerusalemer Stadtmauer, den See Genezareth und einen Brunnen mit Treppen zur Quelle. Die Lehrerin erklärt in sachlichem Ton, dass die Brunnen zu Zeiten Jesu wohl so ähnlich ausgesehen hätten. Es ist still in der Klasse. Alicia meldet sich. Zögerlich sagt sie: „Das sieht aus wie in Dachau." Die Lehrperson blickt die Schülerin irritiert an, mit diesem Beitrag scheint sie nicht gerechnet zu haben. „Das hat nichts mit Dach-" setzt sie an, doch Alicia ist nun sicherer und spricht weiter: „Doch, das sieht genauso aus mit den Steinen", sagt sie bestimmt. Sie

---

66 SCHIEFELE, Hans (1986): Interesse, 156.
67 SCHIEFELE, Hans (1986): Interesse, 158.

erzählt von ihrer Abschlussfahrt, damals seien sie mit der ganzen Klasse nach Dachau gefahren. „Das war so schrecklich. Da steht man in diesen Häusern und Duschen, wo die umgebracht wurden", sagt sie ernst und betroffen. „Ein super Ort für eine Abschlussfahrt", fügt sie sarkastisch hinzu und schaut mich, die Lehrperson und ihre Mitschüler*innen herausfordernd an. Gleichzeitig lehnt sie sich mit dem Körper zurück und verschränkt die Arme vor sich.
Die Lehrperson geht auf Alicias Beitrag ein. Mit ruhiger Stimme erzählt sie, dass sie zwar noch nie in Dachau gewesen sei, dafür aber in Auschwitz, wo auch unzählige Menschen ermordet wurden. Ähnlich betroffen spricht auch sie von der Besichtigung dieses Ortes und dass auch sie sich schrecklich gefühlt habe. Wieder ist es kurz still, aber es ist eine andere Stille. Aufmerksam und wach. Wir schauen noch immer alle auf das Bild. (2BFHK1, 29.03.19).

In der beschriebenen Szene wird zu Beginn eine Form der situativen Langeweile deutlich, die von der Energielosigkeit eines Freitagnachmittags ausgeht. Der Blick zur Uhr ist eine im Unterrichtsalltag meist beiläufige Praktik. Dabei handelt es sich jedoch um keine Praktik, die dem Zeitvertreib dient, sie ist vielmehr Zeichen dafür, dass der Zeitvertreib in diesem Moment nicht gelingt und die Blicke sehnsüchtig das Ende der Stunde erwarten. Heidegger bezeichnet es als „hilflose Bekundung des Mißlingens des Zeitvertreibens und damit des *wachsenden Gelangweiltseins*".[68]

Die Vermittlung der historischen Lebenswelt zu Zeiten Jesu wird mittels eines Bildbandes gestaltet. Das Präsentieren der Bilder kann als mobilisierende Emotionspraktik interpretiert werden, die Neugier und Interesse evozieren möchten. Die Stille im Klassenzimmer und die Trägheit eines Freitagnachmittags lassen jedoch eine desinteressierte und müde Grundstimmung annehmen. Heideggers Gedanke der „Leergelassenheit" korrespondiert mit dem ersten Teil der beschriebenen Situation. Es drängt sich der Verdacht auf, dass die Bilder wenig mit der Lebenswelt der Schüler*innen zu tun haben bis zu dem Punkt, an dem Alicia sie zu sich und ihrer Erfahrung in Beziehung setzt. Alicias Assoziation, dass die Aufnahmen aussähen wie die KZ-Gedenkstätte Dachau, rahmt die vorgegebene Situation plötzlich ganz neu. Mit ihrer überraschenden Assoziation spricht sie eine Thematik an, die als heikel und sehr emotional gilt. Damit bricht die sachliche, am Vortrag der Lehrperson orientierte Vermittlungssituation und legt einen neuen Fokus auf die Erfahrungswelt der Schülerin. Es kommt zu einer neuen Interaktionsordnung, die vom eigentlichen Unterrichtsgegenstand wegführt. Die emotionale Thematik und Alicias Erfahrung rücken in den Vordergrund und können von den Akteur*innen nicht ignoriert werden.

Alicias Bericht von der Begehung dieses Lernorts ist emotional. Ihr Kommentar „[d]as war so schrecklich" benennt ihre Gefühlswelt retrospektiv und erfüllt eine soziale und relationale Funktion, um diese, in der Situation des Unterrichts, an ihre Mitschüler*innen zu vermitteln. Ihr sarkastischer

---

[68] HEIDEGGER, Martin (1983): Die Grundbegriffe der Metaphysik, 146 (Hervorhebung im Original).

Kommentar, dass eine KZ-Gedenkstätte ein super Ort für eine Abschlussfahrt darstelle, funktioniert nur, weil allen klar ist, dass der mit dem Ort assoziierte Schrecken diametral zu der Freude und Ausgelassenheit einer Abschlussfahrt steht. Alicias Zurücklehnen demonstriert Frau Lorenz, dass sie mit der Beschreibung ihrer Erfahrung nun am Ende angelangt ist. Mit dem Teilen der sehr eindrücklichen Erfahrung findet sich eine neue Rahmung vor, die die Lehrperson übernimmt. Sie führt nicht ihren geplanten Unterricht fort, vielmehr teilt auch sie ihre Erinnerung an den Besuch einer Gedenkstätte, der sie ebenfalls betroffen gemacht habe. Sie teilt ihre Gefühle, die sie bei der Besichtigung des Ortes erlebt hat. Das nüchtern-sachliche Unterrichtssetting ist einer Rahmung gewichen, die den Religionsunterricht als Raum geschafften hat, in dem persönliche und emotionale Eindrücke geteilt werden können.[69] Die Folge ist eine aufmerksame und wache Stille. Von der anfänglichen Langeweile ist nichts mehr zu spüren.

5.5 Religionspädagogischer Ertrag

Ein*e Schüler*in schrieb nach einer Religionsunterrichtsstunde in das Emotionstagebuch:

> Am Anfang war das Interesse da und am Ende war es bisschen langweilig. (Emotionstagebuch 2BFHK2, 10.05.19).

Breidenstein deklariert die Dichotomie von Interesse und Langeweile als zentrale Kategorie von Unterricht, mithilfe derer Schüler*innen Unterricht für sich einordnen und differenzieren.

> „Unterricht ist nicht gleich Unterricht, sondern es lassen sich auch in Schüleraugen deutliche Unterschiede benennen, die weitgehend in dem Schema 'interessant-langweilig' zusammengefasst werden können."[70]

Langeweile im Schul- und Unterrichtsalltag ist schlicht nicht zu vermeiden, sie bildet eine Ausdrucksweise menschlicher Existenz. Allen Akteur*innen scheint immanent, dass Schüler*innen sich nicht rund um die Uhr für alle Fächer und Inhalte interessieren und begeistern können. Schüler*innen verfügen über sehr unterschiedliche Bedürfnisse, Voraussetzungen und Interessen. Aus diesem Grund ist Langeweile im schulischen Alltag allgegenwärtig. Ein kultivierter Umgang mit ihr scheint für schulische Arrangements eine praktikable Lösung.[71]

Auch wenn Langeweile einen zentralen Bestandteil schulischen Alltags darstellt und auf breite Akzeptanz trifft, wird sie selten thematisiert und nicht un-

---

69 Vgl. Kap. 7.2.
70 BREIDENSTEIN, Georg (2006): Teilnahme am Unterricht, 80.
71 Vgl. BREIDENSTEIN, Georg (2006): Teilnahme am Unterricht, 86

mittelbar sichtbar. Sie lässt sich vielmehr anhand von Praktiken unterschiedlicher Art ablesen, die das Ziel verfolgen, die langsam verstreichende Zeit anzutreiben.[72] Aus den Beobachtungen wurde jedoch deutlich, dass es eine Grenze der akzeptierbaren Langeweile im Unterricht gibt, die durch den öffentlich zur Schau gestellten, gelangweilten und verweigernden Körper markiert wird. Langeweile scheint akzeptabel, solange sie in Form von Nebenpraktiken die Unterrichtsprozesse nicht stört. Inakzeptabel ist sie jedoch, wenn die Ausdrucksformen der Langeweile den Unterricht blockieren und den schulischen Arbeitspakt unterlaufen. Hier werden Praktiken eingesetzt, die Gefühle von Motivation und Aktivierung bei den Schüler*innen mobilisieren.

Langeweile beziehen Schüler*innen meist auf die Gestaltung des Unterrichts, auf die didaktische Umsetzung sowie auf die Auswahl der Themen. Von zentraler Bedeutung sind die Verbindungen zur Berufspraxis oder zur Lebenswelt der Schüler*innen, die Unterrichtssituationen im berufsbildenden Religionsunterricht kurzweilig werden lassen. Sind Aufgaben praktisch ausgerichtet oder ist ein direkter Praxisbezug erkennbar, entwickeln Berufsschüler*innen ein hohes Maß an Konzentration, Versunkenheit und Motivation für die Auseinandersetzung mit dem Lerngegenstand. Können Schüler*innen Verbindungen von Lerninhalten zu sich selbst ziehen, schreiben sie den Inhalten eine höhere Bedeutsamkeit zu. Die Auseinandersetzung mit ‚echten' Lebenserfahrungen, die Schüler*innen in religiösen Texten oder in der Arbeit mit Biographien begegnen, kann dazu führen, dass sie das Thema stärker betrifft und sie ihm mit Interesse begegnen.

In der Religionsdidaktik ist der Gedanke schon lange etabliert, die Lebenswelt und Erfahrung von Schüler*innen in den Mittelpunkt zu rücken. „Menschliche Erfahrung ist der Fokus theologischen Nachdenkens über Gotteserfahrung und Gottesbeziehung in Geschichte und Gegenwart, nicht umgekehrt."[73] Damit spielen die Erfahrungen der Schüler*innen bei der didaktischen Vermittlung religiöser Inhalte eine zentrale Rolle und münden in das didaktische Prinzip der Korrelationsdidaktik. Dieses zielt auf eine Vermittlung zwischen ‚Sinnfragen der Menschen' und damit ihren Lebenserfahrungen und ‚Antworten der Religionen' d.h. den Glaubensüberzeugungen. Im besten Fall gelingt es die beiden Pole in ein kritisch-produktives Verhältnis zu setzen.[74] Der Lebenswelt- und Erfahrungsbezug stellt für religiöses Lernen ein zentrales Merkmal dar. Dem geht die theologische Implikation voraus, dass die Schüler*innen nicht nur Adressat*innen der

---

72 Vgl. HEIDEGGER, Martin (1983): Die Grundbegriffe der Metaphysik, 140.
73 BOSCHKI, Reinhold (2021): Religionsunterricht in römisch-katholischer Perspektive. In: Kropač, Ulrich/ Riegel, Ulrich (Hrsg.): Handbuch Religionsdidaktik, Stuttgart, 71–77, 74.
74 Vgl. SCHAMBECK, Mirjam (2021): Korrelation als religionsdidaktische Fundamentalkategorie. In: Kropač, Ulrich/ Riegel, Ulrich (Hrsg.): Handbuch Religionsdidaktik, Stuttgart, 221–231.

5.5 Religionspädagogischer Ertrag

christlichen Botschaft sind, sondern umgekehrt auch ihre Lebenswelt ein theologisches Potenzial birgt.[75] Religionsunterricht sucht im besten Fall nach Verbindungslinien zwischen Tradition und Lebenswelt und setzt diese in Beziehung zu den Schüler*innen. Korrelationsdidaktik, die verstärkt auf gegenwärtige Lebensweltbezüge achtet, lässt sich um den Gedanken der in die Zukunft gerichteten Berufsrelevanz erweitern. Ist es möglich Bezüge einer potenziell-realen späteren Berufspraxis thematisch für Schüler*innen einzubinden, werden Themen nahbarer und für Schüler*innen relevanter. Korrelationsdidaktik kann außerdem um eine in die Vergangenheit gerichtete Dimension ergänzt werden. Religiöse Texte und Traditionen haben das Potenzial Schüler*innen etwas mitzugeben, wenn sie Lebenserfahrungen abbilden und damit Impulse für das Leben der Schüler*innen setzen.

Ein veränderter Blick auf Langeweile, der kein Affront an die Unterrichtspraxis der Lehrperson darstellt, sondern zeigt, dass Schüler*innen nur wenig in Unterrichtsprozesse involviert sind, kann neue Perspektiven auf den Religionsunterricht eröffnen. Hierbei lässt sich fragen: Wie sind Schüler*innen im Religionsunterricht thematisch und persönlich verwickelt? Wann sind welche Schüler*innen außen vor, ggf. aufgrund ihrer Bildungsbiografie? Wann nehmen sich Schüler*innen aus dem Unterricht heraus oder wurden nicht abgeholt? Eine solche Perspektive auf Langeweile und Kurzweile eröffnet Religionslehrpersonen den Blick, wann die Verbindung zwischen Lehrperson, Inhalten und Schüler*innen gegeben und wann sie abgebrochen ist.

Zwar ist Langeweile in der Idee gelungenen Religionsunterrichts nicht vorgesehen, dennoch gehört sie als Existenz des Lebens zwangsläufig zum Unterricht dazu. Wird schulische Zeit fernab einer rhythmisiert-strukturierten Taktung und stattdessen als Verwicklung in Unterrichtsbezüge betrachtet, kann Langeweile schulische Strukturen und Handlungsroutinen durchbrechendes Potenzial entfalten. Der Spur der Unterbrechungen gilt es für religiöse Bildungsprozesse zu folgen und Langeweile sowie Kurzweile immer wieder neu in schulischer Praxis zu entdecken.

---

75 Vgl. ZIEBERTZ, Hans-Georg (2005): Ein Fach unterrichten oder Menschen? Subjektbezug und Methode in der Religionspädagogik. In: Bahr, Matthias/ Kropač, Ulrich/ Schambeck, Mirjam (Hrsg.): Subjektwerdung und religiöses Lernen. Für eine Religionspädagogik, die den Menschen ernst nimmt, München, 52–63, 58.

6. Gefühle von Scham und Anerkennung im Religionsunterricht

Schulische Alltagsphänomene wie Aufgabenbesprechungen, Präsentationen oder Klassenarbeiten akzentuieren Schüler*innenleistungen in besonderer Weise. Schüler*innen, aber auch Lehrpersonen identifizieren sich häufig mit der erbrachten Leistung und sind emotional involviert, weshalb Leistungssituationen ein hohes Scham- und Anerkennungspotenzial bergen.

Anerkennung im Sinne einer sozialen Bestätigung, Achtung und Akzeptanz kann als ein wechselseitig vollzogenes Adressierungsgeschehen zwischen mindestens zwei Personen betrachtet werden, das bspw. in einer sozialen Interaktion zwischen Lehrperson und Schüler*innen deutlich wird.[1] Schulisches Handeln unter der Perspektive der Anerkennung zu untersuchen, findet in der pädagogischen Forschung bereits größere Berücksichtigung, sodass sich im deutschsprachigen, wissenschaftlichen Diskurs eine „Konjunktur von Anerkennung"[2] verzeichnen lässt.[3]

Anders verhält es sich bei der im Schulkontext ebenso präsenten, aber in der Unterrichtsforschung tendenziell vernachlässigten Scham. Manfred Holodynski und Stefanie Kronast stellen in ihrem Artikel zu Scham und Stolz in der Schulforschung die These auf, dass die Unterberücksichtigung der Thematik im Zusammenhang mit der gesellschaftlichen Ausblendung von Scham steht. Obwohl

---

1   Vgl. REISENAUER, Cathrin/ ULSEß-SCHURDA, Nadine (2018): Anerkennung in der Schule. Über Anlässe, Abläufe und Wirkweisen von Adressierungen, Bern, 19f.
2   BALZER, Nicole/ RICKEN, Norbert (2010): Anerkennung als pädagogisches Problem – Markierungen im erziehungswissenschaftlichen Diskurs. In: Schäfer, Alfred/ Thompson, Christiane (Hrsg.): Anerkennung, Paderborn u.a., 35–87, 36.
3   Vgl. exemplarisch die Arbeiten von REISENAUER, Cathrin/ ULSEß-SCHURDA, Nadine (2018): Anerkennung in der Schule; LUSSI, Isabella/ HUBER, STEPHAN Gerhard (2015): Das Erleben von Anerkennung in der Schule und seine Relevanz für die Werteentwicklung von jungen Erwachsenen. In: FQS 16 (3), 1–32; GRAHAM, Anne u.a. (2014): Improving Approaches to Wellbeing in Schools. What Role Does Recognition Play? Final Report: Executive Summary. Lismore, NSW: Centre for Children and Young People, Southern Cross University, https://researchportal.scu.edu.au/discovery/delivery/61SCU_INST:Research Repository/1267247050002368#1367373200002368 (Zugriff am 01.06.23), 1–29; THOMAS, Nigel (2012): Love, Rights and Solidarity. Studying Children's Participation Using Honneth's Theory of Recognition. In: Childhood 19 (4), 453–466; WIEZOREK, Christine (2005): Schule, Biografie und Anerkennung. Eine fallbezogene Diskussion der Schule als Sozialisationsinstanz, Wiesbaden; HELSPER, Werner (1995): Zur ‚Normalität' jugendlicher Gewalt. Sozialisationstheoretische Reflexionen zum Verhältnis von Anerkennung und Gewalt. In: Ders./ Wenzel, Hartmut (Hrsg.): Pädagogik und Gewalt. Möglichkeiten und Grenzen pädagogischen Handelns, Opladen, 113–154.

der Schulkontext zahlreiche Situationen hervorrufe, in denen es zu Scham kommen könne, werde sie weder innerhalb der Schule noch im wissenschaftlichen Diskurs über Schule angemessen thematisiert.[4]

Scham und ihre Bedeutung für den schulischen Kontext kommt also als Gegenstand wissenschaftlicher Untersuchungen bislang nur randständig in den Blick.[5]

Aus diesem Grund fokussiert das Kapitel zunächst die für Schul- und Unterrichtskontexte weniger berücksichtigte Scham. Hierfür richte ich den Untersuchungsfokus auf Leistungs- und Bewertungssituationen im Religionsunterricht an der Berufsfachschule.

In einem ersten Schritt untersuche ich das Phänomen der Scham und frage nach ihren körperlichen und verbalen Ausdrucksweisen. In einem zweiten Schritt erschließe ich Scham im Kontext von Leistungs- und Bewertungssituationen, frage nach pädagogischen Funktionen und gehe religionspädagogischen Anfragen an die Leistungs- und Bewertungspraxis im berufsbildenden Religionsunterricht nach. In einem dritten Schritt untersuche ich die Internalisierung und Externalisierung von Noten und zeige wie Leistungsbewertungen unterschiedlich mit dem Selbstbild einer Person verknüpft werden können. Die Auseinandersetzung mit Anerkennung und Bedeutungssystemen zeigt in einem vierten Schritt, wie Noten nicht per se eine normative Bedeutung entfalten, sondern unterschiedlichen Rahmungen unterliegen, die mithilfe von Emotionspraktiken unterlaufen oder neu verankert werden können. Die hierfür relevante Kategorie der Anerkennung wird in einem fünften Schritt hinsichtlich ihrer Bedeutung für den Schulkontext und den Religionsunterricht näher untersucht. Abschließend resümiere ich die Scham- und Anerkennungspotenziale in Leistungs- und Bewertungssituationen und diskutiere die Erkenntnisse in einem religionspädagogischen Ertrag.

---

4   Vgl. HOLODYNSKI, Manfred/ KRONAST, Stefanie (2009): Shame and Pride. Invisible Emotions in Classroom Research. In: Röttger-Rössler, Birgitt/ Markowitsch, Hans J. (Hrsg.): Emotions as Bio-cultural Processes, New York, 371–394.

5   In den etwa letzten zehn Jahren traten im deutschsprachigen Raum die Phänomene Scham und Beschämung für den Schul- und Unterrichtskontext sowohl aus empirischer als auch phänomenologischer Perspektive vereinzelt in den Blick. Exemplarisch vgl. KRAIN, Rebekka/ MÖßLE, Laura (2019): Tabuthema Scham? Perspektiven für den Religionsunterricht. In: ZPTh 39 (1), 197–207; BLUMENTHAL, Sara-Friederike (2014): Scham in der schulischen Sexualaufklärung; HAAS, Daniela (2013): Das Phänomen Scham. Impulse für einen lebensförderlichen Umgang mit Scham im Kontext von Schule und Unterricht, Stuttgart; WERTENBRUCH, Martin/ RÖTTGER-RÖSSLER, Birgitt (2011): Emotionsethnologische Untersuchungen zu Scham und Beschämung in der Schule. In: ZfE 14 (2), 241–257.

6.1 Annäherung an das Phänomen der Scham

> Miriam steht vorne neben dem Dokumentenprojektor und trägt ihre Fragen zum Bild des Hl. Franziskus vor. Dabei fällt auf, dass sie einen Sprachfehler hat, sie spricht sehr undeutlich und leise. Kaum jemand antwortet auf ihre Fragen und zwischendurch kichern einige. Die Situation ist unangenehm und schwer auszuhalten. Miriam wird rot, ihr Blick schweift unsicher durch das Klassenzimmer und richtet sich irgendwann nach unten.
> Nach kürzerer Zeit eilt ihr Larissa zu Hilfe und beantwortet die Fragen rasch. (2BFHK1, 23.11.18).

Die hier als unangenehm wahrgenommene Situation, die sich bei einer Ergebnispräsentation im Religionsunterricht ereignet, lässt sich als Schamsituation identifizieren. In dieser Situation wird Miriam aufgrund eines persönlichen Merkmals, das exponiert vor der Klasse zu Tage tritt, beschämt. Der Kontext der Situation wird durch die hervorgehobene Rolle Miriams als Vortragende bestimmt, ihre Person steht im Fokus der Aufmerksamkeit. Ihr undeutliches Sprechen stellt den Schamanlass dar und sorgt für Belustigung unter ihren Mitschüler*innen. Nicht die gestellten Fragen stehen im Mittelpunkt, sondern Miriams von der Norm abweichendes Merkmal. Zu den Praktiken, die die Scham in der Situation verstärken, lässt sich das Hinauszögern der Exponiertheit sowie das Kichern der Mitschüler*innen zählen. Das Schamerleben zeichnet sich an ihrem Körper ab. Ihr Rotwerden und das unsichere Senken des Blicks können als äußere Schamindikatoren interpretiert werden.[6] Im Protokoll wird die Situation als unangenehm und schwer auszuhalten beschrieben. Blumenthal macht darauf aufmerksam, dass es beim Gefühl der Scham zu emotionaler Übertragung kommen kann, die sie für andere mitfühlbar macht. Die Beschreibung im Protokoll kann als Validierung betrachtet werden, dass es sich beim körperlichen Ausdruck der Schülerin auch tatsächlich um Scham handelt.[7] Auch Stephan Marks beschreibt dieses Phänomen und bezeichnet es als sog. „Empathische Scham", „die wir mit-fühlen, wenn wir Zeuge der Scham eines Mitmenschen sind, etwa wenn dieser erniedrigt wird".[8] Empathische Scham sieht er für das Zusammenleben von Gruppen oder Gesellschaften als konstitutiv an, da sie die Menschen dazu befähige, Mitgefühl, Solidarität und Freundschaft zu erleben.[9] Schließlich ist es Larissa, die die Schamsituation durchbricht und den Fokus weg von Miriams Person zurück auf die von ihr gestellten Fragen richtet. Ihr soziales Eingreifen lässt sich als regulierende Emotionspraktik identifizieren, die die Gefühle von Scham in der Situation unterbrechen und dämpfen.

---

6 Vgl. BLUMENTHAL, Sara-Friederike (2014): Scham in der schulischen Sexualaufklärung, 34.
7 Vgl. BLUMENTHAL, Sara-Friederike (2018): Ethnographisches Forschen zu Affekten, 410.
8 MARKS, Stephan ([6]2016): Scham. Die tabuisierte Emotion [2007], Düsseldorf, 27.
9 Vgl. MARKS, Stephan ([6]2016): Scham, 27.

Diese kurze Sequenz macht Scham im Religionsunterricht sichtbar. Doch wie lässt sich das Phänomen näher bestimmen?

6.1.1 Selbstreflexiv und relationsbezogen

Betrachtet man das Phänomen der Scham genauer, werden zwei Stoßrichtungen deutlich: Man kann sich ‚für etwas' und ‚vor jemandem' schämen.[10] Blicken wir zunächst auf die erste Stoßrichtung. Gründe, wofür sich jemand schämen kann, gibt es unzählige. Daniela Haas unterscheidet *individuelle* und *überindividuelle Faktoren*, die Scham bedingen können. Zu den individuellen Faktoren zählt sie z. B. Geschlecht, Alter, physiologische sowie Persönlichkeitsmerkmale. Als überindividuelle Schamanlässe können Kultur sowie kulturspezifische Werte und Normen gelten, sozialer Hintergrund, Milieu und Bildungsgrad.[11] Grundsätzlich wird Scham durch das Übertreten oder Nicht-Einhalten von Standards, Idealen oder Normen bedingt. Schämt sich jemand, gibt dieses Gefühl Auskunft darüber, dass die Person diese Normen anerkennt und ihnen grundsätzlich entsprechen möchte.[12] Eine Bedingung für das Erleben von Scham stellt die persönliche Gebundenheit an diese Normen dar. Verstöße lösen also nur Scham aus, wenn die Normen geteilt und als relevant anerkannt werden. Ferner müssen die Normen einen überindividuellen Geltungsanspruch und damit eine Relevanz für andere Personen aufweisen.[13]

Aus sozialwissenschaftlicher Perspektive ist Scham als

> „relationsbezogene, selbstreflexive Emotion […] [zu betrachten], die das erlebende Subjekt auf die bewertende Wahrnehmung der eigenen Person durch bedeutsame andere ausrichtet".[14]

Hierbei zeigt sich die zweite Stoßrichtung, die relationsbezogene Dimension des Phänomens. Auf subjektiver Ebene prägt Scham das Selbsterleben und trägt gleichzeitig fundamental zur sozialen Konformität bei, da sie auf Vermeidung von Norm- und Wertverstößen zielt. Der Soziologe Thomas Scheff begreift diese Dimension der Scham wie folgt:

> "[…s]hame is the social emotion, arising as it does from the monitoring of one's own actions by viewing one's self from the standpoint of others".[15]

---

10 Vgl. DEMMERLING, Christoph/ LANDWEER, Hilge (2007): Scham und Schuldgefühl. In: Diess. (Hrsg.): Philosophie der Gefühle. Von Achtung bis Zorn, Stuttgart, 219–244, 219.
11 Vgl. HAAS, Daniela (2013): Das Phänomen Scham, 98.
12 Vgl. LANDWEER, Hilge (2013): Philosophische Perspektiven auf Scham und Schuldgefühle. In: Kappelhoff, Hermann u.a. (Hrsg.): Emotionen. Ein interdisziplinäres Handbuch, Berlin, 235–239, 235.
13 Vgl. DEMMERLING, Christoph/ LANDWEER, Hilge (2007): Scham und Schuldgefühl, 229.
14 RÖTTGER-RÖSSLER, Birgitt (2019): Kulturelle Facetten der Scham. In: Kappelhoff, Hermann u.a. (Hrsg.): Emotionen. Ein interdisziplinäres Handbuch, Berlin, 230–234, 230.
15 SCHEFF, Thomas J. (1990): Socialization of Emotions, 281.

6.1 Annäherung an das Phänomen der Scham

Scheff entwickelt in seiner Theorie den Gedanken, dass Gesellschaft nur dann funktioniert, wenn ihre Mitglieder in der Lage sind, sozial bedeutsame Bindung zuzulassen. In dieser Denkform kann Scham eine Gefährdung der existentiellen Bindung darstellen, da sie nach Scheffs Definition die Vorstellung einer Bewertung des Selbst durch eine andere Person abbildet. Diese Form der Scham wirke bindungsregulierend und zeichne sich durch ihre geringe Sichtbarkeit aus. Scheff greift für seine Argumentation auf die Psychologin Helen B. Lewis zurück, die betont, dass Scham in westlichen Kulturen nicht als solche konzeptualisiert, sondern vermieden oder in Wut oder Aggression umgeleitet wird.[16]

Bereits Aristoteles untersucht in seiner *Rhetorik* den Zusammenhang von Scham, Schande und Ehre. Für ihn ist Scham die Vorstellung von schlechtem Ansehen. Scham werde v. a. vor Personen empfunden, die einem wichtig erscheinen und denen Bedeutung beigemessen werde. Aristoteles kommt auch auf das Verhältnis von Scham und Öffentlichkeit zu sprechen. Seiner Ansicht nach schämt man sich mehr für Dinge, die vor den Augen anderer vollzogen werden.

> „Auch (schämt man sich) mehr für das, was in der Öffentlichkeit und vor aller Augen geschieht, woher auch das Sprichwort kommt, dass in den Augen die Scham wohnt. Deswegen schämt man sich mehr vor denen, die immer da sein werden und die einen beachten; denn in beiden Fällen ist man in ihren Augen."[17]

Bei Jean-Paul Sartre genügt bereits die Vorstellung, dass andere bei einem Normverstoß zusehen oder davon erfahren könnten, um Scham zu empfinden.[18] Auch bei Darwin findet sich der Gedanke, dass Scham durch „the thinking what others think of us"[19] hervorgebracht wird. Nach Georg Simmel bedingt Scham die Fähigkeit einer Aufmerksamkeit, sich selbst aus einer distanzierten Perspektive zu betrachten und etwaige negative Bewertungen von außen erfassen zu können.

> „Indem unsere Seele die mit nichts vergleichbare, ihr ganzes Wesen bestimmende Fähigkeit hat, sich selbst gegenüberzutreten, sich selbst zum Object [sic!] zu werden, kann sie in sich selbst Verhältnisse darstellen, die zwischen den Wesen außer ihr und ihr selbst als einem Ganzen bestehen. In unzähligen Beziehungen sondern wir gleichsam einen Theil [sic!] unser ab, der das Urtheil [sic!], das Gefühl, den Willen anderer

---

16 Vgl. SCHEFF, Thomas J. (2014): A Retrospective Look at Emotions. In: Stets, Jan E./ Turner, Jonathan H. (Hrsg.): Handbook of the Sociology of Emotions, Vol. II, 245–266.
17 ARISTOTELES (2002): Rhetorik, Bd. 1, übers. und erl. v. Christof Rapp, Berlin, 87.
18 Vgl. SARTRE, Jean-Paul (1994): Das Sein und das Nichts. Versuch einer phänomenologischen Ontologie, übers. v. Hans Schöneberg und Traugott König (1943), Reinbek bei Hamburg.
19 Zit. nach WERTENBRUCH, Martin/ RÖTTGER-RÖSSLER, Birgitt (2011): Emotionsethnologische Untersuchungen, 242.

uns gegenüber vertritt. Wie wir uns überhaupt beobachten, beurtheilen [sic!], verurtheilen [sic!], wie Dritte es thun [sic!], so verpflanzt sich auch jene zugespitzte Aufmerksamkeit anderer, an die sich das Schamgefühl knüpft, in uns selbst hinein."[20]

Damit wird Scham zu einem „Prozess der Selbstreflexion"[21] der eine Person dazu veranlasse, sich durch die Augen der anderen zu sehen und ein von außen negativ bewertetes Fremdbild in das Selbstbild zu überführen.[22] Sinnbildlich steht für die Rolle ‚der anderen' der Blick, den die sich schämende Person Hilge Landweer zufolge metaphorisch ‚nach innen' richtet. Dies geschehe v. a. aus dem Grund, weil kein Blickkontakt mit denjenigen, die negative Bewertungen über die eigene Person anstellten, möglich sei.

„Durch die Blicke der Anderen, in deren Zentrum die sich schämende Person zu stehen meint, wird diese zentripetale leibliche Richtung unterstützt. Das Heben des eigenen Blicks würde den Blickrichtungen der anderen leiblich etwas entgegensetzen; man hätte sich damit bereits von der Scham distanziert – eine Reaktion, die bei intensiver Scham nicht, wohl aber bei der schwächeren Peinlichkeit möglich ist."[23]

Wie lässt sich das Wesen der Scham in Abgrenzung zu anderen Gefühlen deutlicher bestimmen? Schamgefühle zeichnen sich durch eine Plötzlichkeit und Heftigkeit im Erleben des Gefühls aus. Vergleicht man sie mit Traurigkeit oder Zuneigung ist sie von kürzerer Dauer und im Vergleich zu Peinlichkeit deutlich intensiver. Außerdem konzentrieren sich Schamgefühle im Unterschied zu Schuldgefühlen auf die eigene Person. Zwar liegt der jeweilige Fokus bei Scham- und Schuldgefühlen auf dem Normverstoß, allerdings konzentrieren sich Schuldgefühle auf Geschädigte und drängen nach Wiedergutmachung. Bei Scham steht die „eigene Nichtswürdigkeit" im Vordergrund und die Wahrnehmung durch andere.[24] Die Plötzlichkeit und Heftigkeit des Gefühls bedingt eine insgesamt kurze Verlaufszeit. Scham lässt sich, anders als Schuld, nicht über einen längeren Zeitraum empfinden, vielmehr geht sie über in Minderwertigkeitsgefühle, Scheu oder Schüchternheit.[25]

Zusammenfassend lässt sich Scham als Phänomen begreifen, das sowohl eine selbstreflexive als auch relationsbezogene Dimension umspannt. Selbstreflexion stellt die Grundbedingung dar, um überhaupt Scham empfinden und etwaige Bewertungen durch andere wahrnehmen zu können. Scham stellt sich ein, wenn es zum Übertritt oder zur Verletzung einer geteilten und anerkannten

---

20 SIMMEL, Georg (1999): Zur Psychologie der Scham [1901]. In: Ders.: Gesamtausgabe, Bd. 1, Das Wesen der Materie nach Kant's physischer Monadologie. Abhandlungen 1882–1884. Rezensionen 1883–1901, Frankfurt a. Main, 431–442, 436f.
21 RÖTTGER-RÖSSLER, Birgitt (2019): Kulturelle Facetten der Scham, 230.
22 Vgl. WELLGRAF, Stefan (2018): Schule der Gefühle, 189.
23 LANDWEER, Hilge (2019): Philosophische Perspektiven auf Scham und Schuldgefühle. In: Kappelhoff, Hermann u.a. (Hrsg.): Emotionen. Ein interdisziplinäres Handbuch, Berlin, 235–239, 235.
24 Vgl. LANDWEER, Hilge (2019): Philosophische Perspektiven auf Scham, 236.
25 Vgl. DEMMERLING, Christoph/ LANDWEER, Hilge (2007): Scham und Schuldgefühl, 220.

Norm kommt. Eng verknüpft ist damit die relationsbezogene Dimension, bei der es zu einer negativen Bewertung des Selbst durch andere kommt. Scham zielt auf soziale Konformität, weshalb alles, was auf individueller (Geschlecht, Alter, physiologische Merkmale) oder überindividueller Ebene (sozialer Hintergrund, Milieu, Kultur) abweicht, potenziell schamauslösend sein kann. Scham wird in westlichen Kulturen nur selten als solche benannt oder konzeptualisiert.

6.1.2 Sichtbarkeit der Scham: Körperliche und verbale Ausdrucksweisen

Folgende Situation ergibt sich im Kontext einer Aufgabenbesprechung im Religionsunterricht.

> Frau Lorenz fragt nach den Ursachen, warum beten für viele Menschen schwierig geworden ist. Julia meldet sich: „Falsches Gottesbild". Frau Lorenz nickt und schreibt dies auf. „Könntest du das genauer erklären?" Julia schaut auf ihr Blatt, dann zu Frau Lorenz. Mit der Rückfrage scheint sie nicht gerechnet zu haben. Julia schweigt und langsam wird sie rot. Die Stille wird unangenehm, ich wende den Blick von ihr ab, weil ich das Gefühl habe, sie mit meinem Beobachten zusätzlich unter Druck zu setzen. Franziska, ihre Nebensitzerin, greift ein. Sie lehnt sich mit ihrem Oberkörper seitlich zu Julia. Dabei flüstert sie ihr etwas ins Ohr. Julia versteht sie nicht, deshalb fragt sie leise nach: „Hmm?" Julia unterbricht Franziskas Flüstern und sagt frustriert: „Dann sag halt du!" Frau Lorenz entlässt Julia aus dieser heiklen Lage, stimmt mit den Worten „Ja, du" zu und nickt in Franziskas Richtung. Noch immer rot im Gesicht, sinkt Julia in sich zusammen. (2BFHK2, 13.12.18).

Der Kontext dieser Situation wird ähnlich – wie bei Miriam in der Situation zuvor – von Julias exponierter Rolle bestimmt. Als sie von der Lehrperson aufgefordert wird, ihre richtige Antwort auszuformulieren, kommt es zum Schamanlass. Doch warum antwortet Julia nicht auf die Rückfrage der Lehrperson? Entweder weiß Julia nicht, was sie zu ihrer Antwort ergänzen soll und wird auf diese Weise vor der restlichen Klasse entlarvt, diese gar nicht richtig verstanden zu haben. Oder aber ihr fehlt das Vokabular, um ihre Gedanken in Worte zu fassen. Denkbar wäre auch, dass sie Angst hat, die Antwort nicht richtig formulieren zu können und deshalb verstummt. Ähnlich wie bei Miriam zeichnet sich die erlebte Scham sichtbar an ihrem Körper ab. In beiden Beispielen sind es die Mitschüler*innen, die den exponierten Schüler*innen zu Hilfe kommen. Ihr Handeln lässt sich als Ausdruck von Empathie und Mitgefühl interpretieren, da sie sich womöglich in die Lage der exponierten Schüler*innen versetzen können oder sie in ähnlicher Form bereits selbst erlebt haben. Das soziale Eingreifen verdeutlicht die eindrückliche Wirkmacht der Scham: Sie wird für andere derart spürbar, dass sie die Notwendigkeit zur Intervention sehen. Julia nimmt Franziskas Hilfsangebot zunächst an, als sie die geflüsterte Antwort jedoch nicht versteht, überlässt sie Franziska schließlich die Antwort. Marks schreibt Scham die Kraft zu, die Geistesgegenwart zu beeinträchtigen, was dazu führen kann, dass sich die schämende Person geistig wie gelähmt oder verwirrt fühle. Grund dafür sei, dass Scham den Menschen dazu veranlasse, die Wahrnehmung auf sich selbst zu richten, sodass der Kontakt zu Außenstehenden beeinträchtigt werde.[26] Auch Julias Verhalten lässt sich dahingehend deuten. Im Zentrum der Aufmerksamkeit gelingt ihr keine unauffällige Kommunikation mit Franziska, die ihr mit einer Antwort zu Hilfe kommt.

Die Situation verdeutlicht auf eindrucksvolle Weise, wie Scham von Situationsteilnehmenden konstruiert und kommuniziert wird. Den Schamanlass bildet das Offenbarwerden von Nichtwissen oder fehlenden Artikulationsfähigkeiten. Beide Faktoren stellen im Unterrichtskontext noch immer schambesetzte Angelegenheiten dar. Das Anblicken der Schülerin und ihre damit einhergehende Exponiertheit scheinen den Druck auf sie zu erhöhen und die Scham zu verstärken. Damit lässt sich die Praktik des Anblickens in Schamsituationen als bedeutsame Emotionspraktik herausarbeiten.

Darüber hinaus macht die nähere Betrachtung der Situation unterschiedliche Ausdrucksindikatoren für Scham deutlich. In ihrer Forschung zu Scham im Sexual- und Aufklärungsunterricht erarbeitet Blumenthal verschiedene körperliche und verbale Ausdrucksindikatoren für Scham.[27] Zu den *körperlichen Schamindikatoren* zählt sie u.a., dass die Person, die Scham erlebt, sich der Situation entziehen oder sich verbergen möchte. Hierzu gehöre bspw. eine zusammengesunkene, kleinmachende Körperhaltung, das Herabsenken oder Abwenden des Kopfes und des Blicks.[28] Auch das Verbergen des Gesichts mit der Hand oder das plötzliche Weggehen oder abrupte Abwenden einer Person können als körperliche Ausdrucksformen gelten.[29]

Scham zeichnet sich auch in der Mimik und Gestik ab. Als mimische Ausdrucksform kann bspw. das Zusammenrollen der Lippen gelten oder das Lippenbeißen. Auch herabhängende Mundwinkel, ein gequältes Lachen oder ‚eingefrorene' Gesichtszüge können Scham mimisch manifestieren.[30] Gestische Ausdrucksformen von Scham schlagen sich z. B. durch das Kratzen am Kopf, Verdecken des Mundes oder der Augen mit der Hand oder weitere Selbstberührungen nieder.[31] Auch Blockaden in Bewegungsabläufen, vollständige Passivität oder ‚einfrierende' Reaktionen können als körperliche Manifestationen der

---

26 Vgl. MARKS, Stephan ([6]2016): Scham, 37.
27 Vgl. BLUMENTHAL, Sara-Friederike (2014): Scham in der schulischen Sexualaufklärung, 33–36.
28 Vgl. MARKS, Stephan ([6]2016): Scham, 37f.; HILGERS, Micha ([4]2013): Scham. Gesichter eines Affekts, Göttingen [1996], 15; HOLODYNSKI, Manfred/ UPMANN, Katrin (2004): EMOS – Emotion Coding System, unveröff. Manual, Münster, 1–16, 7.
29 Vgl. BLUMENTHAL, Sara-Friederike (2014): Scham in der schulischen Sexualaufklärung, 34.
30 Vgl. MARKS, Stephan ([6]2016): Scham, 38; HOLODYNSKI, Manfred/ UPMANN, Katrin (2004): EMOS, 7.
31 Vgl. HOLODYNSKI, Manfred/ UPMANN, Katrin (2004): EMOS, 7.

Scham gelten.³² Körperliche Reaktionen wie Erröten und Schwitzen lassen sich ebenfalls anführen.³³

Zu den *verbalen Schamindikatoren* zählt Blumenthal den plötzlichen Beginn oder die Unterbrechung des Redeflusses, Stottern oder Zittern, Wortwiederholungen oder das Überschlagen der Stimme. Auch das vermehrte Zurückgreifen auf Füllwörter oder längere Pausen können verbaler Ausdruck von Scham sein.³⁴ Die abfallende Lautstärke beim Sprechen, sodass die sich schämende Person nur noch schwer zu verstehen ist, kann ebenfalls als Schamindikator gelten.³⁵ Auch Lachen kann zu den verbalen Schamindikatoren gezählt werden, wenn es einer Entladung der Anspannung und damit der Bewältigung dient. Lächeln, Lachen und Kichern können Bewältigungsstrategien darstellen, mithilfe derer die sich schämende Person in Distanz zu dem Ereignis tritt und auf spielerische Art und Weise damit umzugehen versucht.³⁶

6.2 Bewertung von Leistung als schulische Eigenart

Die ethnographische Studie von Wellgraf an einer als prekär eingestuften Schule widmet sich dem Anliegen, emotionale Erfahrungen von Minderwertigkeit zu erforschen. Wellgraf ermittelt u.a. Gefühle der Unzulänglichkeit wie Scham und Peinlichkeit und legt Benotungssituationen als Produzenten von Minderwertigkeitsgefühlen offen. Er stellt dabei das schulische Dilemma aus „sozial-exkludierenden Praktiken mit pädagogisch-inkludierenden Leitvorstellungen"³⁷ dar. Mittels schulischer Bewertungen würden Schüler*innen stets aufs Neue an ihren sozialen Status und ihre Zukunftsperspektiven erinnert. Er verdeutlicht, dass Scham anlässlich schlechter Noten und Zeugnisse dazu führt, dass Hauptschüler*innen die negativen schulischen Bewertungen in ihr Selbstbild integrieren.³⁸ Die Forschung von Wellgraf verdeutlicht, dass Scham in Bewertungssituationen besonders deutlich zum Tragen kommt und in ihrer Alltäglichkeit fundamentale Auswirkungen auf das Selbstbild von Schüler*innen nehmen kann.

---

32 Vgl. LANDWEER, Hilge (2019): Philosophische Perspektiven, 235; MARKS, Stephan (⁶2016): Scham, 37.
33 Darwin sieht das Erröten als charakteristische Reaktion der Scham und nennt es „die menschlichste aller Ausdrucksregungen". DARWIN, Charles (1872): The Expression of the Emotions, 310.
34 Vgl. MARKS, Stephan (⁶2016): Scham, 38; LEWIS, Helen B. in Scheff, Thomas J. (1988): Shame and Conformity, 401.
35 Vgl. Lewis, Helen B. in SCHEFF, Thomas J. (1988): Shame and Conformity, 401.
36 Vgl. TIEDEMANN, Jens L. (2007): Die intersubjektive Natur der Scham, Dissertation Freie Universität Berlin, 73.
37 WELLGRAF, Stefan (2018): Schule der Gefühle, 194.
38 Vgl. WELLGRAF, Stefan (2018): Schule der Gefühle, 194.

6. Gefühle von Scham und Anerkennung im Religionsunterricht

Um sich den Schampotenzialen in Bewertungssituationen aus religionspädagogischer Perspektive zu nähern, wird Leistungsbewertung im Folgenden bestimmt und anhand pädagogischer und gesellschaftlicher Funktionen charakterisiert. Inwieweit sich das schulische Leistungsprinzip mit den Ansprüchen des berufsbildenden Religionsunterrichts verbinden lässt und welche Herausforderungen sich daraus ergeben, soll in einem darauffolgenden Schritt näher betrachtet werden.

6.2.1 Pädagogische und gesellschaftliche Funktion von Noten

Das Bewerten von Leistung gehört zu den zentralsten schulischen Eigenarten und stellt eine Art Zwangsläufigkeit im schulischen Alltag dar. Seit jeher gehört das Erheben und Bewerten schulischer Leistungen zu den zentralen Themen pädagogischer Forschung.[39] Bewertungen dienen der Auskunft und Orientierung über Schulleistungen, stellen ein Instrument der Sortierung und des Vergleichs dar, gehören auf eigentümliche Art zum Bereich des Privaten und erfüllen gleichzeitig einen öffentlich-institutionellen Zweck. Als Schulleistung oder Schüler*innenleistung

> „können alle Leistungs- und Verhaltensaspekte subsumiert werden, denen unter den jeweiligen Rahmenbedingungen ein positiver Wert zugeschrieben wird. Zu den Schulleistungen gehört damit ein breites Spektrum von Verhaltensweisen und Leistungen wie beispielsweise das Rechnen, Lesen und Schreiben, aber auch motivationale Merkmale wie die Mitarbeit im Unterricht bzw. die sorgfältige Erledigung der Hausaufgaben sowie das soziale Verhalten."[40]

Fokus der Leistungsbewertung sind neben Handlungen und erfüllten Aufgaben auch Verhaltensweisen, die sich auf inhaltliche oder motivationale Aspekte beziehen können. Schulnoten bzw. Zensuren „sind Variablen, mit denen diese Leistungs- und Verhaltensaspekte in Bewertungen/ Zahlen überführt werden".[41] Schüler*innen anhand ihrer erbrachten Leistungen zu beurteilen gehört

---

39 Ein breiter Forschungsüberblick findet sich bei TERHART, Ewald (²2014): Die Beurteilung von Schülern als Aufgabe des Lehrers. Forschungslinien und Forschungsergebnisse. In: Ders./ Bennewitz, Hedda/ Rothland, Martin (Hrsg.): Handbuch der Forschung zum Lehrerberuf, Münster/ New York [2011], 883–904; BREIDENSTEIN, Georg/ MEIER, Michael/ ZABOROWSKI, Katrin (2011): Das Projekt Leistungsbewertung in der Schulklasse. In: Dies. (Hrsg.): Leistungsbewertung und Unterricht. Ethnographische Studien zur Bewertungspraxis in Gymnasium und Sekundarschule, Wiesbaden, 15–37, 17–23.
40 MAAZ, Kai/ BAERISWYL, Franz/ TRAUTWEIN, Ulrich (2013): Studie „Herkunft zensiert?" Leistungsdiagnostik und soziale Ungleichheiten in der Schule. In: Deißner, David (Hrsg.): Chancen bilden. Wege zu einer gerechteren Bildung – ein internationaler Erfahrungsaustausch. Mit einer Studie zur Rolle der sozialen Herkunft bei Notengebung und Schulempfehlungen, Wiesbaden, 184–341, 189.
41 MAAZ, Kai/ BAERISWYL, Franz/ TRAUTWEIN, Ulrich (2013): Studie „Herkunft zensiert?", 189.

zu den zentralen Aufgaben einer Lehrperson, die sie „nach einem mehr oder weniger expliziten und strukturierten Bewertungsprozess"[42] ausführt. Je nach Vorliebe der Lehrperson, nach Funktion der Note oder behördlicher Anordnung können unterschiedliche Aspekte der Leistung oder des Verhaltens stärker oder schwächer gewichtet Einzug in die Benotungspraxis finden.[43]

Nähert man sich dem Phänomen schulischer Notengebung, zeichnen sich mehrere Funktionen ab. Lothar Tent differenziert zwischen der pädagogischen und gesellschaftlichen Funktion von Noten.[44] Die *gesellschaftliche Funktion* von Noten übernimmt die Sortierung und Zuordnung der Schüler*innen anhand ihrer schulischen Leistungen in gesellschaftliche und berufliche Positionen. In dieser Funktion stehen Noten für Berechtigungsfunktionen, indem sie die Verteilung von beliebten Gütern wie Studien- und Arbeitsplätze organisiert. Gleichzeitig kommt ihnen eine *pädagogische Funktion* zu, die sich in drei zentrale Merkmale untergliedern lässt. Zunächst übernehmen Noten die Aufgabe der Sozialisation, da Schüler*innen mit Normen und Leistungsvergleichen bekannt gemacht werden. Ferner geben sie Schüler*innen Auskunft und Rückmeldung über ihre schulischen Leistungen, sodass ggf. Handlungskonsequenzen eingeleitet werden können. Zuletzt können Noten auch Grund für Anstrengung und schulische Motivation liefern. Um ihre pädagogische Funktion zu erfüllen, müssen Noten nicht zwangsläufig der objektiven Realität entsprechen.[45]

6.2.2 *Leistungsbewertung im berufsbildenden Religionsunterricht? Religionspädagogische Positionierungen*

Aus religionspädagogischer Perspektive stellt die Thematik der Leistungsbewertung ein komplexes Forschungsfeld dar.[46]

Für den berufsbildenden Religionsunterricht, der sich neben seiner berufsqualifizierenden Ausrichtung auch durch einen Beitrag zur Allgemeinbildung im Kontext der Berufsausbildung auszeichnet, stellt sich die Frage nach der Bedeutung des schulischen Leistungsprinzips. Er zählt neben den Fächern wie Deutsch, Englisch und Gemeinschaftskunde zum allgemeinen Fächerkanon und wird in

---

42 MAAZ, Kai/ BAERISWYL, Franz/ TRAUTWEIN, Ulrich (2013): Studie „Herkunft zensiert?", 190.
43 Vgl. MAAZ, Kai/ BAERISWYL, Franz/ TRAUTWEIN, Ulrich (2013): Studie „Herkunft zensiert?", 190.
44 Vgl. TENT, Lothar (³2006): Zensuren. In: Rost, Detlef H. (Hrsg.): Handwörterbuch Pädagogische Psychologie, Weinheim/ Basel/ Berlin [1998], 873–880, 873f.
45 Vgl. MAAZ, Kai/ BAERISWYL, Franz/ TRAUTWEIN, Ulrich (2013): Studie „Herkunft zensiert?", 190.
46 Ein umfassender Forschungsüberblick zu Leistungsbeurteilung im religionsdidaktischen Kontext findet sich bei PIRKER, Viera/ JUEN, Maria (2018): Religion – (k)ein Fach wie jedes andere. Spannungsfelder und Perspektiven in der kompetenzorientierten Leistungsbeurteilung, Stuttgart, 40–54.

Ergänzung zu den berufspraktischen Handlungsfeldern erteilt. Die im Religionsunterricht erbrachten Leistungen werden benotet und die Unterrichtsteilnahme wird im Zeugnis eingetragen. Im Unterschied zu allgemeinbildenden Bildungsgängen zielt der berufsbildende Religionsunterricht nicht in erster Linie auf die Allokationsfunktionen der Schule.[47] Vielmehr fokussiert er das Ausbilden religiöser Kompetenz und will Berufsschüler*innen dazu anregen, ihren persönlichen Glauben und ihre religiösen Einstellungen zu finden und zu teilen:

> „Meistens geht es im Religionsunterricht nicht darum, durch eine Note einem Dritten die Leistung eines Auszubildenden zu bescheinigen, sondern dessen Reflexionskraft und Engagement mit Blick auf die Frage nach Gott im Unterricht zu dokumentieren."[48]

Demnach zeichnet sich der berufsbildende Religionsunterricht nicht nur durch die Vermittlung von Inhalten aus, sondern auch durch den Raum für persönliche Fragen und Zweifel sowie Elemente der Persönlichkeitsbildung. Diese Dimension des berufsbildenden Religionsunterrichts benötigt einen offenen und geschützten Rahmen, der nicht primär auf Benotungen zielt.

Vor diesem Hintergrund lässt sich mit Matthias Gronover und Georg Wagensommer fragen, inwiefern eine an strengen Maßstäben orientierte Benotungspraxis für den Kontext der beruflichen Bildung sinnvoll erscheint und welche Rolle der Religionsunterricht hierbei übernimmt.[49]

Der berufsbildende Religionsunterricht muss sich zum schulischen Leistungsprinzip verhalten und hierfür verschiedene Überlegungen berücksichtigen. Zum einen stellt sich die Frage, wie die gerechte Verteilung von Gütern und gesellschaftlichen Privilegien angemessen organisiert werden kann. Gute Leistungen erweisen sich im Gegensatz zu sozialem oder ökonomischem Status als adäquates Mittel, um allen Schüler*innen den Zugang zu gesellschaftlichen Privilegien zu ermöglichen und Berufsschüler*innen eine Orientierung an transparenten Selektionskriterien zu Beginn ihrer Berufslaufbahn mit auf den Weg zu geben.[50]

Darüber hinaus ist es aus theologischer und religionsdidaktischer Sicht auf den Religionsunterricht bedeutsam, Leistung und Glauben zu entkoppeln. Hanna Roose problematisiert die zuweilen für Schüler*innen angenommene Verflechtung, obwohl jeder Bildungsplan die Bewertung des Glaubens eindeutig ausschließe. Dennoch sei unter Schüler*innen die Annahme anzutreffen, von

---

47 Vgl. GRONOVER, Matthias/ WAGENSOMMER, Georg (2018): Didaktisch-methodische Herausforderungen in der Praxis. In: Biewald, Roland u.a. (Hrsg.): Religionsunterricht an berufsbildenden Schulen. Ein Handbuch, Göttingen, 266–306, 269.
48 GRONOVER, Matthias/ WAGENSOMMER, Georg (2018): Didaktisch-methodische Herausforderungen 269.
49 Vgl. GRONOVER, Matthias/ WAGENSOMMER, Georg (2018): Didaktisch-methodische Herausforderungen, 266.
50 Vgl. GRONOVER, Matthias/ WAGENSOMMER, Georg (2018): Didaktisch-methodische Herausforderungen, 268.

Religionslehrpersonen schlechter bewertet zu werden, weil sie im Unterricht preisgeben, nicht an Gott zu glauben.[51]

Georg Hilger gibt zu bedenken, dass eine theologische Argumentation des Religionsunterrichts jede Ideologisierung von Leistung, bspw. im gesellschaftlichen Bewusstsein, im Schulwesen und im Religionsunterricht abwenden müsse.

> „Der Wert eines Menschen hängt nicht von seiner Leistung ab, sondern ergibt sich aus der Gottesebenbildlichkeit eines jeden Menschen, dem Gott sein unbedingtes ja und sein bedingungsloses Erwünschtsein zugesprochen hat, und zwar von Anfang an."[52]

Damit sieht das christliche Menschenbild vor, jedem Lernenden unabhängig von seinen Leistungen, Anerkennung und Achtung entgegenzubringen. Auch mit Blick auf den Kontext der Berufsausbildung ist dieser Aspekt des Religionsunterrichts zentral. Berufsbildender Religionsunterricht stellt Berufsschüler*innen einen Raum bereit, in dem sie unabhängig von ihrer beruflichen Leistungsfähigkeit bedingungslos geschätzt und anerkannt werden. Auf der Grundlage einer theologischen Anthropologie ist also eine deutliche Differenzierung zwischen Person und Leistung anzubringen.

> „Aus der christlichen Anthropologie und der subjektorientierten Didaktik heraus, die im Religionsunterricht schon seit Jahrzenten angezielt und praktiziert wird, ergeben sich eine klare Unterscheidung zwischen Person und Leistung, ein Schwerpunkt auf dem Fördern vor dem Fordern [...]."[53]

Auf diese Weise kann sich der Religionsunterricht für eine Humanisierung des Leistungsbegriffs innerhalb der Schulstruktur einsetzen.[54]

Hilger problematisiert die fehlende Notwendigkeit gegenüber dem tatsächlichen Nutzen der Notengebung im Religionsunterricht:

> „Religionsunterricht ist von seiner Zielsetzung her nicht auf Leistungsbeurteilung und Zeugnisnoten angewiesen, braucht sie nicht. Dennoch sehen nicht wenige diese als unverzichtbar an, weil sie auf die Möglichkeiten des Drucks bzw. sekundärer Motivierung und Disziplinierung durch Noten sowie auf die Gleichbehandlung des Faches im Vergleich mit anderen ordentlichen Schulfächern nicht verzichten wollen."[55]

Ferner gilt es aus religionspädagogischer Perspektive zu bedenken, dass vermeintlich leistungsschwächere Berufsschüler*innen von einer wohlwollenden

---

51 Vgl. ROOSE, Hanna (2022): Bewerten. In: Brieden, Norbert u.a. (Hrsg.): Religionsunterricht beobachten. Praktiken – Artefakte – Akteure, Ostfildern, 156–163.
52 HILGER, Georg (^{6}2010): Welche Wirkung hat der Religionsunterricht? Evaluation und Leistungsbewertung. In: Ders./ Leimgruber, Stephan/ Zieberts, Hans-Georg (Hrsg.): Religionsdidaktik. Ein Leitfaden für Studium, Ausbildung und Beruf, München [2001], 282–290, 285.
53 PIRKER, Viera/ JUEN, Maria (2018): Religion – (k)ein Fach wie jedes andere, 41.
54 Vgl. HILGER, Georg (^{6}2010): Welche Wirkung hat der Religionsunterricht?, 286.
55 HILGER, Georg (^{6}2010): Welche Wirkung hat der Religionsunterricht?, 286.

Rückmeldung im Religionsunterricht profitieren und neue Stärken an sich entdecken können. Hier kann der berufsbildende Religionsunterricht Impulse für die Entwicklung des Selbstkonzeptes von Berufsschüler*innen geben. Gronover und Wagensommer postulieren eine über den Leistungsgedanken hinausweisende Bedeutung religiöser Bildung:

> „Der Religionsunterricht hat an dieser Stelle die Aufgabe, sich selbst als defizitär erlebende Schülerinnen und Schüler oder Auszubildende zu stärken und so einen entscheidenden Teil zur Persönlichkeitsbildung beizutragen."[56]

Leistungs- und Bewertungssituationen stellen auch für den berufsbildenden Religionsunterricht ein Mittel dar, das zum einen Gleichbehandlung mit den anderen Fächern und Handlungsfeldern ermöglicht, aber auch sekundäre Motivierung und Verhaltensregulierung bei Schüler*innen erwirken kann. Eine Religionsnote kann sich z. B. als relevant für eine Stellenzusage bei kirchlichen Arbeitgeber*innen erweisen. Damit bewegt sich der berufsbildende Religionsunterricht in Spannung zwischen Unterrichtselementen, die sich teilweise einer Bewertungspraxis entziehen und dem Ideal einer durch Notengebungsverfahren anvisierten Chancengleichheit.[57]

6.3 Internalisierung und Externalisierung von Noten

Um Schampotenziale mit Blick auf Leistungsbewertung im Religionsunterricht aufzeigen zu können, werden anhand der empirischen Befunde die Bedeutsamkeitszuschreibungen von Noten und ihre unterschiedlich engen Verknüpfungen mit der Person der Schüler*innen beleuchtet.

6.3.1 Zwischen Identifikation und äußerer Zuschreibung

> Miriam: Ich hab mich vor allem auch gefreut, als ich die letzte Arbeit in Handlungsfeld 4 zurückbekommen hab, da hab ich eine gute Note geschrieben und mich auch darüber mega gefreut, dachte ich, seit wann hab ich so ne gute Note. In Dok war's nicht so prickelnd, aber doch schon ok, im Zweierbereich. (Gruppeninterview 2BFHK1b).

> Heike: Also eigentlich so gemischte Gefühle also eigentlich auch Freude, weil ich die Ausbildung mag und ja und auch traurig oder manchmal auch wütend, weil ich immer nicht- manchmal nicht so gute Noten bekomme und auch nicht weiß, ob ich's schaff. Ja. (Gruppeninterview 2BFHK1b).

---

56 GRONOVER, Matthias/ WAGENSOMMER, Georg (2018): Didaktisch-methodische Herausforderungen, 268.
57 Vgl. GRONOVER, Matthias/ WAGENSOMMER, Georg (2018): Didaktisch-methodische Herausforderungen, 270.

6.3 Internalisierung und Externalisierung von Noten 179

Johanna: Also, weil das ist ja dann auch schlecht, wir haben Reli und wir können es nicht mal anwenden und dann wenn wir auch noch eine schlechte Note haben, bringt uns das auch nichts im Zeugnis. Das heißt- also es hat immer geheißen: ja, es wäre gut, wenn wir Reli haben und das im Zeugnis steht, dann wäre das besser oder dann hat man eher Chancen, dass man genommen wird in den Kindergärten oder so. Aber ich find, wenn du da jetzt eine 5 oder so drinstehen hast- das ja auch nicht gerade gut oder bringt irgendwas. (Gruppeninterview 2BFHK1a).

Was lässt sich mit Blick auf die Bedeutsamkeit der Noten an den Interviewausschnitten herausarbeiten? Die Schüler*innen stellen unterschiedlich enge Verbindungen zwischen sich und ihren Leistungen her. Miriam verknüpft ihr Selbstbild mit ihren Leistungen und zeigt sich angesichts guter Noten überrascht („seit wann hab ich so ne gute Note"). Bewertungen, die sie in Form von Klassenarbeiten oder mündlichen Rückmeldungen durch Lehrpersonen oder Mitschüler*innen erfährt, hat sie in ihr Selbstbild integriert. Auch Breidenstein und Theresa Bernhard beschreiben dieses Phänomen:

„Der alltägliche Unterrichtsdiskurs erzeugt laufend ‚Leistungen' und ‚Leistungserbringer'. Es werden entsprechende Bewertungen und Einschätzungen in der Öffentlichkeit der Schulklasse kommuniziert, woraus sich durch die Wiederholung und Regelmäßigkeit dieser Bewertungen Positionierungen im Klassengefüge entwickeln, die sich in Fremdeinschätzungen durch die Lehrpersonen und Mitschüler, wie auch in den Selbstbildern der betreffenden Schüler und Schülerinnen niederschlagen."[58]

Miriams benennende Emotionspraktik verdeutlicht Freude über ihren erreichten Bildungserfolg und symbolisiert Anerkennung, die ihr aufgrund ihrer Leistung zu Teil wird. Über die Note bekommt Miriam die indirekte Rückmeldung, dass die Berufsausbildung zu ihr passt und sie recht gut in der von ihr angestrebten beruflichen Tätigkeit abschneidet. Dass sie unterschiedliche Ansprüche an sich in den verschiedenen Handlungsfeldern stellt, wird im zweiten Teil ihrer Aussage deutlich. „[N]icht so prickelnd" verweist auf einen individuellen Vergleichsmaßstab, den sie angesichts ihrer Note im Zweierbereich ansetzt.

Auch bei Heike zeigt sich eine verinnerlichte Form der Rückmeldung. Ihre schlechten Leistungen konfrontieren sie stets neu mit der Frage, ob sie die Voraussetzungen hat, die Ausbildung abzuschließen. Die enge Verflechtung von Wohlergehen und schulischen Leistungen wird daran deutlich, dass sie angesichts ihrer Noten manchmal traurig und wütend wird. Trübsinn und Erregung sind die Folge, wenn die eigenen Fähigkeiten die schulischen Erwartungen nur unzureichend erfüllen. Auch hier wird das schulische Leistungsprinzip internalisiert und eng mit dem Selbstbild ihrer Person verknüpft.

Daraus lässt sich schließen, dass Noten nicht nur als Feedbackinstrument zu betrachten sind, sondern zum einen als Artefakt, das Emotionen mobilisiert und

---

58 BREIDENSTEIN, Georg/ BERNHARD, Theresa (2011): Unterrichtsinteraktion und implizite Leistungsbewertung. In: Zaborowski, Katrin U./ Meier, Michael/ Breidenstein, Georg (Hrsg.): Leistungsbewertung und Unterricht. Ethnographische Studien zur Bewertungspraxis in Gymnasium und Sekundarschule, Wiesbaden, 321–343, 341.

das Selbstbild der Schüler*innen konstruiert und zum anderen zu zentralen Symbolen der Anerkennung werden. Die Schule wird hier zum Sozialraum, in dem Anerkennung über Leistung gewährt oder entzogen wird und so Einfluss auf die Identität der Auszubildenden nimmt. Diese Form der Anerkennung beziehen Schüler*innen auf ihre ganze Person,[59] auch wenn diese mit spezifischen Fähigkeiten und Kenntnissen im Zusammenhang stehen.[60]

Johanna kommt auf den Punkt der Außendarstellung zu sprechen. Zunächst berichtet sie darüber, dass es schlecht sei, das Fach Religion zu besuchen und das Gelernte nicht in der Praxis anwenden zu können. Die fehlende Berufsrelevanz wird vom Nachteil einer schlechten Note begleitet, damit „bringt" die Religionsnote „nichts im Zeugnis". Hier kommt eine am Nutzen orientierte Sicht auf Noten zum Tragen, die sich an der öffentlichen Wirkung orientiert. Religion zu besuchen biete mögliche Vorteile bzw. bessere Berufschancen bei künftigen Arbeitgeber*innen. Schlechte Noten sind hierfür nach Einschätzung der Schülerin allerdings nicht dienlich. Damit wird die Außenwirkung der Noten deutlich: In dieser Logik signalisieren gute Noten Fleiß und Begabung, schlechte Noten stehen für Interesselosigkeit oder eine schlechtere Auffassungsgabe. Die enge Verknüpfung von Innen- und Außenbild bzw. von Selbstbild und Fremdwahrnehmung lässt Noten zum äußeren Abbild intrinsischer Motive werden. Die Folgen schulischer Leistung für ihren weiteren Lebens- und Berufsweg stehen der Schülerin deutlich vor Augen.

Leistungs- und Benotungssituationen bestimmen den schulischen Rhythmus und strukturieren das Schuljahr in wesentlichen Teilen mit. Weil sie den Schulalltag deutlich prägen, stehen sie selten in der Begründungspflicht, was sich nach Bernhard und Breidenstein an einer „eigentümlichen Sprachlosigkeit"[61] beim Thema Noten manifestiert. Aufgrund der Selbstverständlichkeit von

---

59 Vgl. WIEZOREK, Christine (2005): Schule, Biografie und Anerkennung, 328.
60 Vgl. REISENAUER, Cathrin/ ULSEß-SCHURDA, Nadine (2018): Anerkennung in der Schule, 140. Werner Helsper und Angelika Lingkost weisen darauf hin, dass schlechte Beurteilungen besonders jüngere Schüler*innen verletzten, da diese noch nicht in der Lage sind, zwischen Person und ihrer Rolle als Lernende zu unterscheiden. Sie verdeutlichen, dass Schüler*innen mangelhafte Bewertungen häufig auf ihre gesamte Person beziehen und als Abwertung durch die Lehrperson auffassen. Vgl. HELSPER, Werner/ LINGKOST, Angelika (2013): Schülerpartizipation in den Antinomien von Autonomie und Zwang sowie Organisation und Interaktion – exemplarische Rekonstruktionen im Horizont einer Theorie schulischer Anerkennung. In: Hafeneger, Benno/ Henkenborg, Peter/ Scherr, Albert (Hrsg.): Pädagogik der Anerkennung. Grundlagen, Konzepte, Praxisfelder, Schwalbach/Ts., 132–156, 137.
61 BERNHARD, Theresa/ BREIDENSTEIN, Georg (2011): Prolog: Schüler äußern sich zur Bedeutung von Noten. In: Zaborowski, Katrin U./ Meier, Michael/ Breidenstein, Georg (Hrsg.): Leistungsbewertung und Unterricht Ethnographische Studien zur Bewertungspraxis in Gymnasium und Sekundarschule, Wiesbaden, 9–14, 12.

6.3 Internalisierung und Externalisierung von Noten

Noten, zeige sich bei Schüler*innen eine gewisse Erklärungsnot, wenn sie nach ihrer Bedeutung gefragt werden. Sie stehen vor der Schwierigkeit,

> „etwas erläutern zu sollen, was ihnen noch nie erläuterungsbedürftig erschienen war. […] So kommt es zu nahezu tautologischen Bestimmungen, dass Noten wichtig sind, weil sie auf Zeugnissen stehen oder über die Versetzung entscheiden."[62]

Auch bei den angehenden Kinderpfleger*innen erhielten Noten ihre Bedeutung durch ihre Dokumentation im Zeugnis und wurden durch ihren strukturellen Zweck am Arbeitsmarkt legitimiert.

Die eigentümliche Verflechtung struktureller und emotionaler Abhängigkeit streicht Wellgraf in seinen Untersuchungen zur Hauptschulnote heraus.

> „Hauptschüler konnten Schulnoten nicht einfach ignorieren, denn sie waren dem Notensystem ausgeliefert und in ihm emotional verfangen. Ausgeliefert, weil sie die asymmetrischen Machtverhältnisse der Notengebung mit ihrer eigentümlichen Mischung aus Willkür und Zwangsläufigkeit im Schulalltag täglich erfuhren und gleichzeitig um die möglichen Folgen von schulischen Bewertungen für ihren weiteren Lebensweg wussten. Emotional verfangen, weil sie das System der schulischen Noten prinzipiell anerkannten."[63]

Nicht nur Schüler*innen sind emotional in Leistungs- und Bewertungskategorien involviert, auch Lehrpersonen identifizieren sich in einem hohen Maß mit den Erfolgen ihrer Schüler*innen. Deutlich wird dies an folgender Situation kurz vor einer Klassenarbeit im Lehrer*innenzimmer, als die Klassenlehrerin Frau Paul den Wunsch der Schüler*innen überbringt, die an diesem Tag anstehende Klassenarbeit im Fach Religion bei Frau Lorenz zu verschieben.

> Frau Lorenz stellt mir die vorbeigehende Klassenlehrerin einer der beiden Klassen, Frau Paul, vor. Diese stellt sich zu Frau Lorenz und trägt den Wunsch der Schüler*innen weiter, dass sie die Klassenarbeit heute nicht schreiben wollen.
> Frau Lorenz wirkt zerstreut, sie ärgert sich, dass die Schüler*innen nicht gelernt haben und sagt „wenn die schlechte Noten schreiben, krieg ich die Krise". Sie überlegt gleich, ob sie alternativ die Arbeit erst nächste Woche schreiben lässt und dafür heute Unterricht macht. […] Ich bin überrascht, wie schnell Frau Lorenz dazu bereit ist, die Klassenarbeit zu verschieben. (2BFHK2, 08.11.18).

Die Passage offenbart, wie Klassenarbeiten das Wohlergehen von Lehrpersonen tangieren. Aus dem Wunsch der Schüler*innen die Klassenarbeit zu verschieben, schließt Frau Lorenz auch ohne das Kennen der Gründe bereits auf diese. Die Schüler*innen sind unvorbereitet und streben eine Vermeidung der Benotungssituation an. Diesen Wunsch lassen sie durch ihre Klassenlehrerin ausrichten, was sich als erfolgreiche Strategie herausstellt. Die missliche Lage der Schüler*innen, die unvorbereitet einer Klassenarbeit gegenüberstehen, wird zu einer misslichen Situation für Frau Lorenz, die angesichts schlechter Leistungen

---

62 BERNHARD, Theresa/ BREIDENSTEIN, GEORG (2011): Prolog, 13.
63 WELLGRAF, Stefan (2018): Schule der Gefühle, 167.

ihrer Schüler*innen selbst in eine „Krise" gerät. Hieran zeigt sich die Identifikation der Religionslehrperson mit den Leistungen ihrer Schüler*innen und wie viel Bedeutung sie diesen zumisst. Die Bereitschaft, die Arbeit zu verschieben, verweist zum einen auf die Beziehungsebene, auf der die Religionslehrperson gute Leistung für ihre Schüler*innen anstrebt und zum anderen auf die besondere Logik und das Ziel des Unterrichts. Nicht die Wissensvermittlung allein stellt das Ziel schulischen Unterrichtens dar, sondern die Leistungskontrolle und die daraus abgeleiteten Zeugnisnoten.[64] Es geht um das Abfragen von Wissen in Form einer möglichst vorbereiteten Momentaufnahme, die nicht zuletzt die Leistung der Lehrperson mitbewertet.

Die Involviertheit von Lehrpersonen in den Bewertungsprozess streicht Herbert Kalthoff in seiner ethnographischen Untersuchung und mikroanalytischen Erforschung schulischer Bewertungspraxis von Lehrpersonen heraus. Hierfür beobachtete er fünf Lehrpersonen bei der Korrektur und Notenvergabe, sowie acht Abiturprüfungen mit anschließenden Notenberatungen. Er zeigt auf, dass Noten einen bedeutsamen Teil der Berufskultur von Lehrpersonen einnehmen. Bewertungen bilden seiner Ansicht nach nicht nur Messergebnisse ab, sondern legen die Involviertheit der Lehrperson und ihre eigene Vermittlungsleistung offen.[65]

Bedeutung erhalten Noten auch durch die autoritäre Instanz der Eltern, wie der folgende Protokollausschnitt aufzeigt. Die folgende Situation trug sich am Vergabetag der Halbjahreszeugnisse in der Pause zu, die die Forscherin gemeinsam mit Sven und Mariana im Klassenzimmer verbrachte.

> Sven fragt, wie er sein Zeugnis vor seinen Eltern verstecken kann. Heute gab es Zeugnisse und er erzählt, dass er es „auf keinen Fall" seinen Eltern zeigen will, sonst bekäme er „Fasnetsverbot",[66] dabei lacht er verschmitzt und gibt sein Halbjahreszeugnis an Mariana. „So schlecht bist du doch gar nicht", kommentiert diese und auch ich werfe einen Blick hinein. Ich sehe viele 3en, ein paar 2en und eine 4. Sven kippelt auf seinem Stuhl und sagt, dass er es sich selbst noch nicht so richtig angesehen habe. (2BFHK2, 31.01.19).

Helmut Fend verzeichnet eine zunehmende Distanzierung von Leistungsbereitschaft in der Phase der Adoleszenz.[67] Mithilfe von Längsschnittuntersuchungen legt er dar, dass sich das Selbstwertgefühl schulisch schwacher Jugendlicher im Verlauf der Jahre von Noten entkoppelt und sich Heranwachsende zunehmend

---

64 Vgl. ZABOROWSKI, Katrin U. (2011): An den Grenzen des Leistungsprinzips. In: Dies./ Meier, Michael/ Breidenstein, Georg (Hrsg.): Leistungsbewertung und Unterricht. Ethnographische Studien zur Bewertungspraxis in Gymnasium und Sekundarschule, Wiesbaden, 163–320, 225.
65 Vgl. KALTHOFF, Herbert (1996): Das Zensurenpanoptikum. Eine ethnographische Studie zur schulischen Bewertungspraxis. In: ZfS 25 (2), 106–124.
66 „Fasnet" meint die schwäbisch-alemannische ‚Fastnacht' im südwestdeutschen Raum.
67 Vgl. FEND, Helmut (1997): Der Umgang mit Schule in der Adoleszenz. Aufbau und Verlust von Lernmotivation, Selbstachtung und Empathie, Bern u.a., 175–178.

6.3 Internalisierung und Externalisierung von Noten

weniger mit ihren Noten identifizieren. Auch bei Sven lässt sich eine solche Distanzierung beobachten. Er hat sich nicht bemüht, sein Halbjahreszeugnis genauer zu studieren und sich damit auseinanderzusetzen. Durch die Externalisierung seiner Noten spielt Sven ihre Bedeutung herunter und krönt dies mit einem verschmitzten Lachen. Bedeutung haben die Noten lediglich für Außenstehende, in diesem Fall seine Eltern, die mit einer drohenden Sanktion auch Bedeutung für Sven herzustellen versuchen.

Zusammenfassend lassen sich verschiedene Bedeutungsebenen von Noten zwischen den Polen von Internalisierung bis Externalisierung ausmachen. Alle Ebenen sind im Berufsschulkontext anzutreffen und stellen jeweils verschiedene Bedeutungsverhältnisse her. Ein hoher Internalisierungsgrad ist bei der Ebene der persönlichen Bedeutung anzutreffen, bei der Person und Leistung eng miteinander verknüpft werden. Hier sind Noten ein Abbild der eigenen Fähigkeiten und konstruieren das Selbstbild Lernender und Auszubildender. Von internalisierter Bedeutung sind Noten auch in der Beziehung mit Lehrenden, da diese selbst emotional im Benotungsprozess involviert sind, ihre Vermittlungsleistung und Bildungsansprüche im Leistungskontext mitbewerten und potenziell gute Leistungen für ihre Schüler*innen anstreben. Mit Blick auf mögliche Arbeitgeber*innen und die Aussicht auf bessere Berufschancen denken Berufsschüler*innen auch eine öffentliche Bedeutungsebene ihrer Leistungen mit. Hier werden Noten ein Symbol für verbesserte Berufschancen, ihr Wert wird stärker ausgelagert und externalisiert. Falls Schüler*innen ihren Noten selbst wenig Wert zuschreiben, können sie externalisierte Bedeutung durch bspw. von Eltern verhängte Sanktionen erhalten. Hinzu kommt eine selbstreferentielle und deutlich externalisierte Ebene, die Noten nicht hinterfragt und diese als formale Selbstverständlichkeit in ihrer strukturellen Funktion akzeptiert. Je internalisierter die Noten sind, desto höher erweist sich ihr Schampotenzial.

6.3.2 Distanz zwischen Selbstbild und Leistung

Das Aufschlüsseln der Bedeutungsebenen konnte zeigen, dass Noten durch Zuschreibungen oder involvierte Akteur*innen verstärkt internalisiert oder externalisiert werden können. Mit Blick auf Schampotenziale in Leistungs- und Bewertungssituationen sind die internalisierten Ebenen und damit diejenigen Praktiken von besonderer Relevanz, die eine Verbindung von Person und Note herstellen.

Exemplarisch soll eine Rückgabesituation im Religionsunterricht zeigen, welche Praktiken eine Verbindung oder Distanz zwischen den Leistungen der Schüler*innen und ihrem Selbstbild kreieren.

> Frau Lorenz steht vorne am Pult. Sie hält die korrigierte Klassenarbeit in den Händen. In positivem Tonfall sagt sie, dass sie „eigentlich ganz zufrieden" sei. „Zwei Drittel von euch haben eine 3 oder besser. Aber ein paar hatten wohl … (sie schweigt

kurz) keine Zeit zum Lernen." Jemand murmelt „oder einfach keine Lust zu lernen."
Frau Lorenz wiederholt „genau, oder hatten keine Lust."
Sie geht durch die Reihen. Die Schüler*innen sitzen auf ihren Plätzen und blicken erwartungsvoll zu Frau Lorenz, wenn diese an ihren Tisch tritt. Als sie zu Larissa an den Tisch geht, beugt sie sich zu ihr. Sie fragt, was denn losgewesen sei. Larissa schüttelt mit dem Kopf. „Beim nächsten Mal" sagt Frau Lorenz und gibt ihr das korrigierte Aufgabenblatt. Frau Lorenz richtet sich wieder auf und geht zur nächsten Schülerin. Larissa blickt auf ihr Aufgabenblatt, ihr Gesichtsausdruck verrät, dass sie enttäuscht ist, ihre Schultern hängen nach unten, ihr Blick ist fest, beinahe starr auf das Aufgabenblatt gerichtet. Als aber ihre Sitznachbarin sich kurz darauf zu ihr lehnt und sie nach ihrer Note fragt, zuckt sie mit den Achseln und verdreht die Augen. Larissa schaut mich kurz direkt an und als sie sieht, dass ich sie beobachtet habe, weicht sie meinem Blick aus. (2BFHK1, 07.12.18).

Die kommunizierende Emotionspraktik der Religionslehrerin gleich zu Beginn rahmt die Rückgabesituation als unbedenklich und sicher. Frau Lorenz gibt in positivem Tonfall bekannt, dass sie mit den Leistungen ihrer Schüler*innen „eigentlich ganz zufrieden" sei. Die Zufriedenheit der Lehrperson wird zum Gradmesser, an dem sich die Situationsteilnehmenden orientieren können. Damit erfüllt die Praktik einen bestimmten relationalen Zweck: Die Schüler*innen können ebenfalls zufrieden mit ihrer Leistung sein, was durch den Einblick in den Notendurchschnitt verstärkt wird. Der ermittelte Durchschnitt zeigt eine nach Richtlinien eruierte und klassifizierte Zuteilung der Noten. Die Auskunft, dass zwei Drittel der Klasse mit der Note 3 oder besser abgeschnitten haben, gibt einen Hinweis darüber, dass die Arbeit insgesamt gut ausgefallen ist. Sie dient gleichzeitig einer indirekten Legitimation, dass sich die Anforderungen und die Benotung der Leistungen als fair erwiesen haben. Nur wenn ein Drittel der Klasse eine Klassenarbeit mit einer 5,0 oder schlechter abschließt, muss diese wiederholt oder von der Schulleitung genehmigt werden. Die Auskunft, dass die Arbeit zufriedenstellend ausgefallen ist, legitimiert den Anspruch als angemessen.[68] Gleichzeitig ermöglicht diese Auskunft den Schüler*innen, ihre eigene Leistung im Verhältnis zur restlichen Klasse zu bestimmen. Das verbleibende Drittel, das damit schlechter als Note 3 abgeschlossen hat, wird von der Lehrperson ebenfalls angesprochen. Versöhnlich schiebt sie die unzureichenden Leistungen darauf, dass die Schüler*innen wohl keine Zeit zum Lernen gehabt hätten. Während fehlende Zeit ein äußerer Grund für die mangelhafte Leistung darstellt, ist fehlende Lust als selbstbestimmte Entscheidung oder gar Persönlichkeitsmerkmal (wie Undiszipliniertheit oder fehlende Intellektualität) zu interpretieren. Die Lehrperson greift den leisen Kommentar auf und lässt ihn ebenfalls als Begründung weniger guter Leistungen gelten.

---

68 Vgl. MEIER, Michael (2011): Die Praktiken des Schulerfolgs. In: Zaborowski, Katrin U./ Ders./ Breidenstein, Georg (Hrsg.): Leistungsbewertung und Unterricht. Ethnographische Studien zur Bewertungspraxis in Gymnasium und Sekundarschule, Wiesbaden, 39–161, 110.

Nun endlich kommt es zur Klassenarbeitsrückgabe. Frau Lorenz geht von Tisch zu Tisch und überreicht den Schüler*innen ihre benoteten Klassenarbeiten. Als sie zu Larissa kommt, beugt sie sich zu ihr. Das Herabbeugen stellt einen gewissen Intimraum, abgeschirmt von der Klassenöffentlichkeit her. Die Rückfrage der Lehrperson, was denn losgewesen sei, markiert die Beziehungsebene, auf der sie der Schülerin begegnet. Im Zuwenden zu Larissa zeigt sich das Interesse der Lehrperson, das Larissa verdeutlicht, dass sie sich um sie kümmere. Gleichzeitig stellt die Rückfrage eine enge Verknüpfung zwischen Larissas Note und ihrer Person her. Diese wird jedoch als untypische Abweichung und damit über die Zuschreibung einer besseren Leistungsfähigkeit Larissas umdefiniert. Die Note erhält also eine subjektive Rahmung, die über ihren rein numerischen Wert hinausgeht. Das Kopfschütteln der Schülerin kann dahingehend gelesen werden, dass sie dieser Verbindung nicht zustimmt, es nicht beantworten kann oder aber in diesem exponierten Moment nicht über die Gründe sprechen möchte. Die Worte „beim nächsten Mal" können als motivierender Zuspruch interpretiert werden, der Larissa schon jetzt eine bessere Leistung zutraut.

Erst als sich Frau Lorenz entfernt, setzt sich die Schülerin mit ihrer Arbeit auseinander. Ihr starrer Blick, ihre schlapp nach unten hängenden Schultern und ihre Gesichtszüge deuten auf Enttäuschung hin. Schulterzucken und Augenrollen können als Praktiken interpretiert werden, die Distanz zwischen Larissas Selbstbild und der Note schaffen. Larissa identifiziert sich nicht mit der Note und lässt sich vor ihrer Mitschülerin nicht auf einen Vergleich ein. Das Schamvolle deutet sich lediglich in der Schlusssequenz an, als sich die Schülerin von der Forscherin beobachtet fühlt.

Noten können unterschiedlich eng an die Person gekoppelt werden und gehen mit verschiedenen Bedeutungszuschreibungen einher. Larissa zeigt sich zwar enttäuscht, dennoch gelingt es ihr, zügig in Distanz zu ihrer Note zu treten. Ferner offenbart die Rückgabesituation, dass Noten nicht objektiv sind, sondern in ihrer jeweiligen Rahmung ihre Bedeutung erhalten. Larissas Note wird als Ausrutscher und als Abweichung von ihrem Können gerahmt. Ob die Note rein objektiv gut oder schlecht ist, tritt in dieser Zuschreibung in den Hintergrund. Neben dieser Rahmung konnten weitere identifiziert werden, die das Bedeutungssystem der Noten im Berufsschulkontext auf den Kopf zu stellen drohten.

6.4 Anerkennung und Bedeutungssysteme: Noten im Zwiespalt

Im Religionsunterricht an der Berufsfachschule wurden verschiedene Bedeutungssysteme sichtbar, in denen Anerkennung mal mit guten Noten, mal mit schlechten Noten verknüpft wurde. Im folgenden Unterkapitel wird die Zwiespältigkeit des schulischen Leistungsprinzips und dessen Bagatellisierung näher untersucht.

6.4.1 Bagatellisierung von Noten

Das Herabspielen von Noten stellt ein Phänomen dar, das sich bei den angehenden Kinderpfleger*innen beobachten ließ. Im Fach Religion kam es immer wieder zu Anfragen an die Bedeutung der Noten. Die Bagatellisierung von Noten mithilfe von Emotionspraktiken lässt sich an einer Situation kurz vor der Klassenarbeit zeigen, in der die Schüler*innen um die Bedeutsamkeit der Klassenarbeit, aber auch des ganzen Fachs ringen.

> 15 Minuten vor Unterrichtsbeginn sitze ich mit den Schüler*innen vor dem Klassenzimmer, in dem noch ein anderer Unterricht stattfindet. Wir sitzen uns auf Bänken gegenüber, um einen vollbemalten Holztisch herum. Gleich schreiben wir Klassenarbeit. […] Die Stimmung ist angespannt, es geht nur um die Klassenarbeit und wer wie viel und was gelernt hat. Auf dem Tisch liegen karierte Blätter von Anna, auf denen sie die Texte zusammengefasst und mit gelbem Leuchtmarker unterstrichen hat. Heike liest sich die Blätter durch, immer wieder schaut sie ungläubig zu Anna und fragt, ob wir das wirklich alles lernen mussten. Anna antwortet ebenso ungläubig mit „ja" und sagt Heike, dass es doch sowieso nichts mehr bringe, wenn sie sich die Sachen jetzt noch durchlese. Doch Heike hört nicht und liest weiter. Auf mich wirkt sie etwas angespannt und nervös. Ich meine, dass sie ihre Nervosität mit Humor zu übertünchen versucht, denn immer wieder lacht sie und zieht die Klassenarbeit ins Lächerliche.
> Die Schüler*innen fragen mich, ob ich wisse, was drankommt. Ich verneine, obwohl ich weiß, dass das Blatt mit den Jesusgeschichten wichtig ist, aber ich will nicht, dass Hysterie ausbricht. Ich erkläre, dass ich ebenso mitschreiben werde wie sie und auch gelernt hätte.
> Ohne mir darüber im Klaren zu sein gehöre ich mit meiner Aussage nun auf einmal mit Anna zu denen, die gelernt haben. Das scheint nicht sonderlich angesehen zu sein, denn alle anderen haben nicht gelernt und geben damit an. Alicia sagt lachend: „Ich hab eh ne 6, und du?" Sie befragt die Schüler*innen ringsum. „Hast du gelernt?" Wenn die Antwort nein ist, sagt sie „6" und zeigt auf die nächste Person. Bei Anna fragt sie nicht nach und sagt gleich „1".
> Eine andere Schülerin erklärt allen, sie hätte in den Ferien lieber für „richtige Fächer" wie Deutsch gelernt. Alicia lacht wieder und möchte, dass alle wissen, dass sie eine schlechte Note in Religion nicht kümmere, auch sie zieht das Ganze ins Lächerliche.
> So abgeklärt eine schlechte Note zu schreiben, scheinen mir die anderen Schüler*innen jedoch nicht zu sein. Larissa, die ich im Unterricht als mitdenkend und interessiert erlebe, sagt auch, dass sie nicht gelernt habe. Am liebsten wolle sie einfach nach Hause, sie wirkt unruhig und angespannt. Johanna wirkt still und zurückgezogen, zwischendrin macht auch sie sich immer wieder mit Kommentaren über den Stoff und die Klassenarbeit lustig. Auf mich wirkt ihr Verhalten unsicher.
> (2BFHK1, 03.05.19).

6.4 Anerkennung und Bedeutungssysteme: Noten im Zwiespalt

Was ereignet sich in dieser Situation kurz vor der Klassenarbeit? Das schulische Leistungsprinzip und dessen Anerkennung werden in dieser Situation auf den Kopf gestellt. Die Berufsschüler*innen sitzen vor dem Klassenzimmer zusammen und unterhalten sich über die anstehende Arbeit. Bereits die Thematisierung der Arbeit, wer wie viel und was gelernt hat, rahmt die Situation als „angespannt". Die Ausbreitung von Annas Lernmaterialien wirkt imposant. Sie hat sich vorbereitet, Passagen unterstrichen und Zusammenfassungen erstellt. Ihre Vorbereitung auf die Reli-Klassenarbeit ist nicht zu übersehen. Sie reiht sich ein in den Bedeutungsrahmen einer anspruchsvollen Klassenarbeit, in deren Vorbereitung sie Zeit und Aufwand investiert hat.

Diesem Rahmen von Anspannung und Bedeutsamkeit steht allerdings eine ganz eigene Rahmung gegenüber: die der Bagatellisierung. Den Anfang übernimmt Heike, die Annas Aufwand und Ausmaß der Vorbereitung für die Klassenarbeit hinterfragt. Ihr Versuch einer ‚Last-Minute'-Aneignung des Stoffs ist begleitet von anzweifelnden Anfragen, „ob wir das wirklich alles lernen mussten". Sie changiert zwischen kurzfristiger Vorbereitung, Nervosität und Ernstnehmen des Bedeutungsrahmens einerseits und fragt andererseits die Arbeit grundlegend an und zieht sie sogar ins Lächerliche. Diese humoristische Praktik übernimmt die neue Definitionsmacht über die Situation, welcher sich Alicia anschließt.

Der Anfrage an die Forscherin, ob sie nähere Kenntnis über den Stoff der Arbeit habe, folgt ein Solidarisierungsangebot, dass sie – ebenso wie die Schüler*innen – nichts Genaueres über die Fragen der Arbeit wisse und deshalb auch gelernt hätte. Damit hat sich die Forscherin, die sich wie die Schüler*innen dem Klassenarbeitschreiben unterzieht, als Lernende bekannt und gehört in dieser Runde zu den weniger Angesehenen. Es folgt eine klare Sortierung in zwei Gruppen: Diejenigen, die sich auf die Arbeit vorbereitet haben und als weniger anerkannt gelten und diejenigen, die auf das Lernen verzichtet haben und damit sogar prahlen. Alicias Lachen und ihre gespielte Notenvergabe bei ihren Mitschüler*innen konstruieren eine fatalistische Schicksalsgemeinschaft, die diejenigen ausschließt, die das Leistungsprinzip anerkennen und sich vorbereitet haben. Indem sie auf Schüler*innen zeigt und sie mit der Note 6 markiert, stellt sie sowohl eine neue Gruppe als auch eine Art Konsens mittels einer wirksamen Emotionspraktik her: Alle, die dazugehören wollen, sollten das Leistungsprinzip verlachen und ihre Situationsdefinition der Bagatellisierung teilen.

Hier wird der überindividuellen Norm des Leistungsstrebens nicht entsprochen. Allerdings wird das Missachten dieser Norm nicht zum Schamanlass, da es zu einer wirkmächtigen Umkehr kommt. All jene erhalten Anerkennung, die der Leistungsnorm nicht entsprechen und sie herabspielen. Diejenigen, die sich für das Einhalten der Norm entschieden haben, werden für ihr abweichendes Handeln, ihr Lernen für die Klassenarbeit, beschämt.

Fend verdeutlicht in seinem Modell unterschiedliche emotionale Bedürfnisse Lernender im Schulkontext: Ein Bedürfnis die eigene Akzeptanz zu sichern, ein Bedürfnis nach sozialer Zugehörigkeit und ein Bedürfnis sich als kompetent zu erleben und sinnvolle Leistung zu erbringen. Fend macht darauf aufmerksam, dass sich diese hierarchisch organisierten Bedürfnisse für eine harmonische Persönlichkeitsentwicklung in der Adoleszenz in eine „befriedigende Gesamtkonfiguration"⁶⁹ einfinden sollten. Probleme könnten sich einstellen, wenn im Kontext Schule alle Bedürfnisse gleichzeitig nach Erfüllung streben, bspw. wenn Zugehörigkeit zur sozialen Gruppe nicht kompatibel mit dem Bedürfnis erscheint gute Leistungen zu erbringen:

> „Wer in der Schule gut sein möchte, der möchte dies in der Regel nicht mit sozialem Ausschluß erkaufen. Wer sozial anerkannt sein möchte, der sollte dies nicht durch die Demonstration von Leistungsverweigerung tun müssen."⁷⁰

Die Situation kurz vor der Klassenarbeit zeigt eine problematische Gleichzeitigkeit unterschiedlicher emotionaler Bedürfnisse der Berufsschüler*innen. Ähnlich wie Fend postuliert, wägen die Schüler*innen soziale Zugehörigkeit gegen das Erbringen guter Leistungen ab und werden mit sozialem Ausschluss konfrontiert.

In die neue Situationsdefinition der Bagatellisierung stimmen weitere Schüler*innen mit ein. Eine weitet die geringe Bedeutung und Bagatellisierung sogar über die Klassenarbeit auf das ganze Fach Religion aus, indem sie erklärt, dass sie lieber für „richtige Fächer" gelernt hat, zu denen Religion ihrer Ansicht nach nicht zählt. Die Gleichstellung des Fachs Religion mit den anderen Fächern und Handlungsfeldern wird von der Berufsschülerin ausgehebelt. Sie deklariert das Fach gegenüber den anderen als weniger bedeutsam. Die Situationsrahmung der Bagatellisierung wird durch Lachen und lächerlich machen Einzelner sowie dem Ausbleiben von Widerspruch gestützt.

Welchen Zweck erfüllt die Bagatellisierung der Noten? Eine Konsequenz zeigt sich an der Situation sehr deutlich: Sie sorgt für soziale Anerkennung unter den Peers. Wie fragil diese Situationsrahmung ist, lässt sich an der merklichen Unsicherheit der restlichen Schüler*innen erkennen. Zwar geben auch sie Kommentare ab, die zeigen, dass sie nicht gelernt haben oder den Stoff als lächerlich empfinden, andererseits zeigen sie sich angesichts der anstehenden Leistungsbewertung unruhig und angespannt. Die soziale Anerkennung erscheint maßgeblich, unter der sie ihre Nervosität und Unsicherheit schließlich unterordnen.

---

69 FEND, Helmut (1997): Der Umgang mit Schule, 57.
70 FEND, Helmut (1997): Der Umgang mit Schule, 58.

6.4.2 Ernst und routiniert: Klassenarbeit schreiben

Doch wie entwickelt sich die scheinbar geringe Bedeutung der Note beim tatsächlichen Schreiben der Klassenarbeit im Fach Religion?

> Im Klassenraum ist die Stimmung ernst. Wir folgen einem Drehbuch, das es beim Schreiben einer Klassenarbeit einzuhalten gilt und von dem Abweichungen nicht erlaubt sind. Zunächst müssen wir alle einzeln sitzen, dann werden wir aufgefordert, einzelne Blätter aus Blöcken zu trennen. Hier gibt es zwar Protest, weil zwei den Block als Unterlage nutzen wollen, aber Frau Lorenz macht keine Ausnahme. Nichts außer Papier, Stiften und etwas zu trinken dürfen auf den Tischen liegen. Auch die Uhr spielt eine wichtige Rolle. Ständig wandern die Blicke der Lehrperson und die der Schüler*innen zu ihr. Die Klassenarbeit muss pünktlich um 13:30 Uhr beginnen. Dass ‚Klassenarbeit-Schreiben' besonders ist, merke ich daran, dass Frau Lorenz immer wieder sagt und betont, dass wir gleich Klassenarbeit schreiben. Auch der Lehrperson, die vor uns im Raum war und eine andere Klasse unterrichtet hat, sagt sie beim Herausgehen, dass wir jetzt Klassenarbeit schreiben. Im Herausstellen dieser Besonderheit verschärft sich meines Erachtens die Anspannung. (2BFHK1, 03.05.19).

Von der belustigten Atmosphäre vor dem Klassenzimmer ist im Klassenraum nichts mehr zu spüren. Die Forscherin beschreibt die Stimmung als ernst, was mit dem strengen und ritualisierten Ablauf der Praktiken zusammenfällt, von dem keine Abweichungen möglich sind. Zwar handelt es sich bei Klassenarbeiten um routinierte Situationen, dennoch nehmen sie eine herausragende Position innerhalb schulischer Kontinuität ein und liefern schließlich Sinn und Ziel schulischen Arbeitens und Unterrichtens.[71]

Die Klassenarbeit findet im gewohnten Raum und mit den üblichen Personen statt, allerdings sorgen verschiedene Praktiken dafür, dass sich das Setting ‚Klassenarbeit' wesentlich vom Unterricht abhebt: Zunächst wird die übliche Sitzordnung aufgehoben und in Einzelplätzen neu sortiert. Damit ist jede*r Schüler*in auf sich allein gestellt. Der Begriff der ‚Klassenarbeit' ist dabei irreführend, weil jede*r die Arbeit für sich ausführt und eine Zusammenarbeit als Klasse nicht gestattet ist.[72] Außerdem ist das sonst übliche Schreiben in Ordnern oder Heften nicht erlaubt, da die Klassenarbeit auf herausgelösten Blättern geschrieben werden muss. Zudem wird festgelegt, welche Gegenstände sich auf den Tischen befinden dürfen – der Schreibblock als Unterlage und mögliches Versteck unerlaubter Hilfsmittel zählt nicht dazu. Darüber hinaus spielt die Zeit eine gewichtige Rolle: Im Unterschied zum regulären Unterricht, in dem sie lediglich Beginn und Ende einer Stunde markiert, stellt die Zeit hier die gleichen Bedingungen, unter denen die Arbeit auszuführen ist, sicher. Die rituelle Inszenierung der Abläufe vermittelt allen Beteiligten die Besonderheit der Situation.

---

71 Vgl. BREIDENSTEIN, Georg (2006): Teilnahme am Unterricht, 203.
72 Vgl. BREIDENSTEIN, Georg (2006): Teilnahme am Unterricht, 202.

Die mehrfache Erwähnung, „dass wir gleich Klassenarbeit schreiben" kommuniziert die Anspannung der Lehrperson sowohl an diejenigen, die die Arbeit schreiben als auch an Außenstehende. Die Situation verläuft weiter wie folgt:

> Die Klassenarbeit wird ausgeteilt mit dem Hinweis, dass wir 90 Minuten Zeit hätten. Als die ersten das Aufgabenblatt erhalten, schlucken sie mit Blick auf die Länge oder lassen langsam Luft aus ihren zusammengepressten Lippen fahren. Nun werden alle zu Einzelkämpfenden: Die letzten Blicke werden getauscht, ab jetzt herrscht Stille und jede*r widmet sich dem eigenen Blatt. […]
> Nach und nach entspannt sich die Atmosphäre, die Schüler*innen schreiben ruhig, zwischendrin schauen sie sich an und lächeln. Sie scheinen mit den Aufgaben zurecht zu kommen. Frau Lorenz sitzt derweil vorne am Pult und liest.
> Nach etwa 30 Minuten steht Alicia langsam von ihrem Platz auf. Ungläubig schaut Frau Lorenz zu ihr und sagt: „Schon fertig? Lies es dir lieber nochmal durch." Alicia setzt sich unsicher wieder hin und antwortet: „Das hab ich schon." Die Lehrperson zuckt mit den Schultern, „na dann" sagt sie, und nimmt Alicias Blatt entgegen. Alicia lächelt. Kurz nach ihr geben Larissa und Johanna ab. Zu dritt packen sie ihre Taschen, sie wirken fröhlich die Arbeit hinter sich gebracht zu haben und gehen.
> Kurze Zeit später möchte Miriam abgeben. Frau Lorenz schaut sich kurz ihre Antworten durch und sagt, dass sie bei der 6. Aufgabe schon weiter ausführen sollte. Miriam setzt sich wieder auf ihren Platz. Nach 10 Minuten geben sie und alle anderen Schüler*innen die Klassenarbeit ab. (2BFHK1, 03.05.19).

Mit dem Austeilen der Arbeit und dem Hinweis auf die Bearbeitungszeit fällt der Startschuss für die Klassenarbeit. Ab jetzt sind weder Austausch noch Kooperation mehr möglich. Die Berufsschüler*innen können lediglich nonverbal in Kontakt treten, bspw. durch lächelndes Hinüberschauen. Die 90 Minuten dienen bei der Bearbeitung der Fragen als Kalkulationshinweis, um nicht zu wenig, aber auch nicht zu viel Zeit pro Aufgabe in Anspruch zu nehmen. Alicia bricht diese Logik, als sie nach nur 30 Minuten die Arbeit abgeben möchte. Die ungläubige Reaktion der Lehrperson mit dem Hinweis, sich die Antworten lieber noch einmal durchzulesen, unterstellt eine unzureichende Bearbeitung angesichts der von ihr abgestimmten Passung aus Zeit und Anforderung. Als Alicia nach anfänglichem Zögern bei ihrer Entscheidung bleibt, die Arbeit abzugeben, ist Frau Lorenz bereit, sie entgegen zu nehmen. Erst als Alicia ihr versichert, dass sie sich bereits alles durchgelesen hätte, nimmt sie die Arbeit zur Korrektur an. Die kurze Interaktion lässt sich als Aushandlung unterschiedlicher Bedeutungszuschreibungen interpretieren: Die der Lehrperson, die der Arbeit eine hohe Bedeutsamkeit zuschreibt und diese mithilfe verschiedener Praktiken an die Schüler*innen und sogar Außenstehende kommuniziert, gegenüber der im Vorfeld von Alicia stark gemachten Bagatellisierung.

Alicias Lächeln und die fröhliche Reaktion der Mitschüler*innen nach Abgabe ihrer Klassenarbeit können zum einen als körperlicher Ausdruck von Erleichterung gelesen werden aber auch als Erhabenheit, dem Leistungsprinzip nicht Folge zu leisten. Die vorhin bereits formierte Schicksalsgemeinschaft inszeniert sich auch hier wieder als Gruppe, die gemeinsam und gut gelaunt das Klassenzimmer verlässt.

Anders als Alicia nimmt Miriam den Hinweis der Lehrperson ernst, sich einer Aufgabe noch einmal genauer zu widmen und stellt damit ihren Fleiß und ihre Mühe unter Beweis. Nachdem Miriam zehn Minuten investiert hat, geben sie und die restlichen Schüler*innen die Arbeit schließlich nach knapp 40-45 Minuten Bearbeitungszeit ab.

Was genau zeigt sich an der detaillierten Ansicht kurz vor und während der Klassenarbeitssituation? Besonders deutlich wurden die verschiedenen Praktiken, die die Reli-Klassenarbeit in ihrer Bedeutung auf- oder abwerten. Die Praktiken lassen sich zwei Gruppen zuordnen: Diejenigen, die das Leistungsprinzip anerkennen und sich vorbereitet haben und jene, die das Fach Religion herabsetzen oder bagatellisieren. Die erste Gruppe bilden diejenigen, die sich auf die Arbeit vorbereitet und die Notizen angefertigt haben, zusammen mit der Lehrperson, die die Klassenarbeitssituation durch verschiedene Praktiken als besonders markiert hat. Die zweite Gruppe definiert sich über Praktiken der Bagatellisierung und Abgrenzung, was sich an der schlechten oder fehlenden Vorbereitung, an fatalistisch-humoristischen Ausdrucksformen oder der frühzeitigen Abgabe zeigt. Hier findet sich die Rahmung der ‚Anti-Note', in der Benotungen zwar Relevanz besitzen, in ihrer Bedeutung (die 6 erhält Anerkennung, die 1 wird marginalisiert) allerdings umgekehrt werden. Ungläubigkeit und Irritation stellen die Konsequenz dar, wenn die Gesinnungen der beiden Gruppen aufeinandertreffen, bspw. bei Heike und Anna mit Blick auf das Maß der Vorbereitung oder bei Alicia und der Lehrperson, bei der frühzeitigen Abgabe der Klassenarbeit.

Die nähere Betrachtung der Situation konnte offenlegen, wie sich die geltende Norm des schulischen Leistungsprinzips durch Emotionspraktiken umkehren lässt. Die Berufsschüler*innen wägen soziale Zugehörigkeit gegenüber guten Leistungen ab und erhalten schließlich Anerkennung von ihren Peers, wenn sie die Bagatellisierung der Noten im Fach Religion teilen.

6.4.3 Noten als Symbol gegenseitiger Anerkennung

Nur eine Woche später kommt es zur Rückgabe der Klassenarbeit. Es ist Larissa, die gleich zu Beginn im Aufmerksamkeitsfokus steht.

> „Larissa, also seien wir ehrlich, du hast doch gar nicht gelernt", spricht Frau Lorenz eine Schülerin direkt an im unruhigen Klassenzimmer. Ihre Stimme klingt ernst und enttäuscht. Die Atmosphäre ist aufgedreht, die Schüler*innen kichern, doch der Ernst der Religionslehrperson sorgt in kürzester Zeit für Ruhe im Raum. Sie hält den dünnen Stapel aus korrigierten Klassenarbeiten in den Händen. Zu sehen sind die Aufgabenblätter, die mit einem Knick im oberen linken Rand an den beschriebenen Seiten befestigt wurden. Die Arbeiten liegen fein säuberlich gestapelt aufeinander, man kann keine Noten oder Korrekturen erkennen.

"Von dir hätte ich echt-", spricht Frau Lorenz weiter, immer noch Larissa im Blick, doch dann wendet sie sich allen zu: "Von euch hätte ich echt mehr erwartet." Die Betroffenheit in ihrer Stimme wird deutlich, doch schon wieder kommt es zu Gekicher.
Jemand fragt, ob es eine 6 gab, alles ist noch immer irgendwie witzig. "Fast!", ruft Frau Lorenz, in ihrer Stimme liegt ein bisschen Ironie. Aber dann hätte sie gesehen, dass auf der Rückseite ja auch noch etwas stand. Erneutes Gekicher.
"So lustig finde ich es nicht, Leute", versucht die Lehrperson die Ernsthaftigkeit erneut herzustellen. "Das kommt doch nicht gut, so Noten", sagt sie vorwurfsvoll. Sie steht hinter dem Pult, die Arbeiten noch immer in der Hand, die Schüler*innen schaut sie fest an. Sie führt weiter aus, dass ihr die Noten schließlich nichts ausmachen würden, aber "ihr schneidet euch damit ins eigene Fleisch." Frau Lorenz spricht weiter über die schlecht ausgefallene Klassenarbeit. "Entschuldigung", sagt sie die Hand auf der Brust in einem sehr angespannten Tonfall, "aber wenn ihr so schlechte Noten schreibt, bekomme ich den Eindruck, dass ihr nichts von meinem Unterricht mitnehmt." Sie blickt in die Gesichter der Schüler*innen. Diese schauen auf ihre Tische, teilweise lächeln sie oder blicken ins Leere. (2BFHK1, 10.5.19).

Was genau passiert in der aufgeladenen Rückgabesituation? Sie beginnt damit, dass Frau Lorenz zunächst die Leistung einer einzelnen Schülerin fokussiert. Larissa, die im Unterricht als diskussionsfreudige und leistungsstarke Schülerin gilt, wird hier exponiert. Offensichtlich ist die Lehrperson von ihrer Leistung enttäuscht. Sie kommt auf ihre persönliche Unzufriedenheit mit den restlichen Leistungen der Klassenarbeit zu sprechen und verfällt in einen moralisierenden Monolog.[73]

Dabei macht Frau Lorenz die Frage nach der Relevanz zu einer persönlichen Angelegenheit. Ihr ist es nicht gleichgültig, dass die Schüler*innen scheinbar nichts aus ihrem Unterricht mitnehmen. Der Hinweis auf ihre unerfüllte Erwartung angesichts der unzureichenden Leistungen kann als mobilisierende Emotionspraktik interpretiert werden, die sowohl Ernsthaftigkeit als auch Betroffenheit auf Seiten der Schüler*innen evozieren will. Damit erschafft die Lehrperson einen ernsten Rahmen, der jedoch nicht lange anhält. Die Schüler*innen dekonstruieren die gesamte Situation als unernst und schließen damit an die Situation des Bagatellisierens vor der Klassenarbeit an. Ihre humoristischen Praktiken modulieren den ernsten Rahmen und definieren die Rückgabesituation in eine humorvolle und lustige um.

Die ironische Reaktion der Lehrperson zeigt, dass sie in diese Rahmung mit hineingezogen wird. Ihre Bemerkung, dass sie gesehen hätte, dass auf der Rückseite ja auch noch etwas stand, sorgt prompt für weiteres Gekicher. Hier zeigt sich, wie wirkmächtig sich die Rahmung der Schüler*innen gestaltet und wie der gesetzte Rahmen durch eine alternative Rahmung – zumindest kurzzeitig – ausgehebelt werden kann. Obwohl die Lehrperson sich auf den formalen Rahmen des schulischen Leistungsprinzips verlassen kann, verliert sie in dieser kurzen Situation die Definitionsmacht der Interaktionsordnung.

---

73 Vgl. ZABOROWSKI, Katrin U. (2011): An den Grenzen des Leistungsprinzips, 210.

6.4 Anerkennung und Bedeutungssysteme: Noten im Zwiespalt

Die Lehrperson unternimmt eine Gegenrahmung, um die Noten für die Berufsschüler*innen wieder bedeutsam zu machen. Hierfür argumentiert sie auf zwei unterschiedlichen Ebenen. Die erste Argumentationslinie ist auf der Legitimationsebene angesiedelt. Die regulierende Emotionspraktik „So lustig finde ich es nicht, Leute" zielt darauf, die Emotionen der Berufsschüler*innen in gewisser Weise zu lenken oder zu dämpfen. Damit spricht Frau Lorenz die Situation und die von der Erwartung abweichende Entwicklung direkt an. Mit ihrem saloppen „Leute" appelliert sie an die Schüler*innen und zeigt eine Nähe zwischen sich und ihnen an. Ferner nimmt sie die Situation metaperspektivisch in den Blick. Sie spricht direkt an, dass sich die Schüler*innen über die Situation lustig machen und gibt zu verstehen, dass sie diese Auffassung nicht teilt. Mit der regulierenden Emotionspraktik „[d]as kommt doch nicht so gut, so Noten" versucht sie an das Einhalten öffentlich wirksamer Normen zu appellieren. Damit erinnert sie an den formalen Rahmen und die Logik des Leistungsprinzips, die besagt, dass gute Noten wichtig und erstrebenswert sind und schlechte Noten vor einem unsichtbaren (gesellschaftlichen) Publikum oder bei potenziellen zukünftigen Arbeitgeber*innen mit Abwertung einhergehen. Das Erbringen guter Leistungen gilt als überindividuelle Norm, deren Missachtung Schamgefühle produzieren kann. Die Äußerung der Lehrperson kann als kommunizierende Emotionspraktik interpretiert werden, die auf Schamgefühle angesichts schlechter Leistungen zielt. Ihre Erinnerung an gesellschaftliche Konventionen, wie das Produzieren guter Leistungen und das Zustandebringen eines erfolgreichen Schulabschlusses entsprechen den Zuschreibungen, die von außen sowohl an den Apparat Schule als auch an Berufsschüler*innen im Ausbildungskontext herangetragen werden. Die Relevanz der Noten im Fach Religion wird über die Zukunft der Schüler*innen legitimiert, da ein schlechtes Zeugnis verringerte Chancen auf dem Arbeitsmarkt bedeutet. Dies führt vor Augen, wie sehr die Leistungsnorm von den Schüler*innen angefragt und infrage gestellt wurde. Die ausführlichen Begründungen der Lehrperson zeigen, dass die normative Verankerung der Noten stark ins Wanken geraten ist.

Die zweite Argumentationslinie ist auf der Beziehungsebene angesiedelt. Die Lehrperson kommuniziert ihre Enttäuschung angesichts der schlechten Noten, indem sie diese zu einer sozialen Frage, zu einer Sache des Miteinanders macht. Die Lehrperson wechselt die Ebene hin zu einer persönlichen: „[...W]enn ihr so schlechte Noten schreibt, bekomme ich den Eindruck, dass ihr nichts von meinem Unterricht mitnehmt." Die Noten sind damit nicht mehr nur relevanter Selbstzweck für den Arbeitsmarkt, sondern werden zu einem Symbol gegenseitiger Anerkennung.

Zwar gibt die Lehrperson den Schüler*innen zu verstehen, dass sie die schlechten Noten nicht belasten würden, schließlich handelt es sich um die Leistungen der Schüler*innen und nicht um ihre eigenen. Dennoch wird deutlich, dass sie emotional in den Bewertungsprozess involviert ist und die Ergebnisse auch sie betreffen.

Im weiteren Verlauf der Situation verbleibt die Lehrperson auf der Beziehungsebene. Diese stellt sie durch das Wort „Entschuldigung" weiter her. Unterstrichen durch die Handgeste auf der Brust markiert die Entschuldigung die persönlich gewordene Angelegenheit. Ferner stellt auch das direkte Anblicken der Schüler*innen diese Beziehung weiter her. Die Schüler*innen weichen der Begegnung aus, indem sie auf die Tische oder ins Leere blicken. Ihr Wegblicken und Lächeln lassen sich als körperliche Schamindikatoren interpretieren, die Distanz zwischen ihnen und der Situation schaffen sollen.
Auf der Beziehungsebene ist die von den Schüler*innen vorgenommene Situationsdefinition kaum aufrechtzuerhalten. Ihre Situationsdefinition der Bagatellisierung ist durch Abrufen der Beziehungsebene seitens der Lehrperson stark angefragt. Diejenigen, die die Noten im berufsbildenden Religionsunterricht herabgespielt haben, werden mit der Frage konfrontiert, ob ihnen die Beziehung zur Lehrperson und das Miteinander wirklich nichts bedeuten. Die Situation verläuft weiter wie folgt.

6.4.4 *Verknüpfung von Leistung und Anerkennung*

> „Also ich sag's ehrlich, für mich ist es auch frustrierend", sagt Frau Lorenz gereizt, ihre Stimme ist recht hoch. Sie teilt die Arbeiten aus und schaut die Schüler*innen dabei direkt an. Als sie zu Anna kommt sagt sie freundlich lachend „Du hast sogar mehr als erwartet geschrieben", und übergibt Anna ihre Arbeit. Die Lehrperson erklärt weiter, dass es dafür sogar Extrapunkte gebe. Mehr sagt sie jedoch nicht zu Annas sehr guter Leistung. Nach einem kurzen Blick auf ihre 1+ ruft sie begeistert „wuhu" und macht eine Siegesgeste. Sie klatscht sogar in die Hände und freut sich. Larissa lehnt sich zu Anna hinüber und schaut auf ihre Note. „Total gut", sagt sie anerkennend. Inzwischen hält Larissa ihre eigene Arbeit in den Händen. Sie hat eine 3-, was sie mit einem erleichterten „ah geht doch" kommentiert. Sie lehnt sich zurück.
> Alicia, die zuvor stolz herumposaunt hat, dass sie sowieso eine 6 habe, wird – als sie ihre 5 erblickt – recht ruhig. Sie legt die Arbeit von sich weg und möchte sie sogar in die Tasche packen. Damit ist Frau Lorenz nicht einverstanden. „Ne, pack's nicht weg!", ruft sie beinahe empört. Sie möchte, dass sich Alicia ihre Fehler anschaut und mit dem Lösungsblatt vergleicht, das sie dazu ausgegeben hat.
> Einige kommentieren ihre Arbeit mit einem erleichterten „nicht ganz sooo schlecht." (2BFHK1, 10.5.19).

Die benennende Emotionspraktik „[i]ch sag's euch ehrlich, für mich ist es auch frustrierend" bringt die Emotionen der Lehrperson ins Wort und vermittelt diese an ihre Schüler*innen. Damit macht sie ihre Gefühlswahrnehmung transparent und gibt den Schüler*innen ihre Unzufriedenheit zu verstehen. Der Hinweis „[i]ch sag's euch ehrlich" markiert die besondere Rolle, in der sie zu den Schüler*innen spricht. Sie begegnet ihnen nicht in ihrer Berufsrolle, sondern als Person, die vom Verhalten der Schüler*innen enttäuscht ist.
Es kommt zur Rückgabe der Klassenarbeit. Annas sehr gute, Larissas befriedigende und Alicias schlechte Leistungen zeichnen ein breites Notenspektrum

6.4 Anerkennung und Bedeutungssysteme: Noten im Zwiespalt

ab. Es beginnt mit der stärksten Leistung von Anna. Noch immer auf der Beziehungsebene folgen nun unterschiedliche Anerkennungspraktiken. „Du hast sogar mehr als erwartet geschrieben" sagt die Religionslehrperson freundlich und lachend zu Anna. Ihr wird jetzt die Anerkennung der Lehrperson für ihre sehr gute Leistung und die Erfüllung der Erwartungshaltung zuteil. Ihr Lob fällt verhältnismäßig kurz aus, möglicherweise um Anna nicht vor ihren Klassenkamerad*innen zu exponieren. Anna verleiht ihrer Freude öffentlichen Ausdruck durch ihr „wuhu" und einer Siegesgeste. Die öffentliche Demonstration zieht Larissas Aufmerksamkeit auf sich, auch von ihr erhält Anna beim Blick auf ihre Note mit den Worten „[t]otal gut" Anerkennung für ihre Leistung. Die vorausgegangene Rahmung der Situation rückt damit in den Hintergrund, Annas Leistung erfährt Anerkennung, eine Etikettierung als ‚Streberin' bleibt aus.[74]

Larissas Erleichterung über ihre 3- stützt ebenfalls den ursprünglichen Rahmen, in dem gute Noten ein erstrebenswertes Ziel darstellen. Ihre Erleichterung lässt antizipieren, dass die Vorstellung, eine schlechte Note zu erhalten, potenziell bedrohlich auf sie gewirkt haben muss. Angesichts einer 3- zeigt sie sich zufrieden. Die Gruppe aus Larissa, Anna und der Lehrperson wird damit zu einer Allianz gegen die Situationsdefinition der Bagatellisierung. Ausdrucksformen der Freude, der Anerkennung und Erleichterung lassen das schulische Leistungsprinzip wieder bedeutsam werden.

Als Alicia ihre Note erhält, versucht sie diese schnellstmöglich bei Seite zu legen, um sich nicht mit ihr auseinander setzen zu müssen. Da sich ein anderer Bedeutungsrahmen durchgesetzt hat, in welchem die Noten keine Bagatellen darstellen, gilt die 5 als negativ aufgeladen und soll daher physisch verschwinden. Es zeigt sich, dass die Strategie der Lehrperson Wirkung entfaltet hat. Indem gute Noten mit Anerkennung verknüpft wurden, konnte sich das Leistungsprinzip durchsetzen. Alicia, die ihre fatalistische Haltung zu Noten im Fach Religion zu einem früheren Zeitpunkt lautstark vertreten hat, zeigt sich nun ruhig und beschämt. Die Darstellung von Scham oder Reue kommuniziert die Akzeptanz sozialer Wertvorstellungen, in diesem Beispiel des Leistungsprinzips und entspricht der von der Lehrperson durchgesetzten und erwarteten Gefühlsnorm. An dieser Stelle ist es nicht zentral, ob Alicia die gezeigte Emotion auch tatsächlich fühlt.[75] Für die soziale Interaktion ist vielmehr entscheidend, dass sich die beschämte Reaktion glaubhaft darstellt, um die durchgesetzte Rahmung des schulischen Leistungsprinzips weiterhin zu unterstützen.[76]

Weitere Schüler*innen finden ihre Leistungen „nicht ganz sooo schlecht". Sie fügen sich dem Rahmen des Leistungsprinzips und bestätigen ihn mit ihrer

---

[74] Vgl. BREIDENSTEIN, Georg/ MEIER, Michael (2004): „Streber" – Zum Verhältnis von Peer Kultur und Schulerfolg. In: Pädagogische Rundschau 58 (5), 549–563.
[75] Vgl. HOCHSCHILD, Arlie R. (1990): Das gekaufte Herz, 55f.
[76] SCHMIDT, Stephanie (2023): Affekt und Polizei. Eine Ethnografie der Wut in der exekutiven Gewaltarbeit, Bielefeld, 325.

Erleichterung sogar. Schüler*innen, die zuvor damit prahlten, nicht gelernt zu haben, zeigen auf einmal Erleichterung angesichts ihrer guten Leistungen.

Was ergibt eine Zusammenschau der Situationen? Deutlich werden verschiedene Bedeutungssysteme, in denen Anerkennung mal mit guten Noten, mal mit schlechten Noten verknüpft wird. Das Abrufen der Legitimations- und der Beziehungsebene konnte als wirksames Mittel herausgearbeitet werden, das die Bedeutsamkeit des schulischen Leistungsprinzips bei starken Anfragen wieder durchsetzen konnte.

Verschiedene Praktiken konnten aufgezeigt werden, die Noten in ihrer Bedeutungszuschreibung internalisieren oder externalisieren. Scham und Beschämung können sich einstellen, wenn die Bedeutung der Noten von Schüler*innen stark internalisiert und zum Symbol des Miteinanders gemacht wird. Deutlich wurde immer wieder das Phänomen der Anerkennung, das den Schüler*innen je nach Rahmung von ihren Mitschüler*innen oder der Lehrperson angesichts ihrer Leistungen zu Teil wurde.

6.5 Annäherung an das Phänomen der Anerkennung

Philosoph*innen wie Charles Taylor,[77] Avishai Margalit,[78] Tzvetan Todorov,[79] Nancy Fraser,[80] Judith Butler[81] und Axel Honneth[82] beschäftigen sich mit dem Phänomen der Anerkennung aus gesellschaftstheoretischer und anthropologischer Blickrichtung. Ihnen gemein ist der Gedanke,

> „dass das Streben nach Anerkennung durch die Anderen die wichtigste Quelle der normativen Integration in die Gesellschaft ist und die zentrale Triebkraft der Selbstentwicklung".[83]

In diesem Unterkapitel gehe ich dem Phänomen der Anerkennung mithilfe der an den Schulkontext sehr anschlussfähigen Theorie Honneths nach und frage dezidiert nach der Bedeutung für schulische Leitungssettings.

---

77 Vgl. TAYLOR, Charles (1995): Das Unbehagen an der Moderne, Frankfurt a. Main.
78 Vgl. MARGALIT, Avishai (2012): Politik der Würde. Über Achtung und Verachtung, Berlin.
79 Vgl. TODOROV, Tzvetan (2015): Abenteuer des Zusammenlebens. Versuch einer allgemeinen Anthropologie, Gießen.
80 Vgl. FRASER, Nancy/ HONNETH, Axel (2003): Umverteilung oder Anerkennung? Eine politisch-philosophische Kontroverse, Frankfurt a. Main.
81 Vgl. BUTLER, Judith (⁶2018): Haß spricht. Zur Politik des Performativen, Berlin [2006].
82 Vgl. HONNETH, Axel (1992): Kampf um Anerkennung. Zur moralischen Grammatik sozialer Konflikte, Frankfurt a. Main.
83 Vgl. REISENAUER, Cathrin/ ULSEß-SCHURDA, Nadine (2018): Anerkennung in der Schule, 19.

6.5.1 Theorie der Anerkennung bei Axel Honneth

In seiner Gesellschaftstheorie widmet sich Axel Honneth der näheren Untersuchung moderner, kapitalistischer Gesellschaften, die er hinsichtlich ihrer Anerkennungsbeziehungen untersucht.[84] Unter Rückgriff auf die Sozialpsychologie George H. Meads und Georg F. W. Hegels Jenaer Schriften entwirft Honneth eine umfassende Theorie, die gesellschaftlichen Wandel mit normativen Ansprüchen, die in Beziehungen der gegenseitigen Anerkennung enthalten sind, untersucht. Dabei geht Honneth von einer wechselseitigen Anerkennung als Grundbedingung aus,

> „weil die Subjekte zu einem praktischen Selbstverhältnis nur gelangen können, wenn sie sich aus der normativen Perspektive ihrer Interaktionspartner als deren soziale Adressaten zu begreifen lernen".[85]

Honneth entwirft ein subjektivitätstheoretisches Individuierungskonzept, das auf ein ungebrochenes und positives Selbstverhältnis des Subjekts zielt. Als Bedingung für eine gelingende Selbstbeziehung sieht Honneth die reziproke Bezugnahme der Gesellschaftsmitglieder untereinander.

> „Der Zusammenhang, der zwischen der Erfahrung von Anerkennung und dem Sichzusichverhalten besteht, ergibt sich aus der intersubjektiven Struktur der persönlichen Identität: die Individuen werden als Personen allein dadurch konstituiert, daß sie sich aus der Perspektive zustimmender oder ermutigender Anderer auf sich selbst als Wesen zu beziehen lernen, denen bestimmte Eigenschaften und Fähigkeiten positiv zukommen."[86]

Die wechselseitige Bezugnahme, die das Subjekt in seiner Selbstbeziehung stärke, sieht er in drei Anerkennungsformen als elementar an: *Liebe, Recht und soziale Wertschätzung.*[87] Diese drei Formen der Anerkennung verdeutlichen, „welche legitimen Erwartungen auf Anerkennung durch andere Gesellschaftsmitglieder bestehen können".[88]

Liebe als erste Anerkennungsform verwirklicht sich in allen Primärbeziehungen, die in starken Gefühlsbindungen zueinanderstehen, wie in Eltern-Kind-Beziehungen oder Freundschaften. In dieser grundlegenden Form affektiver Zuwendung erfahren sich die Subjekte in ihren Bedürfnissen aufeinander bezogen. Hier lernt das Individuum basales Selbstvertrauen aufzubauen, das es für die autonome Teilhabe am öffentlichen Leben benötigt.[89]

---

84 Die folgende Darlegung greift zurück auf die Ausführungen bei SANDRING, Sabine (2013): Schulversagen und Anerkennung. Scheiternde Schulkarrieren im Spiegel der Anerkennungsbedürfnisse Jugendlicher, Wiesbaden, 26–33.
85 HONNETH, Axel (1992): Kampf um Anerkennung, 148.
86 HONNETH, Axel (1992): Kampf um Anerkennung, 277f.
87 Vgl. HONNETH, Axel (1992): Kampf um Anerkennung, 8; 148–211.
88 SANDRING, Sabine (2013): Schulversagen und Anerkennung, 26.
89 Vgl. HONNETH, Axel (1992): Kampf um Anerkennung, 174.

In der zweiten Anerkennungsform des *Rechts* erkennt sich das Individuum als Träger*in von Rechten und Pflichten und erfährt kognitiv-moralische Anerkennung. Ein Subjekt begreift sich selbst nur dann als Träger*in von Rechten, wenn es Kenntnis darüber erlangt, welche normativen Verpflichtungen andere Subjekte zu erfüllen haben.[90] Hierbei unterscheidet Honneth zwischen traditionalen und modernen posttraditionalen Gesellschaften. In traditionalen Gesellschaften sei Anerkennung als Rechtsperson mit sozialer Wertschätzung verbunden, sodass sich je nach Status die rechtliche Anerkennung vermindern oder erhöhen könne. Hingegen in modernen, posttraditionalen Gesellschaften werden Recht und soziale Wertschätzung entkoppelt. Damit steht jedem Subjekt eine Anerkennung als Rechtperson, unabhängig von ihrem Status, zu. Diese Form der Anerkennung zielt auf die Achtung eines Menschen als personales Wesen innerhalb einer gesellschaftlichen Rechtsgemeinschaft.[91]

Die dritte Form der Anerkennung, *soziale Wertschätzung*, erkennt konkrete Fähigkeiten und Eigenschaften einer Person an. Diese Form zielt auf soziale Anerkennung für die jeweilige Gesellschaft. Die Wertschätzung orientiert sich dabei an einem von der Gesellschaft festgelegten Bezugsrahmen, der die „Fähigkeiten und Leistungen intersubjektiv danach beurteilt [...], in welchem Maße sie an der Umsetzung der kulturell definierten Werte mitwirken können [...]".[92] Honneth verdeutlicht, dass soziale Wertschätzung auf einer geteilten Wertbasis stattfindet und stets eine Form der Deutung benötigt, bevor sie zu einem Kriterium sozialer Anerkennung wird.[93]

In modernen Gesellschaften wird „Leistung als ein zentraler Gradmesser sozialer Wertschätzung"[94] erachtet. Dies hängt mit der Auflösung der ständischen Statushierarchie zusammen, die durch das individualistische Leistungsprinzip abgelöst wurde. Leistung ist die

> „einzige normative Ressource, die der bürgerlich-kapitalistischen Gesellschaftsform zunächst zur Verfügung steht, um die extrem ungleiche Verteilung von Lebenschancen oder Gütern moralisch zu rechtfertigen: Wenn es nicht mehr die Zugehörigkeit zu einem bestimmten Stand sein soll, was mit dem Maß an sozialer Wertschätzung auch den Umfang der ökonomischen und rechtlichen Privilegien legitim regelt, dann legt es die ethisch-religiöse Aufwertung der Arbeit und die Etablierung eines kapitalistischen Arbeitsmarktes nahe, die soziale Wertschätzung von der individuell erbrachten Leistung abhängig zu machen."[95]

---

90 Vgl. HONNETH, Axel (1992): Kampf um Anerkennung, 174.
91 Vgl. HONNETH, Axel (1992): Kampf um Anerkennung, 181f.
92 HONNETH, Axel (1992): Kampf um Anerkennung, 198.
93 Vgl. SANDRING, Sabine (2013): Schulversagen und Anerkennung, 28.
94 SANDRING, Sabine (2013): Schulversagen und Anerkennung, 29.
95 HONNETH, Axel (2003): Umverteilung als Anerkennung. Eine Erwiderung auf Nancy Fraser. In: Fraser, Nancy/ Ders. (Hrsg.): Umverteilung oder Anerkennung? Eine politisch-philosophische Kontroverse, Frankfurt a. Main, 129–224, 175.

6.5 Annäherung an das Phänomen der Anerkennung

Damit zielt die Logik moderner Gesellschaften darauf, die Ungleichverteilung von Chancen und materiellen Gütern durch das individualistische Leistungsprinzip auszugleichen. Allerdings greife soziale Wertschätzung nicht bei allen Leistungsformen. Honneth stellt eine enge Verbindung zur Erwerbsarbeit her, sodass nur spezifische Leistungen mit Anerkennung einhergehen. Anderen wichtigen Leistungs- und Lebensformen, die von gesellschaftlichen Ansprüchen abweichen, werde unter Umständen kaum Anerkennung zu teil.[96]

6.5.2 Schule als Ort der Anerkennung

Was lässt sich aus Honneths Anerkennungstheorie für den schulisch-pädagogischen Kontext ableiten? Welche Anerkennungsformen erweisen sich für den Schulkontext als bedeutsam, besonders hinsichtlich Leistungs- und Bewertungssituationen?

Aus anerkennungstheoretischer Perspektive lassen sich pädagogische Beziehungen zwischen Lehrpersonen und Schüler*innen zunächst als Verbindungen charakterisieren, die auf der gegenseitigen Annahme des Gegenübers als Träger*in von Rechten und Pflichten gründen. Mit dem Schuleintritt erfahren sich Schüler*innen als Träger*innen gesellschaftlicher Rechte und Pflichten. Zum einen sind Schüler*innen zum Schulbesuch verpflichtet, zum anderen geht die Gesellschaft – stellvertretend durch die Lehrperson – die Verpflichtung ein, Heranwachsende in die gesellschaftlichen Strukturen einzuführen und sie in ihrer Persönlichkeitsentwicklung zu fördern.[97] Damit eng verwoben ist die Anerkennungsform der sozialen Wertschätzung, die in der Schule in Form von Erwartungshaltungen seitens der Lehrperson an Schüler*innen vermittelt werden:

> „Erwartungshaltungen, die sich sowohl auf Eigenschaften beziehen, die die ganze Person des Schülers berühren und auf seine Einsozialisation in die Gesellschaft als ein mündiger Bürger zielen, als auch – dies im Kern – auf Fähigkeiten und Kompetenzen, die den Heranwachsenden qualifizieren sollen, als zukünftiger Erwachsener in unterschiedlichen gesellschaftlichen Sphären – allen voran der Arbeit – (rollenförmig) agieren zu können."[98]

Diese Form der Wertschätzung orientiert sich im schulischen Kontext zum einen an den spezifischen Fähigkeiten der Schüler*innen, die sich anhand ihrer er-

---

96 Vgl. SANDRING, Sabine (2013): Schulversagen und Anerkennung, 29.
97 Vgl. HELSPER, Werner/ SANDRING, Sabine/ WIEZOREK, Christine (2005): Anerkennung in pädagogischen Beziehungen. Ein Problemaufriss. In: Heitmeyer, Wilhelm/ Imbusch, Peter (Hrsg.): Integrationspotenziale einer modernen Gesellschaft, Wiesbaden, 179–206, 184f.
98 HELSPER, Werner/ SANDRING, Sabine/ WIEZOREK, Christine (2005): Anerkennung in pädagogischen Beziehungen, 185.

brachten Leistungen in Noten messen und klassifizieren lassen. Aber auch persönliche Eigenschaften und Talente, die sie auszeichnen und besonders machen, erfahren im Schulkontext soziale Anerkennung.[99]

Doch wie verhält es sich mit der emotionalen Anerkennung in schulisch-pädagogischen Kontexten? Die emotionale Anerkennung verortet Honneth primär in intimen Freundschafts- und Familienbeziehungen, sodass die Verortung in pädagogisch-professionellen Beziehungen im Schulkontext nicht gleich ersichtlich ist. Werner Helsper, Sabine Sandring und Christine Wiezorek betonen, dass die Verwiesenheit des Kindes im Individuierungsprozess „*konkreter* Anderer" auch außerhalb der Familienstrukturen bedarf, „mit denen es in eine kontinuierliche Interaktionsstruktur eingebunden ist".[100] Die Autor*innen verweisen auf empirische Befunde zu schülerbiographischen Arbeiten, die verdeutlichen, dass Lehrpersonen einen bedeutsamen Teil zur emotionalen Anerkennung von Schüler*innen beitragen.[101] „Diese – nicht auf intimisierter Liebe, aber auf Kontinuität, Bindung und Zuwendung basierende – professionelle Form emotionaler Anerkennung […]"[102] lässt sich auf pädagogische Beziehungen im schulischen Kontext übertragen. Sandring gibt zu bedenken, dass in professionellen Kontexten die emotionale Anerkennung geringere Ausgestaltung findet, allerdings

> „ist es für die Lehrer-Schüler-Beziehung dennoch von Bedeutung, wie Lehrerinnen und Lehrer sich auf die emotionale Basis ihrer Schüler beziehen, da die positive emotionale Grundeinstellung gegenüber ihren Schülerinnen und Schülern Ausdruck eines professionellen Interesses und die Grundlage für ein positives bejahendes Arbeitsbündnis ist, das auf gegenseitigem Vertrauen begründet sein wird und in verlässlichen pädagogischen Interaktionen ständig wieder erarbeitet werden muss".[103]

Im schulischen Leistungsprinzip zeigt sich eine enge Verflechtung der Anerkennungsform des Rechts und der sozialen Wertschätzung. Schulisches Lernen geht eng mit der Bewertung individuell erbrachter Leistungen anhand universalistischer Leistungsbeurteilung einher, die die partikularen Besonderheiten der Schüler*innen nur wenig berücksichtigt. Damit gelten Leistung und Bildungserfolg als zentrale Kriterien der Anerkennung, die sich in Form sozialer Wertschätzung und Achtung im Schulkontext abbilden. Problematisch sehen

---

99 Vgl. HELSPER, Werner/ SANDRING, Sabine/ WIEZOREK, Christine (2005): Anerkennung in pädagogischen Beziehungen, 186.
100 HELSPER, Werner/ SANDRING, Sabine/ WIEZOREK, Christine (2005): Anerkennung in pädagogischen Beziehungen, 188 (Hervorhebung im Original).
101 Vgl. NITTEL, Dieter (^{2}2017): Gymnasiale Schullaufbahn und Identitätsentwicklung [1992], Opladen/ Berlin/ Toronto; KRAMER, Rolf-Torsten (2002): Schulkultur und Schülerbiographien. Das „schulbiographische Passungsverhältnis". Rekonstruktionen zur Schulkultur II, Opladen; WIEZOREK, Christine (2003): Zur sozialen Organisation der Biographie durch die Schule, unveröff. Univ. Diss. Universität Jena.
102 HELSPER, Werner/ SANDRING, Sabine/ WIEZOREK, Christine (2005): Anerkennung in pädagogischen Beziehungen, 188.
103 SANDRING, Sabine (2013): Schulversagen und Anerkennung, 30.

6.5 Annäherung an das Phänomen der Anerkennung

Helsper, Sandring und Wiezorek, dass Leistungsbeurteilung mit Anerkennungsverweigerungen einhergehen. Schüler*innen, die schlechte Leistungen erbringen, würden aufgrund der normativen Vorgaben keinerlei positive Anerkennung erfahren.[104] Sandring weist auf die Gefahr von Missachtungserfahrungen hin, die sich angesichts negativer Bewertungen bei Schüler*innen einstellen können.[105]

6.5.3 Rückmeldung als Anerkennungspraxis

Cathrin Reisenauer und Nadine Ulseß-Schurda erarbeiten in ihrer empirischen Studie sechs Anerkennungspraktiken, die die Dichotomie von Anerkennung geben und empfangen im schulischen Kontext aufbrechen. Ihre Ergebnisse, die sie aus der Analyse von Erinnerungsszenen von Schüler*innen gewinnen, zeigen Wahrnehmen, Begegnen, Gegenübertreten, Ansprechen, Rückmelden und Versagen als Anerkennungspraktiken im Schulkontext auf.[106]

In Leistungs- und Bewertungssituationen ist besonders die Kategorie des Rückmeldens von großer Bedeutung, da hier die von den Schüler*innen erbrachten Leistungen im Mittelpunkt stehen. Unter Rückgriff auf Klaus Prange und Gabriele Strobel-Eisele sehen Reisenauer und Ulseß-Schurda Rückmelden als reaktives Zeigen, das zugleich die Grundform pädagogischen Handelns bilde. Dabei beziehe sich Rückmelden nicht auf die Zukunft, sondern richte den Fokus auf die Ergebnisse der Lernenden und ihr feststellbares Lernverhalten. Prange und Strobel-Eisele weisen auf die „affektive[...] Betroffenheit" hin, die sich bei einer Rückmeldung auf vergangenes Lernen ergibt:

> „Es geht um die Reaktion darauf, wie die Kinder und Schüler als die Adressaten unseres pädagogischen Handelns eben darauf reagieren, was wir ihnen zeigen, sei es in der Form der Einübung, der Darstellung oder der Aufforderung. Wir freuen uns über die Erfolge unserer Kinder und Schüler, und diese freuen sich über unsere Freude. [...] Doch aus diesem Rückkoppelungseffekt ergibt sich auch geradezu unvermeidlich das vielfach erlebte Leiden an der Erziehung, und zwar auf beiden Seiten. Wir sind enttäuscht, wenn unsere Erklärungen nicht verstanden und unsere Weisungen nicht beachtet werden; und die Kinder sind enttäuscht, wenn sie das Gefühl haben, ihre Eltern zu enttäuschen."[107]

Die emotionale Verstrickung von Lernenden und Lehrenden zeigt sich an der gegenseitigen Bezogenheit aufeinander. Das angesprochene reaktive Zeigen und damit die meisten Formen schulischer Rückmeldung blicken nicht in die Zukunft, sondern beziehen sich auf vergangenes Lernen und rücken die Ergebnisse

---

104 Vgl. HELSPER, Werner/ SANDRING, Sabine/ WIEZOREK, Christine (2005): Anerkennung in pädagogischen Beziehungen, 190f.
105 Vgl. SANDRING, Sabine (2013): Schulversagen und Anerkennung, 31f.
106 Vgl. REISENAUER, Cathrin/ ULSEß-SCHURDA, Nadine (2018): Anerkennung in der Schule, 241f.
107 PRANGE, Klaus/ STROBEL-EISELE, Gabriele (2006): Die Formen des pädagogischen Handelns. Eine Einführung, Stuttgart, 84.

in den Mittelpunkt der Rückmeldung. Damit wird Schule zum Anerkennungsraum, in dem Schüler*innen Anerkennung hauptsächlich über Leistung erfahren. Oftmals beziehen Schüler*innen diese Anerkennung auf ihre ganze Person, auch wenn sie nur auf einzelne Fähigkeiten oder Kenntnisse Bezug nimmt.[108] Wertschätzung im schulischen Kontext bedingt sich durch Leistung, dadurch wird Bildungserfolg zur bedeutsamen Kategorie der Anerkennung.[109]

Eine Rückgabesituation, die sich im Religionsunterricht an der Berufsfachschule zum Schuljahresende ereignete, lässt Emotionspraktiken die Anerkennung mobilisieren, bei der Lehrperson deutlich werden:

> Mit den Worten „jetzt gibt's die Klassenarbeit zurück" holt Frau Lorenz die korrigierten Blätter aus der Mappe. Sie dreht sich zu Sofia, die in der Bankreihe vor ihr sitzt und sagt in sichtlich zufriedenem Ton „gut gemacht". Sofia lächelt sie an, nimmt ihre Arbeit entgegen und wendet das Blatt. Unter ihrem geschriebenen Text steht 3+. Sie lächelt und sagt stolz „zum Glück keine 4". Dann liest sie das Blatt mit den Lösungen durch. Als nächstes bekommt Carmina ihre Arbeit zurück. „Du hast gelernt" sagt Frau Lorenz anerkennend und reicht ihr mit den Worten „gut gemacht" ihre Arbeit. Strahlend schaut Carmina auf ihre 2–3. (2BFHK2, 28.6.19).

Auf die Ankündigung der Lehrperson „jetzt gibt's die Klassenarbeit zurück" folgen sogleich lobende Worte, die bei den Schüler*innen in der Rückgabesituation Gefühle von Stolz oder Zufriedenheit mobilisieren. Die Worte „gut gemacht" verleihen Sofias Leistung Anerkennung und bringen sie sogar zum Lächeln. Auch Carmina erhält eine positive Form der Rückmeldung, indem Frau Lorenz ihre Vorbereitung anerkennend hervorhebt. Diese Form der Adressierung unterscheidet zwischen Carminas Person und ihrer Leistung, indem sie das Ergebnis auf ihre Fähigkeiten, die sie durch ihr Lernen erhalten hat, zurückführt. Zwar blickt diese Form der Anerkennung retrospektiv auf die bereits erbrachte Arbeit der Schülerin, dennoch steckt darin auch ein identitätsstiftender Aspekt, der die Schülerin prospektiv adressiert. „Du hast gelernt" signalisiert der Schülerin auch zukünftige Anforderungen mit ihren Fertigkeiten meistern zu können und zeichnet sich durch einen bestätigenden, aber auch ermöglichenden Charakter aus. So konstatieren Reisenauer und Ulseß-Schurda mit Blick auf prospektive Adressierungen:

> „Durch Adressierungen von Lehrenden werden die Schülerinnen- und Schülersubjekte nicht nur in ihrem Sein bestätigt, sondern vor allem auch in ihrem Werden richtungsweisend angeregt."[110]

Eine weitere Veranschaulichung einer prospektiven Anerkennungspraktik stellt das bereits erwähnte Beispiel aus der kurzen Interaktion zwischen der Religionslehrperson und Larissa dar.

---

108 Vgl. WIEZOREK, Christine (2005): Schule, Biografie und Anerkennung, 328.
109 Vgl. REISENAUER, Cathrin/ ULSEß-SCHURDA, Nadine (2018): Anerkennung in der Schule, 265f.
110 REISENAUER, Cathrin/ ULSEß-SCHURDA, Nadine (2018): Anerkennung in der Schule, 357.

> Sie geht durch die Reihen. Die Schüler*innen sitzen auf ihren Plätzen und blicken erwartungsvoll zu Frau Lorenz, wenn diese an ihren Tisch tritt. Als sie zu Larissa an den Tisch geht, beugt sie sich zu ihr. Sie fragt, was denn losgewesen sei. Diese schüttelt mit dem Kopf. „Beim nächsten Mal" sagt Frau Lorenz und gibt ihr das korrigierte Aufgabenblatt. (2BFHK1, 07.12.18).

Die Worte „[b]eim nächsten Mal" stehen für eine prospektive Anerkennung, die der Schülerin schon jetzt eine verbesserte Leistung zuspricht. Sie sieht das Potenzial der Schülerin, zu dem sie sich hin entwickeln kann. Nach Reisenauer und Ulseß-Schurda ist für prospektive Anerkennungspraktiken ein „Transformationsvorschuss" nötig, der von einer offenen und positiven Haltung gegenüber den Schüler*innen und einem ermöglichenden Charakter geprägt ist.[111]

6.6 Religionspädagogischer Ertrag

Was konnte die genaue Betrachtung von Scham und Anerkennung unter besonderer Berücksichtigung von Leistungs- und Bewertungssituationen im Religionsunterricht zeigen? Wir erinnern uns: Noch vor der Klassenarbeit vergibt eine Berufsschülerin die Note 6 an alle, die nicht gelernt und die Note 1 an die wenigen, die gelernt haben. Mit dieser Praxis unterscheidet sie zwei unterschiedlich anerkannte Gruppen und entfacht eine gemeinschaftliche Bagatellisierung. Nur jene finden soziale Anerkennung, die die Klassenarbeit und das ganze Fach in seiner Bedeutung herabspielen. Der Religionsunterricht wird hier zu einem Raum, in dem die Berufsschüler*innen Protest gegen das leistungsorientierte Benotungssystem leisten. Berufsschüler*innen mit tendenziell schwächeren Bildungsbiographien, die potenziell vermehrt Beschämungs- und Missachtungserfahrungen in Leistungs- und Bewertungskontexten erlebt haben, verändern die schulische Systemlogik und definieren die Bedeutung der Noten eigenmächtig um. In dieser Lesart liefert der berufsbildende Religionsunterricht einen Experimentierraum, in dem Berufsschüler*innen bisherige Beschämungserfahrungen und Anerkennungsgefährdungen in Form des Protests zum Ausdruck bringen.

Bei der Rückgabe der Klassenarbeit ist diese Situationsdefinition noch immer vorhanden, doch die Lehrperson unternimmt Gegenschritte auf Legitimations- und Beziehungsebene, um das schulische Leistungsprinzip wieder durchzusetzen. Die Beobachtungen machen deutlich: In Bewertungssituationen kann es zu einer Vermischung dieser beiden Ebenen kommen, die wiederum Anerkennung, Scham und Beschämung produzieren können. Die Identifikation und Distanzierung von Schüler*innen mit ihren Leistungen, die Bedeutsamkeit für potenzielle Arbeitgeber*innen, die Berufsschüler*innen mitdenken, aber auch die

---

111 Vgl. REISENAUER, Cathrin/ ULSEß-SCHURDA, Nadine (2018): Anerkennung in der Schule, 357.

emotionale Verstrickung Lehrender und Lernender in die Leistungspraxis, bieten hohes Anerkennungs- und Schampotenzial. Sowohl negative Bewertungen in Schamsituationen, als auch positive Rückmeldungen in Anerkennungssituationen bergen das Potenzial bzw. die Chance, die Vorstellung der eigenen Person zu überdenken und das Fremdbild in das Selbstbild zu integrieren.

Wie lassen sich die Erkenntnisse der Scham- und Anerkennungspotenziale in Leistungs- und Bewertungssituationen religionspädagogisch bündeln? Leistungen und Bewertungen stellen ein zentrales Mittel dar, das zum einen Gleichbehandlung des Fachs Religion mit anderen Fächern im Curriculum ermöglicht, aber auch sekundäre Motivierung und Verhaltensregulierung unter Schüler*innen erwirken kann. Darüber hinaus kann wohlwollende Rückmeldung im Fach Religion vermeintlich schwächeren Schüler*innen dazu verhelfen, neue Stärken an sich zu entdecken. Gleichzeitig ist die Funktion der Noten aus religionspädagogischer Perspektive angefragt, da sich diese gegen den „Kern des Religionsunterrichts" wendet, in dem es doch um „vorbehaltslose Annahme und nicht um Beurteilung" geht.[112] Um Schampotenzialen sensibel zu begegnen, muss Religionsunterricht auf der Grundlage einer theologischen Anthropologie achtsam zwischen Person und Leistung unterscheiden. Dies gelingt, indem sich soziale Wertschätzung bei Bildungserfolgen oder -misserfolgen auf die individuellen Fähigkeiten und Fertigkeiten der Schüler*innen bezieht und nicht auf ihre ganze Person. Prospektive Anerkennungsformen begegnen Schüler*innen mit einer positiven Haltung und denken einen Transformationsvorschuss mit, in den sich die Schüler*innen hinein entwickeln können. Auf diese Weise können Noten im Fach Religion einen bedeutsamen Teil zur Persönlichkeitsbildung Heranwachsender beitragen. In diesem Zusammenhang postuliert Martin Jäggle eine Kultur der „Anerkennung vor jeder Leistung".[113] Er wirbt für eine in Schulen strukturell verankerte Kultur der Anerkennung, die Schüler*innen und Lehrende mit ihrer ganzen Person in den Blick nimmt und nicht das Subjekt anhand seiner Leistungsfähigkeit definiert.[114] Thomas Krobath ergänzt diesen Gedanken und sieht Anerkennung als elementare Voraussetzung jeder entwicklungsförderlichen Schulbildung.

---

112 SCHMID, Hans (2004): Leistungsmessung im Religionsunterricht. Für ein religionspädagogisch begründetes und verantwortetes Verhältnis zur Leistungsmessung. In: KatBl 129 (3), 212–219, 212.
113 JÄGGLE, Martin (2008): Anerkennung vor jeder Leistung. Interview mit Martin Jäggle. In: Das Wort. Evangelische Beiträge zu Bildung und Unterricht (3), 4–5, 4.
114 Vgl. KROBATH, Thomas (2013): Rechtfertigung als Anerkennung. Von der Aktualisierung der Rechtfertigungslehre im Kampf um Anerkennung in der Leistungsgesellschaft zu einer Erneuerung ihres Anliegens in Aufnahme des Anerkennungsdiskurses. In: Ders./ Lehner-Hartmann, Andrea/ Polak, Regina (Hrsg.): Anerkennung in religiösen Bildungsprozessen. Interdisziplinäre Perspektiven. Diskursschrift für Martin Jäggle, Göttingen, 289–313, 291.

6.6 Religionspädagogischer Ertrag

„Eine auf Wissensvermittlung und Fachkompetenz reduzierte Schulbildung wird den Kindern und Jugendlichen nicht die Grundlage geben, die sie zur Entfaltung ihrer Möglichkeiten am dringendsten brauchen: das Gefühl angenommen zu sein."[115]

Darüber hinaus sollte im Kontext der Berufsschule (Erwerbs-)Arbeit als bedeutsame Kategorie für Anerkennung mitbedacht werden. Eine wechselseitige Bezugnahme, die das Subjekt in seiner Selbstbeziehung stärkt, sieht Honneth in den drei Anerkennungsformen Liebe, Recht und soziale Wertschätzung als elementar an.[116] Die drei Anerkennungsverhältnisse sollten im Spiegel der Berufsausbildung berücksichtigt werden. Intrinsische Motivation für eine berufliche Tätigkeit, der Zuwachs beruflicher Kompetenzen und die Entwicklung professionellen Handelns sind auf reziproke Anerkennungserfahrungen und persönliche Wertschätzung angewiesen. Anerkennung trägt einen bedeutsamen Teil zur beruflichen Entwicklung bei, allerdings strahlt sie darüber auch auf die gesamte persönliche Entwicklung Heranwachsender aus.[117] Beruflicher Religionsunterricht steht vor der Aufgabe, berufliche (Anerkennungs-)Erfahrungen im Unterricht einzuholen und mit religiösen Deutungsbezügen in Kontakt zu bringen. Schüler*innen sollten den Religionsunterricht als Raum erleben, an dem sie unabhängig von ihrer Leistungsfähigkeit geschätzt werden und in dem sie Missachtungs- und Ausschlusserfahrungen, die Anerkennung beeinträchtigen oder gar gefährden, zur Sprache bringen zu können.

---

115 KROBATH, Thomas (2013): Rechtfertigung als Anerkennung, 291.
116 Vgl. HONNETH, Axel (1992): Kampf um Anerkennung, 148–211.
117 Vgl. OBERMANN, Andreas (2018): Religion trifft Beruf. Zur Didaktik des Berufsschulreligionsunterrichts, Münster/ New York, 21–28.

7. Gefühle von Sicherheit und Abbruch im Religionsunterricht

Dieses Kapitel will den Religionsunterricht in unterschiedlichen Räumen denken, die durch soziale Praktiken konstruiert werden und unterschiedliche Gefühlslagen hervorbringen. Kleinere oder größere Räume lassen Gefühle von Intimität und Sicherheit entstehen. Religionsunterricht kann aber auch zum ‚Leerraum' werden, wenn Schüler*innen nicht mit ihrer ganzen Person in den Blick kommen. Beobachtet man Unterricht von den sozialen Praktiken her, wird es möglich, die interaktiven Bezugnahmen unter allen Situationsteilnehmenden genauer zu untersuchen. Diese Perspektive ermöglicht Unterricht als etwas zu betrachten, das nicht von der Lehrperson gelenkt und strukturiert wird, sondern als ein Interaktionsgeschehen zwischen den am Unterricht Beteiligten. Im Klassenzimmer kommt es zu verschiedenen sozialen Interaktionen, wie z. B. Begegnung und Rückzug, Herstellen von Nähe und Distanz zu Mitschüler*innen und Lehrperson, Verhandlung sozialer Positionen und hierarchischer Gefüge sowie Vergemeinschaftungs- und Differenzierungsprozesse durch Abgrenzungs- und Teilhabepraktiken.[1]

Um die Logik dieser Räume genauer zu verstehen, wende ich mich in einem ersten Schritt der Frage zu, welche sozialen Räume sich im Unterricht zeigen. In einem zweiten Schritt fokussiere ich diejenigen Räume, die Gefühle von Sicherheit im Religionsunterricht hervorbringen und als sog. ‚Safe Spaces' charakterisiert werden können. Was zeichnet sie aus und wie werden sie konstruiert? Auch Formen des Beziehungsabbruchs und Abmeldungen waren einschlägige Phänomene, die sich im Religionsunterricht an der Berufsfachschule beobachten ließen. Aus diesem Grund wende ich mich in einem dritten Schritt den Abmeldepraktiken vom Religionsunterricht zu und gehe der Frage nach, welche Emotionen im Kontext dieses Phänomens konstruiert wurden. Abschließend werden die Erkenntnisse des Kapitels in einem religionspädagogischen Ertrag gebündelt.

---

1   Vgl. BENNEWITZ, Hedda/ MEIER, Michael (2010): Zum Verhältnis von Jugend und Schule. Ethnographische Studien zu Peerkultur und Unterricht. In: Brake, Anna/ Bremer, Helmut (Hrsg.): Alltagswelt Schule. Die soziale Herstellung schulischer Wirklichkeiten, Weinheim/ München, 97–110, 97–99.

7.1 Soziale Räume im (Religions-)Unterricht

In ihrer ethnographischen Forschung zu Peerkultur und Unterricht betrachten Hedda Bennewitz und Michael Meier Unterricht nicht als eine Situation, die von allen Situationsteilnehmenden auf dieselbe Art und Weise wahrgenommen wird, sondern vielmehr als Ineinander und Nebeneinander vieler Welten, die sich je nach Standort oder Handlungen der Schüler*innen differenzieren lassen.[2] Breidenstein verdeutlicht, dass es sich bei Unterricht um eine „Vielzahl einander überlagernder, sich durchdringender und überschneidender Räumlichkeiten"[3] handle. Sozial- und erziehungswissenschaftliche Diskussionen begreifen den Raum nicht mehr nur als gegebene Voraussetzung, die Handeln überhaupt erst ermöglicht. Vielmehr kann dieser als Produkt untersucht werden, das durch Praktiken hervorgebracht wird.[4] Dahinter steckt die raumsoziologische Theorie Martina Löws einer Dynamisierung des Raumbegriffs, die die Idee des Raums als Territorium ablöst durch die Annahme, dieser werde durch soziale Prozesse konstruiert. Damit nimmt sie Räume nicht mehr als „natürlich gegebene Gebiete, die zu unterschiedlich großen Behältern abgesteckt werden",[5] hin. Vielmehr fragt Löw nach deren Entstehung und begreift sie als eine Wechselwirkung zwischen Struktur und Handeln.[6]

Bennewitz und Meier weisen auf unterschiedliche Räume im Unterricht hin, in denen sich die Schüler*innen zueinander verhalten, sich vergemeinschaften oder voneinander abgrenzen. Sie typisieren sieben *soziale Orte im Klassenzimmer*, die durch Schüler*innenpraktiken hervorgebracht werden.[7] Die Differenzierung dient als sensibilisierendes Konzept, um die sozialen Räume im Religionsunterricht an der Berufsfachschule besser zu verstehen.

In sog. *Für-Sich-Welten* – bestehend aus einer Person – verzichten Schüler*innen auf den Kontakt zu Anderen oder zur Lehrperson. Hier bleiben Schüler*innen für sich und schirmen sich augenscheinlich vom Unterrichtsgeschehen ab. Im Unterricht an der Berufsfachschule konnte dieser soziale Ort ebenfalls beobachtet werden. Als Beispiel dient die Situation, in der sich Alicia mithilfe ihres Körpers eine Für-Sich-Welt während des Filmschauens im Religionsunterricht errichtet.

> Alicia hat ihren linken Arm auf den Tisch gestützt und ihren Kopf darauf gelehnt, allerdings hat sie sich nicht zum Film gedreht. Mit ihrem Arm, ihrem Kopf und ihren

---

2　Vgl. BENNEWITZ, Hedda/ MEIER, Michael (2010): Zum Verhältnis von Jugend und Schule, 101.
3　BREIDENSTEIN, Georg (2006): Teilnahme am Unterricht, 40.
4　Vgl. BREIDENSTEIN, Georg (2006): Teilnahme am Unterricht, 41.
5　LÖW, Martina (⁸2015): Raumsoziologie, Frankfurt a. Main [2001], 50.
6　Vgl. LÖW, Martina (⁸2015): Raumsoziologie, 53.
7　Vgl. BENNEWITZ, Hedda/ MEIER, Michael (2010): Zum Verhältnis von Jugend und Schule, 102–105.

7.1 Soziale Räume im (Religions-)Unterricht

> Haaren hat sie eine Art Schutzwall gebaut, sodass weder ich noch Frau Lorenz sehen können, was sie tut. Ich vermute, dass sie auf ihrem Handy schreibt oder schläft. (2BFHK1, 01.02.19).

Alicias Schutzwall ist effektiv, er versperrt die Sicht auf das, was sie während des Unterrichts tut und lässt sie in ihrer Welt parallel zum Unterrichtsgeschehen ungestört. Dennoch wäre es denkbar, dass Alicia durch die Lehrperson oder eine*n Nebensitzer*in aus ihrer Für-Sich-Welt herausgeholt wird. Für-Sich-Welten sind auf den guten Willen oder das Desinteresse der Anderen im Klassenzimmer angewiesen.[8]

Als sog. *Nahraum* können all jene sozialen Orte im Klassenraum gelten, an denen zwei Schüler*innen miteinander in Kontakt treten und in unmittelbarer körperlicher Nähe zueinander stehen. Meist setzen sich Nahräume aus Sitznachbar*innen zusammen. Hier können Kommunikationsformen zwischen den beteiligten Personen beobachtet werden, die von Außenstehenden meist nicht eingesehen oder verstanden werden können. Ein solcher Nahraum war an der Berufsfachschule zu beobachten und entstand bspw. während des Lehrer*innenvortrags im Religionsunterricht.

> Ich setze mich neben eine Schülerin in die dritte Reihe und schon gleich beginnt der Vortrag von Frau Lorenz. Sie hat eine PowerPoint-Präsentation mit Folien vorbereitet über Teilchenmessung, Singularitäten und Lichtjahre. Aus der Unruhe der Mädchen vor mir schließe ich, dass sie nicht so ganz verstehen, worum es in diesem Vortrag geht. Die Mädchen schieben sich ein weißes Blatt zu, auf dem sie abwechselnd schreiben. (2BFHK2, 22.11.18).

Die unmittelbare Nähe zwischen den Schüler*innen erlaubt ihnen eine ungestörte, heimliche Kommunikation untereinander. Dieser Raum ermöglicht Austausch und Beziehungspflege unter den Peers und wird parallel zum eigentlich gelenkten Aufmerksamkeitsfokus der Lehrperson erschaffen.

Die sog. *Kleinwelt* ist als Kommunikationsraum zu verstehen, der von mindestens drei bis fünf Personen gebildet wird und in seiner Reichweite begrenzt bleibt. Kleinwelten lassen sich häufig in Gruppenarbeiten beobachten, in denen ein Gesprächs- und Interaktionsraum unter den Schüler*innen entsteht und neben den Arbeitsaufträgen auch Persönliches verhandelt wird. Innerhalb dieser Gruppe entsteht ein sozialer Ort, an dem die Schüler*innen Privates erzählen und in den persönlichen Austausch kommen. Im Religionsunterricht an der Berufsfachschule konnten viele solcher Kleinwelten beobachtet werden, die sich v. a. durch räumliche und persönliche Nähe auszeichneten. Abgegrenzt von anderen Gruppen entstanden in meist selbstgewählten Konstellationen bei der Bearbeitung eines Arbeitsauftrags Welten, in denen sich die Schüler*innen bspw. über Persönliches unterhielten.

---

8   Vgl. BENNEWITZ, Hedda/ MEIER, Michael (2010): Zum Verhältnis von Jugend und Schule, 102.

Die sog. *Bühne* beschreibt einen weiteren sozialen Ort des Klassenzimmers. Hierbei handelt es sich nicht um einen statisch festgesetzten, als vielmehr um einen dynamischen Ort, der sozial hervorgebracht wird: Eine Person adressiert eine andere, um ihr dadurch Aufmerksamkeit zukommen zu lassen und sie auf die Bühne zu heben. Bühnenorte enden immer dann, wenn die Aufmerksamkeit versiegt oder auf ein neues Geschehen gelenkt wird. Bennewitz und Meier verdeutlichen, dass jedes Handeln, sei es in der Für-Sich-Welt, im Nahraum oder in der Kleinwelt potenziell auf eine Bühne gehoben und damit zum Hauptaufmerksamkeitsfokus werden kann. Folgende Situation im Religionsunterricht an der Berufsfachschule kann beispielhaft eine Bühne im Klassenzimmer vor Augen führen, in der Sofia ihre Mitschülerin während des Filmschauens vor der Klasse neckt.

> Zu sehen sind sämtliche Tiere im Dickicht eines Waldes, darunter eine schädelgroße, haarige Spinne. Carmina und Sofia flüstern. Sofia sagt entrüstet und relativ laut: „Ich glaube, du stammst von der Spinne ab." Als sich die Klassenkamerad*innen zu ihnen umdrehen, kichern beide. (2BFHK2, 29.11.18).

Sofia und Carmina, die sich zuvor in einer Nahwelt befunden haben, stehen für einen kurzen Moment auf der öffentlichen Bühne des Klassenzimmers. Sofias lauter Kommentar hebt das zuvor private Gespräch auf eine Bühne, was angesichts der plötzlichen Aufmerksamkeit für Lachen bei beiden sorgt. Eng mit der Bühne einher geht das sog. *Publikum*. Kommt es innerhalb des Unterrichts zu einem erkennbaren Beobachten der Anderen, wird neben der Bühne auch ein Publikum konstruiert, das denen, die im Mittelpunkt stehen, ihre Aufmerksamkeit schenkt. Im Beispiel von Carmina und Sofia bildet die Restklasse die Publikumsöffentlichkeit.

Ferner kommen Bennewitz und Meier auf sog. *Begegnungen* und *Fernräume* zu sprechen. Indem sich Schüler*innen durch den Raum bewegen, andere Schüler*innen aufsuchen und mit ihnen in Kontakt treten, stellen sie bewusst kleine Kommunikationsgelegenheiten, sog. Begegnungen her. Nachfragen und Kommentare zu Arbeitsaufträgen oder Anfragen, etwas leihen zu dürfen, können hierfür angeführt werden. Fernräume hingegen finden nonverbal statt. Hierbei können Schüler*innen über eine größere Distanz hinweg mit ihren Mitschüler*innen in Kontakt treten. Ein solcher sozialer Fernraum ließ sich an der Berufsfachschule bspw. beim Schreiben einer Klassenarbeit beobachten, als keine verbale Kommunikation mehr möglich war.

> [...] die letzten Blicke werden getauscht, ab jetzt herrscht Stille und jede*r widmet sich dem eigenen Blatt. [...]
> Nach und nach entspannt sich die Atmosphäre, die Schüler*innen schreiben ruhig, zwischendrin schauen sie sich an und lächeln. Sie scheinen mit den Aufgaben zurecht zu kommen. (2BFHK1, 03.05.19).

Hier zeigt sich, dass die Schüler*innen über die räumliche Distanz hinweg in kurzen Kontakt miteinander treten. Zwar ist jede*r in der Situation des Klassenarbeit-Schreibens auf sich gestellt, allerdings stellen die Schüler*innen mittels nonverbaler Praktiken weiterhin Verbindungen zueinander her.

Bennewitz und Meier belegen anhand ihrer Beobachtungen, dass in den von Schüler*innen hergestellten sozialen Räumen peerkulturelle Themen verhandelt werden. Die Orte dienen den Schüler*innen v. a. dazu, ihre Freundschaften zu pflegen, sich auszutauschen oder abzugrenzen.

> „Die Schülerinnen und Schüler stellen soziale Orte her, um sich zu vergemeinschaften, zu differenzieren und zu hierarchisieren. Daraus schließen wir, dass es zu den Anforderungen des Schülerseins gehört, soziale Orte zu etablieren, denn dort werden die (un)freiwilligen Beziehungen zu den Mitschülerinnen und -schülern gestaltet. Durch die Herstellung von sozialen Orten, also spezifischen Handlungs- und Interaktionsräumen im Unterricht, werden peerkulturelle Anforderungen bearbeitet und soziale Positionen verhandelt."[9]

Aus Schüler*innenperspektive werde Unterricht nicht als geplante Abfolge didaktischer Arrangements und passender Methoden wahrgenommen, sondern vielmehr als Nacheinander unterschiedlicher sozialer Orte, die sie mit hervorbringen und gestalten können. Die Konstruktion dieser Orte zeichnet sich durch Gleichzeitigkeit und Überlappung innerhalb des Klassenzimmers aus.[10]

Sensibilisiert durch die Logik der sozialen Orte, die durch Handlungen der am Unterricht Beteiligten hervorgebracht werden können, richte ich den Fokus nun auf Orte, die – wiederum durch das Handeln der Beteiligten – Gefühle von Sicherheit und Schutz im Religionsunterricht mobilisieren. Welche Praktiken lassen sich ausfindig machen, die zur Herstellung eines ‚Safe Space' im Religionsunterricht beitragen?

7.2 Gefühle von Sicherheit und Schutz: Religionsunterricht als ‚Safe Space'

Im Religionsunterricht konnten verschiedene soziale Räume identifiziert werden. Nun soll die Blickrichtung auf diejenigen fokussiert werden, die sich durch unterschiedliche Praktiken als sicher und damit als sog. ‚Safe Spaces' identifizieren lassen. Diese Praktiken konstruieren einen Raum, der es den Schüler*innen ermöglicht, sich mit ihren persönlichen Erfahrungen, Einstellungen und Werten zu zeigen.

---

9   BENNEWITZ, Hedda/ MEIER, Michael (2010): Zum Verhältnis von Jugend und Schule, 107.
10   Vgl. BENNEWITZ, Hedda/ MEIER, Michael (2010): Zum Verhältnis von Jugend und Schule, 107.

7.2.1 Was ist ein ‚Safe Space'?

Folgende Situation führt eine Kleinwelt vor Augen, in der die Schüler*innen und die Forscherin im Anschluss an eine Einzelarbeit in den Austausch mit einer selbstgewählten Kleingruppe treten. Nachdem die Schüler*innen Blätter mit verschiedenen Statements zum Thema Gebet und ihre Gedanken dazu vorgelesen haben, entwickelt sich das Gespräch zu einem sehr persönlichen.

> Das Gespräch verläuft weiter in Richtung Tod. Sowohl Sofia als auch Tamara berichten vom Tod eines Familienangehörigen. Ich frage, ob sie beten, um mit ihren Verstorbenen in Kontakt zu treten. Sie bejahen dies. Sofia erzählt, dass sie manchmal so eine Stimme höre in ihrem Kopf und dann einen Dialog mit sich selbst beginne. „Ich bin mir dabei nie sicher, ob das zum Beispiel meine Oma ist, oder ob ich mir das nur selber einbilde. Aber das kann ich mir nicht einbilden." Ich bekomme in der Runde das Gefühl, dass alle loslegen und etwas erzählen wollen. Dabei fällt mir auf, wie offen sie über den Tod und ihre persönlichen Erfahrungen sprechen. Sie unterbrechen sich sogar, Sofia beispielsweise erzählt sehr viel und fällt Julia ins Wort, die gerade vom Tod ihres Opas erzählt hat. Julia lässt sie gewähren und übergibt Sofia erneut das Wort. (2BFHK2, 06.12.18).

Die Szene führt ein Setting vor Augen, in dem die Schüler*innen bereit sind, sehr persönliche Erfahrungen auszutauschen. Der hier entstandene ‚Safe Space' stellt den nötigen Schutz bereit, um sich mit persönlichen Gedanken und Ansichten, trotz der Gefahr des Anerkennungsverlusts bei den Mitschüler*innen, zu zeigen. Doch wie wird dieser sichere Ort hergestellt?

Zu den beobachteten Rahmenbedingungen gehört zunächst das Thema der Einzelarbeit. Mit dem Arbeitsauftrag, sich Gedanken zum Thema Gebet zu machen, berührt die Auseinandersetzung bereits einen persönlichen Bereich. Die Szene beginnt inmitten einer Gruppenarbeitsphase in einer Konstellation aus vier Schüler*innen und der Forscherin. Sie sitzen gemeinsam um einen Tisch, sodass sich alle sehen können und eine kommunikative Situation entsteht. Damit bildet auch die Formation als Kleingruppe und das Sehen aller Gesprächspartner*innen eine Rahmenbedingung. Der Kontext des Phänomens gibt Auskunft über die Eigenschaften des ‚Safe Space'. Im Fall der Szene handelt es sich um die intimen Erzählungen von Tamara und Sofia zum Tod eines Familienangehörigen sowie Sofias bildreiche Schilderung, von Situationen in denen sie zu Gott betet. Die Freiwilligkeit der Situation kreiert einen natürlichen Erzählfluss, der es den Schüler*innen ermöglicht, ihre Narrationen zu entfalten. Die Reaktion Sofias, noch mehr berichten zu wollen und sogar andere Erzählende zu unterbrechen, weist auf einen starken Erzähldrang hin. Julia wird in ihrer Erzählung zwar unterbrochen, dennoch geht sie auf Sofias Redebedürfnis ein. Es scheint bereits ein starkes Band um die Gruppe gelegt worden zu sein, in der Verständnis und Einfühlungsvermögen stärker wiegen als das Einhalten von Gesprächsregeln. Das vertrauensvolle Setting der selbstgewählten Kleingruppe, in dem sich das persönliche Gespräch entfaltet, kann als ursächliche Bedingung des ‚Safe Space' interpretiert werden.

Verschiedene wissenschaftliche Diskurse beschäftigen sich mit der Idee des ‚Safe Space'. Exemplarisch begegnet das Phänomen in der Pflege,[11] in der Sozialarbeit,[12] in der Menschenrechtsbildung,[13] in der Präventionsarbeit zu religiösen Radikalisierungen[14] sowie der Raum- und Stadtplanung.[15] Religionspädagogisch wurde die Thematik v. a. im Umgang mit religiöser Diversität untersucht, wie z. B. bei Robert Jackson mit Blick auf Jugendliche und bei Helena Stockinger in elementaren Bildungseinrichtungen. Jackson betont den Schulkontext als potenziellen ‚Safe Space', in dem Heranwachsende die Möglichkeit für den Austausch zwischen unterschiedlichen Religionen sehen. Die Auseinandersetzung mit kontroversen Themen erfordert nach Jackson eine sichere Atmosphäre, in der sich Schüler*innen aufgrund ihrer Ansichten oder Überzeugungen nicht marginalisiert, sondern von Mitschüler*innen und Lehrperson respektiert fühlen.[16] Stockinger postuliert, ‚Safe Spaces' in elementaren Bildungseinrichtungen zu kreieren, in denen (religiöse) Differenz wahrgenommen, anerkannt und sensibel thematisiert werden könne. Darin sieht sie einen bedeutsamen Beitrag zu mehr Bildungsgerechtigkeit und differenzsensiblem Zusammenleben.[17]

‚Safe Spaces' zeichnen sich durch eine förderliche und sichere Umgebung aus, in der alle Anwesenden partizipieren, Ideen teilen, in ehrlichen Dialog treten und sich angesichts herausfordernder Themen öffnen können.[18] Lynn C. Holley und Sue Steiner fordern mit Blick auf den Bildungskontext ein Klima im Klassenzimmer, „that allows students to feel secure enough to take risks, honestly express their views, and share and explore their knowledge, attitudes, and behaviors."[19]

---

11 Vgl. COVINGTON, Holly (2005): Caring Presence. Providing a Safe Space for Patients. In: Holistic Nursing Practice 19 (4,) 169–172.
12 Vgl. HOLLEY, Lynn C./ STEINER, Sue (2005): Safe Space. Student Perspectives on Classroom Environment. In: Journal of Social Work Education 41 (1), 49–64.
13 Vgl. ROUX, Cornelia (2012): A Social Justice and Human Rights Education Project. A Search for Caring and Safe Spaces. In: Dies. (Hrsg.): Safe Spaces. Human Rights Education in Diverse Contexts, Rotterdam/ Boston, MA/ Taipei, 29–50.
14 Vgl. GURLESIN, Omer u.a. (2020): Playful Religion. An Innovative Approach to Prevent Radicalisation of Muslim Youth in Europe. In: Religions 11 (2), 1–16.
15 Vgl. NAKHAEI, Jalal/ BITARAFAN, Mahdi/ LALE AREFI, Shahin (2015): Choosing the Best Urban Tunnels as Safe Space in Crisis Using AHP Method. A Case Study in Iran. In: Journal of Architecture and Urbanism 39 (2), 149–160.
16 Vgl. JACKSON, Robert (2014): Council of Europe Policy and ‚Safe Space' for Dialogue in Religious Education. In: Religionspädagogische Beiträge 71, 111–119.
17 Vgl. STOCKINGER, Helena (2016): Elementare Bildungseinrichtungen als *safe spaces* für (religiöse) Differenz. In: ÖRF 24 (2), 79–87.
18 Vgl. BOOST ROM, Robert (1998): 'Safe Spaces'. Reflections on an Educational Metaphor. In: JCSR 30 (4), 397–408.
19 HOLLEY, Lynn C./ STEINER, Sue (2005): Safe Space, 50.

Mit Robert Boost Rom lässt sich ergänzen:

> „In a ‚safe space' classroom, students are not isolated, alienated, threatened, intimidated, or ‚stressed-out'. Teachers who create ‚safe spaces' care about their students, and because they care, they eliminate the pain from education."[20]

Dies bedeutet nicht die Abwesenheit von Problemen, Auseinandersetzungen und Disharmonien. In der Idee des ‚Safe Space' sind diese sogar notwendig, um eigene Ansichten und Denkformen zu hinterfragen. Allerdings sollte der Raum die Sicherheit vermitteln, dass abweichende Meinungen und gezeigte Verletzlichkeit keinen Nachteil darstellen.

> „The ‚space' is ‚safe' when individuals and groups know that they will not face criticism that would challenge their expressions of identity. In a ‚safe space', people are encouraged to speak their minds freely and to share their experiences openly, and they are guaranteed that their expressions of self will be as well regarded as anyone else's's."[21]

Holley und Steiner beziehen ihre Forschung auf die Ausbildung künftiger Sozialarbeiter*innen und sind der Ansicht, dass der Nutzen eines ‚Safe Space' höher sein sollte als etwaige Kosten.

> „[... I]f students are to risk self-disclosure, the rewards (e.g., personal growth and becoming a better social work practitioner) must outweigh the penalties (e.g., possible embarrassment or ridicule or fear of receiving a lower course grade). Creating a safe classroom space can reduce the negative outcomes experienced by students willing to risk disclosure."[22]

Um diese Art von Raum zu entwickeln, in dem die Schüler*innen riskieren Persönliches preiszugeben, sind nach der empirischen Untersuchung von Holley und Steiner aus Schüler*innenperspektive vier Variablen konstitutiv.[23] Zum einen die *Lehrperson*, die möglichst vorurteils- und wertfrei handelt, Grundregeln etabliert, Konflikte nicht meidet und kontroverse Ideen schätzt, einen respektvollen Umgang mit abweichenden Meinungen vorlebt, Schüler*innen zur Beteiligung ermutigt und sich einfühlsam und freundlich verhält. Schüler*innen, die sich den ‚People of Color' zuordneten, nannten zudem die Berücksichtigung kultureller Themen für die Erschaffung eines ‚Safe Space'. Räume, in denen sich Schüler*innen nicht sicher fühlen, sind hinsichtlich des Lehrer*innenhandelns davon geprägt, dass sich diese befangen, rechthaberisch oder wertend zeigen und die Meinung anderer nicht berücksichtigen.

Die *Peer-Gruppe* stellt nach Holley und Steiner die zweite Variable ihrer Untersuchung dar. Hier werden folgende Charakteristiken zur Herstellung eines ‚Safe Space' am häufigsten genannt: Die Fähigkeit, gute Diskussionen führen zu können, das ehrliche Teilen von Gedanken, Ideen und Einstellungen oder Fak-

---

20 BOOST ROM, Robert (1998): 'Safe Spaces', 405.
21 BOOST ROM, Robert (1998): 'Safe Spaces', 407.
22 HOLLEY, Lynn C./ STEINER, Sue (2005): Safe Space, 50.
23 Vgl. HOLLEY, Lynn C./ STEINER, Sue (2005): Safe Space, 56–58.

ten, eine wertfreie Haltung und die Offenheit gegenüber neuen Ideen, Perspektiven und Erfahrungen sowie das Teilen eines Gemeinschaftssinns. Das Handeln ihrer Peers an unsicheren Orten beschreiben die Befragten damit, dass diese nicht das Wort ergreifen bzw. sich davor fürchten, das Wort zu ergreifen. Ferner nennen sie Eigenschaften wie Voreingenommenheit, Wertungen oder Engstirnigkeit, Gleichgültigkeit gegenüber dem Fach oder das Bestreben, der Lehrperson mit den geäußerten Ansichten zu gefallen.

Ebenso werde ein ‚Safe Space' durch die dritte Variable, *persönliche Charakteristiken,* bestimmt. Am häufigsten nennen die Befragten den Versuch aufgeschlossen zu sein, das ehrliche Teilen von Ideen, Ansichten und Werten, aktive Beteiligung an Diskussionen, anderen mit Unterstützung und Respekt zu begegnen und sich auf die jeweilige Sitzung vorzubereiten. Bei eigenem Handeln, das nicht zu einem sicheren Ort führe, nennen die Schüler*innen fehlende Partizipation, Ängstlichkeit, Unsicherheit, fehlendes Selbstbewusstsein, Verletzlichkeit und fehlendes Engagement.

Zuletzt sind auch Eigenschaften der *materiellen Umgebung* in Betracht zu ziehen. Als Aspekte, die zu einem ‚Safe Space' beitragen, zählen die Schüler*innen am häufigsten eine Sitzordnung, die es allen ermöglicht, sich gegenseitig zu sehen, eine angemessene Raumgröße sowie gute Beleuchtung. Das Sitzen in Reihen sehen die Befragten als Merkmal von Orten, an denen sie sich nicht sicher fühlen.

Holley und Steiner räumen ein, dass es nicht möglich sei, einen wahrhaft sicheren Ort für alle Schüler*innen im Klassenraum herzustellen. Diese Ansicht ließe sich dadurch bestätigen, dass manche der befragten Schüler*innen noch nie Erfahrungen eines ‚Safe Space' im Klassenzimmer machen konnten und andere offenbar schon. Demnach sei die beste Möglichkeit, die Lehrpersonen und Schüler*innen anstreben könnten, die Herstellung eines *sichereren* Ortes.[24]

Roxana Llerena-Quinn sieht zwei Faktoren als hemmend, wenn in pädagogischen Settings eine sichere Umgebung hergestellt werden soll. Zum einen erschwere Zeitdruck eine offene und persönliche Auseinandersetzung mit einer Thematik.

> „Time pressure to cover less familiar topics in less time created an unintended hidden curriculum of conflict avoidance reinforced by the message: 'we can't talk about this any further, and we need to move on'. People may not be likely to open up an important topic (particularly a deeply emotional one) if they know they are likely to be interrupted or cut short."[25]

---

24 Vgl. HOLLEY, Lynn C./ STEINER, Sue (2005): Safe Space, 61.
25 LLERENA-QUINN, Roxana (2013): A Safe Space to Speak Above the Silences. In: Culture, Medicine, and Psychiatry 37 (2), 340–346, 343.

Komme es während der Bearbeitung bedeutsamer Themen zu Zeitproblemen, könne die Auseinandersetzung lediglich oberflächlich stattfinden und das Entfalten gehaltvoller Gedanken und Narrative sei demzufolge nur schwer möglich.

Zum anderen sieht Llerena-Quinn die Gefahr, dass Lernende schweigen, wenn sie Differenzerfahrungen machen und sich als Minderheit in der Unterrichtsumgebung nicht sicher fühlen.

> „The experience of difference in the classroom or other settings can be silencing if the environment is not perceived as a safe one in which to speak. Failure to engage the minority voice, with curiosity and from a not-knowing position, can prevent everyone from learning from that difference by allowing it to withdraw into silence untouched."[26]

Wird es versäumt den Minderheiten zu ihrer Stimme zu verhelfen, können andere nach Llerena-Quinn nicht von den Unterschieden und Andersheiten lernen, da sich diese mit ihren Ansichten und Einstellungen im Klassenkontext zurückhalten.

Zusammenfassend lässt sich festhalten, dass eine sichere Umgebung, ein ‚Safe Space', die Partizipation aller Teilnehmenden fördert. Ein ehrlicher Dialog angesichts herausfordernder Themen kann durch verschiedene Praktiken hergestellt werden, indem Teilnehmende bereit sind, Risiken in Kauf zu nehmen und abweichende Meinungen zu teilen. Das wertfreie, einfühlsame Handeln der Lehrperson oder aber das ehrliche Teilen von Gedanken auf Seiten der Peers können das Zustandekommen eines ‚Safe Space' begünstigen. Auch die eigene Aufgeschlossenheit und aktive Beteiligung sowie eine Umgebung, in der sich alle sehen können, fördern die Entstehung eines ‚Safe Space'.

7.2.2 ‚Safe Space' als widersprüchliche Gleichzeitigkeit von Sicherheit und Unsicherheit

Elemente eines ‚Safe Space' können auch an folgender Gruppendiskussion sichtbar gemacht werden. An folgendem Beispiel zeigt sich, wie der ‚Safe Space' ein sicherer Raum für unsichere Gefühle werden kann und sich damit ein konsensueller Raum für Kontroverse konstruiert. Den Ausgangspunkt nimmt die Diskussion bei der Identifikation der angehenden Kinderpfleger*innen mit der konfessionellen Ausrichtung ihrer Kindertagesstätte und geht nahtlos über in eine Diskussion über ihre persönlichen Einstellungen gegenüber geflüchteten Familien.

> Die Schüler*innen, die Lehrperson und ich sitzen in einem Stuhlkreis zusammen und diskutieren über das AB 9, das einzelne Aussagen des eben präsentierten Filmclips zu Interreligiosität in der Kita herausgreift. Die Stimmung ist gemischt, teilweise wirken die Schüler*innen lustlos und müde. Sie lehnen sich auf ihren Stühlen zurück, richten ihre Blicke nach unten und stützen ihre Ellbogen auf den Knien ab. Nur

---

26 LLERENA-QUINN, Roxana (2013): A Safe Space to Speak, 344.

7.2 Gefühle von Sicherheit und Schutz

> Mariana sitzt aufrecht, sie schaut Frau Lorenz direkt an. Es geht darum, wie sie als angehende Kinderpfleger*innen mit Situationen der Interreligiosität in der Kita umgehen würden. Am Anfang stockt das Gespräch, doch nach und nach nehmen alle Schüler*innen daran teil. Ich beobachte wie sich ihre Körperhaltungen verändern. Julia, die zuvor mit gefalteten Armen in sich versunken auf dem Stuhl saß, entfaltet sich und richtet sich auf, sobald sie vor der Gruppe spricht. (2BFHK2, 05.04.19).

Wie lässt sich die Situation deuten? Die Szene beginnt im Stuhlkreis, in dem unterschiedliche Gemütszustände aufeinandertreffen. „Die Stimmung ist gemischt", teilweise wirken die Schüler*innen demotiviert und lustlos, was sich an ihrer zurückgelehnten und versunkenen Körperhaltung zeigt. Anders jedoch Mariana, die aufrecht auf ihrem Stuhl sitzt und im Gegensatz zu den Anderen die Lehrperson direkt anblickt. Sie bildet einen starken Kontrast zur restlichen, trägen Gruppe. Sie vermittelt über ihren Blick, dass sie ansprechbar und bereit ist, sich einzubringen. Die jedoch insgesamt vorherrschende lustlose Stimmung bildet sich nicht nur körperlich, sondern auch verbal ab. Die Schüler*innen geben sich zurückhaltend, die Diskussion stockt. Eine Besonderheit der Gesprächssituation liegt in der Formation des Stuhlkreises. Hier sind die Schüler*innen exponiert, es ist nicht möglich, sich hinter einem Tisch zu verbergen oder unauffällig anderen Tätigkeiten nachzugehen. Die zurücklehnenden und abgestützten Körperhaltungen können als Versuch interpretiert werden, sich in dieser exponierten Lage klein zu machen und zurückzuziehen. Es entsteht der Eindruck einer unstimmigen, unsichereren Situation.

Allerdings verändert sich die Gesprächssituation grundlegend. Im Folgenden soll näher untersucht werden, wie es zu dieser Veränderung kommt. Es zeigt sich, dass sich die Schüler*innen im Laufe der Diskussion aufrichten, entfalten und an der Diskussion partizipieren. Ihre Körperhaltungen und ihre Blickrichtungen verändern sich, sie lenken ihre Blicke weg vom Boden hin zu ihren Gesprächspartner*innen. Die Körperpraktiken korrespondieren wiederum mit der verbalen Ebene. Die Schüler*innen beteiligen sich, es entsteht eine angeregte Diskussion:

> Wir sprechen über Tischgebete, Mariana erzählt lebendig gestikulierend von ihren Erfahrungen aus der Kitapraxis. „Nicht alle Tischsprüche seien ein Gebet", sagt sie und faltet ihre Hände. „Ja, sowas wie ‚Piep piep piep – wir haben uns alle lieb'", stimmt ihr Julia zu. Ihr letztes Praktikum habe Mariana in einer katholischen Kita gemacht, vor dem Essen sei immer gebetet worden. „Und da kam immer Gott vor", erklärt sie den anderen. Julia erzählt, sie habe ihr Praktikum an einer evangelischen Kita gemacht, da seien die religiösen Feste aufgetaucht, aber eben nur die christlichen. Auch die anderen stimmen der Aussage im Film zu, dass man nur die christlichen Feste in katholischen oder evangelischen Einrichtungen feiern könne, da es sonst zu viele würden. Mariana sagt mit überzeugter Stimme, dass sie es aber dennoch wichtig finde, Inhalte aus den Religionen der Kinder, wie bspw. den Ramadan zu benennen. […]
> Frau Lorenz möchte auch Franziskas Meinung hören, die bisher noch gar nichts gesagt hat, zurückgezogen auf ihrem Stuhl sitzt und mehrmals ihre Schuhe neu bindet. Als sie angesprochen und direkt gefragt wird, richtet auch sie sich auf und fokussiert

die Lehrperson. Mit freundlicher und ruhiger Stimme sagt sie, dass sie selbst zwar keinen Glauben habe, aber auch sie es wichtig finde, die Kinder über die Religionen der anderen Kinder und ihre Feste zu informieren. (2BFHK2, 05.04.19).

Die Themen Gebet und religiöse Feiern in der Kindertagesstätte betreffen das berufspraktische Handeln der Auszubildenden und bilden den Gesprächsgegenstand der Diskussion. Die Berufsschüler*innen tauschen sich über Praktiken aus, die sie in der der Praxis der Kindertagesstätte erlebt haben. Dabei greifen sie auf Erfahrungswissen zurück, das sie mit den anderen teilen. Die Antwort, dass aus organisatorischen Gründen nicht alle Feste in der Kindertagesstätte gefeiert werden können, trifft auf breite Akzeptanz. Es scheint Konsens zu sein und bedarf damit keiner Debatte, dass es an Kindertagesstätten genug zu tun gibt und Feste anderer Religionen lediglich benannt werden können. Mariana macht sich für diese Handhabung stark. Es scheint aber keine Überzeugung im klassischen Sinn zu sein. Sie argumentiert hier nicht pädagogisch, sondern von einer unhinterfragten Praxis her, die ihr und allen anderen direkt einleuchtet.

Zustimmungen, aber auch klare Positionierungen wie von Mariana und Franziska geben Hinweis auf einen ‚Safe Space', in dem sich die Debatte zuträgt. Franziskas Beitrag wendet die Gruppendiskussion von einer institutionell orientierten hin zu einer persönlichen. Sie rahmt das Gespräch als passend und kokonstruiert einen ‚Safe Space', indem sie auf Persönliches zu sprechen kommt. Auf Anfrage der Lehrperson lässt sie ihre Mitschüler*innen und Frau Lorenz wissen, dass sie keinen Glauben habe und spricht damit ein sehr persönliches Thema vor der Klassenöffentlichkeit an. Franziska zeigt eine Form der Berufsprofessionalität, bei der sie den Kindern die Auseinandersetzung mit religiösen Themen jedoch nicht vorenthalten möchte. Ihre Aussage bleibt unkommentiert, möglicherweise, da es an ihrer Position keinen Einspruch und nichts zu verhandeln gibt. Die Gruppendiskussion entwickelt sich weiter wie folgt:

> Auch Carmina schaltet sich in das Gespräch ein mit der Frage, ob sich muslimische Kinder in einer christlichen Kita anzupassen hätten. Die Diskussion wird hitzig, es geht um aufgeladene Begriffe wie ‚anpassen' oder ‚zurückgehen'. Wieder ergreift Mariana das Wort und teilt den anderen enthusiastisch ihre Meinung mit. Ihrer Ansicht nach sollten die Kinder verschiedene Religionen kennenlernen, also auch die muslimischen Kinder den christlichen Glauben und umgekehrt. „Zurückgehen" solle ihrer Meinung nach keiner müssen, weil man ja auch nicht wisse, ob die Betroffenen fliehen mussten. Die Diskussion ist meinem Empfinden nach anspruchsvoll und vielschichtig geworden. Carmina, die die Frage zur Diskussion gestellt hat, denkt noch immer nach. Sie sagt, dass sie es nicht ganz einfach finde.
> Als Frau Lorenz und ich nach Unterrichtsende das Klassenzimmer verlassen, sagt diese begeistert zu mir, dass die Schüler*innen heute toll mitdiskutiert hätten. Sie freut sich und glaubt, dass die Schüler*innen einiges aus der Diskussion für sich mitnehmen konnten. (2BFHK2, 05.04.19).

Die Diskussion im Stuhlkreis nimmt einen spannungsreichen Verlauf. Die angesprochenen Begriffe „anpassen" oder „zurückgehen" werden im Protokoll als

7.2 Gefühle von Sicherheit und Schutz

„aufgeladen" beschrieben und zeigen an, dass sie für verschiedene Werthaltungen und Ansichten bezüglich der Debatte um Geflüchtete stehen. Die Diskussion ist intensiv und verlangt von den Schüler*innen, sich und ihre Einstellungen zu offenbaren. Carminas Anfrage bewegt sich in einer gesellschaftlich kontrovers diskutierten Debatte. Als Bedingung eines ‚Safe Space' wird deutlich, dass ihre Gedanken nicht kritisiert, allerdings von Seiten Marianas mit einem entschiedenen Standpunkt gekontert werden. Das Setting erlaubt das konsensuelle Nebeneinander verschiedener Ansichten: Carminas nachdenkliches und unsicheres Suchen sowie Marianas entschiedene Positionierung.

Die dargestellte Gruppendiskussion eröffnet einen Raum, in dem die kontroversen Ansichten der Schüler*innen geschützt sind. Damit zeigt sich der ‚Safe Space' als ein Raum gleichzeitiger Sicherheit und Unsicherheit. Als Bedingungen für einen ‚Safe Space' zeigen sich anhand der Gruppendiskussion folgende Charakteristika als maßgeblich: Die sich nach und nach aufbauende Bereitschaft aller, sich am Gespräch zu beteiligen und die damit einhergehenden zunehmend mehr involvierten Körperpraktiken. Ferner werden Aussagen nicht bewertet, vielmehr kommt es zu einem Nebeneinander von und einem gegenseitigen Bezug auf Meinungen. Auch die Zurückhaltung der Lehrperson, die sich im Hintergrund der Diskussion aufhält und Aussagen nicht bewertet, erweist sich als eindrückliches Merkmal des ‚Safe Space'. Die These der eindrücklichen Gleichzeitigkeit von Sicherheit und Unsicherheit bestätigt sich durch die Einträge in die Emotionstagebücher, die die Schüler*innen im Anschluss an die Stunde verfassten.

Beschreibe in einem Wort, wie es dir in [bei der Diskussion im Stuhlkreis zum Thema interreligiöse Bildung in der Kita] ging.

LS2	Ich habe mich wohlgefühlt und ich konnte dazu was sagen weil mich das Thema interessiert hat.
SA2	Es hilft wenn man mit den Kindern arbeitet. Man kann darüber reden und neue Dinge wissen
UT2	Gut aber ein wenig hilflos
OE2	Ich finde es toll das wir in der Gruppe es gemacht haben und es im Stuhlkreis gesprochen haben unsere Meinungen sagen durften. Am Anfang hab ich mich komisch gefühlt müsste mich in dem Thema erst mal ein wenig rein finden.

Wähle einen Emoji, der zu dieser Situation passt.

LS2	SA2	UT2	OE2
		–	

Führe aus: Was waren deine Gedanken in dieser Situation?

LS2	Mir ist vieles durch den Kopf gegangen was ich fragen wollte und ich habe dann das was ich wissen wollte auch gefragt.
SA2	Ich hatte Gedanken in Kopf die ich dann in der Gruppe erzählt habe
UT2	Wenn man nicht die Religion akzeptieren kann dann sollte man auch nicht in das land gehen was so streng daran glaubt
OE2	Ein guter Gedanken

Führe aus: Was waren deine Gefühle in dieser Situation? Wodurch wurden sie ausgelöst?

LS2	Meine Gefühle waren gemischt da es komisch war manche Situtauonen aber manches war auch gut
SA2	Meine Gefühle waren Unsicherheit dass ich was falsches sage. Dann haben wir über verschiedene Sachen besprochen und ging mir wieder gut .
UT2	Ich fühlte mich gut aber so alleine und hilflos
OE2	Ein wenig komisch

(2BFHK2 Emotionstagebuch, 05.04.2019).

Bei der Analyse der Emotionstagebücher zeigen sich einschlägige Merkmale des ‚Safe Space'. Die Antworten auf die erste Frage, dass die Schüler*innen sich wohlgefühlt und kompetent erlebt und den Meinungsaustausch im Stuhlkreis positiv bewertet haben, lassen sich dem Phänomen des ‚Safe Space' zuordnen. UT2 hingegen beschreibt die Gesprächssituation mit den Worten „[g]ut aber ein wenig hilflos" als ambig. Hilflosigkeit in einer Gesprächsrunde verweist auf eine Beschaffenheit des Raumes, in der es UT2 nicht möglich war, den Anderen die eigenen Ansichten und Einstellungen begreifbar zu machen. Dennoch konnten sie ausgesprochen und mit den Mitschüler*innen geteilt werden.

Drei Schüler*innen greifen in Frage 2 auf heitere Emojis zurück, ein Hinweis darauf, dass sie die Situation als angenehm charakterisieren. UT2, die die Gesprächssituation als nicht ausschließlich harmonisch beschreibt, verzichtet auf die Angabe eines Smileys. Die Antworten zu Frage 3 legen offen, dass der Raum während der Gruppendiskussion so beschaffen war, dass Rückfragen und das Teilen von Gedanken möglich waren. UT2s Einstellung aus Frage 3 stellt sich – so erfahren wir es aus Frage 4 – als eine Außenseiterposition innerhalb der Gruppendiskussion dar. UT2 beschreibt die Gefühle in der Situation als „gut aber so alleine und hilflos". Auch die restlichen Antworten wie „[e]in wenig komisch", gemischte Gefühle und Unsicherheit zeigen an, dass die Debatte durchaus herausfordernde Elemente umfasste. Besonders die von SA2 angesprochene anfängliche Unsicherheit verdeutlicht, wie heikel sich die Thematik zeigt und dass es Zeit benötigte, sich in die Situation einzufinden. Gleichzeitig verweisen die Antworten darauf, dass die Schüler*innen ihre Ansichten und Fragen trotz hoher Unsicherheit teilen konnten. Damit zeigt sich der ‚Safe Space' – wie oben bereits näher ausgeführt – als sicherer Raum unsicherer Gefühle.

7.2.3 Öffnung und Offenheit

Folgende Situation ereignete sich gleich zu Beginn der Stunde im Plenum. Frau Lorenz gibt der unruhigen Klasse zu verstehen, warum sie die Auseinandersetzung mit dem Islam für besonders wichtig hält und stellt einen Bezug zur vorherigen Stunde her, in der Tamara von ihren Familienerfahrungen im Kontext des Bosnienkriegs berichtete.

> Vorsichtig spricht Frau Lorenz Tamaras Beitrag der letzten Stunde an, in dem sie über den Krieg in Bosnien erzählt und die Konsequenzen für ihre Familie angedeutet hat. Die Lehrperson wird emotional und spricht vom „großen Schmerz" der sich in Tamaras Land ereignet habe. Auf einmal sind alle aufmerksam und ruhig. Tamara nickt traurig, sie blickt auf ihre Tischplatte, dann zu Frau Lorenz und schließlich zu ihren Mitschüler*innen. Sie wartet kurz und erzählt schließlich erneut einen Teil ihrer Familiengeschichte. Die anderen sind still, blicken aufmerksam in ihre Richtung und hören die Geschichte von Tamaras Vater, der seit den Kriegserfahrungen keine Nacht mehr ruhig schlafen könne. Ich staune, wie viel Persönliches Tamara bereit ist vor der Klasse teilen. (2BFHK2, 12.04.19).

Wie wird in dieser Szene ein ‚Safe Space' hergestellt? Zunächst konturiert eine nähere Betrachtung des Kontexts der Situation das beobachtete Phänomen des ‚Safe Space'. Faktoren, die hierfür angeführt werden können, sind u.a. die Konstellation der Klasse, die sich bereits im 2. Ausbildungsjahr befindet und sich seit mehr als einem Schuljahr kennt. Ferner ist auch das Fach Religion im Curriculum bereits als eines der Fächer bekannt, in dem persönliche Erfahrungen, Ideen und Werte der Schüler*innen artikuliert werden können. Es lassen sich auch ursächliche Bedingungen ausmachen, die das Phänomen im Klassenkontext hervorbringen. Hierfür zentral ist das behutsame Vorgehen der Religionslehrperson, das der zunächst unruhigen Klasse signalisiert, dass es sich hierbei um ein sensibles Thema handelt. Zum einen misst die Lehrperson Tamaras Beitrag der vergangenen Woche Bedeutung und Wertschätzung bei. Zum anderen schafft sie damit einen vertrauensvollen Rahmen, der Aufmerksamkeit und Sicherheit innerhalb der Klassenöffentlichkeit kreiert. Ferner führt auch die Emotionalisierung durch die Lehrperson zum untersuchten Phänomen des ‚Safe Space'. Der Kommentar vom „großen Schmerz" für Tamaras Land mobilisiert Mitgefühl und Betroffenheit, was sich auch an Tamaras traurigem Nicken und dem merklichen Wandel der Unruhe in aufmerksame Stille zeigt. Wie also gehen die anderen Akteur*innen mit dem Phänomen um, welche Handlungsstrategien lassen sich ausmachen? Nicht nur werden die Mitschüler*innen stille und gleichzeitig aufmerksame Partizipierende, die Mobilisierung von Gefühlen erschafft auch eine Ernsthaftigkeit unter den Anwesenden, die die neue Rahmung der Situation stützt. Tamara, die in der Klassenöffentlichkeit exponiert wird, überprüft den neuen, von der Lehrperson hergestellten Raum. Ihr Blick, der sich langsam tastend von der Tischplatte zu Frau Lorenz und schließlich zu ihren Mitschüler*innen weitet, kann als Handlung interpretiert werden, die den erschaffenen Raum auf seine Sicherheit hin überprüft. In diesem Rahmen spricht Tamara ausführlicher von den Erfahrungen ihres Vaters und zeigt sich vor ihren Mitschüler*innen verletzlich.[27]

Damit lässt sich die vorliegende Situation ebenfalls als ‚Safe Space' kategorisieren. Doch was ist hier anders als in den beiden vorherigen Szenen? Zentral unterscheidet sich die Situation durch das sehr eindrückliche Handeln der Lehrperson. Während diese weder in der Kleingruppenarbeit zum Thema Gebet noch in der Gruppendiskussion durch eigene Äußerungen präsent ist, erschafft sie hier aktiv einen sicheren Gesprächsraum. Mit Blick auf das Handeln der Lehrperson können für die Herstellung eines ‚Safe Space' folgende Punkte festgehalten werden: Das behutsame Vorgehen der Lehrperson signalisiert den Schüler*innen, dass es sich um ein sensibles Thema handelt. Indem sie Tamaras Beitrag mit Bedeutung und Wertschätzung aufgreift, erschafft sie einen vertrauensvollen Rahmen, der Aufmerksamkeit und Sicherheit innerhalb der Klassenöffentlichkeit herstellt. Ferner mobilisiert die Lehrperson Mitgefühl und Betroffenheit und führt damit eine Veränderung der Unruhe in Aufmerksamkeit und Ernsthaftigkeit herbei. Die von der Lehrperson ausgeführten Praktiken stellen einen sicheren Raum her, in dem sich Tamara erneut öffnet, um sich mit ihrer Familiengeschichte in der Klassenöffentlichkeit zu zeigen.

Im Gruppeninterview kommen auch die Schüler*innen darauf zu sprechen, dass sie den Religionsunterricht als Ort wahrnehmen, an dem sie „über alles reden können". Dies scheint in besonderer Weise an die Persönlichkeit der Religionslehrperson gebunden zu sein.

> Carmina: Sie hat uns immer das Gefühl gegeben, dass wir mit ihr über alles reden können.
>
> Sofia: Ja.
>
> Carmina: Das war bei den anderen Lehrern nicht so. Weil die anderen Lehrer haben nur an Unterricht gedacht, aber bei ihr- sie hat uns Fragen gestellt, und wir haben schon auch geantwortet, also wir haben nicht gesagt: Ne, wir wollen nicht, das geht Sie nichts an-
>
> I: Das ist mir auch aufgefallen, dass ihr das macht.

---

27 Vgl. hierzu weiterführend BIELER, Andrea (2023): Art. Vulnerabilität. In: Das Wissenschaftlich-Religionspädagogische Lexikon im Internet (WiReLex), https://www.bibelwissenschaft.de/fileadmin/buh_bibelmodul/media/wirelex/pdf/Vulnerabilität_2023-04-03_08_40.pdf (Zugriff am 01.06.23), 1–16.

7.2 Gefühle von Sicherheit und Schutz

Carmina: Wir sind auch so, aber nur mit Frau Lorenz. Aber mit den anderen nicht. Also <u>ich</u> bin nicht so offen mit den anderen.

I: Woran könnte es liegen? Dass das in Reli so ist?

Sofia: Also das ist schwer zu sagen. Also bei mir ist es so, wenn ich einen Menschen neu kennenlerne, entweder mag ich die Person, oder ich mag sie nicht. Der erste Eindruck.

Sven: ˪Das hängt an der Persönlichkeit.

Sofia: Der erste Eindruck. Wenn Frau Lorenz jetzt nur so ne richtige strenge- ich hätte ihr von meinem Leben gar nichts erzählt. Gar nichts. Sie ist halt sehr offen, sie redet gerne über auch über sich selber, und-

Carmina: ˪ihre Familie.

Sofia: Wenn wir über uns reden, hört sie uns zu 100 Prozent zu. Weil sie kann dir echt gute Antworten geben, wo dir auch echt weiterhelfen können. Das ist halt das Ding. […]

Sven: Grad mit Frau Lorenz, das liegt jetzt nicht unbedingt dran, dass sie eine Relilehrerin oder sowas ist, es liegt einfach immer an der Persönlichkeit. Nicht dadran, <u>was</u> die Person für einen Beruf hat oder sowas. Es muss schon auch zur Persönlichkeit passen.

Carmina: ˪ Es ist ihre Art und Weise wie sie mit Schülern umgeht. Also sie kann einfach die Schüler so mitnehmen, so emotional. Also ihnen das Gefühl geben, dass man mit ihr reden kann. Und bei den andern ist es nicht so. Also die meisten. (Gruppeninterview 2BFHK2a).

Was erfahren wir aus dem Gruppeninterview über die ursächlichen Bedingungen des ‚Safe Space' hinsichtlich der Variable des Lehrer*innenhandelns? Welches Verhalten seitens der Lehrperson führt zu dem untersuchten Phänomen? Die Schüler*innen benennen unterschiedliche Eigenschaften, die dazu führen, dass sie sich im Unterricht öffnen und von sich erzählen. Zum einen führen sie das ehrliche Interesse der Lehrperson an, da sie den Schüler*innen persönliche Fragen stellt und nicht nur auf Unterricht und Stoffvermittlung zielt. Die Lehrperson zeigt Interesse daran, sie als Schüler*innen mit ihren Einstellungen und Erfahrungen kennenzulernen. Carmina stellt heraus, dass das nähere Kennenlernen auch eine Bereitschaft der Schüler*innen voraussetzt, schließlich kommt der Austausch nur zustande, wenn sie auch etwas von sich preisgeben. Hierbei sind das gegenseitige Einlassen und die Offenheit auf beiden Seiten zentral, denn auch die Lehrperson steht für Anfragen bereit und liefert den Schüler*innen persönliche Antworten. Die angeführten Eigenschaften stimmen in großen Teilen mit den bereits dargelegten Merkmalen von Holley und Steiner überein.

Sofia führt als weiteres Merkmal Sympathie an, die sie vom ersten Eindruck einer Person ableitet. Eine ähnliche Komponente, scheint die Persönlichkeit zu sein, die Sven anführt. Für ihn stehe nicht die Profession der Religionslehrperson im Vordergrund, sondern vielmehr ihr Charakter. Bedeutsam scheint die Abgrenzung, die die Schüler*innen vornehmen, um die Eigenschaften der Religionslehrperson herauszustellen. Ihrer Ansicht nach sind die meisten Lehrpersonen nicht auf dieselbe Weise offen, haben einen strengeren Fokus auf das Vorankommen des Unterrichts und vermitteln nicht den Eindruck, auf dieselbe Weise ansprechbar zu sein. Carmina spricht die Art und Weise an, wie die Religionslehrperson den Umgang mit den Schüler*innen gestaltet. „[S]ie kann einfach die Schüler so mitnehmen, so emotional. Also ihnen das Gefühl geben, dass man mit ihr reden kann." Damit sich die Schüler*innen im Religionsunterricht öffnen und persönliche Themen mit der Lehrperson besprechen, braucht es eine Form von Gefühlsmobilisierung, die den Schüler*innen erlaubt, sich auf die Situation einzulassen. Die Schüler*innen emotional mitzunehmen kann zu den ursächlichen Bedingungen gezählt werden, die zum Phänomen des ‚Safe Space' im Religionsunterricht führen.

Im Interview mit Frau Lorenz kommt das Phänomen der Gefühlsmobilisierung mit Blick auf die Bearbeitung persönlicher Themen zur Sprache. Das Gespräch dreht sich darum, dass zunächst harmlos erscheinende Themen im Religionsunterricht starke Emotionen auf Seiten der Schüler*innen auslösen können. Die Lehrperson berichtet, dass ihr das Ansprechen von Emotionen wichtig erscheine.

> L: Ja ich sag ja, Gottesbild das ist sowas, das ist <u>oft</u> sehr emotional. Das ist interessant.
>
> I: Aber das wäre für dich dann keine Option, das dann nicht zu machen-
>
> L: **Ne ne**, ich sag ja, ich bin-, ich will ja ein- eine Betroffenheit will ich schon. Weil erst wenn die Schüler emotional sind, sind sie- dann geht das Thema <u>sie</u> wirklich etwas an als Person. Und das möchte ich ein bisschen ja schon erreichen. Ja also ich möchte, dass sie sozusagen mehr an <u>ihren</u> Glauben, an <u>ihre</u> Religiosität auch drankommen und <u>darüber</u> reflektieren. Ich mach ja keine Religions<u>wissenschaft,</u> sondern für mich ist es jetzt was ich in Religion mache, nochmal etwas anderes. Ja ich stehe ja selber auch nicht drüber. Die Schüler fragen mich ja auch oft persönlich. Und dann versuche ich immer wirklich vom Glauben her zu antworten, wenn sie mich persönlich fragen. Also da drücke ich mich nicht. Ja. (Interview Lehrperson).

Auch Frau Lorenz spricht davon, ihre Schüler*innen im Religionsunterricht emotional zu erreichen. Ihr Unterricht zielt darauf, Emotionen bei den Schüler*innen zu mobilisieren, damit die Themen nicht nur auf einer sachlichen Ebene verhandelt werden. Sie sieht Emotionalität als zentrale Voraussetzung, um überhaupt eine Verbindung der Themen mit ihnen als Person zu erzielen. Um dieses Vorhaben zu erreichen, zeige auch sie sich mit ihrer Person im Unterricht. Bei Fragen ihrer Schüler*innen versuche sie aus ihrem Glauben heraus Antwort zu geben. Damit zeigt sich die Lehrperson als Glaubende und gibt den Schüler*innen eine persönliche Facette von sich preis.

7.2 Gefühle von Sicherheit und Schutz

Hinsichtlich des Lehrer*innenhandelns scheinen daher folgende Bedingungen für einen ‚Safe Space' maßgeblich: Um eine Öffnung auf Seiten der Schüler*innen zu erzielen, kann die Offenheit der Lehrperson als Bedingung angeführt werden. Neben einfühlsamen und wertschätzenden Praktiken, die wiederum Vertrauen und Sicherheit herstellen, sehen die Schüler*innen v. a. ehrliches Interesse und das gegenseitige Einlassen als zentrale Faktoren, um sich im Unterricht mit ihrer ganzen Person zu zeigen. Auch die Lehrperson gibt zu verstehen, dass sie sich im Unterricht ihren Schüler*innen gegenüber offen gibt und sie in ihr religiöses Intimleben blicken lässt.

7.2.4 Schließung und (De-)Emotionalisierung

Ein kontrastreicher ‚Safe Space' zeigt sich im Gemeinschaftskundeunterricht an der Berufsfachschule. Auch hier können Praktiken beobachtet werden, die Gefühle bei den Schüler*innen mobilisieren und sie zum offenen Austausch anregen. Allerdings klärt die Lehrperson für Gemeinschaftskunde mehrfach den Rahmen, der in der 45-minütigen Stunde nur einen sachlichen und weniger emotionalen Austausch zulässt.

> Im Gemeinschaftskundeunterricht geht es heute um das Thema Abtreibung bzw. was ist, wenn man keine Kinder möchte. Die Lehrperson erzählt mit klarer Stimme, dass sie sich letzte Woche über Verhütungsmittel und Familienplanung unterhalten hätten. Aufgrund der Rückfrage hätte sie auch das Thema „Familienplanung, was wenn ich keine möchte?" aufgenommen. Sie beginnt ihre Einleitung mit dem Szenario, was denn geschehe, wenn man ungewollt schwanger sei. Mit nüchterner Stimme sagt sie, dass sie heute nur den rechtlichen Rahmen vorstelle und keine ethische Diskussion wünsche. Dafür sei hier nicht „der richtige Rahmen". Ernst fährt sie fort, dass sie kein „ah und mmh" wünsche, es sei einfach nur der Gesetzestext aus dem Strafgesetzbuch. Die Schüler*innen sind sehr still und aufmerksam.
> Mit dem Dokumentenscanner projiziert sie ein Handout an die Wand, das verschiedene Möglichkeiten nach einer ungewollten Schwangerschaft auflistet.
> Adoption oder Babyklappe stehen auch darauf. Die Lehrperson sagt mit betroffener Stimme, dass es wichtig sei, diese Alternativen zu kennen, da immer wieder Babys in Mülltonnen gefunden oder vergraben würden. Ich empfinde das als einen sehr emotionalen Hinweis. Im Klassenzimmer ist es sehr still. Die Schüler*innen blicken betroffen drein, ihre Körper angespannt mit dem Blick auf die Leinwand. Es kommen Rückfragen, z. B. wo die nächste Babyklappe sei. (2BFHK1, 22.05.19).

Was zeigt dieser erste Einblick in die Situation aus dem Gemeinschaftskundeunterricht? Die Lehrperson greift das Thema „Familienplanung, was wenn ich keine möchte?" im Unterricht auf. Damit nähert sie sich einer Thematik, die mit starken Emotionen und gesellschaftlichen Tabus belegt ist. Im Wissen darum steckt die Lehrperson bereits bei der Einführung einen klaren Rahmen ab, der lediglich eine sachliche und nüchterne Auseinandersetzung erlaubt. Ihr Wunsch, eine ethische Diskussion zu unterlassen, begründet sie damit, dass hier nicht „der richtige Rahmen" ist. Dieser Hinweis, ihr sehr sachlicher Ton und schließlich die Anweisung, kein „ah und mmh" von sich zu geben, können als regulierende Emotionspraktiken interpretiert werden, die die Emotionen der Schüler*innen auf eine nüchterne Auseinandersetzung zu lenken versuchen. Damit gibt die Lehrperson einen deutlichen Rahmen der Stunde vor, der keine emotionale Auseinandersetzung mit der Thematik vorsieht.

Es kommt allerdings zu einer ersten Anfrage dieses Rahmens. Der Hinweis, dass es wichtig sei, verschiedene Umgangsmöglichkeiten bei einer ungewollten Schwangerschaft zu kennen, wird verbunden mit einer Praktik, die bestimmte Gefühle evoziert. Das grauenhafte Bild, dass Neugeborene in Mülltonnen oder in der Erde vergraben werden, emotionalisiert die Anwesenden und kann als erzieherischer Appell interpretiert werden. Dass neben der Forscherin auch die Klasse emotional auf den Hinweis reagiert, kann an ihren angespannten und fokussierten Körpern gezeigt werden. Der nüchterne Rahmen bleibt allerdings vorerst bestehen. Die Szene verläuft weiter wie folgt:

> Dann kommt es zum Thema Abtreibung. Das ist ein extra Punkt auf dem Handout. Noch bevor die Lehrperson dazu kommt die Rechtsgrundlage vorzustellen, meldet sich eine Schülerin. Sie fragt, wie es denn sei, wenn man unter 15 Jahre alt wäre und damit noch abhängig von den Eltern. Sie lässt durchblicken, dass es bei ihr zu Hause ein ‚No-Go' wäre, so früh schwanger zu werden.
> Die Lehrperson vertröstet sie und sagt, dass sie das gleich noch erkläre.
> Sie betont erneut, dass sie nur das Rechtliche vorstellen wird und bittet die Schüler*innen, ihre „Gedanken bei Ihnen zu lassen". Für alles andere bräuchte man eine Doppelstunde Reli oder Ethik. Ihre Ausführungen zur Beratungsregelung hält sie sehr sachlich. Danach schaut sie in die Klasse und fragt dezidiert nach, ob die Schüler*innen noch „rechtliche Fragen" haben. Es kommen zahlreiche Fragen, jedoch keine rechtlichen. Die Lehrperson hört sich alle an, die meisten lässt sie offen. (2BFHK1, 22.05.19).

Der Verlauf der Stunde zeigt, wie der von der Lehrperson gesetzte sachliche Rahmen durch die Schüler*innen angefragt wird. Noch bevor die Lehrperson die Rechtsgrundlage einer Abtreibung vorstellen und erläutern kann, stellt eine Schülerin eine Frage. Diese verbindet sie mit einem persönlichen Bezug zu ihrer Familie und wechselt damit von der sachlichen Ebene hin zu einer persönlichen, was die Lehrperson wiederum dazu veranlasst, den von ihr gesetzten Rahmen erneut zu definieren.

Die Anordnung, ihre Gedanken für sich zu behalten, kann erneut als emotionsregulierende Praktik interpretiert werden. Die Lehrperson für Gemeinschaftskunde nimmt eine klare Abgrenzung ihres Fachs vom Ethik- oder Religionsunterricht vor, in dem persönliche Ansichten und Einstellungen mit Blick auf dieses Thema zum Tragen kommen könnten. Die Situation verläuft folgendermaßen:

> Zum Schluss der Stunde liest die Lehrperson einen Artikel aus ‚Die Zeit' vor. Darin beschreibt eine Frau, wie sie und ihr Mann in der 20. Schwangerschaftswoche erfahren haben, dass ihr Kind einen Wasserkopf hat. In dem Artikel kommt auch das Ringen der Frau, ihr Beratungsgespräch und schlussendlich die Entscheidung für die

7.2 Gefühle von Sicherheit und Schutz

> Abtreibung zur Sprache. Die Atmosphäre im Klassenraum ist still und bedrückt. Die Lehrperson liest den Artikel nicht 1:1 ab, sondern erzählt ihn vielmehr abschnittsweise nach. Bei den Worten „dann wird das Kind im Bauch getötet" zeigt sie kurz auf ihren eigenen Bauch. Ihre Stimme ist sachlich. Nach dem Text schaut sie in die Runde und sagt, dass sie mit dem Text zeigen wollte, dass es sich bei jedem Abbruch um einen Einzelfall handelt und es verschiedene Gründe dafür gibt.
> Die Lehrerin hat im Vorfeld angekündigt, 5 Min früher Schluss zu machen. Dennoch fragt ein Schüler, wie das Kind im Bauch getötet werde. Die Lehrperson schaut kurz auf die Uhr, es bleibt nicht viel Zeit. Sie antwortet, dass es verschiedene Möglichkeiten gebe. Nervengift zum Beispiel. „Das ist schon qualvoll, oder?", fragt der Schüler mit verzerrtem Gesicht. Die Lehrperson entgegnet etwas kurz angebunden, dass man darüber sehr wenig wisse. Dann beendet sie die Stunde. (2BFHK1, 22.05.19).

Was zeigt das Ende der Gemeinschaftskundestunde? Die Diskrepanz zwischen dem sachlichen und nüchternen Rahmen der Stunde und der sehr emotionalen Rahmung zeichnet sich hier deutlich ab. Verschiedene Praktiken der Lehrperson lassen sich als mobilisierende Emotionspraktiken deuten: Das Vortragen eines Artikels aus der etablierten Wochenzeitung *Die Zeit* vermittelt Gefühle von Autorität und Authentizität. Allen Anwesenden scheint klar, dass es sich um das schwere und wahre Schicksal einer Person handelt, und nicht um Fiktion. Darüber hinaus vermittelt die Praktik des freien Nacherzählens den Eindruck eines Erfahrungsberichts. Der Bericht verlässt die Ebene des geschriebenen Wortes und wird durch die Worte der Lehrperson persönlicher und authentischer. Zuletzt mobilisiert auch das kurze Berühren des Bauches ein eindringliches Bild, dass das Vorgetragene noch näher an die Schüler*innen heranholt. Aufgrund dieser Praktiken erstarkt die emotionale Rahmung der Situation, obwohl die Lehrperson mehrfach den nüchternen und sachlichen Rahmen, in dem sich die Bearbeitung der Thematik bewegt, betont hat.

Die sachliche Vermittlung wird durch die Rückfrage „[d]as ist schon qualvoll, oder?" auf emotionaler Ebene angefragt. Der Rahmen – in diesem Fall der zeitliche, aber auch die Vorgaben des Fachs – erlauben auch zum Schluss kein Vordringen auf dieses Terrain. Der klaffende Graben zwischen sachlicher und emotionaler Ebene bleibt bestehen.

Die kontrastreiche Situation aus dem Gemeinschaftskundeunterricht führt eindrücklich vor Augen, dass sich die Situation unweigerlich emotionalisiert, obwohl die Lehrperson mithilfe unterschiedlicher Praktiken auf eine De-Emotionalisierung zielt. Daraus lässt sich schlussfolgern, dass sie die Emotionen im Klassenraum mithilfe des gesetzten Rahmens nur bedingt kontrollieren kann. Da sie dennoch auftreten, werden sie delegitimiert. Mit dem Verweis der Lehrperson auf Religion und Ethik zieht sie eine Grenze zwischen ihrem Fach, das ausschließlich auf eine sachliche Vermittlung zielt, und Religion und Ethik, in dem die Schüler*innen mit ihren persönlichen Einstellungen und Gefühlen berücksichtigt werden könnten. Eine Bearbeitung und Auseinandersetzung an und mit Emotionen benötigt einen sicheren Ort, einen ‚Safe Space', der die Schüler*innen als ganze Person in den Blick nimmt.

7.2.5 ‚Safe Space' und die Berücksichtigung der ganzen Person

Das empirisch sichtbar gewordene Phänomen beschreibt auch Hans Mendl, wenn er von der Religionslehrperson als „Anwalt von Respekt und Intimität"[28] spricht. Nach Mendl benötigen Lehrende des Fachs Religion „Neugier für den Menschen, konkret: für ihre Schülerinnen und Schüler, und zwar nicht nur als lernende Personen".[29] Näherer Kontakt zu Schüler*innen sei bspw. in außerschulischen Kontexten, wie im Feld der Schulpastoral oder anderen Schulprojekten, möglich. Allerdings bietet nach Mendl auch der Religionsunterricht ein hohes Potenzial, eine engere Verbindung zwischen Lehrenden und Lernenden zu schaffen.

> „[...A]uch ein Unterricht, der im beschriebenen Maße immer wieder den aktiven Bezug zu den Unterrichtsgegenständen durch die Schülerinnen und Schüler einfordert und diese gelegentlich auch selbst zum Thema des Unterrichts macht, wird eine größere Nähe zu den Lebenswelten der Kinder und Jugendlichen nach sich ziehen."[30]

Religionspädagogisch durchdacht tritt nach Mendl neben Neugierde auch eine von Respekt getragene Haltung, die unterschiedliche (Glaubens-)Ansichten in ihrer Würde nebeneinander bestehen lassen kann.

> „Wenn Schülerinnen und Schüler nicht nur 'über Religion' reden, sondern berichten, 'was Religion mit ihnen macht', wenn sie über das reden, was sie selbst betrifft, dann sind Lehrende auf ganz anderen Ebenen gefordert als im 'normalen' Unterricht: Sie müssen die jeweiligen Positionierungen in ihrer je eigenen Würde akzeptieren – als Ausdruck eines religiösen Suchprozesses, welcher auch in Negativaussagen und abstrus wirkenden experimentellen Zugängen zu Religion lebensgeschichtliche Bedeutung hat."[31]

Das Teilen von Einstellungen und Glaubensansichten der Schüler*innen und das Erzählen persönlicher Erfahrungen können zu einer Form der Nähe und des ‚Safe Space' im Religionsunterricht führen. Über das Kennenlernen der Standpunkte kann sich eine Vertrautheit und ein geschützter Raum entwickeln, der es ermöglicht, über Persönliches zu sprechen und der nicht zuletzt von der Haltung der Religionslehrperson und von Praktiken, die diese Form der Nähe hervorbringen, abhängt. Damit Schüler*innen im Klassenzimmer Standpunkte entwickeln und mitteilen können und auch Lehrpersonen bereit sind, über sich selbst und ihre Erfahrungen mit den Schüler*innen zu sprechen, muss eine Beziehung unter den Teilnehmenden vorherrschen, die einen sicheren Raum schafft, in dem der eigene Standpunkt geteilt werden kann.[32]

---

28 MENDL, Hans (2008): Religion erleben. Ein Arbeitsbuch für den Religionsunterricht. 20 Praxisfelder, München, 339.
29 MENDL, Hans (2008): Religion erleben, 339.
30 MENDL, Hans (2008): Religion erleben, 339.
31 MENDL, Hans (2008): Religion erleben, 339.
32 Vgl. BOSCHKI, Reinhold (2003): „Beziehung" als Leitbegriff.

Zusammenfassend lässt sich festhalten, dass soziale Räume im Unterricht durch Handlungen der Beteiligten hervorgebracht werden. Ein markanter Raum im Religionsunterricht stellt der ‚Safe Space' dar, in dem Gefühle von Sicherheit und Schutz konstruiert werden. Es konnten Praktiken herausgearbeitet werden, die zur Herstellung eines ‚Safe Space' beitragen, in dem sich Schüler*innen mit ihren persönlichen Erfahrungen, Einstellungen und Werten zeigen. Zudem konnte dargelegt werden, dass der Haltung der Lehrperson als ehrlich an den Schüler*innen Interessierte und Glaubende eine zentrale Bedeutung für die Erschaffung eines ‚Safe Space' im Religionsunterricht zukommt. Werden Emotionen im Unterricht ausgespart, kommen Schüler*innen nicht mit ihrer ganzen Person in den Blick. Die Berücksichtigung der ganzen Person, ein Interesse an Schüler*innen über ihre Rolle als Lernende hinaus, kann als zentrales Merkmal des Religionsunterrichts herausgearbeitet werden. ‚Safe Spaces' im Religionsunterricht bilden ein bedeutsames Element, um Schüler*innen in ihrer ganzen Person gerecht zu werden.

7.3 Emotionale Brüche und fehlende Bezüge: Abmeldungen vom Religionsunterricht

Nicht nur Räume von Schutz und Sicherheit prägten den Alltag im Religionsunterricht an der Berufsfachschule. Auch Brüche der Interaktionsordnung und Beziehungsabbrüche ließen sich beobachten, wenn weder persönliche noch berufliche Relevanz für die Schüler*innen erkennbar wurde. Zum Halbjahr hin kam es in der 2BFHK1 vermehrt zu Abmeldungen. Aus diesem Grund wende ich mich nun den Abmeldepraktiken vom Religionsunterricht zu.

7.3.1 Intaktes Beziehungsgeschehen

Wie bereits in Kap. 4.3 näher erläutert, verringerte sich die Klassengröße all jener, die Religion besuchten in der 2BFHK1 zum Schulhalbjahr hin von 16 auf sechs Schüler*innen. Vereinzelt brachen Schüler*innen ihre Ausbildungen ab und meldeten sich sogar ganz von der Schule ab. Darüber hinaus kam es zu mehreren Abmeldungen vom Religionsunterricht. Welche Praktiken traten in diesem Zuge auf? Folgende Situation ereignete sich zum Halbjahr hin:

> Frau Lorenz kommt in das Klassenzimmer und stellt ihre Tasche neben das Pult. Neben ihr stehen drei Schüler*innen in einer Schlange hintereinander. Eine Schülerin möchte sich persönlich vom Religionsunterricht abmelden. Das Gespräch zwischen ihr und Frau Lorenz verläuft recht nüchtern. Die Schülerin entschuldigt sich und sagt, dass sie sich abmelden möchte, woraufhin Frau Lorenz mit einem knappen „Aha, verstehe. Ja gut, das ist schade" antwortet. Ihre Stimme ist leise und verständnisvoll. „Du bist ja auch orthodox" schiebt sie hinterher, und ich verstehe es als eine Art Erklärung, dass die Schülerin wohl mit dem katholischen Religionsunterricht

nicht so viel anfangen könne. Frau Lorenz versucht es mit motivierenden Worten, erklärt, dass eine Note in Religion von Vorteil bei der Bewerbung sein kann und sagt noch etwas zum Orientierungsplan, aber das höre ich nicht so recht. Die Schülerin geht an ihren Platz und packt ihre Sachen ein.
Es folgen noch weitere Abmeldungen – entweder persönlich, schriftlich oder durch mündliches Ausrichten der Klassenkamerad*innen. Insgesamt haben sich fünf Schüler*innen abgemeldet, davon haben sich drei sogar ganz von der Schule abgemeldet. Frau Lorenz wirkt sichtlich enttäuscht, als sie das erfährt. Ihre Schultern hängen schlapp und in ihrer Stimme ist es deutlich zu hören. Dann richtet sie sich plötzlich auf und sagt in einem heiteren Tonfall: „Aber schön, dass ihr da seid" und lächelt in die Klasse. (2BFHK1, 25.01.19).

Die Abmeldeoption vom Religionsunterricht ist durch die garantierte Religionsfreiheit begründet und damit weniger als Antrag, sondern vielmehr als Erklärung zu verstehen, die keiner Genehmigung bedarf. Sie tritt in Kraft, sobald sie ordnungsgemäß bei der Schule eingereicht wird.[33] Diese vermeintlich formale Angelegenheit hat durchaus emotionale Anteile, wie die vorliegende Situation deutlich vor Augen führt.

Die Szene beginnt damit, dass die Religionslehrperson ein Klassenzimmer betritt, in dem bereits eine kleine Schlange aus Schüler*innen auf sie wartet. Schnell wird klar, dass dringende Angelegenheiten noch vor dem Stundenbeginn geklärt werden müssen. Die Lehrperson stellt ihre Tasche neben das Pult, damit kann der Unterricht erst einmal warten.

Auf das Abmeldevorhaben der ersten Schülerin reagiert Frau Lorenz nüchtern und verständnisvoll. Die vorausgehende Entschuldigung der Schülerin markiert die Beziehungsebene, auf welcher ihr die Lehrperson entgegenkommt, indem sie ihre Abmeldung kurz bedauert. Die Beziehungsebene wird von der Lehrperson als intakt markiert, sie verlagert das Gespräch auf die Sachebene. Es folgt eine Begründung, die die orthodoxe Konfession der Schülerin als Abmeldegrund anführt. Diese Praktik kann als regulierende Emotionspraktik interpretiert werden, die das Ziel verfolgt, eigene Gefühle oder die der Schülerin von potenziellem Frust oder Enttäuschung erst gar nicht aufkommen zu lassen, sondern zu versachlichen. Damit stehen nicht der Unterricht und seine Qualität in der Begründungspflicht, sondern die Gründe liegen extern und sind damit auch nicht weiter verhandelbar. „Du bist ja auch orthodox" zielt darüber hinaus auf die persönliche Relevanz, die der katholische Religionsunterricht womöglich nicht hinreichend bedient hat. Der Werbeversuch der Lehrperson zielt also auf die berufliche Relevanz. Verbesserte Jobaussichten und die verbindliche Zielsetzung des Orientierungsplans sollen die Schülerin motivieren, den Religionsunterricht weiterhin zu besuchen. Die motivierenden Worte ändern jedoch nichts an der Absicht der Schülerin den Religionsunterricht zu verlassen. Während die Lehrperson diesen Verlust verhältnismäßig gut verkraftet,

---

33 Vgl. GENNERICH, Carsten/ ZIMMERMANN, Mirjam (2016): Abmeldung vom Religionsunterricht. Statistiken, empirische Analysen, didaktische Perspektiven, Leipzig, 11.

7.3 Emotionale Brüche und fehlende Bezüge

nehmen die noch folgenden Abmeldungen Einfluss auf ihre Körperhaltung und ihre Stimme. Frau Lorenz wirkt enttäuscht, angesichts der kleiner werdenden Gruppe. Ihre Enttäuschung überträgt sie jedoch nicht auf den verbleibenden Rest. Die benennende Emotionspraktik „[a]ber schön, dass ihr da seid" rückt den Fokus weg von den Schüler*innen, die sich gegen die Teilnahme entschieden haben, hin zu den zurückgebliebenen und schätzt deren Anwesenheit.

7.3.2 Beziehungsabbruch und symbolische Reparatur

In den Wochen darauf kommt es zu weiteren Abmeldungen. Besonders eindrücklich gestaltet sich die von Janina und Mara, die anders als in der zuvor beschriebenen Szene, ihre Abmeldung auf einer Bühne inszenieren, was nicht folgenlos für die Beziehung zwischen Religionslehrperson und Schüler*innen bleibt.

> Frau Lorenz steht hinter dem Pult und begrüßt die Klasse. Sie sagt, ihren Rucksack auf dem Rücken tragend, mit motivierter Stimme: „Guten Morgen." Sie wiederholt ihren Satz, als die Schüler*innen keine Anstalten machen, ihre bisherigen Beschäftigungen zu unterbrechen. Schließlich wird es ruhig. Mara und Janina packen ihre Sachen auf dem Tisch zusammen, räumen sie in ihre Handtaschen und kommen mit einem kariertem Stück Papier nach vorne zu Frau Lorenz. Sie stehen nebeneinander. Mara lächelt, Janina nicht, sie strecken Frau Lorenz das gefaltete Papier entgegen. „Wir möchten uns vom Religionsunterricht abmelden", sagt Janina in einem sehr sachlichen Ton. Frau Lorenz ist überrascht, ich vermute, sie hat nicht mit weiteren Abmeldungen gerechnet. Die entgegengestreckten Zettel nimmt sie nicht an. „Die bekommt Herr Rössler." Das ist der Schulleiter. Beide kommentieren mit einem kurzen „ah" und machen sich auf den Weg, das Klassenzimmer zu verlassen. Als sie in der Mitte des Raumes bei ihren Plätzen angelangt sind, um ihre Jacken zu holen, sagt Frau Lorenz mit herausfordernder Stimme: „Ich weiß nicht, warum ihr euch abmeldet. Was sind eure Gründe?" Es ist still und alle Augen richten sich auf Janina und Mara. Für einen kurzen Moment halte ich es für möglich, dass die Situation hitzig wird, Janina könnte etwas schnippisch antworten, dass sie ihr keine Rechtfertigung schuldig sei. Aber es kommt anders. Janina erklärt erneut in überraschend sachlicher Art, dass sie sich „das Fach einfach anders vorgestellt" habe. Die Inhalte wären nicht so die ihren gewesen. Frau Lorenz fragt genauer nach, sie möchte wirklich verstehen, was sie sich anders gewünscht hätte. Da nichts mehr von Janina kommt, gibt sie ihr einen Erklärungsversuch, dass sie sich womöglich mehr pädagogische Inhalte gewünscht hätte. „Ja genau", kommentiert diese monoton und da müssen ein paar Mitschüler*innen lachen, weil ihr das niemand so richtig abnimmt, aber Frau Lorenz lässt es gelten.
> Nun ist es an Mara, eine kurze Erklärung abzugeben. Ich erwarte eine ähnliche Antwort, doch sie sagt lächelnd, dass der Unterricht zum Halbjahr ja auf den Freitagnachmittag verschoben worden sei – da habe sie einen Nebenjob und könne deshalb nicht mehr kommen. Mit dieser Antwort scheint Frau Lorenz schneller zufrieden zu sein. Sie nennt es „pragmatische Gründe" und nun scheinen die beiden aus dem Unterricht entlassen zu sein.

> Noch immer herrscht eine angespannte Atmosphäre. Es sind sieben Schüler*innen da und ich muss unweigerlich an tapfere, übrig gebliebene Soldat*innen denken, die nicht aufgeben, auch wenn die Umstände widrig sind.
> Die Stimmung entlädt sich in einem Stimmenwirrwarr. Jemand sagt, es sei „unfair", den Reliunterricht auf den Freitagnachmittag zu legen. Frau Lorenz bleibt ruhig und sachlich. Sie sagt, dass es letztlich ein Nachteil für diejenigen sei, die sich abgemeldet hätten, denn es gebe viele Kitas in kirchlichen Trägerschaften, die es bevorzugten, wenn die Fachkräfte Religion besucht hätten. Zudem sei der Orientierungsplan in Baden-Württemberg für jede Kita verpflichtend, der das Bildungs- und Entwicklungsfeld „Sinn, Werte, Religion" vorsehe. (2BFHK1, 01.02.19).

Wieder eine Abmeldesituation in derselben Klasse, doch was ist hier anders als in der Situation zuvor? Die Szene zeichnet sich durch ein reges Hin- und Her zwischen Sach- und Beziehungsebene aus, was im Folgenden näher untersucht werden soll.

Mara und Janina eröffnen eine Bühne für ihre Abmeldung, diese nehmen sie in der Klassenöffentlichkeit vor. Sie warten bis es ruhig wird, packen dann ihre Sachen ein und kommen langsam nach vorne. Anders als in der vorherigen Situation, in der die Schüler*innen bereits in einer Schlange neben dem Pult auf die Lehrperson warten und die Abmeldungen diskreter vornehmen, kommt es hier zu einer öffentlichen Inszenierung. Ihre Handlungen bewegen sich nicht im üblichen Handlungsrepertoire und weichen damit vom klassischen Schüler*innenhandeln ab. Das unaufgeforderte Aufstehen und durch den Raum gehen ist nach Unterrichtsbeginn – abgesehen von der Tätigkeit des Müllwegbringens – nicht vorgesehen. Die abweichenden Praktiken machen den Unterrichtsverlauf unberechenbar. Für diesen Akt schließen sich die beiden Schüler*innen zusammen, sie treten als Doppelpack gegen die vorgesehene Interaktionsordnung an. Damit heben sie den formalen Akt der Abmeldung auf die Beziehungsebene und inszenieren eine Form des Beziehungsabbruchs.

Doch wie gehen Mara und Janina hierfür vor? Die Schüler*innen bringen vorbereitete Papierzettel zusammengefaltet nach vorne. Die Zettelübergabe von Angesicht zu Angesicht in der Klassenöffentlichkeit konstruiert die Abmeldung erneut als Beziehungsgeschehen. Allerdings verweigert Frau Lorenz die Annahme mit dem Hinweis, dass die Zettel bei der Schulleitung abzugeben seien und hebt damit den öffentlich gewordenen Beziehungsabbruch zurück auf die sachliche Ebene. Als die Schüler*innen sich bereits in der Raummitte befinden, erkundigt sich die Lehrperson mit herausfordernder Stimme bei den Schüler*innen nach ihren Gründen. Das Fragen nach Gründen kann ebenfalls als Versachlichung des Geschehens interpretiert werden, allerdings zeigt die herausfordernde Stimme der Lehrperson an, dass sie persönlich von den Abmeldungen getroffen scheint. Die Schüler*innen liefern in ihren Erklärungen inhaltliche oder organisatorische Gründe für ihre Entscheidung. Janina gibt an, dass sie sich die Lerninhalte anders vorgestellt hätte, es bleibt offen, ob sie damit auf eine fehlende persönliche oder berufliche Relevanz anspielt. Ihre Begründung führt sie nicht weiter aus, sodass die Lehrperson, ähnlich wie im Beispiel zuvor,

7.3 Emotionale Brüche und fehlende Bezüge

selbst Begründungen liefert. Janina wird erst entlassen, als sie Frau Lorenz zustimmt, dass ihr mehr pädagogische Inhalte gefehlt hätten. In der Befragung liegt eine Form der Absurdität, was sich daran zeigt, dass die lachenden Schüler*innen Janinas Strategie durchschauen, in der sie den Erklärungen der Lehrperson zustimmt, um der Konfrontation schneller entweichen zu können. Maras Erklärung erhält deutlich schneller Akzeptanz, da hier äußere Bedingungen angeführt werden und damit – ähnlich wie in der Situation zuvor – die Lehrperson keinen Einfluss auf die Abmeldung nehmen kann.

Das Erfragen von Gründen bei Abmeldungen aus dem Religionsunterricht ist durchaus heikel. In Baden-Württemberg ist die Abmeldung von religionsmündigen (14-jährigen) Schüler*innen aufgrund der Religionsfreiheit (Art. 4 GG) möglich. Eine gültige Abmeldeerklärung benötigt die Bezugnahme auf Glaubens- und Gewissensgründe, wodurch sich die Schüler*innen auf ihre „Freiheit des Glaubens, des Gewissens und [...] des religiösen und weltanschaulichen Bekenntnisses" (Art. 4 GG) berufen. In der Praxis wird bei Abmeldungen ‚aus Glaubens- und Gewissensgründen' vermerkt, ohne diese näher zu erläutern. Den Schulen ist es untersagt, diese Gründe zu überprüfen oder auf eine andere Art und Weise Druck auf die Schüler*innen auszuüben.[34]

In der vorliegenden Situation wird deutlich, dass weniger die offiziellen Gründe der Abmeldungen von Belang sind, als vielmehr das auf die Beziehungsebene verrückte Geschehen zurück auf die Sachebene zu verlagern.

Die Anspannung, die sich in der Abmeldesituation aufgebaut hat, entlädt sich in einem Durcheinander aus Stimmen der verbleibenden Schüler*innen. Der Bruch, der durch die öffentliche Inszenierung und den Verstoß der Interaktionsordnung auf der Beziehungsebene vorgenommen wurde, wird von Frau Lorenz auf die Sachebene rückverlagert und dort ‚repariert'. Angesichts der emotionalen Reaktionen ihrer Schüler*innen steuert sie mit regulierenden Emotionspraktiken dagegen. Ihr ruhiges und sachliches Sprechen sowie die Bezugnahme auf potenziell verbesserte Anstellungschancen stellen eine berufliche Relevanz des Fachs her und versachlichen die Abmeldungen der Anderen als wenig opportune Berufsentscheidung.

Die Kontrastierung der beiden Abmeldesituationen verdeutlicht zentrale Unterschiede: In beiden Situationen rutscht das sachliche Abmeldeverfahren auf die Beziehungsebene. Dies geschieht in der ersten Situation durch die persönliche Abmeldung und die Entschuldigung der Schülerin, in der zweiten Situation durch das Aufstehen nach Stundenbeginn und die damit konfrontative Abmeldung von Angesicht zu Angesicht. Anders als in der Abmeldesituation zuvor, in der die Beziehungsebene intakt gelassen wurde, wird in dieser Situation nicht

---

34 Vgl. GENNERICH, Carsten/ ZIMMERMANN, Mirjam (2016): Abmeldung vom Religionsunterricht, 12.

einfach nur der Raum verlassen, sondern vielmehr ein Beziehungsabbruch inszeniert.

Um mit dem Verlust einer kleiner werdenden Religionsklasse umzugehen, greift die Religionslehrperson auf eine Praktik zurück, die zur Formierung einer neuen Gruppe beiträgt.

> Frau Lorenz veranlasst eine Sitzplatzänderung, um die vereinzelt sitzenden Schüler*innen mehr beieinander zu haben. Ein paar wehren sich, sich umzusetzen, doch schließlich tun es alle, die müssen, Einzelne können sitzenbleiben. Nun gibt es eine Viererreihe in der Mitte aus Larissa, Heike, Leyla und Anna. Vor ihnen sitzt Miriam alleine, was Frau Lorenz mit „das stört mich nicht, ist es ok für dich?" bei Miriam abfragt. Sie scheint nichts dagegen zu haben, sie sitzt schon länger vorne alleine in Reli. Links von der Viererreihe sitzen nun Johanna und Alicia, in einer Zweierreihe. Ich habe das Gefühl, dass der Unterricht jetzt losgehen kann und sich die neue, kleine Gruppe frisch formiert hat. (2BFHK1, 01.02.19).

Der von der Lehrperson vorgenommene Eingriff in die Sitzordnung kann an dieser Stelle als wirksames Mittel zur Formierung einer neuen kleinen Gruppe gelesen werden. Die Lücken, die aufgrund der Abmeldungen entstanden sind, bedürfen einer Form des Umgangs. Es zeigt sich eine bildliche Reparatur des vorhin dargestellten Beziehungsbruchs: Die neue Sitzordnung lässt die Lücken verschwinden und markiert einen Neuanfang. Die Praktik wird zum Startschuss einer neuen, kleineren Formation. Damit sind die Abgemeldeten nicht nur physisch, sondern auch symbolisch nicht mehr im Raum anwesend.

7.3.3 *Persönliche Leerstelle*

Die Abmeldungen aus dem Religionsunterricht konfrontieren erneut mit der Frage nach der Relevanz des Fachs. Die berufsorientierte, religionspädagogische Forschung weiß um die Spannung, die sich bei Schüler*innen zwischen Berufsausbildung und Religionsunterricht einstellen kann. Der Religionsunterricht muss sich hier, anders als an allgemeinbildenden Schulen, stärker auf seine alltägliche und berufliche Relevanz hin bewähren und wird deutlich stärker auf seine Legitimation hin befragt. Gronover führt an, dass der Religionsunterricht an allgemeinbildenden Schulen mit *Legitimation durch Verfahren*[35] operiere, dass also religiöse Bildungsinhalte ihre Legitimation durch das Unterrichten an der Schule erhielten. Bei Auszubildenden aus meist bildungsfernen Milieus sei jedoch

> „jeder einzelne Schritt legitimationsbedürftig in dem Sinne, dass den Auszubildenden unmittelbar klar gemacht werden muss, welche Relevanz das Unterrichtsthema für sie haben kann".[36]

---

35 Vgl. LUHMANN, Niklas (²1975): Legitimation durch Verfahren, Darmstadt/ Neuwied [1969].
36 GRONOVER, Matthias (2020): Berufsorientierte Religionspädagogik, 380.

7.3 Emotionale Brüche und fehlende Bezüge

Gronover führt für die Bildung von Relevanzstrukturen im Religionsunterricht an der Berufsschule die „persönliche Bedeutsamkeit von Bildungsinhalten"[37] an. Die Abmeldesituationen machen die Relevanzfrage in besonderer Weise deutlich und führen den Relevanzverlust des Fachs in der 2BFHK1 anschaulich vor Augen. Dies wird an einem kurzen Gespräch mit einer Schülerin eindrücklich, die sich aus dem Religionsunterricht abgemeldet hat.

> Da ich heute den ganzen Tag mit der gesamten Klasse 2BFHK1 verbringe, habe ich in den Pausen Zeit für kurze Gespräche. Ich spreche mit einer Schülerin, die sich vom Religionsunterricht abgemeldet hat. Ich frage sie, warum sie sich gegen Religion entschieden habe. Sie erklärt mir, dass ihr nicht gefallen habe, wie der Unterricht aufgebaut sei. Sie habe kein Interesse an anderen Religionen, sie akzeptiere jeden Glauben, „die können ihr Ding machen, aber es interessiert mich nicht." (2BFHK1, 22.05.19).

Aus dem kurzen Gespräch mit der Schülerin wird die fehlende persönliche Relevanz erkennbar. Sie interessiert sich nicht für das Fach, aus diesem Grund hat sie von der Möglichkeit Gebrauch gemacht, sich abzumelden.

Neben der persönlichen Relevanz stellt auch die berufliche Relevanz ein bedeutsames Kriterium dar, an dem die Schüler*innen ihre Entscheidung für oder gegen den Unterricht treffen. Heike und Alicia, die im Unterricht bleiben, argumentieren damit, das Fach Religion aus praktischen Gründen zu besuchen. Potenzielle Arbeitgeber*innen und weniger die Relevanz der Lerninhalte stünden dabei im Vordergrund.

> Heike: Es ist halt irgendwie, ich hatte schon sehr oft Reli, eigentlich schon immer in meiner Schulzeit und dieses Jahr wollte ich es eigentlich nicht machen, aber es ist halt irgendwie immer besser, wenn man es hat.
>
> Alicia: Pflicht.
>
> Heike: Ja. Weil manche sagen im Kindergarten: Das braucht man. Und dann macht man es halt.
>
> Alicia: Man hockt sich halt in den Unterricht.
>
> Heike: @Jaaa@
> (Gruppeninterview 2BFHK1b).

Heike und Alicia belegen das Fach aus einer zweck- bzw. pflichtorientierten Gesinnung heraus. Sie argumentieren mit der beruflichen Relevanz: Um sich alle Möglichkeiten auf dem Arbeitsmarkt zu sichern und für mögliche Anforderungen in der Praxis vorbereitet zu sein, besuchen sie den Religionsunterricht. Ähnliches wird in einem Protokollauszug zu Mariana deutlich.

---

37 GRONOVER, Matthias (2020): Berufsorientierte Religionspädagogik, 381.

> Es wäre schon manchmal langweilig, aber Mariana sagt, dass sie es mache, weil sie dran glaube, und weil es bei den Arbeitgebern gut ankomme. (2BFHK2, 08.11.18).

Ähnlich wie Heike und Alicia führt auch Mariana potenzielle Arbeitgeber*innen und damit die berufliche Relevanz ins Feld, für die es sich lohne, Religion an der Berufsfachschule zu besuchen. Sie fügt allerdings die persönliche Relevanz hinzu und spricht davon, dass sie selbst gläubig sei und deshalb den Unterricht aufsuche. Davon unterscheidet sich Johanna, die sich selbst nicht als „Religionsmensch" bezeichnet.

> Johanna: Ja ich weiß nicht. Ich bin nicht so der Religionsmensch. Ich bin in der vierten Klasse aus Religion rausgegangen also, keine Ahnung.
>
> I: Aber jetzt bist du ja wieder drin.
>
> Johanna: Ja weil's geheißen hat, das wäre besser für @(.)@ @Kinderpflegerin@, weil aber ich find eigentlich ist das ja dann trotzdem irgendwie ein bisschen unnötig, weil wir brauchen's ja anscheinend gar nicht, weil ich hab noch keinen Kindergarten gesehen, dass die wirklich richtig von Religion irgendwas erzählen oder machen, also das einzige, was die machen ist halt an Weihnachten oder so mit der Krippe oder sonst irgendwas. Aber so richtig machen die ja gar kein Reli und wir machen ja eigentlich richtiges Reli, was wir den Kindern ja auch gar nicht beibringen können. Oder das mit dem ans-Kreuz-genagelt und so, das sollte man ja nicht den Kindern beibringen. Also wenn dann sollten sie ein Reli machen, wo, wo man den Kindern halt auch vermitteln kann, ohne dass man überlegen muss, @wie man das denen sagt@, weil man kann das ja irgendwie nicht so sagen, dass die ja- der wurde ans Kreuz genagelt oder so. (Gruppeninterview 2BFHK1a).

Johanna zeigt sich unentschieden, ob sich der Besuch des Religionsunterrichts für sie lohne. Gleich zu Beginn gibt sie zu verstehen, dass sie „nicht so der Religionsmensch" ist und sich schon einmal vom Unterricht abgemeldet hat, was ihre persönliche Distanz deutlich unterstreicht. Für Johanna scheint die persönliche Relevanz des Fachs nicht gegeben, weshalb sie nach Argumenten der beruflichen Relevanz sucht. Auch sie argumentiert von der Praxis her und beschreibt eine Diskrepanz zwischen dem, was Kindern vermittelt werden kann und „richtige[m] Reli". Aus Johannas Sicht muss die Legitimation durch Verfahren durch pädagogische Relevanz ersetzt werden. Sie erwartet im Religionsunterricht Dinge vermittelt zu bekommen, die sie in der Praxis in dieser Form weitervermitteln kann. Eine darüberhinausgehende religiöse Bildung („richtiges Reli"), die ihre religiöse Identität und persönliche Entwicklung fördert, lehnt sie ab. Es geht ihr ausschließlich um die berufliche Komponente.

Wie geht Frau Lorenz mit dieser Herausforderung um? Im Gegensatz zu anderen Lehrpersonen steht die Religionslehrperson an der Berufsschule vor einer ständigen Relevanzpflicht. Erweisen sich behandelte Inhalte als persönlich oder beruflich irrelevant, verlassen Auszubildende den Unterricht. Mit dieser Herausforderung ist an der Berufsschule lediglich der Religionsunterricht konfrontiert.

7.3 Emotionale Brüche und fehlende Bezüge 237

Wie in den vorhergehenden Fällen dargestellt, sorgen diverse Gründe für Abmeldungen. Frau Lorenz thematisierte die Umstände als Belastung, die sichtlich Einfluss auf ihre Arbeitsmotivation nahm. Sie forderte die Forscherin dazu auf, sich die Bedingungen, unter denen sie arbeiten müsse, zu notieren, damit diese an höherer Stelle Gehör fänden. Der Frust der Lehrperson bezog sich zum einen auf die erschwerten organisatorischen Bedingungen, die dazu führten, dass der Religionsunterricht zum Schulhalbjahr hin auf den Freitagnachmittag verlegt werden musste. Zum anderen auch auf die Tatsache, dass sich „gerade so gute Schülerinnen" aus dem Religionsunterricht abmeldeten. In einer E-Mail an die Forscherin schrieb die Lehrperson über die verringerte Klassengröße der 2BFHK1:

> [...] Auch die Kipf 1-Klasse[38] hat sich dramatisch verringert auf 7 Schülerinnen, wegen den Nachmittagsstunden.
> Am letzten Tag haben sich noch 4 Schü abgemeldet. Anscheinend aus rein pragmatischen Gründen.
> Sie haben Mo–Mi jeweils 8 Std. Unterricht, dann Donnerstag den ganzen Tag in der Praxis, da sind sie Freitag Nachmittag ausgepowert und wollen lieber frei haben. So ist das halt!!!
> Das war für mich ziemlich frustrierend, zumal gerade so gute Schülerinnen wie Leyla, Sonja und Nathalie auch gegangen sind. Das wird erst im nächsten Schuljahr anders, wenn es parallel Ethik gibt und hoffentlich Religionspädagogik keine Randstunde mehr ist. [...] (Feldtagebuch, 13.02.19).

Mit den Worten „dramatisch verringert" zeichnet Frau Lorenz ein drastisches Bild. Die kommunizierende Emotionspraktik erzeugt Gefühle von Erregung und Bedrohung. Steht der Religionsunterricht auf der Kippe? Die Lehrperson sieht Gründe pragmatischer Natur für die Abmeldungen verantwortlich. Die Tatsache, dass die Schüler*innen den freien Nachmittag dem Religionsunterricht vorziehen, kommentiert die Lehrperson resignativ mit einem „[s]o ist das halt!!!". Zu ihrer hinnehmenden Haltung werden auch Gefühle von Erregung und Frust kommuniziert. Den Verlust besonders guter Schüler*innen benennt sie als „ziemlich frustrierend" – eine Praktik, die sowohl ihre eigenen Gefühle klar benennt, sowie diese relational an die Forscherin vermittelt. Eine Verbesserung verspricht sich Frau Lorenz davon, dass die Schüler*innen im nächsten Schuljahr parallele Veranstaltungen wie Ethik besuchen müssten, wenn sie sich vom Religionsunterricht abmelden würden. Förderlich sieht sie ferner die Aussicht darauf, dass ihr Fach nicht mehr an den Rand und damit in die stundenplanmäßige Außenseiterrolle gedrängt werde.

Auch bei denjenigen, die sich für den Besuch des Religionsunterrichts entscheiden, führt die Tatsache, dass ihre abgemeldeten Klassenkamerad*innen in dieser Zeit frei haben, zu Unzufriedenheit.

---

38 Kinderpfleger*innen im ersten Ausbildungsjahr (2BFHK1).

> Als wir über die Klassengröße sprechen, beklagen sich einige Schüler*innen. Sie finden es unfair, dass die anderen frei hätten, weil sie sich von Religion abgemeldet haben. Sie würden das Fach auch nicht zum Spaß belegen. (2BFHK2, 08.11.18).

Die Berufsrelevanz, auf welche die Schüler*innen in diesem Abschnitt anspielen scheint ihnen nicht bedeutungsvoll genug – d.h. sie entschädigt nicht für den Freizeitmangel, den sie durch den Besuch des Fachs Religion erfahren. Aus diesem Grund entsteht bei den verbleibenden Schüler*innen ein Gefühl von Benachteiligung, sie sehen sich nicht im Vorteil gegenüber ihren Mitschüler*innen.

7.4 Religionspädagogischer Ertrag

Dieses Kapitel unternahm den Versuch, eine räumliche Perspektive auf Religionsunterricht zu entwickeln, um das Interaktionsgeschehen zwischen den am Unterricht Beteiligten näher zu untersuchen. Hierfür wurden zwei räumliche Dimensionen des Religionsunterrichts eingehend betrachtet, die jeweils durch Praktiken konstruiert wurden und unterschiedliche Gefühlslagen hervorbrachten.

Schlaglichter auf das Phänomen des ‚Safe Space' zeigen, wie Religionsunterricht Raum für unsichere Gefühle sein kann und persönliche Gedanken und Ansichten der Schüler*innen ausgesprochen und geteilt werden können. Um eine Öffnung auf Seiten der Schüler*innen zu erreichen, konnte die Offenheit der Religionslehrperson als bedeutsame Bedingung herausgearbeitet werden. Einfühlsame und wertschätzende Praktiken, die wiederum Vertrauen und Sicherheit im Religionsunterricht herstellen, erschaffen diesen zu einem Ort, an dem Schüler*innen mit ihrer ganzen Person im Unterricht wahrgenommen werden.

Auf der anderen Seite konnte ein Raum ohne persönliche Bedeutung und Sinn aufgezeigt werden, in dem Religionsunterricht zum emotionalen ‚Leerraum' stilisiert wird. Schlaglichter auf Abmeldepraktiken verdeutlichen, dass Abmeldungen von Schüler*innen und der Lehrperson neben organisatorischen Gründen auf das Fehlen von persönlicher oder beruflicher Relevanz zurückgeführt werden. Abmeldungen stellen in ihrem Ergebnis einen Beziehungsabbruch dar, der durch öffentliches, entgegen der vorgesehenen Interaktionsordnung, inszeniertes Handeln zu Verletzungen der Beziehung zwischen Lehrperson und Schüler*innen führen kann. Es konnte aufgezeigt werden, mit welchen Praktiken die Brüche umgedeutet und repariert werden, sodass schließlich wieder eine Verbindung zwischen Lehrperson und den verbleibenden Schüler*innen möglich wird.

Auch pragmatische Gründe führten zu Abmeldungen aus dem Religionsunterricht im zweiten Ausbildungsjahr. Die organisatorische Verschiebung des Religionsunterrichts auf den Freitagnachmittag drängte diesen in eine unbeliebte Randposition. Eine räumliche Untersuchung des Religionsunterrichts muss also

7.4 Religionspädagogischer Ertrag

auch seinen organisatorischen Platz in der Stundentafel mitberücksichtigen. Die wenig opportune Möglichkeit am Religionsunterricht teilzunehmen, verstärkt das Fernbleiben dieses Raumes und führt zu Frust und Ohnmacht auf Seiten der Religionslehrperson. Damit Religionsunterricht zum Raum mit Mehrwert für die Schüler*innen werden kann, muss die Grundbedingung der Präsenz hinreichend sichergestellt werden. Die Analysen führen vor Augen, dass im Verlassen des Raumes komplexe Relationen und emotionale Anteile mit verhandelt werden und die Abwesenheit der Abgemeldeten im Raum spürbar zurückbleibt.

Religionsunterricht als Ort mit Relevanz sollte Schüler*innen, über ihre Rolle als Lernende hinaus, mit ihren Einstellungen und Gefühlen in den Blick nehmen. Nicht alle Berufsschüler*innen lassen sich auf dieser persönlichen Ebene erreichen, sodass zumindest die berufliche Relevanz für diese Schüler*innen deutlich werden muss. Für beides sind Schüler*innen sogar bereit einen Mehraufwand oder verkürzte Freizeit in Kauf zu nehmen.[39] Bleiben diese Bereiche jedoch unberücksichtigt, entstehen ‚Leerräume', die für einen Abbruch der Verbindung von Schüler*innen zum Fach Religion und zur Religionslehrperson sorgen. Will Religionsunterricht bedeutsam sein, braucht es sichere Orte, ‚Safe Spaces', um Schüler*innen mit ihrer ganzen Person gerecht zu werden.

---

39 Vgl. Kap. 5.4.

TEIL IV: Diskussion

8. Verbindung oder Abbruch? Wie ‚Doing Emotion' die Verbindung von Schüler*innen, Religionslehrperson und Inhalten stärkt oder verliert

Die ethnographische Untersuchung des Religionsunterrichts zweier Klassen für Kinderpflege an einer Berufsfachschule richtete den Fokus auf auftretende Emotionspraktiken. Damit lag die Forschungsperspektive der vorliegenden Arbeit im Tun der Akteur*innen als einer in der Unterrichtssituation realisierten Praxis. Ziel der Arbeit war es, alltägliche Praktiken im Religionsunterricht auf ihr Hervorbringen von Emotionen hin zu untersuchen, um nun die Forschungsfrage zu beantworten, wie Emotionspraktiken soziale Situationen im Religionsunterricht konstruieren.

Drei Gefühlskomplexe *Gefühle von Langeweile und Kurzweile* (Kap. 5), *Gefühle von Scham und Anerkennung* (Kap. 6) sowie *Gefühle von Sicherheit und Abbruch* (Kap. 7) wurden anhand ihrer Praktiken und Kontexte herausgearbeitet und zeigen, wie Emotionspraktiken soziale Situationen im Religionsunterricht herstellen, modulieren oder bestätigen.

8.1 Verbindung oder Abbruch?

Die drei Gefühlskomplexe lassen sich im didaktischen Dreieck von Schüler*innen, Lehrperson und Thema bzw. dem Fach Religion anordnen. In den drei Ergebniskategorien gibt es Praktiken, die zu einer Verbindung oder zu einem Abbruch zwischen Schüler*innen, Lehrperson und dem Thema bzw. dem Fach Religion führen können.

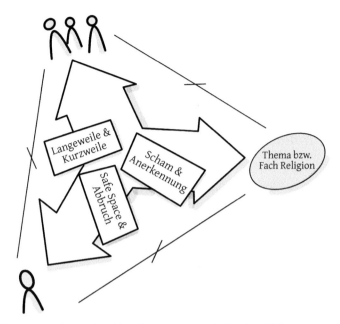

Abb. 4: Verbindung oder Abbruch? Emotionspraktiken im didaktischen Dreieck aus Schüler*innen, Lehrperson und Thema bzw. dem Fach Religion

Wie sich Verbindung oder Abbruch zwischen Schüler*innen, Lehrperson und dem Thema bzw. dem Fach Religion einstellen können, lässt sich anhand der Gefühle von Langeweile und Kurzweile im Unterrichtsgeschehen beschreiben. Langeweile kann als hinhaltendes und leerlassendes Phänomen gefasst werden, das einen Menschen unerfüllt sich selbst überlässt. Mit Blick auf den Religionsunterricht zeigt sich, dass Langeweile zwar ein allgegenwärtiges und breit akzeptiertes Phänomen darstellt, zugleich aber im Schulkontext kaum konzeptualisiert wird. Emotionspraktiken wie körperlicher Rückzug oder das Benennen von Müdigkeit oder Lustlosigkeit machen das Phänomen in seiner Unterrichtsalltäglichkeit sichtbar. Unter den Beteiligten besteht dabei ein impliziter Konsens, eine Art stiller Arbeitspakt: Die Schüler*innen akzeptieren ein gewisses Maß an Langeweile und können sich im Gegenzug in einem bestimmten Rahmen die Zeit etwa mit Nebentätigkeiten vertreiben. Ein geregeltes Maß an Langeweile stellt ein akzeptiertes Grundmuster von Unterricht dar, weist allerdings auf eine schwache Verbindung zwischen Schüler*innen, Lehrperson und dem Thema bzw. dem Fach Religion hin.

Es konnten jedoch auch Nebentätigkeiten beobachtet werden, die ohne eine Distanzierung vom Unterrichtsgeschehen ausgeführt wurden. Zeitvertreib konnte Aufmerksamkeit auch bündeln und die Verbindung zum Unterrichtsgeschehen aufrechterhalten. Wurde die Grenze der akzeptierbaren Langeweile

8.1 Verbindung oder Abbruch

überschritten, die der Lehrperson einen Verbindungsabbruch deutlich signalisierte, wurde eine Thematisierung und Intervention von Seiten der Lehrperson erforderlich. Ein starkes Ungleichgewicht von Lustlosigkeit und Trägheit (auf Seiten der Schüler*innen) gegenüber Motivation (auf Seiten der Lehrperson) strebt nach gegenseitiger Übertragung des Gefühlszustandes. Gefühle von Motivation und Aktivierung werden über Körperpraktiken im Religionsunterricht mobilisiert und eine träge Situation in eine gelöste und sogar heitere überführt.

Berufliche und persönliche Relevanz zeigen sich als hilfreiche Mittel, den Religionsunterricht für Schüler*innen bedeutsam, interessant und damit kurzweilig werden zu lassen. Bei Bezügen zu realen Kontexten erstarkt die Verbindung von Schüler*innen, Lehrperson und dem Thema bzw. dem Fach Religion.

Auch Gefühle von Scham und Anerkennung liefern einen relevanten Ertrag für die Frage von Verbindung und Abbruch bei Schüler*innen, Lehrperson und dem Thema bzw. dem Fach Religion. Besonders im Kontext von Leistungs- und Bewertungssituationen zeigen sich Scham- und Anerkennungspotenziale. Hinsichtlich der Bedeutsamkeit von Noten ließ sich eine beträchtliche Bandbreite an Internalisierung bis Externalisierung feststellen. Hohes Schampotenzial bergen Noten, wenn sie internalisiert werden, mit einer persönlichen Bedeutung einhergehen und das Selbstbild bestimmen.

Die Bedeutung von Noten kann aber auch in Distanz gesetzt werden, indem sie heruntergespielt und umgekehrt werden, was sich an einer Untersuchung von Noten-Bagatellisierungen im Fach Religion an der Berufsfachschule eindrücklich zeigt. Hier wägen Schüler*innen soziale Zugehörigkeit gegenüber guten Leistungen ab und erhalten schließlich Anerkennung, wenn sie die Bagatellisierung der Noten im Fach Religion teilen. Das Abrufen der Beziehungsebene zwischen Lehrperson und Schüler*innen erweist sich als wirksame Emotionspraktik, die den ursprünglichen Bedeutungsrahmen und das Leistungsprinzip wieder durchsetzt und den drohenden Abbruch zwischen Schüler*innen, Lehrperson und dem Fach Religion verhindert. Die achtsame Unterscheidung zwischen Person und Leistung zeigt sich im Bildungskontext als bedeutsam, indem Anerkennung verstärkt über Leistung gewährt oder verweigert wird. Dies kann erreicht werden, indem sich soziale Wertschätzung bei Bildungserfolgen oder -misserfolgen unmissverständlich auf die individuellen Fähigkeiten und Fertigkeiten der Schüler*innen bezieht und nicht auf ihre ganze Person.

Wie Emotionspraktiken Verbindung oder Abbruch zwischen Schüler*innen, Lehrperson und dem Fach bewirken können, lässt sich auch an einer räumlichen Perspektive auf Religionsunterricht veranschaulichen. Ein markanter Raum im Religionsunterricht, der sich mithilfe von Praktiken konstruiert, stellt der ‚Safe Space' dar, in dem Gefühle von Sicherheit und Schutz entstehen. Praktiken, die zur Herstellung eines ‚Safe Space' beitragen, schaffen einen Raum, in dem Schüler*innen ihre persönlichen Erfahrungen, Einstellungen und Werte teilen.

Als bedeutsam für die Erschaffung eines ‚Safe Space' stellt sich neben der materialen Umgebung die Offenheit und Partizipation der Mitschüler*innen heraus, die eine Gleichzeitigkeit von Sicherheit und Unsicherheit zulässt und aushält. Auch die Religionslehrperson trägt wesentlich zur Erschaffung eines ‚Safe Space' bei, indem sie einen sicheren Rahmen setzt und durch ihre eigene Offenheit eine Öffnung unter den Schüler*innen initiieren kann. Die Religionslehrperson als ehrlich an den Schüler*innen Interessierte und Glaubende trägt dabei wesentlich zur Erschaffung eines ‚Safe Space' im Religionsunterricht bei, da das Interesse an Schüler*innen über ihre Rolle als Lernende hinaus ein zentrales Merkmal des ‚Safe Space' im Religionsunterricht darstellt. ‚Safe Spaces' im Religionsunterricht stellen einen bedeutsamen Raum her, in dem Schüler*innen in ihrer Gänze in den Blick kommen und in einer starken Verbindung zu Lehrperson und Thema bzw. dem Fach Religion stehen.

Aber auch Raum ohne Relevanz, ein emotionaler ‚Leerraum' ist Teil des Religionsunterrichts, bspw. wenn weder persönliche noch berufliche Relevanz für Schüler*innen deutlich wird. Die fehlende Verbindung von Schüler*innen, Lehrperson und Thema bzw. Fach manifestiert sich dann auch buchstäblich im Verlassen des Raumes. Schlaglichter auf Abmeldepraktiken und Beziehungsbrüche veranschaulichen, dass beim zunächst formalen Akt des Abmeldens auch emotionale Anteile verhandelt werden. Diese zeigen sich auf der Beziehungsebene zwischen Lehrperson und Schüler*innen und lassen eine Form der symbolischen Reparatur von Seiten der Lehrperson notwendig erscheinen, um mit den verbleibenden Schüler*innen wieder in Verbindung zu treten.

Will Religionsunterricht für Lernende Raum mit Relevanz und Sinn sein, müssen Schüler*innen über ihre Rolle als Lernende hinaus mit ihren Einstellungen und Gefühlen in den Blick geraten. Erkennen Berufsschüler*innen keine persönliche Relevanz, sollte zumindest eine berufliche Relevanz deutlich werden. Für beides sind Schüler*innen sogar bereit, einen Mehraufwand oder verkürzte Freizeit in Kauf zu nehmen. ‚Leerräume' und Abbruch zwischen Schüler*innen, Lehrperson und den Inhalten bzw. dem Fach Religion entstehen dann, wenn diese Bereiche unberücksichtigt bleiben.

8.2 Emotionspraktiken bedeuten Verantwortung: Impulse für eine religionspädagogische Praxis

Welchen Gewinn liefert die in dieser Forschungsarbeit entwickelte Perspektive auf Emotionen im Religionsunterricht? Die Theorie des ‚Doing Emotion' stellt eine methodische Hilfe bereit, die nicht nur der Zugänglichkeit eines überwiegend innerlich geglaubten Phänomens dient, sie birgt auch ein hohes Potenzial für Praktiker*innen. Emotionen sind im Kontext von Schule, im Klassenraum, bei Körpergesten, in Bildern oder Räumen, in jeder Interaktion vor, während

8.2 Emotionspraktiken bedeuten Verantwortung

oder nach dem Unterricht allgegenwärtig. Mal drängen sie sich in den Vordergrund, mal rahmen sie eher beiläufig Gesamtsituationen. Sie erleichtern oder erschweren soziale Interaktion, sie kreieren Verbindung oder Abbruch zwischen Schüler*innen, Lehrperson und den Unterrichtsinhalten bzw. dem Fach. Das Potenzial der Emotionspraktiken liegt in der sich daraus ableitenden und gleichzeitig ermächtigenden Perspektive, dass Schüler*innen und Lehrpersonen Emotionen nicht einfach nur haben, sondern tun.[1] Damit können sie Gefühlslagen im Religionsunterricht selbst mit hervorbringen und gestalten. Emotionen können mithilfe von Praktiken mobilisiert, benannt, kommuniziert oder reguliert werden und damit erzeugt, verstärkt, in ihrer sozialen und das heißt relationalen Wirkung entfaltet, gelenkt oder gedämpft werden. Diese an den Praktiken orientierte Perspektive auf Emotionen legt offen, wie Unterrichtssituationen im Religionsunterricht gestaltet, moduliert oder bestätigt werden können. Demzufolge sind Akteur*innen im Unterrichtsgeschehen zwar von impliziten Wissensbeständen und kulturellen Denk- und Verhaltensmustern in ihren täglichen Praktiken geleitet, doch ergeben sich auch Gestaltungsmöglichkeiten, die sowohl Reflexion als auch Verantwortung erfordern.

Durch die vorliegende Arbeit lassen sich für Lehrende des Religionsunterrichts folgende Impulse ableiten:

Die Perspektive der Emotionspraktiken erweitert den Blick auf Unterricht als ganzheitliches Geschehen. Werden alltägliche Unterrichtspraktiken auf ihr Emotionen mobilisierendes, kommunizierendes oder regulierendes Potenzial hin befragt, können Unterrichtsdynamiken, die zur Verbindung oder zum Abbruch unter Schüler*innen, Lehrperson oder den Inhalten bzw. dem Fach führen, näher untersucht werden. Besonders mit Blick auf die aktuellen Herausforderungen des Religionsunterrichts wie die zunehmende religiöse Pluralisierung unter den Schüler*innen, erstarkende soziale und kulturelle Heterogenität und die anwachsende Konfessionslosigkeit lassen die Berücksichtigung der Emotionspraktiken für gelingende Interaktionen im Religionsunterricht unumgänglich erscheinen.

Das Handeln von Religionslehrpersonen kann auf die Perspektive der Emotionspraktiken hin befragt werden. Es lohnt sich zu fragen: Wie mobilisieren meine Verhaltensweisen und Routinen im Zusammenspiel mit Sprache, Gesten und Artefakten Emotionen im Religionsunterricht? Wie werden Emotionen durch mein Handeln verstärkt oder gedämpft? Welche soziale und relationale Rolle übernehmen Emotionen in meinem Unterricht? Auch Räume, Sitzkonstellationen und Medien evozieren Emotionen, deren Berücksichtigung weitere Erkenntnisse liefern kann.

Emotionen als Praktiken zu verstehen, bedeutet nicht, dass diese einem Automatismus folgen und im Sinne einer völligen Machbarkeit stets abruf- oder

---

1 Vgl. SCHEER, Monique (2016): Emotionspraktiken, 16.

abstellbar sind. Dazu sind Emotionspraktiken in zu komplexe, letztlich kontingente Prozesse eingebunden. Emotionspraktiken können unter Umständen emotionaler ausfallen, als dies dem sachlichen und zeitlichen Rahmen einer Unterrichtsstunde entspricht. Hier ist es für Lehrende bedeutsam, ‚Doing Emotion' in ihren Handlungen und dem gesamten Unterrichtskontext zu reflektieren und die Resultate ihrer Praktiken zu bedenken.

Darüber hinaus erweist sich die Theorie der Emotionspraktiken als anschlussfähig an bestehende didaktische Konzepte der Religionspädagogik wie etwa ethisches oder interreligiöses Lernen und ästhetische oder performative Didaktik. Welchen Mehrwert liefert die Theorie der Emotionspraktiken für diese Konzepte?

In den jeweiligen Überlegungen werden Emotionen bereits als bedeutsame Facette religiöser Bildung anerkannt und in besonderer Weise berücksichtigt. Sie dienen dazu, Schüler*innen tiefere und ganzheitliche Lernerfahrungen zu ermöglichen, die über kognitive Erkenntnisse hinausreichen. Die Perspektive des ‚Doing Emotion' kann den instrumentellen, auf den Zweck der Vermittlung fokussierten Blick dieser Konzepte erweitern und Anlass bieten, auch unvorhergesehene oder vermeintlich störende Gefühle im Unterrichtskontext in ihrem kommunizierenden, mobilisierenden, benennenden oder regulierenden Wert anzuerkennen. Emotionen auf diese Weise für religiöse Bildungsprozesse zu betrachten, kann so auch dabei helfen, aufkommende Irritationen nicht vorschnell zu kanalisieren, sondern in ihrem Potenzial anzuerkennen.

Darüber hinaus liefert die Theorie der Emotionspraktiken ein Verständnis, das nicht kausalistisch auf Emotionen blickt, sondern sie als in komplexe soziale Prozesse eingebettet begreift. In diesem Verständnis werden Emotionen nicht durch einen bestimmten und wiederholbaren Reiz ausgelöst, vielmehr werden sie unter den Gegebenheiten einer spezifischen Situation konstruiert. Emotionen auf diese Weise für religiöses Lernen zu berücksichtigen, erkennt sie in ihrer Kontingenz und Brüchigkeit an.

Schließlich bietet die Theorie des ‚Doing Emotion' eine Perspektive, die Emotionen nicht individualistisch, sondern in ihrer sozialen Dimension erfasst. In dieser Perspektive kommen Emotionen in ihrer interaktiven und wechselseitigen Hervorbringung in den Blick. Diese für Unterricht und religiöse Bildungsprozesse bedeutsame Dimension nimmt die Sozialität von Emotionen wahr und ernst.

Das Feld der Emotionen, so zeigt diese Arbeit, ist ein bedeutsamer Untersuchungsgegenstand, dessen Bearbeitung fruchtbare Erkenntnisse und neue Perspektiven für den Religionsunterricht liefern kann.

Literaturverzeichnis

AKBABA, Yalız (2017): Lehrer*innen und der Migrationshintergrund. Widerstand im Dispositiv, Weinheim/ Basel: Beltz Juventa.

AMMICHT QUINN, Regina (1999): Körper – Religion – Sexualität. Theologische Reflexionen zur Ethik der Geschlechter, Mainz: Grünewald.

ANDRESEN, Sabine u.a. (Hrsg.) (2009): Handwörterbuch Erziehungswissenschaft, Weinheim/ Basel: Beltz.

ANGELE, Claudia (2016): Ethnographie des Unterrichtsgesprächs. Ein Beitrag zur Analyse von Unterrichtsgesprächen über Differenz als Alltagserfahrung, Münster/ New York: Waxmann.

ARISTOTELES (2002): Rhetorik, Bd. 1, übers. und erl. v. Christof Rapp, Berlin: Akademie Verlag.

BADER, Reinhard (2009): Lernfelder und allgemeinbildende Fächer an beruflichen Schulen. In: Bonz, Bernhard/ Kochendörfer, Jürgen/ Schanz, Heinrich (Hrsg.): Lernfeldorientierter Unterricht und allgemeinbildende Fächer. Möglichkeiten der Integration, Baltmannsweiler: Schneider Verlag Hohengehren, 12–29.

BALZER, Nicole/ RICKEN, Norbert (2010): Anerkennung als pädagogisches Problem – Markierungen im erziehungswissenschaftlichen Diskurs. In: Schäfer, Alfred/ Thompson, Christiane (Hrsg.): Anerkennung, Paderborn u.a.: Schöningh, 35–87.

BAREITHER, Christoph (2014): Vergnügen als Doing Emotion – Beispiel YouTube. In: Maase, Kaspar u.a. (Hrsg.): Macher – Medien – Publika. Beiträge der europäischen Ethnologie zu Geschmack und Vergnügen, Würzburg: Königshausen & Neumann, 36–49.

BAREITHER, Christoph (2016): Gewalt im Computerspiel. Facetten eines Vergnügens, Bielefeld: transcript.

BAREITHER, Christoph (2017): Internet-Emotionspraktiken. Theoretische und methodische Zugänge. In: Lauterbach, Burkhart (Hrsg.): Alltag – Kultur – Wissenschaft. Beiträge zur Europäischen Ethnologie Jg. 4, 11–35.

BARTH, Roderich (2013): Religion und Gefühl. Schleiermacher, Otto und die aktuelle Emotionsdebatte. In: Charbonnier, Lars/ Mader, Matthias/ Weyel, Birgit (Hrsg.): Religion und Gefühl. Praktisch-theologische Perspektiven einer Theorie der Emotionen. Festschrift für Wilhelm Gräb zum 65. Geburtstag, Göttingen: Vandenhoeck & Ruprecht, 15–48.

BARTH, Roderich/ ZARNOW, Christopher (Hrsg.) (2015): Theologie der Gefühle, Berlin/ Boston: de Gruyter.

BAUMGARTNER, Konrad/ SCHEUCHENPFLUG, Peter (Hrsg.) (2002): Lexikon der Pastoral, Bände I/II, Freiburg i. Breisgau/ Wien/ Basel: Herder.

BECHARA, Antoine/ DAMASIO, Antonio R. (2005): The Somatic Marker Hypothesis. A Neural Theory of Economic Decision. In: Games and Economic Behavior 52 (2), 336–372.

BEILE, Hartmut (1998): Religiöse Emotionen und religiöses Urteil. Eine empirische Studie über Religiosität bei Jugendlichen, Ostfildern: Schwabenverlag.

BELLEBAUM, Alfred (1990): Langeweile, Überdruß und Lebenssinn. Eine geistesgeschichtliche und kultursoziologische Untersuchung, Opladen: Westdeutscher Verlag.

BENNEWITZ, Hedda (2004): Helenas und Fabiennes Welt. Eine Freundschaftsbeziehung im Unterricht. In: ZSE 24 (4), 393–407.

BENNEWITZ, Hedda/ MEIER, Michael (2010): Zum Verhältnis von Jugend und Schule. Ethnographische Studien zu Peerkultur und Unterricht. In: Brake, Anna/ Bremer, Helmut (Hrsg.): Alltagswelt Schule. Die soziale Herstellung schulischer Wirklichkeiten, Weinheim/ München: Juventa, 97–110.

BERG, Eberhard/ FUCHS, Martin (Hrsg.) (²1995): Kultur, soziale Praxis, Text. Die Krise der ethnographischen Repräsentation, Frankfurt a. Main: Suhrkamp [1993].

BERNHARD, Theresa/ BREIDENSTEIN, Georg (2011): Prolog: Schüler äußern sich zur Bedeutung von Noten. In: Zaborowski, Katrin U./ Meier, Michael/ Breidenstein, Georg (Hrsg.): Leistungsbewertung und Unterricht. Ethnographische Studien zur Bewertungspraxis in Gymnasium und Sekundarschule, Wiesbaden: VS Verlag für Sozialwissenschaften, 9–14.

BEUSCHER, Bernd (2009): Langeweile im Religionsunterricht? Zur Sache und unter die Haut, Göttingen: Vandenhoeck & Ruprecht.

BIELER, Andrea (2023): Art. Vulnerabilität. In: Das Wissenschaftlich-Religionspädagogische Lexikon im Internet (WiReLex), https://www.bibelwissenschaft.de/fileadmin/buh_bibel modul/media/wirelex/pdf/Vulnerabilität__2023-04-03_08_40.pdf (Zugriff am 01.06.23), 1–16.

BIESINGER, Albert (1999): Wie der Religionsunterricht Zukunft hat. Kognition, Emotion und religiöse Handlungsorientierung. In: ThQ 179 (2), 119–131.

BIESINGER, Albert (2012): Gotteskommunikation. Religionspädagogische Lehr- und Lernprozesse in Familie, Gemeinde und Schule, Ostfildern: Grünewald.

BITTER, Gottfried/ BLUM, Dominik (Hrsg.) (²2006): Neues Handbuch religionspädagogischer Grundbegriffe, München: Kösel [2002].

BLÖMEKE, Sigrid u.a. (Hrsg.) (2009): Handbuch Schule. Theorie – Organisation – Entwicklung, Bad Heilbrunn: Klinkhardt.

BLUMENTHAL, Sara-Friederike (2014): Scham in der schulischen Sexualaufklärung. Eine pädagogische Ethnographie des Gymnasialunterrichts, Wiesbaden: Springer VS.

BLUMENTHAL, Sara-Friederike (2018): Ethnographisches Forschen zu Affekten. Eine methodische Annäherung an Scham. In: Huber, Matthias/ Krause, Sabine (Hrsg.): Bildung und Emotion, Wiesbaden: Springer VS, 397–412.

BÖHM, Andreas (¹²2017): Theoretisches Codieren. Textanalyse in der Grounded Theory. In: Flick, Uwe/ Kardorff, Ernst von/ Steinke, Ines (Hrsg.): Qualitative Forschung. Ein Handbuch, Reinbek bei Hamburg: Rowohlt Taschenbuch [2000], 475–485.

BÖHM, Winfried/ SEICHTER, Sabine (Hrsg.) (¹⁷2018): Wörterbuch der Pädagogik, Paderborn: Schöningh [1931].

BÖHME, Hartmut/ BÖHME, Gernot (1983): Das Andere der Vernunft. Zur Entwicklung von Rationalitätsstrukturen am Beispiel Kants, Frankfurt a. Main: Suhrkamp.

BOLLIG, Sabine/ SCHULZ, Marc (2016): Art. Ethnografie. In: Das Wissenschaftlich-Religionspädagogische Lexikon im Internet (WiReLex), https://www.bibelwissenschaft.de/fileadmin/buh_bibelmodul/media/wirelex/pdf/Ethnografie__2020-04-20_11_46.pdf (Zugriff am 01.06.23), 1–14.

BOOST ROM, Robert (1998): 'Safe Spaces'. Reflections on an Educational Metaphor. In: JCSR 30 (4), 397–408.

BOSCHKI, Reinhold (2003): „Beziehung" als Leitbegriff der Religionspädagogik. Grundlegung einer dialogisch-kreativen Religionsdidaktik, Ostfildern: Schwabenverlag.

BOSCHKI, Reinhold (2007): Der phänomenologische Blick: „Vierschritt" statt „Dreischritt" in der Religionspädagogik. In: Ders./ Gronover, Matthias (Hrsg.): Junge Wissenschaftstheorie der Religionspädagogik, Berlin/ Münster: LIT, 25–47.

BOSCHKI, Reinhold (2012): Dialogisch-beziehungsorientierte Religionsdidaktik. In: Grümme, Bernhard/ Lenhard, Hartmut/ Pirner, Manfred L. (Hrsg.): Religionsunterricht neu denken. Innovative Ansätze und Perspektiven der Religionsdidaktik, Stuttgart: Kohlhammer, 173–184.

BOSCHKI, Reinhold/ SCHWEITZER, Friedrich (2018): Religionsunterricht an Berufsbildenden Schulen. In: Biewald, Roland u.a. (Hrsg.): Religionsunterricht an berufsbildenden Schulen. Ein Handbuch, Göttingen: Vandenhoeck & Ruprecht, 67–98.

Literaturverzeichnis

Boschki, Reinhold (2021): Religionsunterricht in römisch-katholischer Perspektive. In: Kropač, Ulrich/ Riegel, Ulrich (Hrsg.): Handbuch Religionsdidaktik, Stuttgart: Kohlhammer, 71–77.

Bourdieu, Pierre (1987): Sozialer Sinn. Kritik der theoretischen Vernunft, Frankfurt a. Main: Suhrkamp.

Bourdieu, Pierre (2001): Meditationen. Zur Kritik der scholastischen Vernunft, Frankfurt a. Main: Suhrkamp.

Bourdieu, Pierre (2012): Die männliche Herrschaft, Frankfurt a. Main: Suhrkamp.

Breidenstein, Georg/ Meier, Michael (2004): „Streber" – Zum Verhältnis von Peer Kultur und Schulerfolg. In: Pädagogische Rundschau 58 (5), 549–563.

Breidenstein, Georg (2006): Teilnahme am Unterricht. Ethnographische Studien zum Schülerjob, Wiesbaden: VS Verlag für Sozialwissenschaften.

Breidenstein, Georg (2008): Schulunterricht als Gegenstand ethnographischer Forschung. In: Hünersdorf, Bettina/ Maeder, Christoph/ Müller, Burkhard (Hrsg.): Ethnographie und Erziehungswissenschaft. Methodologische Reflexionen und empirische Annäherungen, Weinheim/ München: Juventa, 107-120.

Breidenstein, Georg/ Bernhard, Theresa (2011): Unterrichtsinteraktion und implizite Leistungsbewertung. In: Zaborowski, Katrin U./ Meier, Michael/ Breidenstein, Georg (Hrsg.): Leistungsbewertung und Unterricht. Ethnographische Studien zur Bewertungspraxis in Gymnasium und Sekundarschule, Wiesbaden: VS Verlag für Sozialwissenschaften, 321–343.

Breidenstein, Georg/ Meier, Michael/ Zaborowski, Katrin u. (2011): Das Projekt Leistungsbewertung in der Schulklasse. In: Dies. (Hrsg.): Leistungsbewertung und Unterricht. Ethnographische Studien zur Bewertungspraxis in Gymnasium und Sekundarschule, Wiesbaden: Springer VS Verlag für Sozialwissenschaften, 15–37.

Breidenstein, Georg (2012): Ethnographisches Beobachten. In: Boer, Heike de/ Reh, Sabine (Hrsg.): Beobachtung in der Schule – Beobachten lernen, Wiesbaden: VS Verlag für Sozialwissenschaften, 27–44.

Breidenstein, Georg u.a. (^{2}2015): Ethnografie. Die Praxis der Feldforschung, Konstanz/ München: UVK Verlagsgesellschaft mit UVK/Lucius [2013].

Brieden, Norbert (2022): Einführung. Die alltägliche Praxis des Meldens und ihre eigentümliche (In-)Stabilität. In: Ders. u.a. (Hrsg.): Religionsunterricht beobachten. Praktiken – Artefakte – Akteure, Ostfildern: Grünewald, 7–15.

Brumlik, Micha (^{2}2009): Charakter, Habitus und Emotion oder die Möglichkeit von Erziehung? Zu einer Leerstelle im Werk Pierre Bourdieus. In: Friebertshäuser, Barbara/ Rieger-Ladich, Markus/ Wigger, Lothar (Hrsg.): Reflexive Erziehungswissenschaft. Forschungsperspektiven im Anschluss an Pierre Bourdieu, Wiesbaden: VS Verlag für Sozialwissenschaften [2006], 141–154.

Bundesministerium für Bildung und Forschung (BMBF) (Hrsg.) (2020): Berufsbildungsbericht 2020, Bonn: BMBF.

Butler, Judith (^{6}2018): Haß spricht. Zur Politik des Performativen, Berlin: Suhrkamp [2006].

Certeau, Michel de (1988): Kunst des Handelns, Berlin: Merve.

Charbonnier, Lars/ Mader, Matthias/ Weyel, Birgit (Hrsg.) (2013): Religion und Gefühl. Praktisch-theologische Perspektiven einer Theorie der Emotionen. Festschrift für Wilhelm Gräb zum 65. Geburtstag, Göttingen: Vandenhoeck & Ruprecht.

Clifford, James/ Marcus, George E. (Hrsg.) (1986): Writing Culture. The Poetics and Politics of Ethnography, Berkeley, CA: University of California Press.

Covington, Holly (2005): Caring Presence. Providing a Safe Space for Patients. In: Holistic Nursing Practice 19 (4), 169–172.

CSIKSZENTMIHALYI, Mihaly (^{2}1987): Das flow-Erlebnis. Jenseits von Angst und Langeweile: im Tun aufgehen, Stuttgart: Klett-Cotta [1985].
DAMASIO, Antonio R. (2003): Looking for Spinoza. Joy, Sorrow, and the Feeling Brain, Orlando, FL: Harcourt.
DAMASIO, Antonio R. (2004): Descartes' Irrtum. Fühlen, Denken und das menschliche Gehirn, München: List.
DARWIN, Charles (1872): The Expression of the Emotions in Man and Animals, London: Murray.
DAVIES, James/ SPENCER, Dimitrina (Hrsg.) (2010): Emotions in the Field. The Psychology and Anthropology of Fieldwork Experience, Stanford, CA: Stanford University Press.
DENZINGER, Heinrich/ HÜNERMANN, Peter (Hrsg.) (^{45}2017): Kompendium der Glaubensbekenntnisse und kirchlichen Lehrentscheidungen, lat.-dt., Freiburg i. Breisgau/ Basel/ Wien: Herder [1854].
DEMMERLING, Christoph/ LANDWEER, Hilge (2007): Scham und Schuldgefühl. In: Diess. (Hrsg.): Philosophie der Gefühle. Von Achtung bis Zorn, Stuttgart: Metzler, 219–244.
DIERK, Heidrun/ SCHEIBLE, Annette (2022): Arbeitsblatt. In: Brieden, Norbert u.a. (Hrsg.): Religionsunterricht beobachten. Praktiken – Artefakte – Akteure, Ostfildern: Grünewald, 206–215.
DIETZ, Hella (2013): Martha Nussbaum. Upheavals of Thought. The Intelligence of Emotions. In: Senge, Konstanze/ Schützeichel, Rainer (Hrsg.): Hauptwerke der Emotionssoziologie, Wiesbaden: Springer, 244–248.
DÖBRICH, Peter (2009): Stundenplan. In: Blömeke, Sigrid u.a. (Hrsg.) (2009): Handbuch Schule. Theorie – Organisation – Entwicklung, Bad Heilbrunn: Klinkhardt, 368–372.
DOEHLEMANN, Martin (1991): Langeweile? Deutung eines verbreiteten Phänomens, Frankfurt a. Main: Suhrkamp.
DÖLLING, Irene (2011): Pierre Bourdieus Praxeologie – Anregungen für eine kritische Gesellschaftsanalyse. In: Sitzungsberichte der Leibniz-Sozietät der Wissenschaften zu Berlin 110, 163–176.
DUNKEL, Wolfgang (1988): Wenn Gefühle zum Arbeitsgegenstand werden. Gefühlsarbeit im Rahmen personenbezogener Dienstleistungstätigkeiten. In: Soziale Welt 39 (1), 66–85.
EKMAN, Paul/ FRIESEN, Wallace V. (1978): Facial Action Coding System (FACS). A Technique for the Measurement of Facial Movement, Palo Alto, CA: Consulting Psychologists Press.
EMERSON, Robert M./ FRETZ, Rachel I./ SHAW, Linda L. (^{2}2011): Writing Ethnographic Fieldnotes, Chicago, IL/ London: University of Chicago Press [1995].
ENGELEN, Eva-Maria u.a. (2009): Emotions as Bio-cultural Processes. Disciplinary Debates and an Interdisciplinary Outlook. In: Röttger-Rössler, Birgitt/ Markowitsch, Hans Jürgen (Hrsg.): Emotions as Bio-cultural Processes, New York: Springer, 23–53.
ENGLERT, Rudolf (2016): Religiöse Bildung zwischen Rationalität und Emotionalität. Ein neuer Blick auf das Verhältnis der Lernorte Schule und Gemeinde. In: Altmeyer, Stefan/ Bitter, Gottfried/ Boschki, Reinhold (Hrsg.): Christliche Katechese unter den Bedingungen der „flüchtigen Moderne", Stuttgart: Kohlhammer, 95–102.
ENGLERT, Rudolf (^{2}2019): Was wird aus Religion? Beobachtungen, Analysen und Fallgeschichten zu einer irritierenden Transformation, Ostfildern: Grünewald [2018].
ENGLERT, Rudolf (2020): Geht Religion auch ohne Theologie? Freiburg i. Breisgau/ Basel/ Wien: Herder.
FECHTNER, Kristian/ LAUSTER, Jörg (2013): Starke Gefühle (Editorial). In: Praktische Theologie 48 (2), 71.
FEND, Helmut (1997): Der Umgang mit Schule in der Adoleszenz. Aufbau und Verlust von Lernmotivation, Selbstachtung und Empathie, Bern u.a.: Huber.
FRASER, Nancy/ HONNETH, Axel (2003): Umverteilung oder Anerkennung? Eine politisch-philosophische Kontroverse, Frankfurt a. Main: Suhrkamp.

FRENZEL, Anne C./ GÖTZ, Thomas (⁵2018): Emotionen im Lern- und Leistungskontext. In: Rost, Detlef H./ Sparfeldt, Jörn R./ Buch, Susanne (Hrsg.): Handwörterbuch Pädagogische Psychologie, Weinheim/ Basel: Beltz [1998], 109–118.

FREUDING, Janosch (2023): Art. Othering. In: Das Wissenschaftlich-Religionspädagogische Lexikon im Internet (WiReLex), https://www.bibelwissenschaft.de/fileadmin/buh_bibel modul/media/wirelex/pdf/Othering__2023-04-03_08_42.pdf (Zugriff am 01.06.23), 1–15.

FUCHS, Thomas (2019): Verkörperte Emotionen. Emotionskonzepte der Phänomenologie. In: Kappelhoff, Hermann u.a. (Hrsg.): Emotionen. Ein interdisziplinäres Handbuch, Berlin: Metzler, 95–101.

FUCHS, Monika/ KOHLER-SPIEGEL, Helga/ PIRNER, Manfred L. (2022): „Emotionen aus religionspädagogischer Perspektive" – Einführung in den Thementeil. In: Theo-Web. Zeitschrift für Religionspädagogik 21 (Sonderausgabe), https://www.theo-web.de/fileadmin/user_upload/theo-web/pdfs/21-jahrgang-2022-heft-2/emotionen-aus-religi onspaedagogischer-perspektive-einfuehrung-in-den-thementeil.pdf (Zugriff am 01.06.23), 1–5.

GÄRTNER, Claudia (2021): Ästhetisches Lernen. In: Kropač, Ulrich/ Riegel, Ulrich (Hrsg.): Handbuch Religionsdidaktik, Stuttgart: Kohlhammer, 266–272.

GEERTZ, Clifford (⁶1999): Dichte Beschreibung. Beiträge zum Verstehen kultureller Systeme, Frankfurt a. Main: Suhrkamp [1987].

GENNERICH, Carsten (2015): Emotionen als Anforderungssituationen in einer kompetenzorientierten Religionsdidaktik. In: Theo-Web. Zeitschrift für Religionspädagogik 14 (1), 6–15.

GENNERICH, Carsten/ ZIMMERMANN, Mirjam (2016): Abmeldung vom Religionsunterricht. Statistiken, empirische Analysen, didaktische Perspektiven, Leipzig: Evangelische Verlagsanstalt.

GENNERICH, Carsten (2018): Wegbleiben, Abmelden, Austreten. Religionspädagogische Bewertung und Möglichkeiten des Umgangs mit einem Krisenphänomen. In: Theo-Web. Zeitschrift für Religionspädagogik 17 (2), 63–96.

GLASER, Barney G./ STRAUSS, Anselm L. (1965): Awareness of Dying, Chicago, IL: Aldine.

GLASER, Barney G./ STRAUSS, Anselm L. (1967): The Discovery of Grounded Theory. Strategies for Qualitative Research, Chicago, IL: Aldine.

GLASER, Barney G./ STRAUSS, Anselm L. (1968): Time for Dying, Chicago, IL: Aldine.

GLASER, Barney G./ STRAUSS, Anselm L. (1998): Grounded Theory. Strategien qualitativer Forschung, Bern u.a.: Huber.

GLASER, Barney G. / STRAUSS, Anselm L. (³2010): Grounded Theory. Strategien qualitativer Forschung, Bern: Huber [1998].

GOBO, Giampietro/ MOLLE, Andrea (²2017): Doing Ethnography, Los Angeles u.a.: Sage [2008].

GÖTZ, Thomas/ FRENZEL, Anne C. (2006): Phänomenologie schulischer Langeweile. In: ZEPP 38 (4), 149–153.

GÖTZ, Thomas u.a. (2018): Langeweile. In: SZBW 40 (3), 663–681.

GOFFMAN, Erving (1961): Asylums. Essays on the Social Situation of Mental Patients and Other Inmates, Garden City, NY: Anchor Books.

GOFFMAN, Erving (1971): Verhalten in sozialen Situationen. Strukturen und Regeln der Interaktion im öffentlichen Raum, Gütersloh: Bertelsmann-Fachverlag.

GOFFMAN, Erving (²1973): Interaktionsrituale. Über Verhalten in direkter Kommunikation, Frankfurt a. Main: Suhrkamp [1967].

GOFFMAN, Erving (1977): Rahmen-Analyse. Ein Versuch über die Organisation von Alltagserfahrungen, Frankfurt a. Main: Suhrkamp.

GOFFMAN, Erving (1994): Interaktion und Geschlecht, Frankfurt a. Main/ New York: Campus.

GOFFMAN, Erving (1996): Über Feldforschung. In: Knoblauch, Hubert (Hrsg.): Kommunikative Lebenswelten. Zur Ethnographie einer geschwätzigen Gesellschaft, Konstanz: UVK (Universitäts-Verlag Konstanz), 261–269.

GOLDIE, Peter (2000): The Emotions. A Philosophical Exploration, Oxford: Clarendon Press.

GRAHAM, Anne u.a. (2014): Improving Approaches to Wellbeing in Schools. What Role Does Recognition Play? Final Report: Executive Summary. Lismore, NSW: Centre for Children and Young People, Southern Cross University, https://researchportal.scu.edu.au/discovery/delivery/61SCU_INST:ResearchRepository/1267247050002368#1367373200002368 (Zugriff am 01.06.23), 1–29.

GRONOVER, Matthias/ WAGENSOMMER, Georg (2018): Didaktisch-methodische Herausforderungen in der Praxis. In: Biewald, Roland u.a. (Hrsg.): Religionsunterricht an berufsbildenden Schulen. Ein Handbuch, Göttingen: Vandenhoeck & Ruprecht, 266–306.

GRONOVER, Matthias (2020): Art. Ausbildung. In: Das Wissenschaftlich-Religionspädagogische Lexikon im Internet (WiReLex), https://www.bibelwissenschaft.de/fileadmin/buh_bibelmodul/media/wirelex/pdf/Ausbildung__2020-01-31_19_23.pdf (Zugriff am 01.06.23), 1–13.

GRONOVER, Matthias (2020): Berufsorientierte Religionspädagogik – Konturierung eines Forschungsfeldes. Über konstitutive Unschärfen, Unbestimmtheiten und Vagheiten. In: ThQ 200, 375–387.

GRONOVER, Matthias (2021): Berufliche Schulen. In: Kropač, Ulrich/ Riegel, Ulrich (Hrsg.): Handbuch Religionsdidaktik, Stuttgart: Kohlhammer, 459–464.

GROßHANS, Hans-Peter (2008): Alles (nur) Gefühl? Zur Religionstheorie Friedrich Schleiermachers. In: Arndt, Andreas/ Barth, Ulrich/ Gräb, Wilhelm (Hrsg.): Christentum – Staat – Kultur. Akten des Kongresses der Internationalen Schleiermacher-Gesellschaft in Berlin, März 2006, Berlin/ New York: de Gruyter, 547–565.

GÜNTHER, Henning (2008): Art. Affekt III. Philosophische Aspekte. In: Müller, Gerhard u.a. (Hrsg.): Theologische Realenzyklopädie (TRE) [1977], Berlin: de Gruyter, 612–621.

GURLESIN, Omer u.a. (2020): Playful Religion. An Innovative Approach to Prevent Radicalisation of Muslim Youth in Europe. In: Religions 11 (2), 1–16.

HAAS, Daniela (2013): Das Phänomen Scham. Impulse für einen lebensförderlichen Umgang mit Scham im Kontext von Schule und Unterricht, Stuttgart: Kohlhammer.

HARTMANN, Martin (2005): Gefühle. Wie die Wissenschaften sie erklären, Frankfurt a. Main/ New York: Campus.

HASCHER, Tina (2004): Wohlbefinden in der Schule, Münster u.a.: Waxmann.

HASLINGER, Herbert (Hrsg.) (1999/2000): Handbuch Praktische Theologie, Bände I/II, Mainz: Grünewald.

HEIDEGGER, Martin (1983): Die Grundbegriffe der Metaphysik. Welt – Endlichkeit – Einsamkeit, Bd. 29/30 der Gesamtausgabe, Frankfurt a. Main: Klostermann.

HEIL, Stefan (2016): Art. Habitus. In: Das Wissenschaftlich-Religionspädagogische Lexikon im Internet (WiReLex), https://www.bibelwissenschaft.de/fileadmin/buh_bibelmodul/media/wirelex/pdf/Habitus__2018-09-20_06_20.pdf (Zugriff am 01.06.23), 1–18.

HELSPER, Werner (1995): Zur ‚Normalität' jugendlicher Gewalt. Sozialisationstheoretische Reflexionen zum Verhältnis von Anerkennung und Gewalt. In: Ders./ Wenzel, Hartmut (Hrsg.): Pädagogik und Gewalt. Möglichkeiten und Grenzen pädagogischen Handelns, Opladen: Leske + Budrich, 113–154.

HELSPER, Werner/ SANDRING, Sabine/ WIEZOREK, Christine (2005): Anerkennung in pädagogischen Beziehungen. Ein Problemaufriss. In: Heitmeyer, Wilhelm/ Imbusch, Peter (Hrsg.): Integrationspotenziale einer modernen Gesellschaft, Wiesbaden: VS Verlag für Sozialwissenschaften, 179–206.

Literaturverzeichnis 253

HELSPER, Werner/ BÖHME, Jeanette (Hrsg.) (²2008): Handbuch der Schulforschung, Wiesbaden: VS Verlag für Sozialwissenschaften [2004].

HELSPER, Werner/ KEUFFER, Josef (⁹2010): Unterricht. In: Krüger, Heinz-Hermann/ Helsper, Werner (Hrsg.): Einführung in die Grundbegriffe und Grundfragen der Erziehungswissenschaft, Opladen/ Farmington Hills, MI: Budrich [1995], 91–103.

HELSPER, Werner/ LINGKOST, Angelika (2013): Schülerpartizipation in den Antinomien von Autonomie und Zwang sowie Organisation und Interaktion – exemplarische Rekonstruktionen im Horizont einer Theorie schulischer Anerkennung. In: Hafeneger, Benno/ Henkenborg, Peter/ Scherr, Albert (Hrsg.): Pädagogik der Anerkennung. Grundlagen, Konzepte, Praxisfelder, Schwalbach/Ts.: Debus Pädagogik, 132–156.

HERMISSON, Sabine/ ROTHGANGEL, Martin (2018): Grounded Theory. In: Pirner, Manfred L./ Rothgangel, Martin (Hrsg.): Empirisch forschen in der Religionspädagogik. Ein Studienbuch für Studierende und Lehrkräfte, Stuttgart: Kohlhammer, 111–126.

HILGER, Georg (1993): Für eine religionspädagogische Entdeckung der Langsamkeit. In: Ders./ Reilly, George (Hrsg.): Religionsunterricht im Abseits? Das Spannungsfeld Jugend – Schule – Religion, München: Kösel, 261–279.

HILGER, Georg (⁶2010): Welche Wirkung hat der Religionsunterricht? Evaluation und Leistungsbewertung. In: Ders./ Leimgruber, Stephan/ Ziebertz, Hans-Georg (Hrsg.): Religionsdidaktik. Ein Leitfaden für Studium, Ausbildung und Beruf, München: Kösel [2001], 282–290.

HILGERS, Micha (⁴2013): Scham. Gesichter eines Affekts, Göttingen: Vandenhoeck & Ruprecht [1996].

HILLERDAL, Gunnar (2008): Art. Affekt I. Einführung. In: Müller, Gerhard u.a. (Hrsg.): Theologische Realenzyklopädie (TRE) [1977], Berlin: de Gruyter, 596–599.

HIRSCHAUER, Stefan/ AMANN, Klaus (1997): Die Befremdung der eigenen Kultur. Ein Programm. In: Diess. (Hrsg.): Die Befremdung der eigenen Kultur. Zur ethnographischen Herausforderung soziologischer Empirie, Frankfurt a. Main, 7–52.

HIRSCHAUER, Stefan (2016): Verhalten, Handeln, Interagieren. Zu den mikrosoziologischen Grundlagen der Praxistheorie. In: Schäfer, Hilmar (Hrsg.): Praxistheorie. Ein soziologisches Forschungsprogramm, Bielefeld: transcript, 45–67.

HITZLER, Ronald (³2011): Ethnografie. In: Bohnsack, Ralf/ Marotzki, Winfried/ Meuser, Michael (Hrsg.): Hauptbegriffe Qualitativer Sozialforschung, Opladen/ Farmington Hills, MI: Budrich [2003], 48–51.

HOCHSCHILD, Arlie R. (1983): The Managed Heart. Commercialization of Human Feeling, Berkeley, CA: University of California Press.

HOCHSCHILD, Arlie R. (1990): Das gekaufte Herz. Zur Kommerzialisierung der Gefühle, Frankfurt a. Main/ New York: Campus.

HOLLEY, Lynn C./ STEINER, Sue (2005): Safe Space. Student Perspectives on Classroom Environment. In: Journal of Social Work Education 41 (1), 49–64.

HOLODYNSKI, Manfred/ UPMANN, Katrin (2004): EMOS – Emotion Coding System, unveröff. Manual, Münster: Universität, Institut für Psychologie in Bildung und Erziehung, 1–16.

HOLODYNSKI, Manfred/ KRONAST, Stefanie (2009): Shame and Pride. Invisible Emotions in Classroom Research. In: Röttger-Rössler, Birgitt/ Markowitsch, Hans J. (Hrsg.): Emotions as Bio-cultural Processes, New York: Springer, 371–394.

HONER, Anne (1989): Einige Probleme lebensweltlicher Ethnographie. Zur Methodologie und Methodik einer interpretativen Sozialforschung. In: ZfS 18 (4), 297–312.

HONNETH, Axel (1992): Kampf um Anerkennung. Zur moralischen Grammatik sozialer Konflikte, Frankfurt a. Main: Suhrkamp.

HONNETH, Axel (2003): Umverteilung als Anerkennung. Eine Erwiderung auf Nancy Fraser. In: Fraser, Nancy/ Ders. (Hrsg.): Umverteilung oder Anerkennung? Eine politisch-philosophische Kontroverse, Frankfurt a. Main: Suhrkamp, 129–224.

HUBER, Matthias/ KRAUSE, Sabine (2018): Bildung und Emotion. In: Diess. (Hrsg.): Bildung und Emotion, Wiesbaden: Springer VS, 1–13.

HURRELMANN, Klaus/ QUENZEL, Gudrun (^{11}2012): Lebensphase Jugend. Eine Einführung in die sozialwissenschaftliche Jugendforschung, Weinheim/ Basel: Beltz Juventa [1985].

JACKSON, Robert (2014): Council of Europe Policy and ‚Safe Space' for Dialogue in Religious Education. In: Religionspädagogische Beiträge 71, 111–119.

JÄGGLE, Martin (2008): Anerkennung vor jeder Leistung. Interview mit Martin Jäggle. In: Das Wort. Evangelische Beiträge zu Bildung und Unterricht (3), 4–5.

JAMES, William (1884): What is an Emotion? In: Mind 9 (34), 188–205.

JERUSALEM, Matthias (2006): Motivationale und volitionale Voraussetzungen des Unterrichts. In: Arnold, Karl-Heinz/ Sandfuchs, Uwe/ Wiechmann, Jürgen (Hrsg.): Handbuch Unterricht, Bad Heilbrunn: Klinkhardt, 575–579.

KABISCH, Richard (1988): Wie lehren wir Religion? Versuch einer Methodik des evangelischen Religionsunterrichts für alle Schulen auf psychologischer Grundlage. Kommentar und pragmatische Bibliographie v. Gerd Bockwoldt [1913], Hildesheim/ Zürich/ New York: Olms.

KALTHOFF, Herbert (1996): Das Zensurenpanoptikum. Eine ethnographische Studie zur schulischen Bewertungspraxis. In: ZfS 25 (2), 106–124.

KANT, Immanuel (^{6}1922): Anthropologie in pragmatischer Hinsicht (1798), hrsg. v. Karl Vorländer, Leipzig: Meiner [1912].

KAPPELHOFF, Hermann u.a. (Hrsg.) (2019) Emotionen. Ein interdisziplinäres Handbuch, Berlin: Metzler.

KENNY, Anthony (1963): Action, Emotion and Will, London: Routledge.

KLEIN, Stephanie (2000): Gottesbilder von Mädchen als Zugang zu ihrer religiösen Vorstellungswelt. Methodische Überlegungen zum Erheben und Verstehen von Kinderbildern. In: Fischer, Dietlind/ Schöll, Albrecht (Hrsg.): Religiöse Vorstellungen bilden. Erkundungen zur Religion von Kindern über Bilder, Münster: Comenius-Institut, 97–128.

KLEIN, Stephanie (2005): Erkenntnis und Methode in der Praktischen Theologie, Stuttgart: Kohlhammer.

KLIKA, Dorle/ SCHUBERT, Volker (Hrsg.) (2004): Bildung und Gefühl, Baltmannsweiler: Schneider Verlag Hohengehren.

KLINGER, Elmar (1990): Armut. Eine Herausforderung Gottes. Der Glaube des Konzils und die Befreiung des Menschen, Zürich: Benziger.

KNOBLAUCH, Christoph/ MÖẞLE, Laura (2018): Religionssensibles Lernen in der Ausbildung: „Religionen sind in jedem Winkel drin." In: Helmchen-Menke, Heike (Hrsg. für das Institut für Religionspädagogik der Erzdiözese Freiburg): Religionssensibles Lernen in der Kita, Freiburg i. Breisgau: Institut für Religionspädagogik der Erzdiözese Freiburg, 12–15.

KOHLER-SPIEGEL, Helga (2015): Emotionales Lernen im Religionsunterricht. In: MThZ 66 (3), 292–302.

KOHLER-SPIEGEL, Helga (2017): Emotionales Lernen im Religionsunterricht. In: Reli+plus. Religionspädagogische Zeitschrift für Praxis & Forschung (01-02), 4–7.

KOHLER-SPIEGEL, Helga (2022): „In Religion fühl' ich mich wohl." Emotionales Lernen in der Grundschule. In: Theo-Web. Zeitschrift für Religionspädagogik 21 (Sonderausgabe), https://www.theo-web.de/fileadmin/user_upload/theo-web/pdfs/21-jahrgang-2022-heft-2/in-religion-fuehl-ich-mich-wohl-emotionales-lernen-in-der-grundschule.pdf (Zugriff am 01.06.23), 115–131.

KRAIN, Rebekka/ MÖßLE, Laura (2019): Tabuthema Scham? Perspektiven für den Religionsunterricht. In: ZPTh 39 (1), 197–207.
KRAIN, Rebekka/ MÖßLE, Laura (2020): Christliches Influencing auf YouTube als ‚doing emotion'. In: ÖRF 28 (1), 161–178.
KRAMER, Rolf-Torsten (2002): Schulkultur und Schülerbiographien. Das „schulbiographische Passungsverhältnis". Rekonstruktionen zur Schulkultur II, Opladen: Leske + Budrich.
Krannich, Maike/ Götz, Thomas (2021): Langeweile und Kreativität im Lern- und Leistungskontext. In: Rubach, Charlott/ Lazarides, Rebecca (Hrsg.): Emotionen in Schule und Unterricht. Bedingungen und Auswirkungen von Emotionen bei Lehrkräften und Lernenden, Opladen/ Berlin/ Toronto: Budrich, 45–64.
KRAPP, Andreas (^{2}2001): Interesse. In: Rost, Detlef H. (Hrsg.): Handwörterbuch Pädagogische Psychologie, Weinheim: Beltz PVU (Psychologie-Verlags-Union), 286–294 [1998].
KROBATH, Thomas (2013): Rechtfertigung als Anerkennung. Von der Aktualisierung der Rechtfertigungslehre im Kampf um Anerkennung in der Leistungsgesellschaft zu einer Erneuerung ihres Anliegens in Aufnahme des Anerkennungsdiskurses. In: Ders./ Lehner-Hartmann, Andrea/ Polak, Regina (Hrsg.): Anerkennung in religiösen Bildungsprozessen. Interdisziplinäre Perspektiven. Diskursschrift für Martin Jäggle, Göttingen: Vandenhoeck & Ruprecht unipress Vienna University Press, 289–313.
KROPAČ, Ulrich/ RIEGEL, Ulrich (Hrsg.) (2021): Handbuch Religionsdidaktik, Stuttgart: Kohlhammer.
KÜHN, Jonathan (2018): Klanggewalt und Wir-Gefühl. Eine ethnographische Analyse christlicher Großchorprojekte, Stuttgart: Kohlhammer.
KÜLS, Holger (2010): Handlungs- und lernfeldorientierter Unterricht. In: Jaszus, Rainer/ Ders. (Hrsg.): Didaktik der Sozialpädagogik. Grundlagen für die Lehr-/Lernprozessgestaltung im Unterricht, Stuttgart: Holland + Josenhans, 113–147.
KUNTER, Mareike/ TRAUTWEIN, Ulrich (2013): Psychologie des Unterrichts, Paderborn u.a.: Schöningh.
LANDWEER, Hilge (2004): Phänomenologie und Grenzen des Kognitivismus. In: Deutsche Zeitschrift für Philosophie 25 (2), 467–486.
LANDWEER, Hilge (2019): Philosophische Perspektiven auf Scham und Schuldgefühle. In: Kappelhoff, Hermann u.a. (Hrsg.): Emotionen. Ein interdisziplinäres Handbuch, Berlin: Metzler, 235–239.
LANGE, Carl G. (1922): The Emotions. A Psychological Study. In: Ders./ James, William (Hrsg.): The Emotions. Volume I, Baltimore, MD: Williams & Wilkins, 33–90.
LEDOUX, Joseph E. (1995): In Search of an Emotional System in the Brain. Leaping from Fear to Emotion and Consciousness. In: Gazzaniga, Michael S. (Hrsg.): The Cognitive Neurosciences. Cambridge, MA/ London: MIT Press, 1049–1061.
LIBET, Benjamin (2005): Mind Time. Wie das Gehirn Bewusstsein produziert, Frankfurt a. Main: Suhrkamp.
LLERENA-QUINN, Roxana (2013): A Safe Space to Speak Above the Silences. In: Culture, Medicine, and Psychiatry 37 (2), 340–346.
LÖW, Martina (^{8}2015): Raumsoziologie, Frankfurt a. Main: Suhrkamp [2001].
LOHRMANN, Katrin (2008): Langeweile im Unterricht, Münster u.a.: Waxmann.
LOHRMANN, Katrin/ HAAG, Ludwig/ GÖTZ, Thomas (2011): Dösen bis zum Pausengong. Langeweile im Unterricht: Ursachen und Regulationsstrategien von Schülerinnen und Schülern. In: Schulverwaltung Bayern. Zeitschrift für Schulleitung und Schulaufsicht 34 (4), 113–116.
LOOS, Peter/ SCHÄFFER, Burkhard (2001): Das Gruppendiskussionsverfahren. Theoretische Grundlagen und empirische Anwendung, Opladen: Leske + Budrich.

LÜDERS, Christian (^{12}2017): Beobachten im Feld und Ethnographie. In: Flick, Uwe/ Kardorff, Ernst von/ Steinke, Ines (Hrsg.): Qualitative Forschung. Ein Handbuch, Reinbek bei Hamburg: Rowohlt [2000], 384-401.
LUHMANN, Niklas (^{2}1975): Legitimation durch Verfahren, Darmstadt/ Neuwied: Luchterhand [1969].
LÜNENBORG, Margreth (2020): Soziale Medien, Emotionen und Affekte, Working Paper SFB 1171 Affective Societies 01/20, https://refubium.fu-berlin.de/bitstream/handle/fub188/27948/SFB1171_WP_14_Luenenborg_2020.pdf?sequence=5&isAllowed=y (Zugriff am 01.06.23), 1-21.
LUSSI, Isabella/ HUBER, Stephan Gerhard (2015): Das Erleben von Anerkennung in der Schule und seine Relevanz für die Werteentwicklung von jungen Erwachsenen. In: FQS 16 (3), 1-32.
LYONS, William (1993): Emotion, Aldershot, Hampshire: Gregg Revivals [1980].
MAAZ, Kai/ BAERISWYL, Franz/ Trautwein, Ulrich (2013): Studie „Herkunft zensiert?" Leistungsdiagnostik und soziale Ungleichheiten in der Schule. In: Deißner, David (Hrsg.): Chancen bilden. Wege zu einer gerechteren Bildung – ein internationaler Erfahrungsaustausch. Mit einer Studie zur Rolle der sozialen Herkunft bei Notengebung und Schulempfehlungen, Wiesbaden: Springer VS, 184-341.
MARGALIT, Avishai (2012): Politik der Würde. Über Achtung und Verachtung, Berlin: Suhrkamp.
MARKS, Stephan (^{6}2016): Scham. Die tabuisierte Emotion [2007], Düsseldorf: Patmos.
MARTIN, Tanja (2019): Die Sozialität des Gottesdienstes. Zur sozialen Kraft besonderer Gottesdienste, Stuttgart: Kohlhammer.
MEIER, Michael (2011): Die Praktiken des Schulerfolgs. In: Zaborowski, Katrin U./ Ders./ Breidenstein, Georg (Hrsg.): Leistungsbewertung und Unterricht. Ethnographische Studien zur Bewertungspraxis in Gymnasium und Sekundarschule, Wiesbaden: Springer, 39-161.
MENDL, Hans (2008): Religion erleben. Ein Arbeitsbuch für den Religionsunterricht. 20 Praxisfelder, München: Kösel.
MENDL, Hans (2021): Performativer Religionsunterricht. In: Kropač, Ulrich/ Riegel, Ulrich (Hrsg.): Handbuch Religionsdidaktik, Stuttgart: Kohlhammer, 239-245.
MERLEAU-PONTY, Maurice (1966): Phänomenologie der Wahrnehmung, Berlin: de Gruyter.
METTE, Norbert/ RICKERS, Folkert (Hrsg.) (2001): Lexikon der Religionspädagogik, Bände I/II, Neukirchen-Vluyn: Neukirchener.
METTE, Norbert (2005): Einführung in die katholische Praktische Theologie, Darmstadt: WBG.
METZ, Johann Baptist (^{5}1992): Glaube in Geschichte und Gesellschaft. Studien zu einer praktischen Fundamentaltheologie, Mainz: Grünewald [1977].
MEY, Günter/ MRUCK, Katja (2009): Methodologie und Methodik der Grounded Theory. In: Kempf, Wilhelm/ Kiefer, Markus (Hrsg.): Forschungsmethoden der Psychologie. Zwischen naturwissenschaftlichem Experiment und sozialwissenschaftlicher Hermeneutik, Bd. 3: Natur und Kultur, Berlin: Regener, 100-152.
MEY, Günter/ MRUCK, Katja (^{2}2011): Grounded-Theory-Methodologie. Entwicklung, Stand, Perspektiven. In: Dies (Hrsg.): Grounded Theory Reader, Wiesbaden: VS Verlag für Sozialwissenschaften [2007], 11-48.
MIKL-HORKE, Gertraude (^{6}2007): Industrie- und Arbeitssoziologie, München/ Wien: Oldenbourg [1991].
MINISTERIUM FÜR KULTUS, JUGEND UND SPORT BADEN-WÜRTTEMBERG (Hrsg.) (^{2}2015): Orientierungsplan für Bildung und Erziehung in baden-württembergischen Kindergärten und weiteren Kindertageseinrichtungen. Fassung vom 15. März 2011, Freiburg i. Breisgau/ Basel/ Wien: Herder [2014].

MÖßLE, Laura (2023): Art. Langeweile. In: Das Wissenschaftlich-Religionspädagogische Lexikon im Internet (WiReLex), https://www.bibelwissenschaft.de/fileadmin/buh_bibelmodul/media/wirelex/pdf/Langeweile__2023-03-21_09_50.pdf (Zugriff am 01.06.23), 1–14.

MORAWETZ, Carmen/ Heekeren, Hauke (2019): Emotion und Gehirn. An der Schnittstelle zwischen affektiver und kognitiver Neurowissenschaft. In: Kappelhoff, Hermann u.a. (Hrsg.): Emotionen. Ein interdisziplinäres Handbuch, Berlin: Metzler, 88–94.

MUCKEL, Petra (²2011): Die Entwicklung von Kategorien mit der Methode der Grounded Theory. In: Mey, Günter/ Mruck, Katja (Hrsg.): Grounded Theory Reader, Wiesbaden: VS Verlag für Sozialwissenschaften [2007], 333–352.

NAKHAEI, Jalal/ BITARAFAN, Mahdi/ LALE AREFI, Shahin (2015): Choosing the Best Urban Tunnels as Safe Space in Crisis Using AHP Method. A Case Study in Iran. In: Journal of Architecture and Urbanism 39 (2), 149–160.

NAURATH, Elisabeth (2007): Die emotionale Dimension ethischer Bildung in der Sekundarstufe I. In: KatBl 132 (1), 26–31.

NAURATH, Elisabeth (²2008): Mit Gefühl gegen Gewalt. Mitgefühl als Schlüssel ethischer Bildung in der Religionspädagogik, Neukirchen-Vluyn: Neukirchener [2007].

NAURATH, Elisabeth (2015): Perspektiven einer Praktischen Theologie der Gefühle. In: Barth, Roderich/ Zarnow, Christopher (Hrsg.): Theologie der Gefühle, Berlin/ Boston, MA: de Gruyter 2015, 207–223.

NAURATH, Elisabeth (2017): Art. Emotionale Bildung. In: Das Wissenschaftlich-Religionspädagogische Lexikon im Internet (WiReLex), https://www.bibelwissenschaft.de/fileadmin/buh_bibelmodul/media/wirelex/pdf/Emotionale_Bildung__2018-09-20_06_20.pdf (Zugriff am 01.06.23), 1–12.

NAURATH, Elisabeth (2022): „Ich weiß zwar viel, aber die Vorbehalte bleiben." – Emotionen im interreligiösen Lernen. In: Theo-Web. Zeitschrift für Religionspädagogik 21 (Sonderausgabe), https://www.theo-web.de/fileadmin/user_upload/theo-web/pdfs/21-jahrgang-2022-heft-2/ich-weiss-zwar-viel-aber-die-vorbehalte-bleiben-emotionen-im-interreligioesen-lernen.pdf (Zugriff am 01.06.23), 151–163.

NECKEL, Sighard (2013): Arlie Russell Hochschild. Das gekaufte Herz. Zur Kommerzialisierung der Gefühle. In: Senge, Konstanze/ Schützeichel, Rainer (Hrsg.): Hauptwerke der Emotionssoziologie, Wiesbaden: Springer, 168–175.

NETT, Ulrike E./ GOETZ, Thomas/ HALL, Nathan C. (2011): Coping with Boredom in School. An Experience Sampling Perspective. In: Contemporary Educational Psychology 36 (1), 49–59.

NEWMARK, Catherine (2013): Charles Darwin. The Expression of the Emotions in Man and Animals. In: Senge, Konstanze/ Schützeichel, Rainer (Hrsg.): Hauptwerke der Emotionssoziologie, Wiesbaden: Springer, 85–88.

NIEBERGALL, Friedrich (1913): Jesus im Unterricht auf gefühls-psychologischer Grundlage. Nach Ferienkurs-Vorträgen behandelt von Prof. D. Friedrich Niebergall, Leipzig: Klinkhardt.

NIPKOW, Karl Ernst (⁴1990): Grundfragen der Religionspädagogik, Bd.1, Gesellschaftliche Herausforderungen und theoretische Ausgangspunkte, Gütersloh: Gütersloher Verlagshaus [1975].

NITTEL, Dieter (²2017): Gymnasiale Schullaufbahn und Identitätsentwicklung, Opladen/ Berlin/ Toronto: Budrich [1992].

NOWACK, Rebecca (2018): Die Bedeutung von Religion für junge Menschen. In: Schweitzer, Friedrich u.a. (Hrsg.): Jugend – Glaube – Religion. Eine Repräsentativstudie zu Jugendlichen im Religionsunterricht, Münster/ New York: Waxmann, 187–246.

NUSSBAUM, Martha C. (2001): Upheavals of Thought. The Intelligence of Emotions, Cambridge: Cambridge University Press.

OBERMANN, Andreas (2018): Religion trifft Beruf. Zur Didaktik des Berufsschulreligionsunterrichts, Münster/ New York: Waxmann.
OPPERMANN, Carolin (2012): Using Subjective Feelings to Gain Insights During Transnational Ethnographic Research. In: TSR 2 (2), 199–219.
PAHL, Jörg-Peter (2009): Berufsfachschule. Ausformungen und Entwicklungsmöglichkeiten, Bielefeld: Bertelsmann.
PANKSEPP, Jaak (1998): Affective Neuroscience. The Foundations of Human and Animal Emotions, Oxford: Oxford University Press.
PIRKER, Viera/ JUEN, Maria (2018): Religion – (k)ein Fach wie jedes andere. Spannungsfelder und Perspektiven in der kompetenzorientierten Leistungsbeurteilung, Stuttgart: Kohlhammer.
PIRNER, Manfred L. (2022): Emotionen im Religionsunterricht. In: Gläser-Zirkuda, Michael/ Hofmann, Florian/ Frederking, Volker (Hrsg.): Emotionen im Unterricht. Psychologische, pädagogische und fachdidaktische Perspektiven, Stuttgart, 190–199, Stuttgart: Kohlhammer.
POLAK, Regina/ JÄGGLE, Martin (2012): Gegenwart als locus theologicus. Für eine migrationssensible Theologie im Anschluss an *Gaudium et spes*. In: Tück, Jan-Heiner (Hrsg.): Erinnerung an die Zukunft. Das Zweite Vatikanische Konzil, Freiburg i. Breisgau/ Basel/ Wien: Herder, 570–598.
POLAK, Regina (2015): An den Grenzen des Faches. In: PThI 35 (2), 83–88.
PORZELT, Burkard (2000): Qualitativ-empirische Methoden in der Religionspädagogik. In: Ders./ Güth, Ralph (Hrsg.): Empirische Religionspädagogik. Grundlagen – Zugänge – Aktuelle Projekte, Münster/ Hamburg/ London: LIT, 63–81.
PORZELT, Burkard/ SCHIMMEL, Alexander (Hrsg.) (2015): Strukturbegriffe der Religionspädagogik, Bad Heilbrunn: Klinkhardt.
PRANGE, Klaus/ STROBEL-EISELE, Gabriele (2006): Die Formen des pädagogischen Handelns. Eine Einführung, Stuttgart: Kohlhammer.
PREISER, Siegfried (Hrsg.) (^{3}2021): Pädagogische Psychologie. Psychologische Grundlagen von Erziehung und Unterricht, Weinheim/ Basel: Beltz Juventa [2003].
PRZYBORSKI, Aglaja/ WOHLRAB-SAHR, Monika (^{4}2014): Qualitative Sozialforschung. Ein Arbeitsbuch, München: Oldenbourg [2008].
RECKWITZ, Andreas (2003): Grundelemente einer Theorie sozialer Praktiken. Eine sozialtheoretische Perspektive. In: ZfS 32 (4), 282–301.
RECKWITZ, Andreas (2016): Kreativität und soziale Praxis. Studien zur Sozial- und Gesellschaftstheorie, Bielefeld: transcript.
REDDY, William M. (1997): Against Constructionism. The Historical Ethnography of Emotions. In: Current Anthropology 38 (3), 327–351.
REISENAUER, Cathrin/ ULSEß-SCHURDA, Nadine (2018): Anerkennung in der Schule. Über Anlässe, Abläufe und Wirkweisen von Adressierungen, Bern: hep.
REITER, Janina (2021): Macht von Gefühlen – Macht über Gefühle. Philosophische Gefühlstheorien in religionspädagogischer Perspektive, Stuttgart: Kohlhammer.
RHEINBERG, Falko (^{2}2001): Motivationstraining und Motivierung. In: Rost, Detlef H. (Hrsg.): Handwörterbuch Pädagogische Psychologie, Weinheim: Beltz PVU (Psychologie-Verlags-Union) [1998], 478–483.
RÖTTGER-RÖSSLER, Birgitt (2019): Kulturelle Facetten der Scham. In: Kappelhoff, Hermann u.a. (Hrsg.): Emotionen. Ein interdisziplinäres Handbuch, Berlin: Metzler, 230–234.
ROOSE, Hanna (2022): Bewerten. In: Brieden, Norbert u.a. (Hrsg.): Religionsunterricht beobachten. Praktiken – Artefakte – Akteure, Ostfildern: Grünewald, 156–163.
ROTH, Gerhard (2003): Fühlen, Denken, Handeln. Wie das Gehirn unser Verhalten steuert, Frankfurt a. Main: Suhrkamp.

Literaturverzeichnis 259

ROTHGANGEL, Martin (2018): Beobachtung. In: Pirner, Manfred L./ Ders. (Hrsg.): Empirisch forschen in der Religionspädagogik. Ein Studienbuch für Studierende und Lehrkräfte, Stuttgart: Kohlhammer, 57–70.

ROUX, Cornelia (2012): A Social Justice and Human Rights Education Project. A Search for Caring and Safe Spaces. In: Dies. (Hrsg.): Safe Spaces. Human Rights Education in Diverse Contexts, Rotterdam/ Boston, MA/ Taipei: Sense Publishers, 29–50.

SALISCH, Maria von (2002): Einleitende Worte. In: Dies. (Hrsg.): Emotionale Kompetenz entwickeln. Grundlagen in Kindheit und Jugend, Stuttgart: Kohlhammer, IX-XI.

SANDRING, Sabine (2013): Schulversagen und Anerkennung. Scheiternde Schulkarrieren im Spiegel der Anerkennungsbedürfnisse Jugendlicher, Wiesbaden: Springer VS.

SANN, Uli (^{3}2021): Motivation und Emotion. In: Preiser, Siegfried (Hrsg.): Pädagogische Psychologie. Psychologische Grundlagen von Erziehung und Unterricht, Weinheim/ Basel: Beltz Juventa [2003], 102–125.

SARTRE, Jean-Paul (1994): Das Sein und das Nichts. Versuch einer phänomenologischen Ontologie, übers. v. Hans Schöneberg und Traugott König (1943), Reinbek bei Hamburg: Rowohlt.

SCHAMBECK, Mirjam (2021): Korrelation als religionsdidaktische Fundamentalkategorie. In: Kropač, Ulrich/ Riegel, Ulrich (Hrsg.): Handbuch Religionsdidaktik, Stuttgart: Kohlhammer, 221–231.

SCHATZKI, Theodore R. (1996): Social Practices. A Wittgensteinian Approach to Human Activity and the Social, Cambridge: Cambridge University Press.

SCHEER, Monique (2012): Are Emotions a Kind of Practice (and Is That What Makes Them Have a History)? A Bourdieuian Approach to Understanding Emotion. In: History and Theory 51 (2), 193–220.

SCHEER, Monique (2016): Emotionspraktiken. Wie man über das Tun an die Gefühle herankommt. In: Beitl, Matthias/ Schneider, Ingo (Hrsg.): Emotional Turn?! Europäisch ethnologische Zugänge zu Gefühlen & Gefühlswelten, Wien: Verein für Volkskunde, 15–36.

SCHEER, Monique (2017): Die tätige Seite des Gefühls. Eine Erkundung der impliziten Emotionstheorie im Werk Bourdieus. In: Rieger-Ladich, Markus/ Grabau, Christian (Hrsg.): Pierre Bourdieu. Pädagogische Lektüren, Wiesbaden: Springer VS, 255–267.

SCHEER, Monique/ WERNER, Gunda (2018): Material Religion. Eine ethnologische und systematisch-theologische Analyse der Materialität von Religion am Beispiel charismatischer und pentekostaler Spiritualität. In: ThQ 198, 95–105.

SCHEFF, Thomas J. (1988): Shame and Conformity. The Deference-Emotion System. In: American Sociological Review 53 (3), 395–406.

SCHEFF, Thomas J. (1990): Socialization of Emotions. Pride and Shame as Causal Agents. In: Kemper, Theodore D. (Hrsg.): Research Agendas in the Sociology of Emotions, Albany, NY: State University of New York Press, 281–304.

SCHEFF, Thomas J. (2014): A Retrospective Look at Emotions. In: Stets, Jan E./ Turner, Jonathan H. (Hrsg.): Handbook of the Sociology of Emotions, Vol. II, Dordrecht u.a.: Springer, 245–266.

SCHELER, Max (2008): Wesen und Formen der Sympathie, Bonn: Bouvier.

SCHELER, Max (2011): Zur Phänomenologie und Theorie der Sympathiegefühle und von Liebe und Hass. Mit einem Anhang über den Grund zur Annahme der Existenz des fremden Ich, Saarbrücken: Fromm Verlag.

SCHIEFELE, Hans (1986): Interesse. Neue Antworten auf ein altes Problem. In: ZfPäd 32 (2), 153–162.

SCHIEFELE, Ulrich (2008): Lernmotivation und Interesse. In: Schneider, Wolfgang/ Hasselhorn, Marcus (Hrsg.): Handbuch der Pädagogischen Psychologie, Göttingen u.a.: Hogrefe, 38–49.

SCHLEIERMACHER, Friedrich (1969): Über die Religion. Reden an die Gebildeten unter ihren Verächtern [1799], Stuttgart: Reclam.
SCHLEIERMACHER, Friedrich (1983): Pädagogische Schriften I. Die Vorlesungen aus dem Jahre 1826, Frankfurt a. Main/Berlin/ Wien: Ullstein.
SCHLENKE, Dorothee (2023): Art. Zeit. In: Das Wissenschaftlich-Religionspädagogische Lexikon im Internet (WiReLex), https://www.bibelwissenschaft.de/fileadmin/buh_bibelmodul/media/wirelex/pdf/Zeit__2023-05-15_08_35.pdf (Zugriff am 01.06.23), 1–11.
SCHMID, Hans (2004): Leistungsmessung im Religionsunterricht. Für ein religionspädagogisch begründetes und verantwortetes Verhältnis zur Leistungsmessung. In: KatBl 129 (3), 212–219.
SCHMID-THOMAE, Anja (2012): Berufsfindung und Geschlecht. Mädchen in technisch-handwerklichen Projekten, Wiesbaden: Springer VS.
SCHMIDT, Stephanie (2023): Affekt und Polizei. Eine Ethnografie der Wut in der exekutiven Gewaltarbeit, Bielefeld: transcript.
SCHNABEL, Annette (2013): Antonio Damasio. Descartes' Irrtum. In: Senge, Konstanze/ Schützeichel, Rainer (Hrsg.): Hauptwerke der Emotionssoziologie, Wiesbaden: Springer, 80–84.
SCHOLTZ, Christopher P. (2007): Teilnehmende Beobachtung. In: Dinter, Astrid/ Heimbrock, Hans-Günter/ Söderblom, Kerstin (Hrsg.): Einführung in die Empirische Theologie. Gelebte Religion erforschen, Göttingen: Vandenhoeck & Ruprecht, 214–225.
SCHOMÄCKER, Sabine (2011): Schule braucht Langeweile? Über den Nutzen jugendlicher Langeweile für die Schule, Münster u.a.: Waxmann.
SCHREINER, Martin (2001): Art. Emotionales Lernen. In: Mette, Norbert/ Rickers, Folkert (Hrsg.): Lexikon der Religionspädagogik, Neukirchen-Vluyn: Neukirchener, Sp. 401–402.
SCHRÖDER, Bernd (2018): Die Schülerinnen und Schüler im BRU. In: Biewald, Roland u.a. (Hrsg.): Religionsunterricht an berufsbildenden Schulen. Ein Handbuch, Göttingen: Vandenhoeck & Ruprecht, 134–163.
SCHÜßLER, Michael (2013): Mit Gott neu beginnen. Die Zeitdimension von Theologie und Kirche in ereignisbasierter Gesellschaft, Stuttgart: Kohlhammer.
SCHÜßLER, Michael (2015): Du musst dein Fühlen ändern. Eine Recherche zu den Affektstrukturen christlicher Dispositive. In: Bechmann, Ulrike u.a. (Hrsg.): Abfall. Theologisch-kritische Reflexionen über Müll, Entsorgung und Verschwendung, Wien: LIT, 109–134.
SCHWARZ, Susanne (2023): Art. Motivation. In: Das Wissenschaftlich-Religionspädagogische Lexikon im Internet (WiReLex), https://www.bibelwissenschaft.de/fileadmin/buh_bibelmodul/media/wirelex/pdf/Motivation__2023-04-03_08_01.pdf (Zugriff am 01.06.23), 1–15.
SCHWEITZER, Friedrich (2013): Gefühl in der Religion von Kindern und Jugendlichen. Perspektiven einer religionspädagogischen Modellbildung. In: Charbonnier, Lars/ Mader, Matthias/ Weyel, Birgit (Hrsg.): Religion und Gefühl. Praktisch-theologische Perspektiven einer Theorie der Emotionen. Festschrift für Wilhelm Gräb zum 65. Geburtstag, Göttingen: Vandenhoeck & Ruprecht, 419–432.
SCHWEITZER, Friedrich u.a. (2018): Einführung – Zusammenfassung – Zentrale Ergebnisse. In: Ders. u.a. (Hrsg.): Jugend – Glaube – Religion. Eine Repräsentativstudie zu Jugendlichen im Religionsunterricht, Münster/ New York: Waxmann, 10–39.
SCHWENDEMANN, Wilhelm/ FASS, Henrik/ RAUSCH, Jürgen (2018): Religionslehrer und Religionslehrerinnen an berufsbildenden Schulen. In: Biewald, Roland u.a. (Hrsg.): Religionsunterricht an berufsbildenden Schulen. Ein Handbuch, Göttingen: Vandenhoeck & Ruprecht, 164–193.

Literaturverzeichnis

SENGE, Konstanze (2013): Die Wiederentdeckung der Gefühle. Zur Einleitung. In: Dies./ Schützeichel, Rainer (Hrsg.): Hauptwerke der Emotionssoziologie, Wiesbaden: Springer, 11–32.
SIMMEL, Georg (1999): Zur Psychologie der Scham [1901]. In: Ders.: Gesamtausgabe, Bd. 1, Das Wesen der Materie nach Kant's physischer Monadologie. Abhandlungen 1882–1884. Rezensionen 1883–1901, Frankfurt a. Main: Suhrkamp, 431–442.
SINGER, Wolf (2006): Vom Gehirn zum Bewußtsein, Frankfurt a. Main: Suhrkamp.
SLOTERDIJK, Peter (2009): Du mußt dein Leben ändern. Über Anthropotechnik, Frankfurt a. Main: Suhrkamp.
SOEFFNER, Hans-Georg (1986): Handlung – Szene – Inszenierung. Zur Problematik des „Rahmen"-Konzeptes bei der Analyse von Interaktionsprozessen. In: Kallmeyer, Werner (Hrsg.): Kommunikationstypologie. Handlungsmuster, Textsorten, Situationstypen, Düsseldorf: Schwann, 73–91.
SOLOMON, Robert C. (1993): The Passions. Emotions and the Meaning of Life, Indianapolis, IN/ Cambridge: Hackett.
SPALLEK, Gerrit (2021): Tor zur Welt? Hamburg als Ort der Theologie, Ostfildern: Grünewald.
STOCKINGER, Helena (2016): Elementare Bildungseinrichtungen als *safe spaces* für (religiöse) Differenz. In: ÖRF 24 (2), 79–87.
STOCKINGER, Helena (2017): Umgang mit religiöser Differenz im Kindergarten. Eine ethnographische Studie an Einrichtungen katholischer und islamischer Trägerschaft, Münster/ New York: Waxmann.
STODULKA, Thomas (2014): Feldforschung als Begegnung. Zur pragmatischen Dimension ethnographischer Daten. In: Sociologus 64 (2), 179–205.
STÖGBAUER-ELSNER, Eva-Maria (2018): Art. Grounded Theory (Method). In: Das Wissenschaftlich-Religionspädagogische Lexikon im Internet (WiReLex), https://www.bibelwissenschaft.de/fileadmin/buh_bibelmodul/media/wirelex/pdf/Grounded_Theory_Method__2018-09-20_06_20.pdf (Zugriff am 01.06.23), 1–18.
STÖGBAUER-ELSNER, Eva-Maria (2021): Art. Arbeitsblatt. In: Das Wissenschaftlich-Religionspädagogische Lexikon im Internet (WiReLex), https://www.bibelwissenschaft.de/fileadmin/buh_bibelmodul/media/wirelex/pdf/Arbeitsblatt__2021-02-03_12_03.pdf (Zugriff 01.06.23), 1–13.
STRAUSS, Anselm L./ CORBIN, Juliet (1996): Grounded Theory. Grundlagen Qualitativer Sozialforschung, Weinheim: Beltz PVU (Psychologie-Verlags-Union).
STRAUSS, Anselm L. (^{2}1998): Grundlagen qualitativer Sozialforschung. Datenanalyse und Theoriebildung in der empirischen soziologischen Forschung, München: Fink [1991].
STRUBE, Sonja Angelika (2012): Gefühle ausgeschlossen. Thesen zu einer folgenreichen Exklusion. In: Pock, Johann/ Hoyer, Birgit/ Schüßler, Michael (Hrsg.): Ausgesetzt. Exklusionsdynamiken und Exposureprozesse in der Praktischen Theologie, Wien/ Berlin/ Münster: LIT, 51–68.
STRÜBING, Jörg (^{2}2018): Qualitative Sozialforschung. Eine komprimierte Einführung, Berlin/ Boston, MA: de Gruyter Oldenbourg [2013].
SÜSELBECK, Jan (2019): Sprache und emotionales Gedächtnis. Zur Konstruktion von Gefühlen und Erinnerungen in der Literatur und den Medien. In: Kappelhoff, Hermann u.a. (Hrsg.): Emotionen. Ein interdisziplinäres Handbuch, Berlin: Metzler, 282–295.
SVENDSEN, Lars (2002): Kleine Philosophie der Langeweile, Frankfurt a. Main/ Leipzig: Insel.
TAYLOR, Charles (1995): Das Unbehagen an der Moderne, Frankfurt a. Main: Suhrkamp.
TENORTH, Heinz-Elmar/ TIPPELT, Rudolf (Hrsg.) (2012): Beltz Lexikon Pädagogik, Weinheim/ Basel: Beltz.
TENT, Lothar (^{3}2006): Zensuren. In: Rost, Detlef H. (Hrsg.): Handwörterbuch Pädagogische Psychologie, Weinheim/ Basel/ Berlin: Beltz [1998], 873–880.

TERHART, Ewald (²2014): Die Beurteilung von Schülern als Aufgabe des Lehrers. Forschungslinien und Forschungsergebnisse. In: Ders./ Bennewitz, Hedda/ Rothland, Martin (Hrsg.): Handbuch der Forschung zum Lehrerberuf, Münster/ New York: Waxmann [2011], 883–904.

THOMAS, Nigel (2012): Love, Rights and Solidarity. Studying Children's Participation Using Honneth's Theory of Recognition. In: Childhood 19 (4), 453–466.

TIEDEMANN, Jens L. (2007): Die intersubjektive Natur der Scham, Dissertation Freie Universität Berlin.

TODOROV, Tzvetan (2015): Abenteuer des Zusammenlebens. Versuch einer allgemeinen Anthropologie, Gießen: Psychosozial-Verlag.

TOOHEY, Peter (2011): Boredom. A Lively History, New Haven, CT/ London: Yale University Press.

UTZ, Richard (2011): „Total Institutions", „Greedy Institutions". Verhaltensstruktur und Situation des sexuellen Missbrauchs. In: Baldus, Marion/ Ders. (Hrsg.): Sexueller Missbrauch in pädagogischen Kontexten. Faktoren, Interventionen, Perspektiven, Wiesbaden: VS Verlag für Sozialwissenschaften, 51–76.

VENDRELL FERRAN, Íngrid (2008): Die Emotionen. Gefühle in der realistischen Phänomenologie, Berlin: Akademie.

VENDRELL FERRAN, Íngrid (2013): Die Grammatik der Gefühle. Einführung in eine Phänomenologie der Emotionen. In: PrTh 48 (2), 72–78.

WEBER-GUSKAR, Eva (2013): Peter Goldie. The Emotions. A Philosophical Exploration. In: Senge, Konstanze/ Schützeichel, Rainer (Hrsg.): Hauptwerke der Emotionssoziologie, Wiesbaden: Springer VS, 144–148.

WELLGRAF, Stefan (2018): Schule der Gefühle. Zur emotionalen Erfahrung von Minderwertigkeit in neoliberalen Zeiten, Bielefeld: transcript.

WERTENBRUCH, Martin/ RÖTTGER-RÖSSLER, Birgitt (2011): Emotionsethnologische Untersuchungen zu Scham und Beschämung in der Schule. In: ZfE 14 (2), 241–257.

WHYTE, William F. (⁴1993): Street Corner Society. The Social Structure of an Italian Slum, Chicago, IL/ London: The University of Chicago Press [1943].

WIEZOREK, Christine (2003): Zur sozialen Organisation der Biographie durch die Schule, unveröff. Dissertation Universität Jena.

WIEZOREK, Christine (2005): Schule, Biografie und Anerkennung. Eine fallbezogene Diskussion der Schule als Sozialisationsinstanz, Wiesbaden: VS Verlag für Sozialwissenschaften.

WILLEMS, Herbert (1997): Rahmen und Habitus. Zum theoretischen und methodischen Ansatz Erving Goffmans. Vergleiche, Anschlüsse und Anwendungen, Frankfurt a. Main: Suhrkamp.

WINKLMANN, Michael/ KROPAČ, Ulrich (2021): Ethisches Lernen. In: Kropač, Ulrich/ Riegel, Ulrich (Hrsg.): Handbuch Religionsdidaktik, Stuttgart: Kohlhammer, 292–298.

WOPPOWA, Jan (2018): Religionsdidaktik, Paderborn: Schöningh.

ZABOROWSKI, Katrin U. (2011): An den Grenzen des Leistungsprinzips. In: Dies./ Meier, Michael/ Breidenstein, Georg (Hrsg.): Leistungsbewertung und Unterricht. Ethnographische Studien zur Bewertungspraxis in Gymnasium und Sekundarschule, Wiesbaden: VS Verlag für Sozialwissenschaften, 163–320.

ZIEBERTZ, Hans-Georg (2005): Ein Fach unterrichten oder Menschen? Subjektbezug und Methode in der Religionspädagogik. In: Bahr, Matthias/ Kropač, Ulrich/ Schambeck, Mirjam (Hrsg.): Subjektwerdung und religiöses Lernen. Für eine Religionspädagogik, die den Menschen ernst nimmt, München: Kösel, 52–63.

ZINNECKER, Jürgen (2001): Stadtkids. Kinderleben zwischen Straße und Schule, Weinheim/ München: Juventa.

Digitale Quellen

BUNDESMINISTERIUM DER JUSTIZ UND FÜR VERBRAUCHERSCHUTZ (o.J.): Berufsbildungsgesetz (BBiG), https://www.gesetze-im-internet.de/bbig_2005/ (Zugriff am 01.06.23).

DEUTSCHE BIBELGESELLSCHAFT (o.J.): Das Wissenschaftlich-Religionspädagogische Lexikon im Internet (WiReLex), https://www.bibelwissenschaft.de/wirelex/wirelex/ (Zugriff am 01.06.23).

DUDEN – Bibliographisches Institut GmbH (2023): Emoji, das, https://www.duden.de/rechtschreibung/Emoji (Zugriff am 01.06.23).

LANDESINSTITUT FÜR SCHULENTWICKLUNG (2007): Berufsfachschule für Kinderpflege Katholische Religionslehre/ Religionspädagogik Schuljahr 1 und 2, http://www.ls-bw.de/site/pbs-bw-new/get/documents/lsbw/Bildungsplaene-BERS/MediaCenter/bfs/bfs_sonstige/bfs_sch_vers_soz_paed/kipf/06_3460_02_BFS-Kpfl_Kath-Religionslehre.pdf (Zugriff am 10.10.21), 1–12.

LANDESRECHT BW BÜRGERSERVICE (2022): Schulgesetz für Baden-Württemberg (SchG), https://www.landesrecht-bw.de/jportal/?quelle=jlink&query=SchulG+BW&psml=bsbawueprod.psml&max=true&aiz=true (Zugriff am 01.06.23).

MAXQDA – Vertrieb durch die VERBI GmbH (o.J.): MAXQDA. The Art of Data Analysis, https://www.maxqda.de (Zugriff am 01.06.23).

MINISTERIUM FÜR KULTUS, JUGEND UND SPORT BADEN-WÜRTTEMBERG (o.J.): Berufliche Schulen Baden-Württemberg, https://km-bw.de/Lde/startseite/%20%20schule/Berufliche+Schulen (Zugriff am 01.06.23).

MINISTERIUM FÜR KULTUS, JUGEND UND SPORT BADEN-WÜRTTEMBERG (o.J.): Berufsfachschulen, https://km-bw.de/Lde/startseite/schule/Berufsfachschulen (Zugriff am 01.06.23).

MINISTERIUM FÜR KULTUS, JUGEND UND SPORT BADEN-WÜRTTEMBERG (o.J.): Berufseinstiegsjahr (BEJ), https://www.bildungsnavi-bw.de/schulsystem/62 (Zugriff am 01.06.23).

MINISTERIUM FÜR KULTUS, JUGEND UND SPORT BADEN-WÜRTTEMBERG (o.J.): Bildungspläne Baden-Württemberg. Berufsfachschule für Kinderpflege, https://www.bildungsplaene-bw.de/Lde/berufsfachschule+fuer+kinderpflege (Zugriff am 01.06.23).

MINISTERIUM FÜR KULTUS, JUGEND UND SPORT BADEN-WÜRTTEMBERG (2020): Neues Ausbildungsmodell der pädagogischen Assistenz, https://km-bw.de/,Len/startseite/service/2020+12+10+Neues+Ausbildungsmodell+paedagogische+Assistenz (Zugriff am 01.06.23).

PAUL EKMAN GROUP LLC (2021): Paul Ekman Group, https://www.paulekman.com (Zugriff am 01.06.23).

SERVICEPORTAL BADEN-WÜRTTEMBERG (2022): Erwerb der Fachschulreife oder eines Berufsabschlusses an Berufsfachschulen, https://www.service-bw.de/zufi/lebenslagen/5000980 (Zugriff am 01.06.23).

SOSCI SURVEY GMBH (o.J.): SoSci Survey – die Lösung für eine professionelle Onlinebefragung, https://www.soscisurvey.de (Zugriff am 01.06.23).

Abbildungsverzeichnis

Abb. 1: Feld- und Auswertungsphasen im Forschungsprozess 121
Abb. 2: Position der Forscherin im Klassenraum 123
Abb. 3: Oberfläche im digitalen Emotionstagebuch 125
Abb. 4: Verbindung oder Abbruch? 242

Anhang

*Leitfaden für die Gruppeninterviews mit Schüler*innen*

Einstieg
- Welche Emotionen habt ihr heute schon gefühlt?
  [Mit Stiften auf ein Plakat in der Tischmitte schreiben]
- Welche davon waren in der Schule? Welche davon im Unterricht? [Umranden]

Allgemeine Fragen zum Schulalltag
- In der Schule und im Klassenzimmer kommt es im Laufe eines Schultages zu vielen Emotionen. Wo werden Emotionen im Schulalltag für euch sichtbar?
- Was sind für euch typische Emotionen im Schulalltag?
- Welche Beispiele fallen euch ein, in denen ihr diese Emotionen in der Schule oder im Unterricht erlebt habt?
- Welche Auswirkungen haben diese Emotionen? Wie hat sich die Emotion gezeigt? Wie reagiert X, wenn es ihr/ihm so geht? Was passiert, wenn es euch so geht?

Fragen mit Blick auf das Fach Religion
- Welche Emotionen kommen euch, wenn ihr an den Religionsunterricht denkt?
- Gibt es typische Emotionen im Religionsunterricht? Wie kommt es zu diesen Emotionen? Gibt es diese auch in anderen Fächern?
- Beobachtung teilen, dass die Schüler*innen sich im Religionsunterricht öffnen und mit Fragen verbinden: Warum werdet ihr im Religionsunterricht persönlich? Was ist anders in Religion? Sprecht ihr gerne im Religionsunterricht über persönliche Themen? Was braucht ihr, um euch zu öffnen?

Herzlichen Dank!

Leitfaden für das Interview mit der Religionslehrperson

Einstieg
- Wie lange bist du schon in dieser Schule tätig?
- Wie lange unterrichtest du schon?
- Was hat dich motiviert bei den Kinderpfleger*innen zu unterrichten?

Allgemeine Fragen zum Schulalltag
- In der Schule und im Klassenzimmer kommt es im Laufe eines Schultages zu vielen Emotionen. Was sind für dich typische Emotionen im Schulalltag?
- Was sind deine Erfahrungen mit Emotionen und Schule? Welche Beispiele fallen dir ein?

Fragen mit Blick auf das Fach Religion
- Welche Rolle spielen Emotionen für dich im Religionsunterricht?
- Welche Gedanken machst du dir bei der Vorbereitung einer Stunde? Möchtest du bestimmte Emotionen bei den Schüler*innen auslösen?
- Gab es Unterrichtssituationen, die emotional anders verliefen, als in der Vorbereitung gedacht? Wenn ja, welche?
- Was sind typische Emotionen im Religionsunterricht? Wie kommt es zu diesen Emotionen?

Herzlichen Dank!